网络文学100丛书
欧阳友权◎主编

网络写手名家100
Network lierature

聂庆璞◎等著

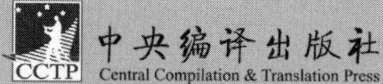
中央编译出版社
Central Compilation & Translation Press

图书在版编目（CIP）数据

网络写手名家 100 / 聂庆璞等著. — 北京：中央编译出版社，2014.6
ISBN 978 - 7 - 5117 - 2057 - 3

Ⅰ.①网… Ⅱ.①聂… Ⅲ.①中国作家－现代作家－生平事迹 Ⅳ.①K825.6

中国版本图书馆 CIP 数据核字（2014）第 022320 号

网络写手名家 100

出 版 人：	刘明清
出版统筹：	董 巍
责任编辑：	张丽辉　曲建文
责任印制：	尹 珺
出版发行：	中央编译出版社
地　　址：	北京市西城区车公庄大街乙 5 号鸿儒大厦 B 座（100044）
电　　话：	（010）52612345（总编室）　（010）52612363（编辑室）
	（010）52612316（发行部）　（010）52612315（网络销售）
	（010）52612346（馆配部）　（010）66509618（读者服务部）
传　　真：	（010）66515838
经　　销：	全国新华书店
印　　刷：	三河市天润建兴印务有限公司
开　　本：	710 毫米×1000 毫米　1/16
字　　数：	311 千字
印　　张：	22.5
版　　次：	2014 年 6 月第 1 版第 1 次印刷
定　　价：	62.00 元
网　　址：	www.cctphome.com　　邮　箱：cctp@cctphome.com
新浪微博：	@中央编译出版社　　　　微　信：中央编译出版社（ID：cctphome）

本社常年法律顾问：北京市吴栾赵阎律师事务所律师　闫军　梁勤
凡有印装质量问题，本社负责调换。电话：010－66509618

总 序

哪里才是网络文学研究的"阿里阿德涅彩线"?

欧阳友权

网络文学超乎想象的快速崛起,覆盖的是网络文化空间,改变的却是整个文坛格局和中国文学生态。凭着"技术丛林"和"山野草根"两把大刀开路,短短十几年间,网络文学终于以"另类"的面孔和"海量"的作品确证了自己的文学在场性和文化新锐性。

时至今日,随着网络对文学市场份额的强力扩张,以及人们对这一文学关注度和认知力的提升,特别是与传统主流文学互动交流的增多,网络文学在赢得技术权力话语的同时,自身发展中的困惑和矛盾也日渐凸显。譬如:

——网络文学生产一直存在的"高产"与"低质""速成"与"速朽""大跃进"与"泡沫化""人气堆"与"快餐性"之间的矛盾,它们渊源何在又如何化解?

——网络文学是技术与艺术的"合谋",但技术的"霸权性"与艺术的"边缘化"带来的文学"父根"与"母体"的"审祖式"追问,该怎样摆脱其间张力关系的失衡与失依,进而有效根治这一文学因"技术依赖症"而剑走偏锋的病灶?

——时下大型文学网站的"全版权"经营、产业链商业模式、以读者为中心的市场导向，让文化资本的利润增值成为支撑文学发展的引擎，但市场化、产业化对艺术审美的遮蔽，加剧了网络文学的去文学性和非审美化，如此语境，文学生产该如何处理好网络市场与文学审美的悖论？

——网络文学对文学惯例和创作体制的"格式化"僭越，悄然置换了传统文学的逻辑原点，造成了传媒载体对文学传统的断裂与失范，这时候，网络文学的逻各斯命意何在？它还要不要重新律成自己的价值和意义模式以调适传统与创新的矛盾？

——还有，网络文学所依凭的后现代主义文化逻辑和消费社会的大众文化语境，导致文学诗性品质的娱乐化脱冕，但新媒体图文语像的艺术祛魅和数字化技术灵境中的诗性复魅所由形成的解构与建构并生的辩证过程，能否为网络文学提供电子诗意的返魅路径？

应该说，近年来我国网络文学理论批评界一直在思考并试图回答上述问题，只不过思考的角度不同，切入的研究路径各异，对解读网络文学的理论有效性也颇为不同——

有的把传统文论学理简单套用到网络文学身上，用中外经典的文艺理论概念、范畴和理论模式，实施"六经注我"或"我注六经"式的疏瀹与反思，急于构建网络文学的理论体系，让这只本该黄昏时高飞的"密涅瓦的猫头鹰"① 在黎明时便折翅起飞，结果不仅对实际的网络文学现象体认有"隔"，也于这一新兴文学的理论开启无补，导致网络文学研究的"聚焦失准"与凌空蹈虚。

另一种是技术分析模式。这类研究者的眼中只有"网络"没有"文学"，或只有"技术文学"没有"人文文学"。他们没有把这一文学看作

---

① "密涅瓦的猫头鹰在黄昏起飞"是黑格尔的一句名言。密涅瓦是罗马神话中的智慧女神，栖落在她身边的猫头鹰是思想和理性的象征。这只猫头鹰在黄昏起飞就可以看见整个白天所发生的一切，可以追寻其他鸟儿在白天自由翱翔的足迹。黑格尔用这一比喻意在说明，哲学是一种反思活动，是一种沉思的理性，而"反思"是"对认识的认识"，"对思想的思想"，是思想以自身为对象反过来而思之。如果把"认识"和"思想"比喻为鸟儿在旭日东升或艳阳当空的蓝天中翱翔，"反思"当然就只能是在薄暮降临时悄然起飞。

是人类文学审美的一个历史节点，或文学发展的一个特定阶段、一种特定类型，而是将其仅仅视为传媒载体中的一项内容，或技术之树结下的文化果实，认为技术传媒和信息工具才是它与传统文学的本质区别，于是用技术的眼光和工具理性来分析网络文学现象。由于缺失人文审美的致思维度和价值立场，其对网络文学的理论言说往往会变成技术分析的文化读本，或新名词术语的"集束式轰炸"，结果是文学人看不懂，技术人不屑于看，于实际的理论批评建设意义甚微。

当然，还有先入为主的"断言式"和即兴点评的"感悟式"评说。前者多出现在不懂网络或者很少上网阅读的"银发学人"中，他们常常会武断地以为，文学创作如春蚕吐丝，非呕心沥血不可为，而网络乃玩家"灌水"之地，如马路边的一块木板，谁都可以上去信手涂鸦，不会有什么好东西；或者简单地认为网络无非就是一种传播的载体和工具，就像龟甲竹简、布帛纸张也曾是承载作品的工具一样，它不会改变文学的性质，因而断定，根本就没有什么"网络文学"，不值得为之置喙饶舌。后者常出自网友之口和传媒评论，这类话语能够有感而发，目击意达，直指本性，三言两语，即兴评点，有时也能搔到痒处，戳到痛处，或机智俏皮，或犀利泼辣，倒也开心解颐，生津止渴。只不过有时难免蜻蜓点水，浅尝辄止，或文不对理，持而无据，甚或脱口而出，不切肯綮，姑妄说之，不负责任。

于是，网络文学的"理论江湖"可谓群伦并起，理路纷呈，涉足者不啻走入迷宫，莫辨路向。作为一种学术研究、理论建设，总有其持论的起点和逻辑的支点，相对于传统的文论"大厦"，网络文学研究才刚刚起步，而与云蒸霞蔚的网络文学创作相比，其理论批评更是远远落伍不辨后尘。那么，今日的网络文学研究该以哪里为肇端、怎样寻求突破，或者说，哪里才是走出网络文学研究迷宫的那条"阿里阿德涅彩线"[①]呢？

[①] "阿里阿德涅彩线"来源自古希腊神话，常用来比喻走出迷宫的方法和路径，解决复杂问题的线索。

窃以为,"从上网开始,从阅读出发",也许可以作为打开网络文学迷宫的一把锁钥,从这里或许可以破解诸多难题,找到那条引导我们走出迷宫的"彩线"。

其实道理并不复杂,正如研究任何问题一样,我们研究网络文学的出发点和立足点都必须以实践为基,从对象出发,进而全面了解和认识对象,找出问题症结,发现蕴含的规律,提出解决问题的可能之道,或构建切中实际的观念范式,而不能先入为主,生搬硬套,东向而望,不见西墙,或如刘勰所说:"会己则嗟讽,异我则沮弃,各执一隅之解,欲拟万端之变。"① 面对异军突起的网络文学,我们当然需要有亚里士多德、康德和黑格尔赋予的理论底气,也摆不脱孔子、刘勰和王国维的丰厚积淀,中外历史上所有的文论资源均应该吸纳传承,因为它们许多都依然有效。不过,我们能做的第一步,却应该并只能从对象的实际出发,以研究的本体为据,于网络文学研究者而言便是点击网站,阅读作品,下足新批评派所倡导的"close reading"(经细读)工夫,了解和把握网络文学的生产方式、作品形态、传播载体和接受方式,以及功能结构与意义蕴含等。特别是对时下的类型化写作与阅读市场细分的相互催生,文学网站经营的全版权商业模式构建,网络写手的创作方式与生存状态,文学读者群欣赏趣味选择和消费市场的竞争格局,文化资本的新媒体寻租、产业运作和盈利手段,以及数字技术带来的文学与影视、游戏、动漫、视频影像等多媒体兼容的微妙关联,还有三网融合、自媒体和信息增值方式对网络文学的生产与消费的影响等等,更是文学"扩容"、版图"越界"带给我们的新课题,尤其需要网络学人切入现场,明察深思,做一个网络文学的"局内人"。这样才有可能赢得对它有效言说的话语权,才不至于使自己的理论批评成为隔岸观火、隔靴搔痒或隔空取物之论。可见,"从上网开始,从阅读出发"虽说简单,却很重要,实为我们了解网络文学、研究网络文学绕不过去的一道"铁门槛"。

---

① 刘勰:《文心雕龙·知音》。

总　序

　　正是基于这样的学术动机，我们中南大学网络文学研究团队在陆续出版了《网络文学教授论丛》（2004）、《文艺学前沿丛书》（2005）、《网络文学新视野丛书》（2008）和《新媒体文学丛书》（2011）等4套丛书之后，又策划了这套《网络文学100丛书》。本丛书共有7部，它们分别是欧阳友权的《网络文学评论100》、曾繁亭的《网络文学名篇100》、欧阳文风的《网络文学大事件100》、禹建湘的《网络文学关键词100》、聂茂的《名作家博客100》、聂庆璞的《网络写手100》和纪海龙的《网络文学网站100》。这些选题看似简单、平实而波普可辨，实则是研究网络文学的入门之功和基元之论。这套丛书是我所主持的国家社科基金重点项目"网络文学文献数据库建设"的阶段性成果，也是我和我的团队负责组建成立湖南省网络文学研究会（2012）和全国网络文学研究会（2013）后，首次奉献给学界的一套集体成果。我们试图通过对这些网络文学前沿和基础问题的梳理与评辨，实现"广撷资源，夯实基础，明辨学理"的学术构想。丛书的作者都是我们网络文学研究基地的学术骨干，大家携手同心做一件有意义的事情，可谓"累，并快乐着"。作为丛书主编，我对他们的学识水平和敬业与协作精神均报以深深的感佩！

　　新生的网络文学还是"小荷初露"，对它的理论研究也才千里始足，任重而道远。从2004年出版第一套理论丛书至今，我们中南大学文学院网络文学研究团队在这一领域筚路蓝缕、荷戟远征已逾十年。无论"十年一觉扬州梦"，抑或"江湖夜雨十年灯"，过去的都将留给历史，笔下的都在书写今天，而过去和今天都将托付于未来。就让这套丛书为我们的十年耕耘献上一份小礼并画上一个稍感宽慰的句号吧。

2013年10月12日于中南大学文学院

目　录

前　言　网络写作：从心灵化到类型化的转换 …………………… 1

一、第一代写手 ……………………………………………………… 1
    1. 少君 ……………………………………………………………… 3
    2. 痞子蔡 …………………………………………………………… 7
    3. 图雅 ……………………………………………………………… 10
    4. 安妮宝贝 ………………………………………………………… 14
    5. 李寻欢 …………………………………………………………… 17
    6. 宁财神 …………………………………………………………… 20
    7. 俞白眉 …………………………………………………………… 23
    8. 黑可可 …………………………………………………………… 26
    9. 邢育森 …………………………………………………………… 29
    10. 罗森 …………………………………………………………… 32
    11. 朱海军 ………………………………………………………… 35

二、第二代写手 ……………………………………………………… 39
    12. 今何在 ………………………………………………………… 41
    13. 江南 …………………………………………………………… 45

14. 慕容雪村 ································ 48
　　15. 何员外 ································· 52
　　16. 可蕊 ··································· 55
　　17. 蓝晶 ··································· 58
　　18. 老猪 ··································· 61
　　19. 陆幼青 ································· 64
　　20. 木子美 ································· 66
　　21. 李臻 ··································· 69
　　22. 尚爱兰 ································· 72
　　23. 十年砍柴 ······························· 75
　　24. 王小山 ································· 79
　　25. 西门大官人 ····························· 82
　　26. 云中君 ································· 85
　　27. 中华杨 ································· 89
　　28. 竹影青瞳 ······························· 92

三、第三代写手 ································· 97

历史类 ·· 99

　　29. 当年明月 ······························· 99
　　30. 阿越 ·································· 102
　　31. 曹三公子 ······························ 107
　　32. 月关 ·································· 110
　　33. 灰熊猫 ································ 112
　　34. 酒徒 ·································· 116
　　35. 天使奥斯卡 ···························· 119
　　36. 雪夜冰河 ······························ 123

战斗类 ······································· 127

　　37. 刺血 ·································· 127

- 38. 纷舞妖姬 ………………………………………… 129
- 39. 金寻者 …………………………………………… 132
- 40. 卷土 ……………………………………………… 135
- 41. 骷髅精灵 ………………………………………… 138
- 42. 晴川 ……………………………………………… 141
- 43. 玄雨 ……………………………………………… 144

情感类 ……………………………………………………… 147
- 44. 赵赶驴 …………………………………………… 147
- 45. 崔曼莉 …………………………………………… 151
- 46. 金子 ……………………………………………… 154
- 47. 流潋紫 …………………………………………… 157
- 48. 三十 ……………………………………………… 160
- 49. 桐华 ……………………………………………… 163
- 50. 禹岩 ……………………………………………… 167
- 51. 辛夷坞 …………………………………………… 170

幻灵类 ……………………………………………………… 175
- 52. 梦入神机 ………………………………………… 175
- 53. 南派三叔 ………………………………………… 178
- 54. 格子里的夜晚 …………………………………… 182
- 55. 兰帝魅晨 ………………………………………… 184
- 56. 流浪的蛤蟆 ……………………………………… 188
- 57. 猫腻 ……………………………………………… 192
- 58. 辰东 ……………………………………………… 195
- 59. 树下野狐 ………………………………………… 198
- 60. 唐家三少 ………………………………………… 201
- 61. 天下霸唱 ………………………………………… 205
- 62. 跳舞 ……………………………………………… 209
- 63. 无罪 ……………………………………………… 212

64. 萧鼎 ………………………………………… 215

65. 血红 ………………………………………… 219

66. 烟雨江南 …………………………………… 223

67. 燕垒生 ……………………………………… 226

68. 云天空 ……………………………………… 229

69. 青斗 ………………………………………… 232

其他类 …………………………………………… 236

70. 叶听雨 ……………………………………… 236

71. 徐公子胜治 ………………………………… 239

72. 更俗 ………………………………………… 243

73. 静官 ………………………………………… 246

74. 千夫长 ……………………………………… 248

75. 戴鹏飞 ……………………………………… 251

四、第四代写手 ……………………………… 255

幻灵类 …………………………………………… 257

76. 苍天白鹤 …………………………………… 257

77. 我吃西红柿 ………………………………… 260

78. 骁骑校 ……………………………………… 263

79. 打眼 ………………………………………… 266

80. 方想 ………………………………………… 269

81. 高楼大厦 …………………………………… 272

82. 柳下挥 ……………………………………… 275

83. 七十二编 …………………………………… 278

84. 胜己 ………………………………………… 281

85. 天蚕土豆 …………………………………… 284

86. 天籁纸鸢 …………………………………… 287

87. 忘语 ………………………………………… 290

情感类 294

 88. 天下归元 294

 89. 涅槃灰 297

 90. 纯银耳坠 300

 91. 宁芯 303

 92. 烽火戏诸侯 306

 93. 黛咪咪 309

 94. 浅绿 312

 95. 黄晓阳 314

 96. 12 乖乖 318

 97. 蘑菇 321

 98. 鱼人二代 324

 99. 小鬼儿儿儿 327

 100. 紫月君 331

后 记 334

前　言　网络写作：从心灵化到类型化的转换

一

1994年中国接入互联网，但这时它在中国还只是极少数人的应用。而此前的1991年，华文第一家电子周刊《华夏文摘》在美国创刊，有一个署名少君（钱建军）的在第1期上发表了一篇小说《奋斗与平等》，拉开了华文网络文学的序幕。从1991年到2000年的10年间，少君在北美各类华文电子期刊、BBS上共发表了100多篇文学作品，是华文网络文学的真正鼻祖。

1995年中国大陆的网络文学开始萌芽，中文网络诗刊《橄榄树》在该年的3月出现，创办人是诗人诗阳、鲁鸣。年底出现了另一网络文学刊物《花招》。这一年的8月，清华大学的水木清华开设BBS论坛，原创网络文学正式萌芽。1997年11月2日凌晨，一篇《大连金州没有眼泪》的帖子在中国足球失败丧失亚洲杯出线权后的几小时内发出并迅速传遍网络。其作者是中国IT传奇人物、足球爱好者老榕。网络发泄情感的巨大威力第一次在中国显现。1997年11月"榕树下"正式注册。1998年3月中国台湾蔡智恒的网络小说《第一次亲密接触》风靡整个华文网络，掀起华文原创网络文学的小高潮。

其时，大陆的安妮宝贝、黑可可、邢育森、李寻欢、俞白眉等聚集于"榕树下",招兵买马,搔首弄姿,高谈阔论、指点文学,把一个"榕树下"弄得像模像样,声名鹊起,掀起了大陆网络文学第一次高潮。这些人现被视为网络文学第一代写手。

2000年,今何在的《悟空传》在互联网的冬天里像一把火,烧遍了整个网络。2002年慕容雪村的《成都,今夜请将我遗忘》,使这把火更旺。期间蓝晶、可蕊、尚爱兰、江南、燕垒生、老猪、云中君、王小山、西门大官人、十年砍柴、木子美、竹影青瞳等一批有灵性的写手在网上非常活跃,写出了自己的精彩。这些人我们一般称其为第二代网络写手。

2003年,文学网站的VIP制开始试水。写手可获得报酬,读者需要对某些章节付费。网络写作成为可以养家糊口的职业。开创性的类型化作品开始出现,类型模仿正式开始。像《诛仙》《鬼吹灯》《盗墓笔记》《韦帅望的江湖》《明朝那些事事》《新宋》《窃明》《九州缥缈录》《尘缘》《致我们终将逝去的青春》等一大批类型化的巨著涌现于网络,带来了网络文学的繁荣,也使网络文学无论在数量上还是阅读上都远超传统文学。此一段时间内的写手我们称之为第三代网络写手。

2008年盛大文学成立,开始大规模投资网络文学领域。类型化的作品高度繁荣,网络文学成为一个产业。此时,一大批非常年轻的写手,携带他们的粗浅文字,涌入文学市场,以他们的体力和韧劲制造出大量文字产品。该时段内,因循沿袭第三代的类型为多,只有极少数写手能有所创新。我们将这一前后活跃的写手称为第四代网络写手。

二

简单的历史回顾我们发现,短短十几年的网络文学发展,已经完成了从心灵化写作到类型化写作的转换。

在第一、二代写手那里,尽管写作的水平有些参差,但写作的目的都是表达内心的情感。他们写作既不是为养家糊口,也不模仿别人或自己陈陈相因,他们是心灵情感的抒发。少君曾坦言:我不能不写作,写作使我在于金钱游戏的压抑中得到释放,写作也使我在异域的漂泊中感受到生命的价值所在。他正是通过网络这一平台把在东西方文化夹缝里挣扎求存的新移民心中的喜怒哀乐宣泄出来。安妮宝贝、尚爱兰等人那些灵动的文字哪个不是她们内心真情的呐喊和呼唤?即使木子美、竹影青瞳这两个饱受诟病的人,其文字也真情至性,出自女性内心的渴望。而十年砍柴这样的作者,用自己嬉笑怒骂的文字针砭社会、分辨是非,哪一篇不是出自自己内心对社会的痛彻?还有今何在、慕容雪村、江南等虽写的是长篇小说,情感的脉搏没有这么显露,但也都是心灵对社会脉动的深切感受。

第三代写手是网络文学市场化的开拓者,他们为网络写作的写手们拓展了一条生存之路。其实,一二代写手中的部分人已经很明确地意识到了这个问题。安妮宝贝离开了网络,有很多原因,但其中肯定有写作的收获问题。中华杨自己创建文学网站,意图收费阅读;尚爱兰辞职又复职。所有这些现象都与写手们劳动而无获有关。心灵的宣泄固然重要,也非常有意义,但腹中的食物更重要,没有则心都不跳,何况灵乎。所以,这种开拓不是坏事而是好事,是网络文学可持续发展的必然要求。

第三代写手中不乏大才,他们写的许多作品虽然因类型化而虚幻,但不得不佩服他们天马行空的想象力、横溢的才华与激情四射的热血。像萧鼎、天下霸唱、唐家三少、南派三叔、玄雨等等。还有当年明月、灰熊猫、雪夜冰河、阿越、曹三公子、月关等对历史的雄阔把握与理解也不得不叹为观止。赵赶驴、三十等人幽默轻松的文笔,桐华、金子、天下归元、辛夷坞等女性写手的爱情笔墨都可圈可点。

总之,第三代写手用他们的作品开拓出了文学市场,吸引更多的人重新回到文学的阅读场,带动了我国文学市场的繁荣。同时也开辟了我国文学类型化的道路。

第四代写手基本是类型化写作的践行者,他们在第三代写手开拓出的类型道路上飞奔。他们中的许多人非常年轻,大学期间即开始炮制大量作品;有的不年轻,甚至无所事事,但终于摸到了类型的门路,开始文字产品的制作。当然其中也有部分写手开创出了新的类型，有的对原有类型进行深化和创新。至此，我国网络文学终于完成了从心灵化到类型化的转换。

三

网络文学的早期研究大多将网络文学定位为新民间文学或泛民间文学。如杨新敏、蓝爱国、欧阳友权、马季、邵宁宁等。这种定位有充分的学术依据，也符合一二代写手的实际情况。本人定位的心灵化写作与他们的定位并不矛盾，而是一脉相承。因为民间文学都是"劳者歌其事，饥者歌其食"，"我手写我心，我口唱我情"的最直接心灵表现。它不做作，不遮掩，不矫情，心怀坦荡，直指心胸，直抒性灵。

但随着网络文学的发展，类型化越来越明显，也越来越成熟。研究者们也注意到了这一转换。上海的葛红兵他们早就开始了网络文学的类型化研究，苏晓芳也写过网络小说类型化的著作。更多的人将这种类型化归于大众文化中的大众文学，如廖健春就有《网络文学的大众文化特征及价值取向》的文章。《人民日报》2012年7月17日发表了一篇《网络文学：如何定位研究》的对话，其中王祥认为网络文学应该定位为"大众文学"。

类型化也好，大众文学也罢，两者本质上没有太大区别。实际上，类型化就是大众文学的特征。但大众文学与民间文学区别明显。最根本的区别就在于大众文学是一种消费文化，工业化生产的文化产品；而民间文学是一种心灵的表达，它与消费无关，也不能进行工业化生产。它们是两种性质不同的文学。

网络文学从心灵化写作向类型化写作的转换是网络文学发展的必然，也是文学发展的一种需要。在网络文学诞生之前，文学正遭遇着一场边缘化的危机。这一危机的关键不是文学已从社会话语的中心被驱逐到边缘，而是文学已经不再进入人们的生活，人们已经不再读文学作品，文学已被放逐到他们的生活之外。不是他们不需要,而是他们从文学中无所得。既得不到他们想要的生活关注和思想指引,也得不到阅读的身心愉快。他们对文学失望。正是网络文学的类型化作品挽回了这一危机。它使文学重新有了读者,重新进入人们的生活。当然类型化的文学作品也不可能让他们得到生活的关注和思想的指引,但至少使他们获得了阅读的愉快。所以,我们没有必要对网络文学的这种转换心有戚戚,而是要对它大声赞美。

四

类型化不是网络文学的新发明,它本身是文学高度繁荣后的一种表现形态。它表明文学阅读已有很大的群体,这些群体有不同的审美范式和审美要求;同时也表明文学创作的群体也日益庞大,可以满足这些不同群体的文学需求;它还是媒介繁荣发展的一种表征,因为只有高度繁荣发展的媒介才有可能满足这些文学类型的传播需求。如我国清末民国时期的"官场黑幕小说""星期六小说""鸳鸯蝴蝶派小说""才子佳人小说"等类型化小说的繁荣就是这些特征的表现。

网络文学的类型非常繁多,表现出高度繁荣状态。比较大的类型有:玄幻小说、穿越小说、历史小说、武侠小说、修真小说、军事小说、科幻小说、惊恐悬疑小说、校园爱情小说、官场小说、耽美小说等等。几乎人类所有的类型文学都可以在网络上找到。

但是,网络文学的这种转换,必然会带来它自身的一些变化和价值功能的位移。

首先会提升网络文学的地位。资本介入的目的是为了赚钱,在眼球经济时代,要赚钱就必须激活市场,无论是收会员费,还是出版销售,都需要到市场上去吆喝,激发市场人气,增加销售数量。借助资本运作的过程,网络文学也因此提高了其影响力和地位。我们已经清楚的看见,这几年网络文学的强劲表现就是因此。

其次，将使网络文学加速商业化和商品化。现代作家的产生，本身就是资本主义和市场经济的产物。市场化将作家从封建帝王和贵族的庇护制度下解放出来。它因此改变了现代文学的生产和现代作家的生存方式。它一方面使作家从封建贵族的庇护下获得了解放，但另一方面，它又使作家被迫服从商业的规则。巴尔扎克和陀斯妥耶夫斯基一直在债务的催逼下拼命生产文字，而大仲马甚至以他自己的名义组建了一支庞大的文学雇佣军。今天那些漂浮在网络上的形单影只、孤立无援的写手，更容易为无孔不入的资本所俘获。我们很难想象今天的文学还能够忍受曹雪芹在《红楼梦》写作过程中的那种"披阅十载，增删五次"的漫长孤独。在今天，任何技术上的革命都无法改变资本控制的本质。在新技术的发明中，我们不是获得了个人的解放，而是越发感受到了资本无比强大的吞噬力量。而那曾经幻想给我们带来自由的网络，早已在资本那只"看不见的手"牢牢地控制之中。① 说得更为直白一点，网络文学心灵化的褪变是资本运作的必然，那种忧愤的个人情怀、那种关注现实的心灵诉求，那种充满智慧的幽默书写，是不符合资本运作的胃口的，因为它很难大规模生产，也不容易被快速消费。

心灵化写作到类型化写作的转换，其功能价值的变化我以为有这么几方面：

认识功能弱化。对现实真切诉求的缺乏使得类型化文学在很大程度上割断了与社会的联系。类型化文学通常喜欢构建一个虚假的环境，这个环境看似与社会有联系，但却完全脱离社会现实。如虚幻盗墓小说、穿越小说、武侠修真小说、玄幻小说等；即使那些看似描绘现实的校园爱情、都市情感小说也是脱离现实十万八千里。这样的虚假环境构建势必大大弱化文学的认识功能。

人文关怀淡化。因为环境的不真实，其中的人物肯定不具现实典型性，导致读者觉得人物虚幻，剧中之人虽也悲欢离合，命运坎坷，但往

---

① 聂庆璞、旷新年：《新民间文学》，《文艺报》2010年1月13日。

前言 网络写作：从心灵化到类型化的转换

往没有生活的痛彻，没有一种感同身受透入肺腑的心灵震撼。心灵化文学也可能不注重环境的描绘，但它直接从环境中跳出，往往有一种直接的震撼，一种不得不面对的实诚。而真正的实诚来自于对人的痛彻，一种来自心灵深处的人文关怀。

休闲娱乐功能强化。今天网络文学已变成消闲的重要方式。因为智能手机的普及，网络文学阅读已经成为手机应用的重要功能。由于手机的方便性，许多人的零散休闲时间都花在了网络小说的阅读上，如乘车、睡前、工作中的空闲等时段，许多人都会拿出手机来阅读网络作品。这些或者YY、或者天马行空的作品带给他们一种精神上的放松，一种劳累之后的释放。它成为一种让我们麻醉地逃避现实的喘息，当然不会是我们诗性的栖居。

就我国目前而言，大众文化的消费种类非常有限，与人们的需求有一定的差距。网络文学能为大众提供一种非常廉价、非常方便的文化消费产品，未尝不是一件有意义的事。而网络文学的心灵化写作其实仍然保留在网络文学的边缘写作之中，如博客、非类型的个人写作等。所以，目前网络文学的这种状态未尝不是它一种比较自然、各得其所的状态。

五

本书写手的选取以网络原创为总原则，对一些先在杂志上发表或已先出版，然后转移到网络上的作品写作者，原则上不进入该书的选择范围。所以，一些很有名的作家，在网络上的作品也很多，但还是没有选取。如沧月、步非烟、凤歌、落落、韩寒、郭敬明等等。

本书网络写手的分代以他们主要活动的年段为主，2000年以前出现且比较活跃的写手为第一代；2000至2004年前出现并比较活跃的写手为第二代；2004至2008年段出现并比较活跃的写手为第三代；2008年后出现且比较活跃的写手为第四代。当然就某一个别写手而言，他的分代不是绝对的，本人可能根据其写作特点将他放在前一代或后一代，但绝对不会跨代，如不会将2000年前出现的写手放在三代或四代，也绝不会将2008年后出现的写手放在一代或二代。即分代的年限是绝对的，只是在他两代都可以靠时，以写作情况为据适当调整。

　　本书写手的排序规则是先按代排，代内按字母顺序排。第三、四代因为人数较多，进行了简单的分类。这个分类不很准确，因为有的人尝试了多种类型的写作，可以分在不同的类里。每一类的人数也不均衡，而为了保持每类的大致均衡，只好合并一些类型。每类里的排列仍然是按字母顺序。个别字母顺序不对的是因为撰写时有增补，序号发生了变化，致使所在序位不对。

一 第一代写手

1. 少君

少君，男，本名钱建军，著名美籍华人作家，海外新移民作家，也是最早在中文网络上写作的作家之一。1960年出生于北京一个军人之家，毕业于北京大学声学物理专业。毕业后，曾在中直机关工作，做过秘书，任过《经济日报》记者，参加过国家"七五"规划报告的起草，并参与提出西部开发战略，写过调查报告《西部发展的若干问题》《西部报告》《现代启示录》等。1988年，钱建军赴美留学，在美国德州州立大学读经济学博士。毕业后，在匹茨堡大学和普林斯顿大学做研究员，并兼任中国厦门大学、华侨大学、南昌大学教授等职务。1998年被《世界华文文学》选为年度封面人物。曾在美国一家与电脑有关的高科技公司——TII任职，一直做到副董事长的职位。

2000年正值四十盛年的少君宣布退休，专事游历写作。曾以李远、未名、马奇、赵军、程路、剑君等笔名活跃于海内外文坛。著有散文、杂文、小说、诗歌、纪实文学等多种体裁作品，出版了《凤凰城闲话》《未名湖》《怀念母亲》《人生自白》《大陆人》《奋斗与平等》《阅读成都》《印象成都》等多部著作。其小说被赞为是"一幅'清明上河图'般的浮雕面影"，其散文被誉为"一幅长天绿水、花光百里的风情画卷"。现隐居美国凤凰城。

在华文网络创作方面，少君可以称开先河之第一人。1988年赴美留学后，异域的苦闷和远离祖国的失落孤独成为他在美生活的精神困境，而网络空间的汉语写作给少君提供了一条宣泄和释放自己的途径，他在网络文学创作中找到了一个藉以生存和自我感知的精神空间。九十年代初期，少君真正开始了他的网络文学创作。此后，网络创作成了少君不可缺少、甚至更为重要的生命存在。

《人生自白》系列小说收集了作者自1988年至1999年长达十余载漂泊海外创作的100篇小说。这种"人生的自白"不是想要影响别人的灵魂,也不是为了稿费,而"是一种无法割舍的文化的爱,是一种心灵需要的喷发,是一种精神希望的寄托。"

《人生自白》讲述的是一个个精彩的人生故事。作品中的每一篇故事,都由一段引言和故事的正文两大部分组成,结构简单清晰得可以让读者通过电脑屏幕浏览时一目了然。引言字数在几十个字到几百字之间,采用的是第一人称叙述手法,主人公的出场经由作者牵引,作者把主人公的经历、情感活动和即将要上演的剧情简明扼要的交代一番。如《保姆》中"引言"部分写作者"我"在监狱采访一个杀人犯,"我知道她是来自湖南的保姆。被杀死的是她的公司经理孙老头。她作案当晚就到派出所自首。她头垂得低低的,无意识地啃着滚圆而细腻的手背。沉默良久,她抬起了满是泪水的脸。"等到故事的正文时,主人公"我"的角色就转换成了小保姆,通过"我"的自叙,一步一步揭开故事的谜底。

像这样以第一人称的叙述方法,用被采访人自述的口吻,来讲述自己的人生经历,显然给读者以真实的感觉。《人生自白》中引言这部分内容,比重虽然占得很小,但由于是通过作者的视点在观察、叙述"我"的所见所闻所思所感,就像提出了一个谜面,起了制造悬念的作用,使读者迅速被吸引。《人生自白》系列小说不是靠通过纷繁芜杂的人物来充实作品写作空间的,每个故事正文都只有两个主人公,一个倾诉,一个倾听,借用观察者的眼光来审视对方的内心世界,使倾诉者的情感真实、自然流露。

网络文学即兴的、快餐式的创作特点使《人生自白》系列作品的语言也避开了传统小说的雕琢,把内心感悟用指尖通过网络媒介无遮掩地流露出来。而这种感悟来自作者在大千世界百般历练后对百态人生的深刻理解,来自从东方到西方时空跨越后的临空俯瞰。写作既已不是谋生的手段,自然就没了刻意的逢迎和虚伪的矫情。

《最后的自白》中少君说道:"一时冲动地来到美国,一下子从行走中南海的年轻学者变成中餐馆端盘子的小侍者,从指点江山的青年理论家变成美国二流大学的留学生,其中失落与痛苦的情感真是罄竹难书。"

一、第一代写手

就这样,他承受着巨大的精神压力在美国重新开始奋斗,而且越是离家乡遥远,越是对故国文化眷恋,却又找不到宣泄的方式。因此,经营文字中的故国之梦成了他的最爱,写作成了一种治愈"边际人"心灵深处矛盾、困惑的良药,对少君来说,如果中西文化的困境是他宣泄的原因,那网络写作则是一种宣泄的途径,所以他喜欢称自己的《人生自白》为"宣泄文学"。

在远渡重洋的华人中,不可避免地要面对中西文化的碰撞和矛盾。二者之间的冲突对许多华人造成了一定程度的冲击。如一些移民学生"初次踏上花花世界,耳目全新。走亲访友,目睹家家以车代步,屋里堂皇富丽,电脑设备样样俱全,而且有的还拥有数幢房屋。反观自己两手空空,对比之下使人惆怅异常。"他们在课堂上会提出大都和上课无关的内容,如"非法居留多久会有大赦?""什么地方可以买到假绿卡?""找个老美假结婚要多少钱?"(《新移民》)

而这些华人往往是怀着崇尚西方文化的目的远渡重洋,到了美国后,才发现传统文化的烙印已深深印在自己的心中。当《大厨》中的主人公身份由从中国科学大学高材生转变为美国餐馆中的大厨以后,仍然整天在想"存一笔钱,然后找一个好学校继续自己的学业"。此时他才发现原来对西方文化的憧憬带有一种盲目迷信,内心深处感到与之格格不入。正是在与异邦文化的鉴照中,他们对自己原先忽视的民族文化,又有了重新的认识。

少君笔下的这些中国留学生、新移民们在席卷大陆的留美风潮裹挟下,漂洋过海来到"天堂之地"——美国,起初在文化价值观的取舍上,不约而同地倾向西方社会、西方文化。然而在追求自身真正精神家园,在真正想得到灵魂的休憩时,母国文化、传统文化才是最温暖、恬静的港湾。他们因为从对祖国的情感中,才能找寻到自身在异国文化中的位置,这种不可替代的爱,是他们生存的支柱,也是他们获得勇气和目标的源泉。

中国知识分子包括第一代美国华人作家在两种文化的碰撞中不能以

理性的现代人的身份在异国社会和文化中从容地找到自己的位置时,在徘徊于两种文化之间又难以扎根的困境中,茫茫大洋阻隔,望断天涯路,回想过去,思乡不断,寂寞、漂泊、流离、苦闷之感油然宣泄而出。

旅美文学批评家陈瑞林认为:少君之所以下笔万言,文思奔涌,真正的源动力是他内心深处一直渴求着一种灵魂的宣泄,从而舒弛经济运作带给他的精神羁绊。他并不愿成为一个纯粹的学者、企业家,他要在文化的意义上塑造自己的人格。

在《人生自白》后记中,少君这样看待他的创作动机:"我开始抱着眼不见心不烦的理论搞经济研究,以后来到美国留学,大学任职,又下海经商,堵在心里的那股气,始终难以释放,后来去了次佛光山,经高人指点,就开始了以文泄气,修身养性的漫长生活。我不能不写作,写作使我在与金钱游戏的压抑中得到释放,写作也使我在异域的漂泊中感受到生命的价值所在。"

可见,少君的网络文学创作是基于他作为一个远离祖国故土的海外华人内心深处的母语写作欲望,写作是他对自己灵魂的宣泄,是他对现实压抑的一种释放,是他感受母语文化的方式,是对自己真实情感和感受的遵从,是他在潜动机下用文学来感认自我的方式。

在《北美网络作家少君访谈录》中,少君表示:网络文学主要在发泄,没有功利,网上写作也可以天马行空,自由自在,网络文学与传统意义上的文学偶尔交叉,但不会融合在一起,而是各有读者群。

因此,在网上进行创作只需要对自己所思所想肆意放行,行云流水。在他的文学里,没有任何强求的姿态,没有为达到某种功利的文学目的而故意进行矫情的修饰,有的只是在网络空间的自我放纵,网络成为他于这个喧嚣和物欲横流的世界中对自我情感宣泄的空间,文学是他用文字符号在网络空间里建筑自己的感受、感知的样品,是他生活的意义和生命的寄托。

同时,我们需要注意到少君自由自在的创作是建立在他优渥的经济生活上的,优越的生活条件给他的文学创作提供了保障,他的写作是可以不带任何功利性目的,没有利益的追求和经济的压力,在这些前提下,他才能游刃有余地在网络空间中发挥自己的感想。

少君的网络文学中充满了他率性而为的个性。在他的网络文学创作的更深更厚处,是丰腴的知识、生活、社会经验、人生感悟的积淀。他所进行的网络文学创作是对自己文学梦想的一种继续和实现。写作是源于归隐后的一种心情,一种心境,源于内心对这个世界的一种感受,文学成了他向这个世界抒发自己,向读者展现一个真实世界和真实自我的平台。

(张梦航)

2. 痞子蔡

痞子蔡,原名蔡智恒。1969年11月13日出生于我国台湾嘉义县布袋镇,1984年到台南一中念书,至今仍以台南为生活中心。蔡智恒在BBS上的ID为jht,乃国音二式他名字的首字母(即Jr－Heng Tsai的首字母),一直沿用到现在。由于他以很多作品中的主角名痞子蔡借以代表他自己,所以"痞子蔡"这个称呼得以广泛流行,后期误传为作者的笔名。

蔡智恒自述是属于比较懒的人,没有什么特定的兴趣。并且他在不同的环境中喜欢保持同样的习惯。2000年他从成功大学水利工程研究所博士班毕业,后留在成大作博士后研究员。目前仍没有正式稳定的工作,网络创作也基本中断。

1998年3月22日,痞子蔡开始在网络上连载《第一次亲密接触》,作品甫一出现,即受到网民的热烈追捧。致使该作品成为许多人心目中汉语网络文学的起点。蔡智恒也成为汉语网络文学写手第一人,被喻为"汉语网络文学旗手"。从这天开始,网络文学正式从虚拟走进了现实,很多人第一次从网络创作中看到商机,也是从这天开始,整个汉语世界开始认识到蔡智恒。这年,他29岁。一夜成名的他似乎在而立之年找到了自己人生的方向，此后一段时间他投身于网络文学创作，但几年之后即无以为继。

痞子蔡对网络文学，有带动蓬勃之功，却也有间接让网络文学商品化之过。他主张网络的创作园地应像辽阔的草原，写手应保有野生动物的野性，不应被商业利益所豢养。但是从他后期的文学作品我们还是可以看到很明显的商业痕迹。

蔡智恒出名后，被邀请写了很多作品，初步统计大概有33篇，结集出版有《第一次亲密接触》《雨衣》《夜玫瑰》《槲寄生》《爱巢》等。《爱巢》这部书略有争议，由于写作风格不像蔡智恒一贯以来所表现的，而作者本人也避而不谈，因此有人认为该作品并非出自蔡智恒。

蔡智恒的写作之路虽然不是大起大落，但也没有一帆风顺。《第一次亲密接触》是他的成名作品，也是网络上最早出名的爱情小说之一。该文在两个月内陆续发表计34回及后记篇，当时整个网络对它的转载近乎疯狂，几乎有汉语网之处即有该文。小说完结后即成书付梓，立即跃升为书店销售排行榜前位。

由于《第一次亲密接触》所承载的光环太多，在这一两年里作者所写的书都未能超越它。直至《槲寄生》的问世，就像三年前那样一夜之间将作者的写作生涯推向了高潮。

蔡智恒所创作的基本都是中篇小说，大概在200到300页之间，还有一些是一部书里由几个短篇小说构成。其文章大多是关于青春爱情故事，但原本青春美好的爱情在蔡智恒笔下多是以悲剧结尾的。回顾他的主要作品，几乎离不开这样一个模式，故事的男主角最后由于各种各样的原因都没能和心爱的人在一起。

由于蔡智恒的生活重心主要在大学，真实生活中的所经所历也大都在校园，因此他前期所写的故事大多是以校园背景或毕业不久的青年人。包括《第一次亲密接触》《雨衣》《槲寄生》等畅销书籍都是校园爱情故事。

相较于其他青春文学作家而言，蔡智恒的写作，始终专注在爱情的萌生与成形的过程，他的书写不喧不闹，用字单纯简练，全在意象上下

一、第一代写手

工夫,却让人见识到爱情初生时的本质与真谛。新近小说《亦恕与珂雪》,特别经营爱情的比喻,可说如诗如画,让人览书之余,心情沉淀冷静,意犹未尽爱情萌芽的芬芳。只要他一说话,就很爆笑,而且不会停。作品的情节不算很复杂曲折,由心理活动和细节描写折叠出人物的形象,让读者不自觉地为他所营造的气氛所感动。

《第一次亲密接触》为我们讲述了一个以悲剧结尾的爱情故事。故事的两个主人公,花花公子阿泰与三好生痞子蔡,好友两人住在同一屋檐下,并且就读于同一所大学。阿泰的人生哲学颇为放浪,在不断追逐异性的生活中获得乐趣,而且颇有心得。相形之下,腼腆的痞子蔡对感情的事相当认真保守。但他在网络上又表现出双重性格的另一面,不但热情自信,而且能言善道。

两段不同的人生就在剧中拉开帷幕,以人生为游戏的阿泰认为及时行乐就是爱情的真谛,他与女孩小鱼的感情便在拉锯战中展开。而外型并不出众的痞子蔡则从不敢奢望真爱会降临到自己身上,直到他在网上邂逅了代号为"轻舞飞扬"的女孩,两颗真诚的心灵终于紧紧地靠在了一起。

但是轻舞飞扬由于患有遗传性红斑狼疮,在故事的最后,她年轻的生命不幸早早结束了。所谓的第一次亲密接触,其实是轻舞飞扬病重躺在医院时,痞子蔡赶去看她,那次是他俩第一次拉手。而小鱼也在看穿真相后拂袖而去。看似都满不在乎的阿泰和痞子蔡,重新开始了自己的生活。而所有的伤痛与回忆却悄悄地深埋心底,成为他们一段成长的经历。

很多时候,人生也就如此,当一切才兴兴开始的时候,没过多久,却又悻悻落幕。留在心底的,就是那段难忘的经历,与成长的记忆。由于这部书所收获的巨大成功,后来还被拍成了电视剧。

作为蔡智恒巅峰作品的《槲寄生》,延续了蔡智恒小说一贯的浪漫气氛,描述"我"实在不是故意,但仍旧不小心同时爱上两个女孩的"三角恋"故事:在台北担任研究助理的"我",打开抽屉,随手拿出一根烟抽，要把烟拧息时，发现烟上有字。

每抽一根烟，便忆起一段往事。最让他心动的是她，那个在烟上写字的女孩；可另一个她也叫他痛苦，那是让他重拾信心的女孩。当你令两个女孩心痛，你就不得不做一个选择；当两个女孩令你忆起左肩右肩都痛，你就知道自己中毒太深，要细细分辨，什么是真爱，什么是一生所爱。

爱抽 MILD SEVEN 的痞子蔡，用十根烟串起一个浓淡相宜的爱情故事，书中主要人物是大学时代的同学和朋友们。就像《第一次亲密接触》一样，其中或多或少难免揉进自己切身的情感经历。故事中有很多大学时代非常有意思的生活，参加社团，跳舞，表演话剧，辩论赛，每一件都是能留下美好回忆。

至于书名为什么叫槲寄生，其实也有一番讨论。原本槲寄生是一种寄生于松树上的毛虫，大约8世纪的维京人相信，槲寄生能将人由死亡中带回来，而这是源自于他们"太阳神"波尔德死而复生的故事。

不得不说《槲寄生》是一部成熟的作品。其实，那十支菜虫没有抽的烟，都在他心里燃尽了。而荃的爱也和香烟一起在他胸口了。荃留在香烟上的隽秀字迹，荃那些只有菜虫明白的动作暗示，都成了驱动菜虫思念的源泉。而最后在烟盒上的言语，就像开动引擎的钥匙，让菜虫找到了心底的答案，也给了菜虫追寻爱情的勇气。这种爱情勇气的拾得，就像槲寄生能将人由死亡中带回来，最后找到真爱。

总的来说，蔡智恒的作品是世俗化的爱情小说，有的地方也略微"三俗"。他喜欢写爱情的浪漫过程，却加上现实主义的结尾。不足以反映社会的现实，只能给读者一个心理的满足。他的作品，只有某些段落，语句可以细细品味。

3. 图雅

图雅，别名涂鸦，昵称鸦，可能为男性，可能于50年代生于北京建

一、第一代写手

设部大院（原建工部大院），曾在俄勒冈学数学，似乎善烹饪，可能曾为教师。在网上自称"涂鸦""秃子"和"政委"，1994年曾经参与筹备"新语丝"中文网，中途又溜了号。散文《寻龙记》获得台湾《中央日报》一个文学奖，曾与方舟子倡议推荐金庸先生提名诺贝尔文学奖，起草了给瑞典汉学家马悦然的公开信，1996年7月离网，从此不知所踪。

图雅是中文网络写作第一代写手，但是图雅到底是谁至今仍是个谜。早期网人并不刻意隐瞒自己的真实身份，不过图雅是个例外。他的真实身份，到现在还是个谜。1994年，图雅的散文《寻龙记》获得一个文学奖，按要求要提供个人简介，他才首次公开透露了一点个人信息，但是提供的也非常有限，也仅仅知道他"50年代出生于北京"，而这是只要细读他的文章就可以推测出的。他那时偶尔在网上跟人讨论一些高等数学的问题，所以他的专业，大约与数学有关。甚至连其性别也有争议，虽然其文风、措辞明显男性化。

从1993年到1996年，图雅在全球中文网络（主要为位于北美的《华夏文摘》、ACT中文新闻组、"新语丝"等网络应用）里如日中天，他创作的散文、寓言、小说、杂文风靡一时，就连一脸恨恨的方舟子都说他是"网上绝无仅有的语言大师"。1996年，图雅不辞而别，离开网络，从此再不复归。据说有一位美女因为爱图雅的文章和他最终缔结良缘，美女和图雅定下终身时要鸦（图雅的网上昵称）放弃网上写作，唯恐鸦的漂亮文章和俏皮话再次射落芳心。我们猜测一定是这位美女的才貌让图雅服气，他真的金盆洗手，把网上的风头让给了后来的不良少年。这样的传说很有喜剧感，可能是喜欢他作品的读者的创作，也是对他的祝福。

图雅的作品现在主要集中在"亦凡书库"，分小说、散文、杂文、诗歌等四类。现代出版社2002年出版有《图雅的涂鸦》文集。小说的篇目有《小野太郎的月》《光》《破瓮记》《落角》《剃头的故事》《鹦哥记》《姑妈阿兰》《马蜂的故事》《扮猪记》《MAZE啊》《养鸡记》《良心问题》《逐鹿记》《吃狗肉记》《曹操吃瓜》《头人的龙门阵》《小三游网记》《买车记》《拱猪记》等。

散文的篇目有《吃鸡三境界》《回忆黑手党》《听笛与挠痒之余》《感恩节苦谈》《寻龙记》《读书轶事》《小鸭杰克》《阿西莫夫，卡尔塞根，抹布及其他》《橄榄》等。

杂文的篇目有《第五维》《图雅谈国是》《图雅杂文选》《八百亿的菜叶子》《说圆》《佛学研究：讨论中的鸡和轮回》《酒和酒友》《小三思想》《我看〈新语丝〉》《浮肿与清新——春节联欢节目短评》《劝架》《中国人不打中国人》《天方鱼话》《四难小议》《花钱与做鬼》《短歌行：论曹毛之别》《杂论鲁迅的文章》《闲话洗澡》《逆境与人》《日本的随想》《民歌与民智》《狼》《砍柴山歌》等。

图鸦的文字好评如潮，大量的读者毫不吝啬地称之为"网上绝无仅有的语言大师""纸媒外的高手"（张远山语）、"网上王朔""网文八大家之一"（方舟子语），连著名作家韩少功都对其赞赏有加，"我觉得他的文笔很机智和灵动"。甚至在他离开网络的5年后，2001年"海纳百川BBS"评选"全球中文论坛十大写手"，大量拥护者的呼声仍然使其跻身其中。

图雅的语言机智敏锐，尤其在对话方面写得很是出彩，有燕赵男儿的慷慨。短篇小说的风格有"网上王朔"之称，机智，诙谐，幽默，风趣，有时又玩世不恭，痞气十足。多以"××记"为题，描写作者赖以成长的大院生活，尔虞我诈的工作环境，以及海外生涯的奇人、奇事、奇遇；杂文酷似王小波的风格，知识性、趣味性并重，而且奇思异想，层出不穷，以至有人误以为是王小波去世后的"遗珠"。

图雅长于叙事、抒情而拙于说理，所以他的文学作品的质量远胜于议论文章。但即使是那些感性盖过了理性的议论文章，虽难以说动读者，却也因为诙谐风趣而富有可读性。与国内网上风行的那种将恶谑当有趣的搞笑文章不同，鸦的诙谐往往富有韵味，类似于西洋的幽默，在品味上，比油嘴滑舌高出了不止一筹。鸦的文学作品，也以语言取胜，在布局谋篇方面仍有欠缺。所以他的散文强于短篇小说，短篇小说又强于中篇小说。他创作的两篇中篇小说，结构都很零乱，不成样子。这是网上

一、第一代写手

随写随贴的毛病，倒未必是天赋不足。如果鸦能够潜心创作，仔细推敲，中文文坛或许能出现一位小说大家。①

网络上总有人喜欢将图雅与王小波、王朔这两位大家相提并论，甚至有论者称"图雅的成就丝毫不逊色于王小波"，甚至还有人认为他的文章"无论文字风格的凸现，还是故事题材的选用，图雅都有明显区别于，甚至高于王朔的地方"②。虽然这种说法难免有拔高之嫌，可是图雅在文学方面的高度却是不容否认的。图雅喜欢写生活经历，文笔好，这都与王小波有些相似之处，所以他的文章读起来都是一种上佳的享受。王小波通过他的文章传达一种深刻的思想，而图雅则是通过文章来展现他机智敏锐的语言和文字。所以，他们的成就有某些深度上的差别。因为图雅的文字虽好，但是类似于闲适小品之类的东西，读后能引人会心一笑，但是很少能启人心智。偶有几篇，如《说圆》《吃鸡的境界》《寻龙记》《第五维》等，可见智慧的光芒。但是图雅的"智慧"很多停留在生活经验积累的层面，或者是阅读经验的呈现，而王小波的"智慧"更多的是思维的结晶，无不闪烁着理性的光芒，两人显然并不是一个层次的人物。

喜欢图雅的人很多，当然不喜欢他的也大有人在。看了他的文章，我想说，他无愧于"语言大师"的称号，他的文字就是他的象征。或许他的文字缺少了某些思想，但这也不能否认他的文学高度以及他对网路文学所作出的贡献。他对文字的运用自如精到，这值得后辈人学习。文字就像是文章的一件衣裳，你若华丽，自然会吸引较多的眼光，从审美的角度来说，文章也就成了一件美丽的艺术品，因为它给人以心灵上的愉悦感。自1993年以来，中国网络文学已经走过了风风雨雨的十几个年头，不知有多少个幸运儿从这里走进文学的殿堂，或者走进名利的场所，也不知道还有多少如过江的鲫鱼一般的无名写手在这里苦心经营、苦苦

---

① 方舟子：《怀图雅》，见 http://www.shuku.net:8082/novels/mingjwx/tuyawx/tuya54.html。2013年5月26日查询。

② 应凡：《涂鸦图雅》，见 http://www.shuku.net/novels/mingjwx/tuyawx/tuya55.html。2013年5月26日查询。

挣扎,虽然图雅已经离开了文坛,可是他却在这个圈子里留下了抹不去的印记,让人怀念,那么不得不说他是成功的,我们也为失掉这样一位好的作家而遗憾。

图雅的离去带走了一片文学的繁华,但他并没有带走希望,他留给文学的也是他永远带不走的东西,相信他所留下的将会开出更美的花朵。

(覃亚玲)

4. 安妮宝贝

安妮宝贝,女,真名励婕,1998年她写了第一篇小说《告别薇安》,并把它贴在互联网上,她的作家生活就开始了。她的文字开始影响80一代人的生活和思想,正如她自己所说:"网络对于我来说,是一个神秘幽深的花园,我知道深入它的途径,而且最终让自己长成了一棵狂野而寂寞的植物,扎进潮湿的泥土里。"

安妮宝贝是早期网络写手的典型代表,她的作品不少,且本本畅销,至今出版了长篇小说、短篇小说集、摄影图文集、随笔集等各种形式的作品,有《告别薇安》《八月未央》《彼岸花》《蔷薇岛屿》《二三事》《清醒纪》《莲花》《素年锦时》《春宴》《眠空》《古书之美》(按时间顺序排列)共11部作品。她的作品均持续进入全国各类畅销书排行榜,更被引介到中国香港、中国台湾、越南、韩国、日本、德国、英国等地区和国家。另外,1999年,在成名之后,安妮宝贝还在当时著名文学网站"榕树下"担任内容制作主管;2000年,她又扩大了自己的网络活动领域,担当起某网络公司电子杂志主编,2001年在杂志上开设时尚专栏;2008年她在"城市画报"开设专栏,2011年更是主编了杂志书《大方》。虽然她很早就从网络写手升级成为一名作家,但她毕竟是从网络这个平台上发的家,网络赋予她的意义是不容置疑的。安妮宝贝从来不缺读者的捧场,虽然已经出道15年,但她在大众心目中的影响力依旧不减,在2011年11月21日发布的"第六届中国作家富豪榜"上,安妮宝贝以940万元

一、第一代写手

的年度版税收入，荣登作家富豪榜第5位。

安妮宝贝早期作品主题多为工业化城市中游离者的生活，主题边缘，例如其早期作品《告别薇安》《八月未央》和《彼岸花》，让人感觉随意、慵懒、漫不经心却又丝丝入骨的颓废与悲伤。在经过时间的磨练和洗涤之后，安妮宝贝开始关注人与外界和自我的关系，注重内心观照，有较多人性和哲学上的探讨深入，如《蔷薇岛屿》《素年锦时》和《莲花》等。

《告别薇安》是安妮宝贝的成名作，一部才华横溢的作品。早期的安妮宝贝的文字是诚实的，充斥着一种加速下坠的绝望感。她写的是她自己，当时的她有写作的勇气，也有写作的敏感。安妮宝贝在《告别薇安》的序言中这样形容她自己的写作：文字不断地涌现，不断地消失，好像是写在一面空旷的湖水上，而我确信，自己是在写着一本写在水中的小说。她用了"一面"这个量词，让人很容易联想到镜子。的确，她的小说更像一面镜子，和这个社会的若干文化现象构成一个镜像的关系，也许她是无意识地书写，但是我们确实读到了某些讯息。在《告别薇安》里，安妮宝贝写的就是工业化大城市边缘人的底层体验，一幕幕悲剧，引起了人们对生命价值乃至社会的讨论。《告别薇安》中的同名短篇小说无疑更好地阐述了人生的虚幻与漂浮。从邂逅薇安，到喜欢挂念薇安，想象薇安，在他的眼里，倾注了灵魂深处焦躁不安的向往，薇安是谁？她又在哪里？在同一个城市，甚至在生活的周围空间？开始沉沦、见证血腥、同乔的寂寞填充，是因为他要找薇安，他探究这个似假还真的vivian。然而成人间的游戏规则被打破，乔的付出，乔在楼梯口向众人大声地宣布，好似为爱而生的人向现实生活毫无顾及的宣判。那一刻，在现实面前，乔是强大的，而林的执守规则使她选择了脆弱的死亡。他开始于沉沦中思索，直至告别薇安，告别这个未曾谋面的人。在整个过程中，是网络感情同个人追求的毫无联系打造成的冷漠，"但是为什么要了解呢。她笑。我们始终孤独。只需要陪伴。不需要相爱"。生活的现实是残酷的，追求后栽落，仍将维持美丽的虚幻和栽落，直至生命结束。在

《告别薇安》中，我们看到了安妮眼中的誓言、宿命、人生与爱情，但我们更应该像安妮一样，在认清生活中的虚无同时自我觉醒，追求现实的生活。

到《莲花》这部小说，安妮宝贝开始了创作的转型，与前期作品相比，安妮在小说中注入了更多理性，对于生活的创痛也走出经历、展示的阶段，开始自省与体悟生命。这部小说的情节非常简单，主要人物也仅仅只有三个，它不是以"编故事"这种传统小说模式为依托，而是更有现代性的品格，故事和人物的简单避免了小说纷繁复杂的情节和人物关系带给读者的困扰，注意力集中于整部小说所传达出的精神魅力。

《莲花》是一部典型的以旅途为故事框架的小说，写的是一名害病女作家庆昭困于拉萨，偶遇一个名叫善生的男子，于是自愿陪他去墨脱——位于青藏高原西南部，雅鲁藏布江畔的小村庄，寻找青梅竹马名"内河"的女子。内河在墨脱的一个小学当教师。他们一路跋山涉水，经历没有预兆的泥石流，恶心的吸血蝗虫，辛苦并且穿越死亡来到墨脱。善生得知，内河在几个月前，送几名孩子回家后，再未返回……内河和善生在小说中虽始终是彼此唯一的朋友，但从故事结构与内容来看，他们一直都是对立的两个面。从儿时到成年，他们都在毫不相干的纯净世界及利益世界拼搏和适应。内河曾和自己的美术老师发生师生恋，这位中年男子抛妻弃子，带着内河私奔至一个小镇，却在某一天忽然回家，结束他生命中最后且唯一的焰火。内河面对这忽如其来的离开，谢绝控制情绪，最终被送进精神病院。从此，善生再也不愿触碰内河的肢体，哪怕是离别的一个拥抱。他一直以内河为耻，他说，从始至终他们彼此都只是爱着他们自己。故事的矛盾就是由此产生的，对立的两个人作为彼此的亲密朋友，开始关于自然与利欲的较量。内河灰暗而浑浊的过去，并不是来自于不善良，并且最终都能够得到宽恕。善生到达墨脱，把内河的遗物留给了庆昭。他收获了内河的精神，摒弃世人的眼光及利益，义无返顾地前往期望之地，这是极端的选择——左手握着死亡，右手抓着超脱，但无论哪一面，都是能够达到目的并且最快速的方式。

一、第一代写手

这本书从始至终都好似在倾诉又或是作者面对自己的拷问。《莲花》或许看似悲观，但实质在给予我们对生活的激情以及期望。故事处于一个现实和想象的交界，它告诉我们，人处于一个社会之中，理所应当的去融入社会并乐于其中，它引领自己在思维和社会的现实中穿梭。每个人应该有明确的目标，并且去实现和满足它，生活的意义就从中而来，就像书中说的，"死亡是真相，突破虚假繁荣。它终究会让你明白，别人怎么看你，或者你自己如何探测生活，都不重要。重要的是你必须要用一种真实的方式，度过在手指缝之间如雨水一样无法停止下落的时间。要知道自己将如何生活。"

5. 李寻欢

李寻欢，原名路金波，男，1975年10月生于河南平顶山市叶县，毕业于西北大学经济专业。1996年，他上大四，在西安的钟楼第一次看到了什么是网吧。1997年毕业以后去了房地产公司，有天突然在报纸上看到一个网络公司招人，就投身了网络事业。在网络公司里面无所事事，遂以"李寻欢"为名活跃在互联网各个文学论坛上，成为第一代网络文学写手的代表人物。他与宁财神、邢育森并称为"网络文学三驾马车"，与宁财神、安妮宝贝号称网络文学的三大领军人物。

2000年9月，他加入知名的网络文学网站"榕树下"，担任内容总监，后来又担任战略发展总监。2002年，贝塔斯曼接手"榕树下"，从那以后他开始转向幕后运营，向文化经理人转型。2005年，路金波签下韩寒、安妮宝贝的版权，创办万榕书业，成为著名出版人。成功运作出版了《成都，今夜请将我遗忘》《若星汉天空》《Q版语文》《一座城池》《莲花》等书；更成功推出"小妮子"系列，制造了畅销书流水线，把出版变成了工业，这在中国算是史无前例。2012年创办果麦文化传媒有限公司，任公司董事长。旗下签约的作家除韩寒、安妮宝贝外，还有易中天、王朔、冯唐、安意如、赵闯、李继宏等知名作者。他可能是目前中国最成功的出版人之一。

作为网络文学的三驾马车与领军人物,李寻欢的名号多少有些与实际不符,因为他发表的作品不多。主要有《迷失在网络与现实中的爱情》《边缘游戏》《一线情缘》《数字英雄》《粉墨登场》《粉墨谢场》《比情人更亲近:网络最动人的爱情故事之一》《月牙儿指甲:网络最动人的爱情故事之二》等。其中大部分都已出版。

他的书大多数给人感觉很是俏皮,看着有一种清新。作品风格诙谐幽默,充满了欢乐的色彩。同时,他的很多作品描绘了现代人的感情生活和心理动态,具有现代气息。他以批判的手法写爱情,颇有建树。由于他网络写作生涯已经结束多年,现在他的书已经不如当初那么火爆。有人说,当年大陆网络三驾马车随着寻欢的封笔,整个网络文坛有种凋敝的感觉。可想而知,"李寻欢"曾经的确在网络文坛上独树一帜,风靡一时。他所写的小说大多为中篇小说,也是以描写爱情为主,而他所写的爱情也多半是不能善始善终。

李寻欢的写作主要集中在早期,带有当时明显的网络写作痕迹,与现在的网络写作有很大不同。如大量使用网络聊天对话体,语言简洁,故事推进较缓慢等特点。

《迷失在网络与现实中的爱情》为我们讲述了一个爱情悲剧。故事的背景是网络,网名为乔峰的男主人公热衷于足球,每天的网络论坛上都有他的身影,乐此不疲。在一次网络讨论中,乔峰认识了一个叫做风影的女子。风影假装足球论坛的球友骗取了乔峰的电话,电话接通后吃惊的乔峰顿时不能言语。就这样,两个孤单的人每天畅聊于网络。渐渐地两个人心中都对彼此有了一些说不出的莫名感觉。一次风影出差的时候,乔峰鼓起勇气向她表白,风影知道后并没有太多的惊讶。出差回到兰州的风影再三思考后接受了乔峰的爱,两人相约情人节的时候在一个酒吧见面。见面的两人互相对彼此都有好感,正式确立了关系,至此网络的爱已走入现实。

如果故事就这样结束会是个皆大欢喜的结局,然而一切才刚刚开始。

一、第一代写手

恋爱中的两人，每天沉醉于自己的小世界中，幸福地相伴。直到有一天，风影向乔峰问到何时结婚的事，乔峰听到结婚二字不由得一愣，原来乔峰的父母打算让他出国深造，身上背负着全家人的希望。而未来则看似扑朔迷离，乔峰明白自己深爱风影，下定决心带风影回去见父母。回家的那天，一家人在饭桌上好不温馨，吃完了晚饭，乔峰的父亲让他陪着一起去看老师，家里留下了风影和乔峰的妈妈。当乔峰办完一切回到家时看到风影和母亲脸上都洋溢着笑容，以为一切都完美解决。那天在和乔峰一起回去的路上，风影提出两个人走一走，无奈乔峰还不知道风影的心意。一天早上，乔峰从床上醒来时，空无一人的客厅里留下了一封风影的信。为了不影响乔峰的前途，风影选择了默默离去，消失在茫茫人海里。其实那天在乔峰家，乔峰妈妈早已向风影道明了一切。失去了真爱的乔峰，独自面对偌大的城市，何处是家？

作品有意思的地方是不仅把爱情设置于网络中，而且以网络喻爱情。男女主人公是通过网络认识的，又在网络上发展出爱情，相当流行的网恋故事。但最终爱情与网络一样虚幻，真真假假，难以把握。"也许，网络与爱情，真的是很相似的：明明是虚幻的，却充满着使人眩目的神秘与美丽，让你如醉如痴地陷入进去，情愿永远不要醒来……"[①]

但是，爱情与网络终究不同。"可是，如果真的这样，那又为什么，我在网路上留下的足迹，总是那么快的被覆盖、被淹没，不久便彻底消逝，悄无声息。而我的绝美凄艳的爱情啊，却总在每一个寂寞无眠的夜里，折磨我疲惫的回忆……"

从纯粹文学的角度看，这个作品并不成熟。人物太过单调，主要人物就是恋爱的双方，其他人在整个作品中都没有太多表现。事件太过简单，贯穿全文的只有一条主线就是乔峰和风影的恋爱。而最引人诟病的是这个题目根本不能概括故事的内容与思想，因为主人公的爱情根本不

---

① 李寻欢：《迷失在网络与现实之间的爱情》，天涯在线书库，http://www.tianyabook.com/wangluo/mishideai.htm。下面引文出自同一作品，不再注释。

是迷失在网络里。文章的表达方式也过于失真,两个相爱的人都已经回家见过父母还仅仅知道对方的网名。作者的写作手法刻意向网络悲剧爱情故事上靠拢,两个真心相爱的人就因为男方要出国就分开,这样的理由太过牵强。给人的感觉是作者把故事生拉硬套进某个模式,最后的分手是作者刻意而为之并且人工痕迹太过明显。从欣赏性来看,这样的文章只适合中小学生阅读。文章的一大特点就是很多名字都源自于金庸武侠小说,可见作者本人对金庸的喜爱。

(曹志远)

6. 宁财神

宁财神,男,1975年2月23日出生于上海,原名陈万宁。知名网络写手,中国作家、编剧。1991年,宁财神以少年大学生的身份考进了华东理工大学商学院金融系,毕业后他跟随朋友来到北京,做期货交易,1997年进入互联网行业,空闲无聊混迹于各BBS,开始写作。他是天涯社区早期网友之一,曾担任过影视评论版主,并发过知名帖子《天涯这个烂地方》。1999年回到上海,加盟"榕树下",担任运营总监。被誉为第一代网络写手领军人物,网络文学三驾马车之一。2000年与俞白眉等写情境喜剧《网虫日记》,被王朔鄙视。

2002年,网络泡沫破灭,榕树下改朝换代,宁财神离开榕树下,好友俞白眉建议他再次从事编剧工作,开始编写《武林外传》。2006年,央视播出《武林外传》,受到热烈欢迎,宁财神从此誉满江湖,成为国内著名编剧之一。2010年电影作品《大笑江湖》《人在囧途》等亦颇受欢迎。2011年5月24日,宁财神受聘担任SMG尚世影业创意总监。

宁财神的文字类作品很多,种类也纷繁复杂。有小说、散文、小品、剧本和网帖等。除此之外还写过一些伪朦胧诗。根据统计,宁财神已经发表的作品有44部,其中有一部分是影视作品及剧本。主要有《世界上最遥远的距离》《新新网虫日记》《假装纯情》《缘分的天空》《无数次亲

一、第一代写手

密接触》《八十八次的亲密接触》《网络鬼故事系列》《本命年之夏》《不见不散》《较量》《卤煮男女》《精舞门》《网虫日记》《大笑江湖》《都市男女》《人在囧途》等。

其小说体裁与传统小说不同,通常篇幅短小,而且故事性不强,他所写的文章当中有描写爱情的,也有抒发感情的。宁财神的作品语言可分两种,一种是诙谐幽默,而一种是温婉古典。通常,他是以幽默的语言来发帖反映现实,创作小说或剧本。而他的抒情文章与他平日的创作风格大为不同,文字清远飘扬,内容恬淡如茶。有一定的意境,值得回味。

宁财神的作品以小说形式流行的并不多,他的文字作品并未抢占到很大市场。实质上宁财神是一名过了气的网络写手,虽然各大论坛书库都存有作品集,但点击率基本上已接近于零了。从他1997年开始网络写作,迄今为止已经生产出大量文字,他自己看着一大堆文字堆在硬盘之上,应该是欣喜和惭愧同在,汗水与泪水齐流。所以,个人觉得当年王朔对他的鄙视不无道理,宁财神并不是一个有才气的作家。相较于文学创作,宁财神参与或直接创作的影视作品则要成功一些。他创作的影视作品以世俗喜剧、情景喜剧为主,近年来获得很高收视率,其最大特点是在浅薄、无厘头的搞笑中讽刺现实。

《武林外传》是一部章回体古装情景喜剧,也是宁财神最有代表性的作品。

该剧故事发生在明代一个叫七侠镇的地方,是关中一个不起眼的小镇。一个叫郭芙蓉的黄毛丫头初入江湖,欠下钱财,被困在"能人辈出"的同福客栈。故事从这里开始,依次引出佟湘玉、白展堂、吕秀才、李大嘴、莫小贝,以及邢捕头、燕小六、钱掌柜这几个性格各异、风趣动人的年轻主人公,引出了一连串戏谑生动、引人入胜的故事。一群性情各异、即可怜又可爱的年轻人聚在一起,在同福客栈里经历了江湖上的各种风险和传奇,遍尝人间冷暖,体会亲情爱情,见证成长过程中的酸甜苦辣……这是一部笑看武侠、"光说不练"的古装喜剧。它写的是武侠

21

故事，实际上是一部反武侠的传奇，有点类似于《堂·吉诃德》。江洋大盗白展堂武功高强，但却不敢行走江湖，被六扇门追得只能躲在客栈当跑堂；六扇门的千金郭芙蓉因为一点小钱被迫在客栈扫地；最厉害的杀手中原一点红是被书生吕轻侯说死的；衡山派的掌门人莫小贝是个既不会武功，也无能力管事的小姑娘，等等，全是无厘头的武林笑话。

该剧于2006年1月2日在央视播出，最高收视率是9.4%，是2006年中国大陆收视率最高的电视剧之一。之后各地方台曾多次重播，亦有良好收视，在网络上也受到热捧。该剧最大的特色在于不间断的无厘头搞笑，带给观众一些浅幽默。内容上无可取之处，虽有一些对现实的小小讽刺，但既不深，也不多。结构上有可圈点的地方，如将整个武林发生的事置于小小的同福客栈，这一方法是继王朔《编辑部的故事》后中国室内情景喜剧的一个发展。

《假装纯情》在宁财神的小说中有一定代表性。故事主人公老宁，相好的一个女孩叫范可可，条件好人又贤惠。可是老宁热衷网恋，丢掉了爱情。在老宁不懈地追求下，可可又回到了老宁身边。最后大家都以为故事结束时，文章出现了这样一段话："段子原本不该在这里结束的，可是再往后，结局还是个悲剧故事，写着写着，我实在是不忍心把可可写成轻舞飞扬那下场，虽然她们的命运是异曲同工。就到这儿了，各位朋友全当这是个鼠头蛇尾的故事吧。仅以此故事怀念可可，我生命里曾经最美丽的风景。此故事绝对绝对不欢迎转载，不是我劲儿劲儿的假扛，实在是因为她的问题，请勿转载。"对于这种写作手法，有种戏谑读者的意味。这样的文章也只能混一混论坛，离正规作品还有一段距离。而作者的写作手法很大程度上模仿痞子蔡，笔下基本都是爱情悲剧。宁财神的小说艺术形象较为夸张，是典型的影视剧路线。其形式有点像周星驰的无厘头恶搞，虽然写的是悲剧，但是并没有把悲的那面深刻挖掘出来，用一个词来形容是乐观的悲剧。

所以我们也应该为作者庆幸他选择了编剧，而不是小说创作。影视剧本的技术要求相比小说而言低了很多，因为再差的剧本，只要通过图像的弥补、导演拍摄的完善，完全可以凑合过去。就《武林外传》来看，整个剧情的确没有太多内涵，只是符合大众的娱乐性，属于快餐式娱乐，笑过就转瞬即逝。这也就是为什么很多网友认为宁财神是垃圾制造者的原因。

（曹志远）

7. 俞白眉

俞白眉，男，真名武涛，1975年出生，陕西西安人，西安电子科技大学毕业。我国第一代网络写手，现为著名的影视剧、话剧编剧。

俞白眉1998年开始在网上写东西。当时零零散散写了一些，有杂文，也有小说，大部分篇幅都不是很大。主要为两类，一是评论，二是小说。他的评论文章在网上流传较广颇具影响的是"网络论剑"系列，如《大梦先觉篇》《爱情老狗篇》《刀剖周星驰篇》《主力难当篇》，其他评论文章还有《老汉磨牙系列》《四大才子打麻将》《白眉毛的大白话》等；他的小说作品主要有《马世龙禁烟》《寻常男女》《洪水退去之时》等。当时可以说是逮着什么写什么，和大多数网络写手一样，在网上嬉笑怒骂，写自己的性情文字，十分潇洒自在。

2000年起从事职业影视编剧工作，著有大量脍炙人口的电视剧、电影作品。2001年，俞白眉编剧、邓超主演的经典舞台喜剧《翠花上酸菜》一炮走红，成为中国大陆商业舞台喜剧的鼻祖。电视剧作品主要有《房前屋后》《无敌三脚猫》《西安虎家》《东北一家人》《闲人马大姐》《网虫日记》《相邻不远》《欢乐青春》《延安爱情》等。电影作品有《饭局也疯狂》。话剧作品有《翠花》《分手大师》《诺亚方舟绑架案》《恶棍天使》等。2010年携手好友邓超创立白眉工作室，编剧兼监制出品话剧《翠花八年经典版》等。

在俞白眉的"网络论剑"系列评论文章中，最先出笼影响也最大的是《网络论剑之大梦先觉篇》。这篇洋洋洒洒的文字，开篇是一个虚拟梦幻般的场景:"话说白眉老人修炼了大半辈子,虽然早熬得人老成精了,但是总因福缘浅薄不能登仙得道,眼看着黄土埋到大半截脚后跟了居然一事无成,不由得心中茫然,浑不知何去何从?"这时候白眉遇见了老神仙,二人在一起坐以论道,谈论天堂文学(暗指传统文学),又谈论天堂网络文学,老神仙的一些论点是相当精彩的,比如老神仙说:"代圣贤立言的欲望最可怕不过,乃是一切伟大作家的天敌……有那么多作家喜欢侃侃而谈我的创作是为了向读者说明一个什么道理,这是下下品的作家。上品的作家启发读者;上上品的作家启发读者,而且自己也说不准能启发出什么来。"文章中的老神仙,当然是个子虚乌有的人,那些精彩的论点,实际上是俞白眉自己的观点。采用的柏拉图对话录的方式。

在《网络论剑之大梦先觉篇》中,俞白眉幽默诙谐的写作风格已经初现端倪,该篇是一篇说理文,说的是网络文学的现状、网络作家的存在和缺陷、网络创作的突破口等等问题。但通篇文字见不到板起脸孔教训人的痕迹,倒是有许多轻松调侃处常常让人禁不住发笑,笑过之余又不得不认真思考一些问题。在他接下来写作的"网络论剑"系列、《洪水退去之时》《寻常男女》等都保持了这种幽默诙谐的写作风格,并且更加老练成熟,似有游刃有余的感觉。

小说《寻常男女》写的是人们日常生活中习以为常的一些平凡的事儿:电视台做征婚交友的节目,单位上叫常山等几个年青人去参加,在场面上凑个趣。摄影机的镜头下,一群人模狗样的寻常男女登场了。节目主持人明明没多少文化,却偏偏总爱拿《追忆似水流年》《战争与和平》等世界名著说事儿,常山想幽它一默,当节目进行到一半时,还没配上对的女嘉宾们都有点着急了,一个金发的胖女子问常山的择偶标准,常山严肃地回答了四个字:"色艺双绝"后来又浓缩成两个字:尤物。金发胖女子表情有些尴尬,可是又无可奈何……故事就这么开始了,人物一个个陆续出场,李维、赵子安、黄跃、顾戈、卢晓童、段湘宁等,一群寻常男女的日常生活故事,一幅当今社会的世态风俗画。该文没有写完,导致后面经常有人问作者结局如何。

一、第一代写手

俞白眉为文,追求生动有趣,关于文学的趣味,他曾说过这样的大白话:"希望自己写的东西首先要能让人看下去。"多年来,文学一直过于强调教化功能而忽视和贬低了文学的娱乐趣味功能,俞白眉则站出来说:"如果我觉得此处有趣味,我就有权在这个地方疏离主题给大家表演一下这个趣味。我能这么理解,说明我向来拿主题不太当回事。"他在《网络论剑之刀剖周星驰》中表现出来的戏谑和颠覆,对周星驰电影无厘头语言风格的刻意模仿,都说明了这一点。这样的叛逆精神,是许多网络写手所具备的,体现在俞白眉身上的只不过更加明显罢了。[①]

网络文学评论家元辰曾在青青草论坛发过一张英雄贴,在那个标题为《想清楚和说不明白》的贴子里元辰评论道:"俞白眉一肚子故事不错,驾驭文字的能力不错,语体变换的能力不错……他的长处正在于着力寻找传统与创新的契合点,不断转换角度、语言、叙述方式,寻找心灵对话的切入点。他给我的是一个鲜活的江湖顽童形象,而不是一个功成名就的大侠。"

还有评价更高的:俞白眉——真正的网络文学大家。俞白眉作品才是中国网络文学金字塔上的精髓之作,代表了中国网络文学的最高之大成,至今都无人能够企及。

俞白眉的与众不同在于他从一开始起就以自我意识为中心构建写作格调。他拒绝一出世就以迎合大众趣味为出发点写作,他试图尽力在作品中能处处体现自己的思想和对世界认知过程。他渴望肯定某些东西,又往往怀疑和否定这些东西。他的文风尖锐直接,毫不客气,怀疑一切,审视一切。在俞白眉的文字世界里,时而是彷徨,时而是呐喊;时而是犹疑,时而是不定。生存还是毁灭,这样的终极话题对于他来说似乎才是永恒。在他的笔下你能读到当代人那种血淋淋剥皮剜肉式的痛苦快感。

在他的世界中有时顶礼膜拜一些东西,有时偏又要跳出来亲手打碎这些东西。他喜爱武侠和金庸,最后却又不惜身体力行的站出来告诉大

[①] 吴过:《煮酒论剑——网路访俞白眉》,《互联网周刊》2000年第7期。

家：武侠是虚无让人难以信任的。他喜爱王朔，有时却又连他一块儿给否定。他喜爱传统的一些旧秩序，却又往往是这些旧秩序的最大破坏者。他喜爱新鲜事物和叛逆，最后却又无情的一并给丢弃掉。他自恋，但更多的时候是连自己一并怀疑和否定。①

也许网络的嬉笑怒骂更适合他，但这些养不活他，所以他离开了网络。

8. 黑可可

黑可可，女，知名网络写手，原名不详，上世纪70年代生于浙江。专业是贸易，精通法文和英文，当过翻译，职业经理人，外企首席代表。后辞职到"榕树下"做市场总监兼北京分公司总经理。在榕树下时虽不以写手面目出现，却与当时榕树下推出的写手安妮宝贝、宁财神等齐名。黑可可在谈到为什么辞职做网络文学时，曾说："做自己喜欢的就行了。我喜欢文学，所以做了网络编辑；网络的信息量和它作为新事物所展示的未知性让我着迷，所以做了网络经营。从辞职到入网，外界的力量都不能左右我的选择。"② 2001年离开榕树下，转战天涯，成为天涯知名写手。现为全职妈妈。

黑可可是一个非常奇怪的人，长相漂亮，但只穿黑色衣服；经常接受媒体采访，但从不透露自己真实姓名；以网络写手知名，但干的是营销活；早期的网络风云人物，在网络普及时代却不见了踪影。以她的聪明、漂亮本应爆得网络大红，现今却已是默默无闻。

黑可可的网上写作有两套笔墨：一支笔写童话寓言，另一支笔写世俗的人间悲喜剧。她的童话寓言类作品不多，主要有《怪怪婆的故事》

---

① 我真的是一个坏人：《宁财神、俞白眉、王朔：网络文学三大怪》，新浪历史文化论坛，2013年7月26日查询。http://club.history.sina.com.cn/thread－2567322－1－1.html？sudaref＝www.baidu.com＆retcode＝0。

② 孙琳：《黑可可：要做聪明的蜘蛛》，《北京青年报》2001年3月22日。

《胡话连篇》等；世俗的人间悲喜剧类作品占了黑可可作品的绝大部分，主要有长篇小说《晃动的生活》，散文集《食草动物要彼此相爱》，短篇小说《城市病人》《危险的爱情电影》《阴柔的暴力》《自己买花自己戴》《凯瑟林杜大小姐》《缘尽不伤心》《婚姻的破洞》《雨夜浪漫》等。

《怪怪婆的故事》是她自己最喜欢的：一对青年男女踏着月色来到一片莴苣地里，唱着歌，吃着甜嫩的莴苣，突然菜地深处幻化出一个老巫婆，"40年前的一个月圆之夜，我跟我的爱人来这里，老巫婆把我变成这样，现在轮到你啦！"转眼40年又过去了，另一对不同时代的青年男女踏着月色来到莴苣地，老巫婆只须施展法术将姑娘变成自己的模样，从此就能够永远解脱，然而最后一刻老巫婆从姑娘绝望的眼神中似乎又看见了40年前的自己，她放掉了姑娘。这时候奇迹出现了，老巫婆变回了当年漂亮的姑娘，她的情人正从月色下款款走来。这则童话故事十分优美，有一种内在的韵律像银色的波涛轻轻涌动。黑可可的想象力丰富奇特，作品语言称得上珠圆玉润。这类"巫"的女性形象的出现，是女作者对自我形象的诗意固守，据她自己说，怪婆婆的形象来自她的姑姑。

世俗的人间悲喜剧类作品占了黑可可作品的绝大部分。《缘尽不伤心》写一个少女经历了失败的初恋之后自立自强的精神状态，林子深爱一个男人，事与愿违，最终他们还是分手了。分手的原因很简单，是因为他的父母不喜欢林子。分手后的林子依旧对旧情人念念不忘，睡梦中经常浮现旧情人的身影。直到又一次林子被抢劫，她始终惧怕那个凶恶的眼神，于是半夜打通旧情人的电话寻求安慰，没曾想是自讨无趣。她终于明白，他永远不再属于她，便真心不抱幻想。其实人生何尝不是这样，放下包袱，你就可以飞翔。何必多愁多心，苦了自己。文章很短，但却很有感情。作者以第三人称视角来叙述整个故事，丝毫没有一句冗杂的语言。展现给读者的是一种当局者迷、旁观者清的形象。冷峻、犀利的语言把一段有始无终的爱情描写得冷酷无情。就像现实一样，残酷的文学形象总能引人发省。《凯瑟林杜大小姐》写一个乐观自信的白领女性，篇幅并不算很长，人物形象却呼之欲出，颇见功底。[①]

黑可可的代表作无疑是那部长篇小说《晃动的生活》，该作品不仅标志着黑可可创作上走向成熟，也是当时网上还不多见的较为优秀的长篇小说之一。

这部小说分为三部，第一部是青春岁月的写照，第二部是童年乡村生活的回忆，第三部写现实生活中的喜怒哀乐，包括一段网上生活。三部既各自独立又彼此间有密切的关联。

1989年的夏天同学会上，女主角良三认识了高大帅气的大马。大二年级末，大马介绍良三来到东方华集团，在那里良三认识了李威。后来李威的公司资金周转不好，在报社工作的大马利用漏洞搞了两万给李威帮他渡过难关，而大马也因为贪污被发现而坐牢。李威一直喜欢良三，两人发展了一段时间到了谈婚论嫁的阶段，终于良三带李威回了家，但是良三父母并不喜欢李威。但在良三的坚持下父母最后妥协了，当良三去监狱看大马的时候告诉他自己不久将与李威结婚，大马沮丧至极，至此良三知道了大马是同性恋，一直喜欢李威。于是良三对婚礼产生了恐惧。有一天良三和朋友前前去算命，无意中知道了李威当初出卖大马，而前前出卖自己的真相。悲痛的良三离开了李威，而大马为了成全良三和李威却在监狱里坦白了贪污的实际数目从而延长了刑期。后来的结果是李威和前前结了婚。第一部故事在朋友的出卖、爱情的背叛中结了尾。第二部主要写了作者小的时候家乡的回忆，其中最主要的是她和张立两小无猜的爱和奶奶的死，每一字、每一句都是那样的心痛。故事的最后一部，张立为了保护良三杀了前前后自己也自杀了。不禁想起第一部中算命的话，小人自有小人祸，故事结束在一片风平浪静中。但是看过后却觉得那么真实，那么值得回味。

当然这部小说结构从它的整体而言，有着一定缺陷。但在充满浓郁生活气息的文笔中，作者写人物的天赋和功力在这篇作品里表现得淋漓

[①] 朱方、吴过：《黑可可：现代巫女》，《江南时报》2001年4月23日。

尽致。尤其是在前两卷，在人物的命运冲突中，每个人物的性格都被强烈地展现出来，映衬出他们的生活背景和生活遭遇。良三、大马、李威、张力、伊五、前前，每个人物都栩栩如生、活灵活现，最大限度地呈现出生活晃动的空间，让人目不暇接，望而生叹。而作者对这种充满张力的情节良好到位的把握，以及精准的全局控制能力，也充分展现了她较高的写作功力。作者驾驭小说语言的能力和结构故事的能力都很出色，特别是小说中的那些丰满生动的人物形象，更给人留下了深刻的印象。①

黑可可的作品：瑰丽、冷艳、干净、随意，散淡而诗话的语言与幽雅的文笔加重了情绪的浓度，行文方式温婉流畅，直抵心深处，让人伤情。

9. 邢育森

邢育森，男，1972年出生，北京邮电大学信息工程博士，现居北京。最早时混迹于北邮 BBS，ID 为 lover，文笔很好，在小说、诗歌、随笔、散文各种文体上都有一些建树，后所有文章被整理到 lover 专版。为早期著名网络写手，与宁财神、李寻欢并称为中国网络文学的"三驾马车"。

1997年邢育森的小说《活得像个人样》在网络上一炮走红，迅速被各大中文网站转载，非常走俏。1998年《天涯》杂志将这篇小说以佚名作者刊载于自己的版面上，这一事件说明文学界开始承认网络写作，同时也肯定了邢育森的写作能力。2000年该作在台湾出版，一家台湾公司以500美元购得该小说的影视改编权，将其拍成电视剧。

2001年邢育森应出版社之邀，写了长篇小说《极乐世界下水道》，该作成为邢育森的告别之作。其后，他基本停止了小说写作，也很少在互联网上发表作品，而是转到了电视编剧这一行。与俞白眉等创作了《东

---

① 参见网文《黑可可在黑色中轻舞飞扬》，http://www.shuku.net/novels/netters/hscfcoeo/hcc01.html。2013年7月10日查询。

北一家人》《闲人马大姐》等一系列情景剧。

邢育森的文学代表作有《活得像个人样》《网侠》《极乐世界的下水道》《网上自有颜如玉》《柔人》等。影视创作有《闲人马大姐》《东北一家人》《家有儿女》《都市男女》《欢乐青春》《超人马大姐》《奇异家庭》《婆媳拼图》《大卫与丽丽》等。

路金波曾评论三驾马车：宁财神幽默，李寻欢言情，邢育森偏严肃。这一评价颇为中肯。邢育森的早期网络写作确实非常严肃。特别是像《活得像个人样》这样的作品充满了王小波式的愤慨，王小波式的真实，还有王小波式的无奈。作品充满粗话但是并不让人反感，可视性非常强，类似于纪录片风格的电影。文章多以现实主义的手法来描写爱情悲剧，作者擅长于情景的描写与事情的罗列，小说中人物的对白与心理描写不算很多。通常是第一人称视角出发，故事不算曲折，但是人物众多线索不单调。在主线故事背景下穿插一些次线故事，总体语言风趣幽默，到了悲伤的环节语言能够立即调整营造出一个沉重的氛围来。他笔下塑造的人物外表活泼内心其实孤单，充分揭示了现代人的两面性。

《活得像个人样》是部典型的网络爱情小说，"我"（天灰）用今天的网络语来说，就一屌丝，在现实与网络的夹缝中艰难生存。作为一家私企小职员，工作之余的生活就是网络聊天。在网络之间寻找爱情。他自己解嘲说，虽没有官二代朋友的汽车等让女人上床的硬件，但他有网络。第一段恋情是天灰与网友勾子的网络恋。他们是网络上的聊友，久了就有了感情，相约见面，天灰对勾子是真心的，但勾子只是逢场作戏。勾子有男朋友，不过是个懦夫，连勾子怀孕陪着上医院都不敢。第二段恋情来自天灰的英雄救美，流氓袭击碎碎，她男朋友胆小只是旁观，天灰看不过出手救了她，从此她跟上了天灰。但天灰在碎碎面前很自卑，因为自己什么都没有，而碎碎什么都有，很优秀，所以他不敢接受她的爱。第三段是勾子离开后，天灰很沮丧，又去网上勾搭女子，绞尽脑汁，耍了无数聪明终于搭上了一个叫国产爱情的女孩。或许是前面的感情挫折，或许是对前情的留恋，天灰对国产爱情提不起兴趣，只好不了了之。

一、第一代写手

作品最后，碎碎来到天灰的住处，把自己献给天灰，然后毅然地离开了。她说，你是我最爱的人，但不是结婚的对象。婚姻需要稳定，孩子需要良好的教育，而这些你都不具备。此时，天灰终于知道自己一直以来爱的是碎碎，只不过自己自卑，不敢面对而已。"我看着她，说不出一句话。生命里，又在燃烧，又在熄灭。"①

作品的题目是"活得像个人样"，但作品中的"我"却活得不像个人样。社会的竞争，生活的紧张，时代的物欲，现实的残酷，令这位处于市场体制运作中的青年，自我意识支离破碎，在他的自我意识中只有社会角色及生理角色，而精神层面的自我严重失落。为此，他泡网、泡妞，在与勾子醉生梦死的狂欢中宣泄痛苦，在与"国产爱情"、碎碎的灵与肉挣扎中试图找回一个完整的自我；但几番情爱、情感的波折，带给他的是更为痛楚更为悲怆的孤独与破碎。最后，"我"走进一家医院，在引发"生与死"的思辨中，终于寻回失落已久的精神自我，让"我"的自我意识得以愈合。这篇作品是作者在自己丰富的人生经历和深刻的人生体验基础上，在满脑子里全是要诉说要倾泻的冲动下完成的故事。作品中"我"的历程，也观照出作者自我意识中的一次角色与阴影的整合治疗过程，正如他自己所说：我也通过这篇文章完成了自己。

在本人看来，这篇作品有王小波的味道。"我"愤世嫉俗，但"我"在如此的现实中能干什么？事业上"我"能做出什么？爱情上能收获什么？正如碎碎所想："我"没有稳定的生活，没有安身的条件，甚至不可能提供孩子良好的教育。那么"我"的未来在哪里？"我"除了愤世嫉俗我还能何为？"我"如何才能活得像个人样？今天的屌丝去读这篇作品，可能有比当时读者更深的感慨。

像这样的创作，是"文艺升华"的实现，是一个自我意识的修复过程，有利于提升总体自我知觉水平，提高自我接纳的程度，促进自我内

---

① 邢育森：《活得像个人样》。来自亦凡书库 http://www.shuku.net/novels/netters/xing/xing01.html。其他来自该文的引文不再注释。

部的统合，从而提升人格的健康水平。

10. 罗森

罗森，原名廖孟彦，绰号而活，另有笔名弄玉、古蛇、浮萍居主等。男，1976年出生，台湾人，毕业于台湾铭传大学中文系。现定居广东珠海，著名网络作家。中国玄幻武侠启蒙运动的发起者之一，起点中文网著名写手之一，台湾岛内的反绿鸽派人士。

罗森是最早的网络写手之一，与图雅、江南、蔡智恒等都属于网络元老级写手。1997年开始在网上发表作品，出手即不凡，《风姿物语》成为网络玄幻武侠的开山之作。主要作品还有《东方云梦谭》《阿里布达年代祭》《朱颜血》《六朝清羽记》《白银之歌》《六朝云龙吟》等。其小说以想象力和情节见长，对剧情冲突起伏交错的控制力堪称强悍，人物刻画富于张力，亦兼具思想性，并融合了港日动漫的多种元素，对"KUSO"（恶搞）文化有独特贡献。①

《风姿物语》是罗森所写的一部网络玄幻小说，于1997年8月起在网上连载，之后被狮鹫文化、万象图书和河图文化出版，并于2006年1月完结，共77本。2004年10月，该书由上海人民出版社在中国大陆出版发行，但只出了两本之后便再没有下文。2006年5月，中国友谊出版公司在大陆出版了7本，内容也只相当于风姿正传的第一部以及前传太阳篇、外传梅之卷、爱菱篇。

此作以调侃历史的轻松风格受到了很多读者的喜爱。在书里，陆游和周公瑾成了师徒，皇太极和多尔衮实际上是同一个人的两次生命，李煜是飘忽不定的世外剑仙。而在整本书里面，最让人怀念的那个英雄名

---

① 参见百度百科"罗森"条，http://baike.baidu.com/link?url=CS_SMe16yhetw2HqvEknyov－0cf2Qjcon－ESqE5behv6ori5FH－dCp_nv5Vq06RI1kTet4nje0Pa8r5RiM4HPyNgW5C4wg11tDTSQVr67inAJ4zYDOE6－QLEDYEiAARMV16MrDI2TuagQflPEPJtKa。2013年8月6日查询。

一、第一代写手

叫白起,最让人哭笑不得的是爱因斯坦变成了善于发明各种魔法器具的魔族女子,她的父亲则是贝多芬。在诸如此类的颠覆活动中,读者和作者一起开着历史的玩笑。书中还引入了日式漫画的风格,很多读者也是在阅读此书后开始了玄幻小说的创作,所以很多人称这部小说为"中国现代玄幻小说的始祖"。

该书结构宏大,情节跌宕起伏,线索清晰。小说中涉及的人物多为历史中人,通过戏说造成了强烈的喜剧颠覆效果。语言风趣幽默,富有想象力,人物形象生动活泼,商业色彩较浓,是玄幻小说的鼻祖,后来的许多网络玄幻小说皆以此小说范本模仿。

《阿里布达年代祭》是罗森的又一重要作品。小说的男主角是一个愤世嫉俗的年轻人,他智慧、叛逆、高傲,但外表上下贱、卑鄙、蔑视一切,可这一切都无法掩饰其内心深处的纯真和善良。作品对魔法世界的想象丰富,结构跌宕起伏,读者难以猜测,情节引人入胜,小说中到处充满了幽默和搞笑,能让读者在轻松中消遣无聊的时光。政治利益斗争写得较为肤浅,篇幅也过多。

《东方云梦谭》亦是一本具香港漫画气派,加诸多历史名人在热带雨林中冒险的罗森式 YY 故事。梁山泊,如梦似幻的神秘天上仙岛,少年与少女的故乡,多年来吸引着无数英雄、盗匪一心前往。孙武,十四岁的热血少年,他有一双铁拳、一个小冤家,在万里长风中扬帆追寻未来。黄泉殇,十二岁的小小天使,她有一堆法宝、一个好朋友,在阴森冷月下试图埋葬过去。追寻梦想的诗篇,歌声中的低语,在时空与时空的缝隙中回荡。典型的罗式风格。

《朱颜血》是一个非常特殊的小说系列,由罗森发起,邀请其他作者参与,目前已出 10 本(作者本人有四本,分别是"洁梅""夜莲""紫玫""雪芍",署名为浮萍居士)。最早的一本于 1999 年出版,即作者本人的《朱颜血·洁梅》,现在看到的最后一篇是 2006 年出版的《朱颜血·百合》,作者是白纸。这些作品属于重口味的 H(high,huang 黄)文,其中包含乱伦、鬼畜、虐待、调教以及更加重的肢解和秀色之类元素，整体风格黑暗压抑，向来被歌颂的正义、亲情、友情、爱情纷纷在仇恨、嫉妒、欲望面前被一一轰炸，结局时还会把最后一点希望之光泯灭。①

当然也并不是一无可取之处。作品通过精心设置的剧情，塑造了一系列气质各异的女性角色，注重通过剧情推动调教，这种对剧情的关注，突破了以往同类型作品的种种桎梏。注重对女主角的心理刻画，由此带动故事的高潮，大多选择跨类型的超现实背景，而且刻意创造与以往迥然有别的处理方式，即提升了作品的新鲜感和趣味性，也方便作者施展各种天马行空的创意。此系列出版后即因其特殊风格引起轰动。

《六朝清羽记》叙一个景气差遇上裁员的不得志小子程宗扬，与一天到晚想要穿越时空的好朋友段强，一起坐上了飞往上海的班机。两人正在机上开着穿越的玩笑，忽然机身微微一抖，像是遇到气流。倏地一道强烈的紫色雷电闪过，看到段强惊讶的目光，接着那电光像细针一样刺在程宗扬的太阳穴上。于是，两人凭空从飞机上消失了。当两人清醒后，遇到了各种荒诞离奇的事。

《白银之歌》是罗森最近的大作，主要讲述了八方风雨会，大炼金术师吉尔菲哈特的最后作品，即将现世，各方豪强群起争夺，汇聚白银谷，年轻的弓箭杀手东方恋雪，受命执行任务，属于他的新星传说，即将展开。

罗森的小说极富戏剧性，兼有史诗奇幻小说般（如《冰与火之歌》）的空间架构，又有武侠小说的类现实性；他对剧情冲突起伏交错的控制力堪称强悍，所写人物极富特色，让人过目不忘；其情节以曲折离奇，出人意料又合乎情理见长。罗森首开东方奇幻武侠之先河，是为中文奇幻武侠小说第一人，凭借《风姿物语》《东方云梦谭》两部经典之作在奇幻武侠世界有众多拥趸。他是江南、萧鼎、树下野狐等畅销奇幻作者一致推崇的开风气之先的作家。

---

① 百度文库《朱颜血》简介"，http://wenku.baidu.com/view/9b687f9c84868762caaed523.html，2013年8月6日查询。

11. 朱海军

朱海军，男，1967年出生于河南偃师，15岁就成为著名少年诗人，1990年毕业于郑州大学中文系。毕业后先从事中小学教育，后辞职南下，1998年开始在深圳一家网络公司担任首席创作员。在不长的网上活动时间里，朱海军以自己的真名实姓作ID（有网友戏说他是带着户口簿和身份证在网上战斗），以西湖评论、千龙网、中青在线等网站为主要论战基地，写了约150万字的帖子文章，在互联网上掀起了一场又一场论战，成为网迷们围攻的对象。他本人也成为当时中文互联网上知名度最高的写手之一，但被称为"网络偏执狂"。不被认可的观点和出众的才华，使他成为互联网上一道独特的风景。2000年9月11日朱海军因心脏病突发在深圳寓所电脑前猝死，时年33岁。

两年间，朱海军以自己的文字在互联网上引起无数惊涛骇浪。这不仅因为他的滔滔雄辩，还因为其令人瞠目结舌的两套自创理论：一是关于人类直立行走的新解释——"性进化与人类形成"，认为"面对面性交活动中的压力对人类祖先直立行走有推动作用"；另一个是"地理位置决定论"，认为"地里位置的优劣决定了国家的发达与否"。然而天妒英才，意外猝死让年仅33岁的朱海军永远留在了2000年的互联网上。他去世后，网上"悼"声四起，《中国青年报》《南方周末》等媒体相继进行大篇幅报道，而网友自发为他设立的网络祠堂至今仍然存在。

网络上的朱海军狂妄还有些恃才傲物，自从接触互联网后，现实中寂寞而又无奈的朱海军发现"无限的互联网提供了无限的空间"，他要"全面出击，占领国内所有主要网上论坛"，"快去用我们的强势在广阔的因特网上抢占空间吧。""强势存在"是朱海军自己生造出来的一个词，"我在因特网上的强势存在"是他喜欢说的一句话，朱海军想借此表明，在互联网上，他不但存在，而且势力很强大。

网络上，没有人知道你是一条狗，这是很久以来，互联网上广为流传的一个说法，朱海军打破了这一说法。他不但用真实姓名写作，而且在生活中他会问陌生人："我是朱海军，你认识我吗？"他的强势存在还在于他惊人的写作速度和惊人的文字组织能力，任何与他论战的帖子刚发出不久，他就会迅速地组织起好几篇上万字文章反击，对方论战的文章眨眼间就被他的反击淹没。经过互联网最残酷的围攻绞杀生存下来的顽强生命力，经过千万只脚的反复践踏，朱海军成了互联网上谁都没办法阻止其怒放的野花。

"西湖评论"是朱海军驻足网坛、横扫千军的前阵，在不到两年时间里，他在该论坛发表200余篇的文章！没日没夜的创作，日产两三万，高擎枪矛到处论战，闯到哪里，哪里就水涨船高、硝烟弥漫。从读书笔记到生活随感，从奇谈怪论到儿童诗歌，朱海军风采飞扬，影响骤增。在榕树下"躺着读书"论坛遭围攻，他展开车轮战，嘲笑作家陈村读书太窄、排斥新论；在搜狐"文学苑"论坛，他发表过对余秋雨的评论《读小说是一种性生活》；刚进中文热讯"现代文学论坛"，即被认出，被投以"朱兄又杀到这来了！"的欢迎词……"从量上讲，谁也没有我写得多，写得快；从质上讲，几乎每篇文章都能引起争论"，他自己这样描述他在论坛上的写作。

资深网虫李方这样评论他："小朱同学的帖子可以概括为'一个中心，两个基本点'。一个中心就是出名。基本点之一是恶炒面对面（一套非常怪异的性学理论），翻来覆去不厌其烦，真个是年年讲月月讲天天讲，直要家喻户晓老少皆知。其另一个基本点是反着来。你说谁是民族英雄，他偏说那是不仁不智；你说谁是无耻汉奸，他非说那是大智大勇。总之是要标新立异引人注目。这两个基本点都是为一个中心服务的。如果仅仅是要出名，一定程度上来讲小朱同学还是很成功的，这一点他颇可以自慰一番。网络上看中文的谁没听说过朱海军呀？至于是好名坏名还是怪名就不好说了。"①

为了"一个中心",他在网上掀起论战无数,尽管他的观点不为大多数人所接受,但他基本上保持了一个论辩者的风范,以真性情示人,因此也赢得了相当数量网友的尊重。应该说,朱海军对于网络文化的建设和挑战人们头脑中固有的观念,提供了一些有价值的尝试。正如一位网友在纪念文章中所说:"从掐架前线回来的人说到朱海军,没有几个佩服他的观点,但没有一个不为他的精神所感动。"什么精神?我归纳为"执着,执着,再执着",更有人直蹈骨髓地定义他为"偏执,偏执,再偏执"。

朱海军的读书笔记在网络上人气居高不下,他不但在读书笔记中拉东扯西,"扁"国学于体无完肤而后快,而且笔触犀利,叫人透不过气来。看看"汉民族的睾丸被击碎了""屈原的人格分裂""鲁迅、胡适是思想家,还是翻译和批判家"……仅从标题就够刺激!够抢眼!目的达到——"出名"。另外,他善于围着"死人"狂轰乱炸,柏拉图、亚里士多德、福泽谕吉、屈原、鲁迅、胡适……你们不是没有话语权了吗,你们不是没有赶上互联网时代吗,那就别怪我朱海军利用网络尽情地"扁"你们了。

他确实以强者的姿态在互联网上存在着,他死后,几乎所有和他论战的人都站了出来,每个人都在表达自己的哀思。到这个时候人们才发现,虚拟世界的ID后面是一颗颗真实的心灵。仔细阅读朱海军的文章,把他的文章进行分类,你会发现,抛开他的"科学发现",他的杂文和时评写得还是非常漂亮的,有的已经达到足够在传统媒体上发表的程度,如果他能够自觉地规范自己的行为,在现实社会中是很可以有所作为的。

对于朱海军,有人称之为网络时代的奇才、辩才,也有人称之为怪才、狂才,还有人认为是网络文明的先驱,是思想者、建设者。无论怎

---

① 引自《天堂里没有互联网》,文章来自中青在线,本文引自天极网 http://www.yesky.com/318/118318.shtml。

37

样，朱海军都称得上"因网络而生，也因网络而死"的才子，借助网络他得以激扬文字，追求梦想，尽管他的理论不为大多数人所接受，但他基本上保持了一个论辩者的风范。他以他的勤奋、执着、坚韧和才气，成为中国互联网的传奇之一。

（曾思敏）

二 第二代写手

12. 今何在

今何在，原名曾雨，男，1977年出生于江西南昌，1999年毕业于厦门大学。从事网络写作已有13年之久，喜欢写魔幻小说，被称为"网络文学第一人"。今何在的作品有很多，参与的网络活动也很多，他的代表作有《悟空传》《若星汉天空》《九州·羽传说》《九州·海上牧云记》《2050年的母系氏族》《我的征途是星辰大海》《西游日记》《西游·降魔篇》《怎能忘了三国》等等。

1999年，今何在于厦门大学毕业后便进驻"金庸客栈"开始了网络创作，成名作《悟空传》也由此诞生。"2000年，《悟空传》在新浪发表，一面世便红遍网络，引领了网文的阅读和创作高潮，被誉为'网络第一书'，成为中国网络文学的里程碑。此后，《悟空传》先后由内地、台湾多家出版社再版七次，加印100多次，并被改编为话剧、粤剧、舞台剧、广播剧、游戏、漫画等多种艺术形式广为传播。"① 2002年，今何在改编了著名的电影小说《天下无双》，并为电影主题曲作词。2004年，今何在的网络作品《一直向西，直到世界和你的尽头》的绘画本出版，同年，他另一部炒得很火的小说《若星汉天空》在大陆出版，并于2003年、2005年、2007年在台湾出版了《若星汉天空》第一、二、三部。2005年，今何在与友人一起创办了九州公司——九州奇幻世界网站，并出版了在九州的第一部作品《九州·羽传说》，第二年，又出版新作《九州·海上牧云记》。2010年，今何在出版了三部幻想小说集，分别是《2050年的母系氏族》《我的征途是星辰大海》《0000年的母系氏族》。今何在曾一直向网友承诺自己要改编《西游记》，而在2012年，今何在版的《西游记》——《西游日记》终于诞生，这部作品也引来无数网友热捧。2013年，今何在更是与"星爷"周星驰一起合著了电影小说《西游·降

---

① 百度百科，http://baike.baidu.com/view/297316.htm，2013年07月19日查询。

魔篇》，着实火了一把。这段时间，今何在的《怎能忘了三国》也在《超好看杂志社》中连载。当然，除了这些出版的作品外，今何在的未出版网络作品《中国式青春》系列、《花痴帮》《羽传说Ⅱ》《海国异志》、电影小说《忏情书：东邪西毒》也颇受网友喜爱。

从 2000 年开始从事网络写作至今，今何在获得了很多奖项和认可，特别是其成名作《悟空传》。2000 年，该书一举获得了由榕树下举办的第二届网络原创文学作品奖之"最佳小说奖"和"最佳人气小说奖"，而今何在本人也因此入选了博库网十大网络写手。2002 年，今何在被评选为"2001 年中国最受传媒关注的十大著书人"。而在 2004、2005 年，今何在相继成为"影响中国互联网的 100 人"和"10 年阅读影响力人物"，这足以证明他在网络文坛的地位。2008 年，时隔 7 年，《悟空传》仍排名新京报"网络文学十年十本书"第一位，并名列起点中文网"第一届网络文学天地人三榜"天榜。"2009 年，《悟空传》在由中国作家出版集团和中文在线主办、长篇小说选刊杂志社等承办的'网络文学十年盘点'活动中入选'网络文学十年盘点十佳人气作品'。"① 他还曾担任着盛大文学主办的"首届全球华语原创文学大展"的最高文学评议团评委，第三届全球网络原创文学作品奖评委，为网络文学的发展做出了杰出的贡献。

《悟空传》号称"网络第一书"，毫无疑问是今何在的代表作。它是在《西游记》和《大话西游》的结合中进行改编而形成的，保留了《西游记》中"取经"的故事和人物——师徒四人。在此基础上突出了爱情故事，如紫霞和孙悟空的爱情故事、天蓬元帅（猪八戒）与小月（嫦娥）的爱情故事以及唐僧与小白龙之间的爱情故事。情节反复交错，在过去、现在和未来的时空中不断跳跃，穿插着师徒四人与妖怪、神仙之间的爱恨纠葛。虽然突出表现了孙悟空的精神，却不能简单的把他称为故事的主角。全文以沙僧为叙述者，以第一人称"我"的视角来展开全文，保

---

① "网络文学十年盘点"闭幕式和揭榜仪式在京举行，http://www.chinawriter.com.cn/2009/2009-06-25/61757.html[N]，中国作家网，2013 年 07 月 19 日查询。

二、第二代写手

留了《西游记》的部分精神内涵。

《悟空传》之所以备受推崇可能有两个重要原因：一是通俗化的写作却采用精英式的语言。它表现在两个方面，首先是高度哲理化的意蕴通过平凡的对话不经意地流淌而出；其次是语言的诗意渗透在整个作品之中，不论景色描写，还是情感表达，抑或是修辞的运用，皆诗意浓郁。这点体现出作者极高的文学修养。二是作品主题的多义性和现代性，它没有完全消解掉名著中所弘扬的价值，没有呈现出完全的虚无主义。文本依然作为一个表达的工具而出现，而不是为了文本而文本，不是为了逗笑而逗笑。在搞笑背后隐藏着普遍的生命和生活的感悟。对比当时其他戏仿小说追求的无价值意义，无主题表现，《悟空传》的解读可以是多个角度的，这就证明它拥有着丰富的精神内涵。

总之，《悟空传》无论在语言还是在内容上都保持了精英文学的美感。虽然在结构和语言上大部分感染了网络文学的特征，其内在的核心内容依然焕发着文学的审美魅力。正是这些因素的存在，也使得它在浩渺的网络文学空间里始终占据着有力的地位。[1]

对今何在的写作，有一个叫缓溪的网友，有较为精到的评价：今何在其实与众多的爱国民族主义者一样，心中充斥着一种"中华奋起"的宏大情结——这么伟大的国家，近百多年来，一直在屈辱中爬行，受尽凌辱。我们何时才能奋起，报复我们的仇恨？我们的舰队在哪里？我们的征途在星辰大海！所以，他的作品充满了激情，充满了男人的力量。让人激动不已。

未必还记得故事，未必还记得细节，未必还记得都出场了哪些人物，未必还记得当年阅读时的种种子丑寅卯，但依然记得曾经情动，依然记得那不安涌动想要冲出胸口融进星空化作风声的情感和热血：

自由：我要这天，再遮不住我眼，要这地，再埋不了我心，要这众

---

[1] 此处更细致的解读请参见聂庆璞：《网络小说名篇解读》，中国社会科学出版社2011年版，第96—101页。

生，都明白我意，要那诸佛，都烟消云散的自由。

单纯：一条金鱼喜欢上和尚，一只猴子喜欢上仙子，一个猪头喜欢上月神的单纯。

反抗到底：那一刻被电光照亮的他的身姿，千万年后仍凝固在传说之中的反抗到底。

这三种简单而又强烈的情感，支配了今何在所有作品的基调——无论是齐天大圣孙悟空、骑士康德、鹤雪宗主向异翅、中国超人李向阳还是伟大的帝国元帅陆伯言；无论是《悟空传》《若星汉天空》《羽传说》《中国式青春》还是《我的征途是星辰大海》。

在今何在所有主角的身上，在今何在所有的故事里，自由、单纯一以及向摧毁伤害前两者的一切、任何所有障碍开战反抗到底的激情贯穿始终，并且令人惊异的是，在他文字表演生涯里的第一次出场就把这些激情大写意泼墨一般倾注到一部作品中，达到了一个难以企及的高峰。

读今何在的书，常常让人感到有一种激情作者自身都难以控制，有一种力量似乎随时会挣脱羁绊，在甚至可以用清秀斯文形容的外表下，却是火山一般的内心，其中的光和热，没人知道会在何时喷涌爆发。

这种狂放的激情和热血是今何在作品中最闪耀的元素，可能也是导致今何在的作品无论质量还是数量都不稳定的原因。除了激情和热血，今何在无疑还有才华——这是关键，否则再多的激情和热血也只是情感而不是凝固下来的任何作品。有才华的作者最常见的问题就是凭且只凭天赋写作，他们常常对谋篇布局，对以极大的耐心和细致下功夫编织自己的作品不感兴趣不屑一顾不当回事。于是我们常常看到的是，他们的才华足够他们产生很多漂亮的片段，这些片段却不能结合在一起，给我们一个完美的整体，就像散落在草丛里的珍珠，没人有耐心把它们拾起来一颗颗串起来给我们一条项链。[1]

---

[1] 缓溪：《你的征途是星辰大海》，来自豆瓣。http://www.douban.com/group/topic/18292090/，2013年07月19日查询。

二、第二代写手

13. 江南

江南，原名杨治，男，1977年7月13日生于安徽合肥，就读北京大学化学系，留学于美国名校华盛顿大学（Washington University）。2004年回国创业，创办《九州幻想》《九州志》等杂志。目前担任媒体经理，负责两本杂志的投资、定位和发行。2011年作为中国青年作家代表出访埃及，在开罗书展上致《幻想与世界》专题报告，并受邀出席"全球青年未来创意领袖论坛"，发表演讲《颠覆败局》；2012年代表中国青年作家出访英国，致《我和我的世界》专题报告。

江南1998年起即活跃于海外中文论坛，开始文学创作，是最早的一批网络写手。2002年开始连载《此间的少年》，引起轰动，被转载于各网络，被网易文化誉为"新言情主义掌门人"。但作者自己曾说："《此间的少年》最初作为我一篇练笔的稿子在朋友之间流传"，"《此间的少年》得到大范围的传播是我所没有估计到的，原本我以为这种往事的回忆是很私人的事，不过看来我错了"。作者最初的创作目的是自娱，为了"怀念一个不知名的朋友"①，为了纪念那已经逝去却终生留恋的大学时光。

江南后来的创作转向了架空历史和玄幻。其玄幻小说《九州·缥缈录》系列构建了以中国历史和神话为原型的架空世界，青春作品《龙族》系列在中国创下了单本销售150万册的记录，中国出版界官方媒体《中国新闻出版报》曾发文探讨《龙年再说"龙族现象"》。2011年第六届中国作家富豪榜，江南以790万元收入列第6位；2012年以1005万再次进榜，列第5位。

其他作品还有《蝴蝶风暴》系列，《上海堡垒》《爱死你》《光明皇帝：业火》等，短篇小说《茧》《中间人》，与沧月合著长篇小说《荆棘

---

① 江南：《此间的少年·后记》，华文出版社。

王座》等。①

《此间的少年》是以金庸多部小说人物为基础的同人小说作品,被称为"射雕英雄的大学生活"。故事以宋代嘉佑年为时间背景,发生的地点则是以作者当时就读的北京大学为模板的"汴京大学"。郭靖、黄蓉、段誉、王语嫣……变成了生活在大学校园中的你我他,也要早起去跑圈儿,也有睡不完的懒觉,面对考试如临大敌,面对心爱的姑娘心跳如擂鼓……这是一部充满青春气息的可爱的作品。它的珍贵,在于将一去不返的青春复制成了书页,它是作者江南的青春岁月,也是我们每个人的青春岁月,我们所有的年少轻狂都随着这本书一起重新铺展在自己眼前。

《九州·缥缈录》是"九州"架空世界体系内最有影响力的作品,作品是一部关于人族的系列长篇,描写了北陆游牧部落和东陆王朝的争霸史,单行本共6部。分别是《九州·缥缈录Ⅰ:蛮荒》《九州·缥缈录Ⅱ:苍云古齿》《九州·缥缈录Ⅲ:天下名将》《九州·缥缈录Ⅳ:辰月之征》《九州·缥缈录Ⅴ:一生之盟》《九州·缥缈录Ⅵ:豹魂》。

当整个世界都要崩溃,当星辰和阳光也熄灭,当马蹄踏过弱者的尸骨,当黑暗的血色吞噬人心,不死的鹰再次降落在草原,英雄还在哭泣,在铁铸的摇篮中成长。《九州·缥缈录》的故事就发生在这里,游牧部落内部的权力争夺激烈,青阳与东陆王朝间恩怨重重。这是乱世的英雄史诗,当古老的王朝日渐衰微,掌握着星辰命运的神秘宗教走入了政治斗争的漩涡,年轻的王朝继承者崭露出耀眼的锋芒。作品叙蛮族"青阳部"懦弱年幼少主吕归尘,在兄弟争夺继承权的内讧和外族势力介入的漩涡中几次死里逃生,孱弱善良的少年渐渐成熟,在死亡之境激发出家族遗传的"青铜之血",为了守护重要的朋友和心中的信念,身为继承人的他甘心为订盟赴东陆下唐国为质子,却从此开始了跌宕传奇的一生。在经

---

① 以上参考百度百科"江南"条,2013年5月20日查询。http://baike.baidu.com/link?url = M23uY6gK2qtfbnnz6si6wfCmf0XhYYueEI4H _ jP － opyK _ 4mGFtyFVrZgqvGxzFno # sub10226184。

二、第二代写手

历种种磨难和生死大战后,终回归故国,成为整个部族的最后希望。

作品中虚构了两种幕后的终极力量"天驱"和"辰月",它们都拥有着神授的力量与使命,却注定会在敌对中流尽血。是不是寓意人类的争斗是不可避免的"天意"?抑或"杀戮"就是人自身的"天性",就像中国文化中的"阴"与"阳"一样不可独存!

《龙族》系列是江南全新突破创新之作,是一部融合了动漫风的奇幻历险,一个关于屠龙者的故事,也是一个关于少年们成长的热血传奇。"蔫小孩"路明非等了十八年,在他人生最衰的那一刻,瑰丽奇幻的国度向他打开了大门,平凡的中国小孩从此走上了不平凡的屠龙之旅。在神秘的学院中他遇见了命中注定的伙伴——孤独的楚子航、高傲的凯撒,还有那些性格各异的可爱姑娘们,这些少男少女在这部小说里成长,学会爱和责任。

全系列已出版单行本三部:《龙族Ⅰ:火之晨曦》《龙族Ⅱ:悼亡者之瞳》《龙族Ⅲ·黑月之潮(上)》。每册销量都过百万。再次证明了江南在"引起读者共鸣"这一点上惊人的天赋和才华。

江南现在已经不算网络作家了,因为他现在的作品已经不在网络上首发,也没有与任何网络签约发表作品。但因为他早期在网络上的影响,讲网络作家避开他已是不可能。江南的小说总有一气呵成的感觉,看完后也有种如释重负的感觉。他的小说特别注重细节描写,有时这种描写甚至超过故事本身。但是,这种细腻的细节描写既是他的优点,也是他的缺点。过多的细节描写总觉得有点冗余。还有,江南笔下的女性,总是太过完美,太有个性,都是一些"肌肤胜雪""近似透明"之类的,有点单调重复的感觉。[①]

[①] 参见海之子网站,http://season.ouc.edu.cn/xuehai/kybd/200805/14747.html。2013年5月20日查询。

14. 慕容雪村

慕容雪村,男,原名郝群,1974年出生于山东平度,14岁迁移至吉林长白山。1996年毕业于中国政法大学法律系。2002年初开始在网上发表小说,是早期的"网络四大写手"之一。主要作品有小说《成都,今夜请将我遗忘》《天堂向左,深圳往右》《伊甸樱桃》,纪实小说《中国,少了一味药》,散文小说集《原谅我红尘颠倒》《葫芦提》,以及《慕容雪村随笔集》等。

慕容雪村被《新周刊》等多家媒体评为"2002年度网络风云人物",2003年获中国新锐版年度网络风云人物,其小说《成都,今夜请将我遗忘》(下称《成都》)被新浪等多家网站评为"2002年度最佳网络小说"。2008年慕容雪村入围第二届"曼氏亚洲文学奖",2009年获得华语文学传媒大奖"2009年度小说家"提名。慕容雪村是中国网络写手中最有思想,也最被看好的人物之一。其作品被介绍到欧美、南亚等地区。2013年,慕容雪村的所有博客、微博一度被屏蔽,他暂时失去了在中国网络出言的场地。

2002年初慕容雪村开始在"天涯读书生活""NET-BUGS""新浪读书沙龙"三个论坛连载自己的小说《成都》,不久即好评如潮,引起多家媒体争相转载。在《成都》尚未正式出版时,其故事的结局,就已被无数网络写手尽情演绎,盗版书也昭然上市,作者只好将小说的结局隐藏起来,而在正式出版(内蒙古人民出版社2003年1月)的黄色本封面上,则故意用蓝底白字标注"大结局完全版",以示区别。接着,《成都》的港台和海外版权相继售出,改编的同名话剧也在上海演出成功,并被拍成电影《请将我遗忘》。① 改编的电视剧名为《都是爱情惹的祸》,因为

---

① 王剑鸣:《现代都市里的欲望人生——试析〈成都,今夜请将我遗忘〉》,《重庆工商大学学报》2006年第10期。

二、第二代写手

没有原作精神,广受观众诟病。

2003年,慕容雪村创作了《成都》的姊妹篇——小说《天堂向左,深圳往右》,也同样被改编成话剧,并被拍成电视剧《相爱十年》。随后,慕容雪村又创作了《伊甸樱桃》等一系列作品。这些作品通通属于慕容雪村的"青春残酷系列"。2009年,慕容雪村为了其新作《中国,少了一味药》,亲身实践,卧底传销组织23天。该作于2010年12月正式问世,这是一部揭露中国传销黑暗面的纪实作品。至今,慕容雪村从事网络写作已有11年,他是为数不多的被网友称为"作品部部叫卖,不是红极一时,而是经久不衰的网络作家"。

慕容雪村早期的作品具有典型的都市文学风格,其小说的叙事背景多为现代大都市。其小说描写的是世纪之交都市青年的欲望与放纵,现代都市生活中人际关系的阴谋、背叛和复仇,小说通常蔓延着颓废气。在行文风格方面,慕容雪村的作品文字流畅,语言风趣,不时穿插着一些"段子"和浪漫的诗句,还有一些地方白话,这都迎合了大众需求。在艺术风格方面,其小说在情节设置上,往往曲折起伏。2010年出版的《中国,少了一味药》则是慕容雪村的第一部纪实作品,他在描写的过程中,去掉了那些华丽的修饰,语言更加平实、质朴。

《成都》讲述的是大都市里一个普通青年的普通故事,但这个普通的故事又处处充斥着作者不普通的想法和观念。"小说的主人公是一个普通的城市居民,陈重,他有一份普通的工作,有一个普通的家庭,曾经有过崇高但不切实际的理想,不过在物欲横流的城市中,全都一点点沉沦。他沉醉于放纵的生活,蝇营狗苟,斤斤计较,与上司和同事勾心斗角,一心想置对方于死地,与最好的朋友时远时近,在友谊和利益面前摇摆不定,甚至勾引对方的未婚妻,他爱自己的妻子,却不知道珍惜,最终,一切曾经美好的东西都被戳穿了,陈重在灰色的城市天空下开始质疑人生。"①

---

① 舒晋瑜:《雪村:神秘的网络文学青年》,内蒙古人民出版社2003年版,第1页。

《成都》写出了都市青年的身份焦虑,这是中国年轻人的真实写照。天生的"富二代""官二代"永远只是少数,大多数的中国青年都是靠自己的拼搏奋斗,在一座陌生的城市找到归属感。特别是对于很多来自农村或小地方的年轻人而言,一方面,都市打开了他们"新生活"的可能性,但另一方面,在使自己物欲得到满足的同时,其传统的信仰与习惯也被破坏了。中国的传统文化教导我们要勤俭、质朴,但呆在这个物欲横流的都市中,这些所谓的"都市青年"却过着纸醉金迷的生活,所以,新旧道德价值观念的撞击给他们带来了心灵上的痛苦和困惑。《成都》中的主人公的就是这样一群青年,整部小说弥漫着一股颓废的气息,这种颓废主要表现在对都市青年中流行的粗俗语言和主人公们对欲望的无度放纵上。小说的主人翁陈重其实是个聪明、才华横溢的有为青年,大学毕业后便平步青云,成为月薪近万元的销售经理,家庭和睦,婚姻生活幸福。虽然自旁人眼里,他已经是成功的典范,但他却不知足,过着放荡不羁的生活,追求肉体上的快乐。但在小说中却也不难看出陈重对自己生活的不断反思。陈重在放纵后的空虚中不断回忆过去的美好时光,比如:每当回到家里他都会被父母相濡以沫的感情所打动;在寻欢作乐之后,他依旧想着赵悦,在他心底仍然充满着对古典式的忠贞爱情的向往。作者通过这篇小说想要表达的是消费文化对刚进入社会,涉世未深的年轻人的影响,造成他们思想与行为的分裂。

慕容雪村的"青春残酷系列"再现了当代中国转型时期,一群刚刚大学毕业的年轻人是如何面对都市的"新生活"的,有焦虑,有迷茫,有恐惧……这一系列作品传达出了 70 后这一代人的生存体验。

《中国,少了一味药》是一部"非虚构"的文学作品,是慕容雪村的又一个里程碑,是他从空中俯瞰现实到亲身切入现实的重要转换。它是一向冷眼刻薄的慕容雪村痛心疾首的真诚呼唤。

书一开始就是深深的绝望和无尽的悲哀。在书中,这些深受传销荼毒的人为了传销,亲人、同学、朋友、师生之间互相欺骗,这些人"缺乏常识,没有起码的辨别能力;急功近利,除了钱什么都不在乎;他们

二、第二代写手

无知、轻信、狂热、固执,只盯着不切实际的目标,却看不见近在眉睫的事实"。作者描写了不少传销组织中形形色色的人物,例如,书中有一个叫郑杰的大学生,他参加物理竞赛获过奖,讲起物理来滔滔不绝。然而他却相信在饱受饥饿、没有任何娱乐活动、信息隔绝只是一天到晚背诵组织信条的传销组织中,有天会财源滚滚来。当作者提出到馆子吃一顿时,郑杰却指责作者"违反规定""不低调"之类。作者感慨道:"郑杰,当代的典型产品,一个高智商笨蛋。他受过高等教育,谈起相对论来如数家珍,却看不破最简单的骗局;他知道什么是黑洞、什么是白矮星,甚至知道什么是普朗克常数,却唯独不懂最简单的道理:饿了要吃饭。"书中也不乏对传销组织的描写:"很多自负聪明的人就是这么上当的:听着他们似是而非的歪理,一天比一天糊涂;听着他们的恭维,一天比一天自大。再加上宗教般的仪式、军队式的纪律、日日灌输的谎话,再坚定的人都会动摇,从怀疑到茫然,从茫然到相信,从相信到狂热,一步步落入彀中。"[①]

作品中的传销组织,人与人之间没有真心实意的温情,有的只是被褥发臭、咸菜发酸的恶劣生活,有的只是振臂一呼的激情,有的只是拉你下水的假热情。这些传销参与者有涉世不深的青年,也有已应不惑的中年,有拿着小学文凭的半文盲,也有大学本科毕业的高材生,他们的共同特点是——不会有未来,却坚持愚昧地相信自己拥有美好的未来。他们自以为自己参与了最先进的销售模式,自以为得到了很多锻炼,自以为口才了得,自以为得到了幸运女神的垂青,自以为宝剑锋自磨砺出梅花香自苦寒来,自以为上级许他们的美好未来即将到来……却不懂得最简单的常识——饿了要吃饭。正如作者在前言中说:"诗人马雅可夫斯基常在自己的书里写一句话:供内服用。我希望本书能够作为一剂苦药,可以在人们心中植下清醒的抗体,帮助他们抵抗传销病毒。这邪恶的瘟疫肆虐已久,世间苦无良药,但愿我能够为此做些什么。中国,少了一

[①] 本段所引,皆出自慕容雪村《中国,少了一味药》。

味药,这味药就是常识。"的确,这些传销参与者不是愚钝,他们只是无知,缺乏的是在这个社会上生活最起码的常识。但同样值得注意的是,社会应该对他们负责。虽然我们没办法要求所有的人都像精英一样优雅的生活,但是社会需要做些什么,就像书中说的,"也许他们还是会聚在一起继续无知,但我们不能因为他们这样继续无知而无动于衷,哪怕只有些许的改变,终归是有作用的。"

从慕容雪村作品中冷眼刻薄地嘲讽到痛心疾首地呐喊,我们不难看出他的创作日渐成熟,但更值得读者珍惜的是他的"真实",正如他在微博中如此描述自己:"一穷汉耳,一钝汉耳,一痴汉耳,无以为生,卖文苟活。写此世,写我心,不求闻达。浊世浊矣,清白自活。"

(邱婕)

15. 何员外

何员外,真名龚文俊,男,1981年生人,毕业于上海理工大学热能工程专业。2001年暑假开始在网络上发表《越女剑哀痛者和幸福者》《养狗还是养蚊子》等作品,转载率很高。2002年在网上连载《毕业那天我们一起失恋》一举成名。何员外的作品语言质朴幽默,情节离奇但不荒诞。网友评价:读何员外作品,有阅而不笑者,大约亦非常人。其作品还有《何乐不为》《学人街教父》《根本牛人》《一个人的江湖》等。

2001年,何员外在上海理工大学读书。工科生,却爱好写作,还当了搜狐校园论坛上海理工大学版的版主。这年暑假,穷极无聊的他在网上贴了两篇短文《越女剑哀痛者和幸福者》《养狗还是养蚊子》,没想到受到网友们的赞赏。于是,信心倍增的他开始正式尝试网络创作,2002年他在网上连载了小说《毕业那天我们一起失恋》,受到热捧。2004年,该书正式出版,很快就登上了当年各大书店的销售排行榜,销售量高达50余万册,不到一个月就挤进了各大城市书城"文艺类"畅销书排行榜

二、第二代写手

前十名,创造了校园小说一个不小的销量神话。① 当时,该书的出版还经历了一些波折。可能是由于《毕业那天我们一起失恋》当时在网上炒得很火,海峡文艺出版社在何员外不知情的情况下,擅自出版了该小说,后经过官司调解,该书最终由上海人民出版社正式出版。由该书改编的同名话剧由何员外母校的江畔剧社主演,话剧版权是免费的,而由该小说改编的同名电影也已上映。

2003年,他又以无厘头的方式创作了小说《何乐不为》,该小说写的是《毕业那天我们一起失恋》的男女主人公后代的故事,可他们却出现在古代。这部小说在当时也非常受关注,也于2004年7月正式出版。2006年,何员外发表网络小说《学人街教父》(该书被称为是《毕业那天我们一起失恋》第二季)。2011年何员外发表网络小说《根本牛人》,该小说是在他自己的新浪博客开始更新的。2012年,员外又开始创作新的小说《一个人的江湖》。除了创作网络小说以为,何员外还为动画片《帅狗黑皮》、情景喜剧《都市男女》、电视系列剧《长大成人》充当过编剧,其中,《都市男女》颇受大众好评。

《毕业那天我们一起失恋》是何员外作品中最响的。小说讲述的是一个平凡的校园爱情故事,男主人公叫何乐,女主人公叫桃子(员外在接受采访时曾表示,之所以给女主角取名桃子是因为自己喜欢陶晶莹的歌),故事发生在上海理工大学,面对外界猜测该故事为作者本人真实故事的疑问,何员外也肯定这本小说和自己的大学生活的重合度有80%,只不过有一些夸张和放大罢了。在小说中,何乐和桃子是大四的学生,俩人约定好毕业那天一起失恋。何乐和桃子的恋情是纯真的,他们的故事能让人感受到初恋的青涩,既让读者为誓言的无奈而惋惜,又让读者被爱情的力量所打动。这本小说还描述了很多男生宿舍的趣事,而那些看似平淡而琐碎的生活趣事儿正是最能引起读者内心共鸣的。的确,大学校园里也不只有爱情让人回味,还有那些曾经一起上课、一起赶作业,

---

① 舒晋瑜:《当何员外告别校园的初恋》,《中华读书报》2003年8月20日。

一起逃课，一起打闹的"睡在我上铺的兄弟"。在那个青春年少的时光里，每个人都有自己的独家记忆。何员外说，他一开始也没想到自己的小说能这么受欢迎，他也是看到读者的热情反馈才领悟到青春岁月在每个人心中的分量。对这本小说最能产生共鸣的也就是那些刚刚大学毕业进入社会，现实环境的落差让他们不断回忆起自己的"校园时光"。在新浪的读书版块上，有个读者给何员外的留言特别精彩："如果何员外不写这本小说的话，他和我们一样也是默默无闻的普通人。他所做的就是把我们每个人经历的点点滴滴都记录了下来，而我们大多数人办不到。"①"每一场烟火总有燃尽的一刻，每一次表演总有谢幕的时候。曾经的青春，当我们离开校园，并不知道自己的行李中该收藏哪些回忆。《毕业那天我们一起失恋》，除了纪念初恋，更是纪念我们一生中最美好的青春岁月。"② 本来，最纯粹和质朴的情感就是最能打动人心的。

何员外的第二部作品叫《何乐不为》，这是一本武侠小说，一本另类的武侠小说。其中作品人物与前一小说《毕业那天我们一起失恋》有继承性，但题材却是大相径庭。这一点与大多数专写一个种类小说的作家很不一样，何员外也正是因为作品不拘于一种类别的特点受到了网友的热捧，并称他为"创作鬼才"。

作品中的主人公何不、茄子和小山贼是《毕业那天我们一起失恋》中男女主角何乐、桃子和山贼的后代，但他们却生活在古代，这种时空错位的背景也只有员外能想到了！小说中的主人翁何不一开始是一个继承了父亲恶名的"江湖公敌"，总是因为被人追杀而躲躲藏藏的。但机智的何不总是能逢凶化吉，不仅没有被害，甚至还做起了生意——把送上门来的那些或笨或蠢的杀手捆了卖给好友小山贼之父老山贼作采矿工人。在员外的这个新式武侠小说里，江湖已不成江湖，它就是一个天马行空的欢乐王国，比如：在传统武侠里响当当的丐帮居然是何不创立的，"打

---

① 武鹏：《毕业那天我们一起失恋吧》，《大学时代》2004 第 19 期。
② 舒晋瑜：《当何员外告别校园的初恋》，《中华读书报》2003 年 8 月 20 日。

狗棒法"也只是用来砍狼的;武林名望崇高、好手辈出的唐门就是卖糖的,那些唐门功夫是为了更好卖糖练就的绝技。小说里还有作者用他诡异的想象力创作出来的各种五花八门的怪异形象,如鼻涕可做502胶的鼻涕虫、用纯金作飞标的傻瓜、大便便山等等。当然,小说里也有大家熟悉的古装武侠剧剧情,打斗、兵变、争权夺利等等;也有大家熟悉的那些人物,山贼、鞑子、贪官、宫廷侍卫、灭门师太、唐门少庄主、赵匡胤等等。虽然有不少人看不惯员外的这种"颠覆",但大多数网友还是对员外那超人的想象力表示赞赏的,员外笔下这"新奇"的武侠世界就是让人着迷。

看了员外的书,就不难发现,员外的写作风格还是很搞笑很无厘头的,他的作品充满想象的空间,甚至有时空的错位。而他的叙述方式也是淡淡的,让人读起来感觉比较轻松。他那些由朴素的语言和荒诞的想象所堆砌起来的故事虽然不会读来发人深省,但却能使人感到趣味盎然。

(邱婕)

16. 可蕊

可蕊,原名闫冰,女,1975年12月出生,山东省青州市人。现供职政府机关,起点签约作家。代表作"都市妖系列"小说,以中国神话为背景,讲述妖怪们的"人性"故事,行文风趣幽默且发人深思,在玄幻小说的热潮中独树一帜。

可蕊为人亲切风趣,乐于与读者交流,被fans们戏称为"压路机女王",又有称谓"启运立极体天法道应符稽古极功全德神文圣武昭宪睿慈至明大孝女皇帝陛下",并且是"沧海灵荒天神"。

自幼酷爱文学,尤其喜欢幻想类作品。十八岁起相继在《儿童文学》《风筝都》等刊物发表作品,著有诗歌散文集《远去的歌》。2001年开始于网上写长篇小说,2002年受奇幻狂潮影响,创作奇幻小说《都市妖奇谈》《龙之眼》等。她是同时代的玄雨、老猪、萧鼎等一干奇幻作者中,唯一著名的女性作家,因此被称为"奇幻女王"。她的代表作《都市妖奇谈》连载七年间,网络累计点击率已达 4200 万。2005 年一度造成多家出版社争相抢购《都市妖奇谈》出版权的热潮。同时推出的大陆版、台湾版和香港版,都分别再版三次,迅速售罄,再创"洛阳纸贵"的奇迹。

其作品除已提到的外,还有《奇幻旅途》《捉鬼实习生》《龙舞》及推理小说《自由人探案》等。

《都市妖奇谈》是可蕊的代表作,曾获"网络文学十年盘点十佳人气奖"。写的是一群妖怪在现代都市中生活的故事。传统观念里,妖魔鬼怪都生活在古代,生存在类似《聊斋》《搜神记》或者《山海经》的世界里,其与崇尚科学理性精神的现代社会是格格不入的。但该作品反其道而行之,将这些古典妖物放进了一个完全现代的大背景下;在这样的背景中,妖怪们不再是面目狰狞的旧式造型,而是充满了现代风格:他们会吃汉堡,会开出租车,会当医生,举止与普通的现代人没什么区别。

可蕊认为:那里的大楼高耸,那里有如同迷宫般的道路,那里即使在夜晚也亮如白昼,那里居住着各种各样的人类,依靠这个城市生存,自身也成为这个都市运作的动力。可是人类也许不会想到,他们每建造一栋大厦,每铺设一座高架桥,每多亮起一盏彻夜不熄的灯光,就会有多少自然环境因此而被损坏,有多少其他生物失去家园,使它们仰起头来时,再也无法看到熟悉的星空。人们也许永远不会关心它们将何去何从,但是生命是很顽强的,为了生存下去它们会强迫自己去适应新的环境,适应人类,适应这样的都市。人类也许永远都不会发现,正在和他们分享这个城市的不仅仅是野狗、野猫、鸟雀或者昆虫而已,还有一些聪明的利用人类外表隐藏在人类之中的"生物",它们或者出于善意,或者出于恶意,它们居住在这个城市中,为了生存,为了捕食,为了进化……①

---

① 六芒幽狐:《妖言惑众:访当红网络写手可蕊》,见百度帖吧:http://tieba.baidu.com/p/501387422,2013 年 7 月 19 日查询。

二、第二代写手

该书最大的可取之处在于通过妖在都市中的生存来追问人比妖如何，可蕊用自己的想象让我们自己思考。沧月说"都市里寄居着现代人的躯体，但人的精神世界却超越了这片钢筋水泥的丛林，可蕊用惊人的想象力超越了这平凡的生活，带读者走入了身边另一个不可捉摸的世界，让我们得以共飨这丰富的幻想盛宴。"① 著名的网络作家马伯庸认为《都市妖奇谈》有三得二失。三得是：得地利（将妖设置在都市），得天时（人物设置有特色），人和（连缀故事，伞状布局）；两失是失文韵（文笔普通缺少韵味），失文意（人性展现生硬苍白）。② 这个评论得到了大多数可蕊读者的认可。

《龙舞》（台湾出版名《魔法师的幸福时光》）是轻奇幻小说，叙伊达·法兰，兰姆帝国法兰大公继承人，魔法天才，从出生起就拥有别人不可企及的未来的少年。身份带来的荣耀同时伴随着压力和危险，少年伊达·法兰所追求的，只是在他必须担负起自己生而带来的责任之前，有一段属于自己的自由时光。这个系列故事讲述的，就是伊达·法兰少年时的冒险时光，从拥有与众不同的魔法师试炼运气开始的旅程，慢慢伸延到各个奇异的角落，古代魔法大师的秘密，异空间的历程，精灵王国的探险……种种经历磨砺着伊达·法兰慢慢走向成熟。嘴硬心软的飞龙、饶舌义气的精灵、睿智沉静的神秘女子、忠诚呆板的侍卫……经过风风雨雨洗礼之后的情谊或许才是这段岁月最宝贵的收获。

这部作品比《都市妖奇谈》走得更远，也更需想象力。《都市妖奇谈》只是将一些人写成妖怪，加进妖怪的属性。当然这些妖怪都是中国型的，是中国古代传说中的妖。而《龙舞》是西方魔幻的写法，需要西方魔幻的知识和这方面的想象力。当然这些魔法都没有超出《哈利·波特》系列以及西方其他魔幻小说的范围，但要将它写好也不简单。

---

① 沧月与江南的评论都来自百度百科"可蕊"条，2013年7月19日查询。http://baike.baidu.com/link?url=29wFH-s4LMnMG1Lck-OSZ1vkXzdBtxhVBDX2sP2T7mLNSlY8t4Y3U1H3i6adG6_5。

② 马伯庸：《都市妖三得两失》，龙的天空，http://www.lkong.net/thread-9177-1-1.html，2013年7月19日。

一般认为女人写奇幻、写魔法，应该是很不容易的，因为女性的思维更具感性，对这些需要高度凭空想象的写作，不应是他们擅长。但是《哈利·波特》系列的作者罗琳也是女的，并且取得巨大成功。看来，我们想当然的看法有问题。当女性将她们的感性与凭空想象结合起来的时候，可能更有看头，更吸引人，更能发挥这种题材的魅力。"可蕊笔下的妖怪比人类更具人性。种种奇思妙想间，展现着妖怪与人类的故事、钢筋水泥森林中的温情与寂寞。"江南（著名网络作家）如是说。可蕊当然与罗琳不是一个级别的，但作为学习的目标还是可以的。

17. 蓝晶

蓝晶，原名胡剑鸥，别名血珊瑚，男，70年代生人，现居上海。最早的汉语奇幻小说作者，目前汉语文化圈中最具人气的奇幻小说家之一。

蓝晶大约2000年左右在网上开始发表作品，最早的是《魔法学徒》，以鲜网为主要阵地，但作品迅速传到大陆各类文学网站，所以，蓝晶虽没与大陆的文学网站签订合约，也没与出版社签出版合同，但作品在大陆网站传播广泛，广受欢迎和好评。他的作品大部分在台湾河图文化出版。大陆正规的原创型文学网站只有起点中文曾连载过他的部分作品；2006年中国城市出版社曾出版了《魔盗》及《魔盗Ⅱ》，作者署名为"血珊瑚"。

其主要作品有：《魔法学徒》《魔盗》《魔武士》《魔眼》《暗行者》《小人物》《骑士的血脉》《大隐》《梦幻泡影》。其中《魔法学徒》《魔盗》《魔武士》被称为"魔法三部曲"。

《魔法学徒》是蓝晶最有影响的作品，也可算他的代表作。传说中，魔族与神族原本共同居住在这个世界上，他们力量相同而个性相反，两者原本无所争执。但是，为了争夺对人类的控制权，神魔之间终于爆发了"光辉战役"。战役之后，强大力量破开空间，形成诸多不同世界。经过几千年的时光，人类重建文明，并成为这个世界的主人。然而神魔两族仍然不断试图染指与掌控人的世界——杂货店出身的少年恩莱科，便出现在这风云多变的时代。他的资质根本不适于修炼魔法，但是却当上了好色奸诈的魔法师维克多的弟子，和另外三位患难朋友——贝尔蒂娜、凯特以及杰瑞，展开了魔法试炼生的冒险生涯，迈向后世圣典所称的"先知"的开天辟地之途。① 这是本很有趣的书，主角性格的矛盾设定让读者们争论很大。用作者自己的话说，是既反抗命运，又顺从命运。但主人公行为的矛盾性还是让很多读者困惑。另外，故事的推进也有些拖沓，可能也让部分读者觉得不爽。

《大隐》是蓝晶又一大作，河图文化共出版了30集。作品描述1307年法王腓力四世突然发布密令，逮捕圣殿骑士团成员，教皇克莱门五世全力支持。圣殿骑士团高层全部被捕。1310年，法王下令处死了大部分圣殿骑士团成员，只留下了一些重要成员，为的是从他们的嘴里知道圣殿骑士团藏匿的财宝在什么地方。圣殿骑士团有些没有被捕的人，原本试图靠外交的方式，救出被捕的成员，腓力四世的凶残让他们认清了现实，他们决定靠自己的力量救出同伴。一年后，他们组织了一场援救行动，冲入监狱之中，救出了一些人，其中包括牧师团最高十二人之一的赛门·阿拉贡。自此卡佩王朝、教廷和圣殿骑士团之间的恩怨纠葛，和玫瑰十字骑士团的建立，风起云涌。作者在该书中又回到了过去的译文笔法，结合欧洲的历史背景和文化，很有意味。

蓝晶的小说背景多是采用现实的欧洲历史，并且是重要的历史时期：《魔法学徒》类似于拿破仑、法国大革命、二战的混合背景，《魔盗》是大航海时期，《暗行者》发生在普法战争之后，《小人物》的背景是文艺复兴时期，《骑士的血脉》官方给出的说法是"类似拿破仑战争，一个新兴的帝国正在崛起，大陆正处在势力重新分配的边缘"。

所谓乱世出英雄，乱世是英雄们最好的舞台，虽然蓝晶笔下的英雄

---

① 两书的故事情节来自 SOSO 百科"血珊瑚"条，http://baike.soso.com/v29368013.htm。2013 年 7 月 8 日查。

们都有些的无奈。蓝晶笔下的乱世,就是以往书中所说的"资本主义萌芽产生,封建制度的地主阶级与资本家之间的矛盾开始、发展、扩大、决裂,到资本主义社会制度的完成"。社会的变革成为主题,国家间的矛盾,世俗与神权之间的矛盾,民权与君权之间的矛盾,平民与贵族之间的矛盾,成为作品的骨架,各色人物粉墨登场,在时代的洪流中各放异彩。蓝晶很高明的把背景定位在这个时代,因为现实社会的历史里有太多的东西可以借鉴,没有架空,没有捏造,现实历史的借鉴给了小说强烈的真实感,虽然虚幻,却也真实。

蓝晶主角都是一些小正太。最大的朴哥16岁,最小的系密特才14岁。每当我看到脸上抹粉、嘴唇上涂满胭脂、被各种花边的华丽衣裳包裹起来如洋娃娃般的系密特,和一米五五、永远不会长高的恩莱科(恩莱科的身高是蓝晶亲口说的),我都感觉到"非常有趣"。也许这也是蓝晶的高明之处,这个时段的少年正处于人生观、社会观生成的重要时期,如同一块璞玉,任由环境的刻刀细细的雕琢,蓝晶就是那雕刻家无与伦比的大脑。蓝晶无意把他们变成完美无瑕的摆设,他更愿意的去让他们成为一尊有生命的对象。恩莱科的逃避,瑞博的阴险,系密特的冷酷,朴哥的怨毒,利奇的睚眦必报,都深深的刻印在他们的灵魂深处,这些罪,是生活赋予他们的、甩不开、撇不掉的痕迹,即使是成神成圣,不死不灭,他们的本源都只是一个凡人。

蓝晶作品中很重要的一个角色是导师。在蓝晶笔下,主角的导师都是一等一的强者,但大多不是什么正常人,《魔法学徒》中厚颜无耻的老狼,混吃等死的大魔法师加魔法帝国执政官,把精神力分裂开喜欢实验的疯狂长公主,对人类欲望感兴趣的魔族首席长老;《魔盗》里被制造的杀手之王,精于骗术的戏子,南方地下势力的教父,喜欢折磨人的大姐姐。《暗行者》的穆恩老头和不死之王还算正常,但都没有真心的教授主角技能,一个利用主角去找自己的爱人,另一个则利用主角进入世俗,还打算用主角完成天阶。《小人物》里有一群闲的难受的密侦处密探和一位以阴险著称的教皇。《骑士的血脉》是一群被斗气影响性格迥异而且不喜欢联姻的美女们。另外,这些导师还有一个共同的特点,就是虐他们的学徒。[1]

从整体来说,蓝晶的写作风格细腻,文笔成熟,可读性强,具有天马行空般的想象力。他独创优雅的翻译体风格写作,他的作品"从第一行字开始就流淌出一股中世纪暖丽而沁人心脾的文化气息,读完仿若经历了一次美妙刺激的旅行"。发表以来长居网络各大玄幻书榜前茅,至今热度不减。被公认为"东方惟一一位其作品能够与西方经典奇幻作品相抗衡的作家"。他的作品被誉为东方的《指环王》、中国人的《哈利·波特》,成为民族奇幻品牌复兴的标志![2]

18. 老猪

老猪,原名李鑫,广西北海人,1979年前后出生,公务员。业余写作,起点A级签约作者。最优秀的网络小说作家之一,2008年"网络文学十年盘点"活动中,其作品《紫川》获双大奖——"十佳优秀作品奖"与"十佳人气作品奖"。老猪的作品不多,除《紫川》外,现在有《斗铠》连载于起点中文。

对于老猪开始的写作,百度上有段话颇能道出其艰难:大学毕业前,老猪失恋了,课上完了,学校里又没什么事了,对于泡妞的勾当也厌倦了。于是猪就跑到网络上来,先是在旧雨楼的BBS里面混,接着就开始写《紫川》了。开始也没怎么认真写,写着写着又跑去玩了几个月。回来看看,哦,还有人看,于是又写。接下来得混饭碗,于是又停了几个月……嗯,那时候艰苦到什么程度呢?说出来大家可能都要笑话了,那时候老猪家里没电脑,写东西只能跑到外面网吧去写,写一个钟头得两

---

[1] 704082130:"蓝晶作品小结",来自百度帖吧蓝晶吧,http://tieba.baidu.com/p/682508761,2013年7月8日。

[2] 百度百科"蓝晶"条,2013年7月8日查询。http://baike.baidu.com/link?url=HlUeXmqRu8IYIfUCIcGkNPY3_H6zNu3fO8lNCYgLCkbIWyH6emyRvfIerxMxfgXG。

块钱，很容易停电和死机，一停电一天的工作就没了。而且家里人也不怎么支持他写作，认为这是不务正业的勾当。他们宁可他出去在路边帮人扛麻袋也好，那毕竟是实打实的工作。有一段时间，老猪上网都是口袋里揣着五毛钱去上的，只敢收发邮件，惴惴不安地看着钟，生怕过了钟拿不出钱来。这是老猪最困难的时候。开始写《紫川》时候，老猪完全是凭着一股兴趣和爱好写的，或者叫做激情。但是在写了五六十万字以后，再多的激情都被消磨光了，剩下的只有责任感。而且此时老猪的心态也和大学时候不同了，走入社会，承担了更多的责任，家庭、工作上的担子都很沉重，空闲时间也大大减少，都是只有等下班以后忍着眼皮的瞌睡在敲键盘，晚上一直干到12点多，然后洗衣服、做点家务，一般到凌晨2点才睡。①

《紫川》理所当然是老猪的代表作。2001年开始在网络连载，至2009年载完，连续8年，牵动着千万读者的心；也因为更新速度太慢，招来无数读友的骂声。2010年江苏文艺出版社出版了该作品全集。《紫川》对读友的影响之大，简直无法估计。有读友说自己读了20遍，现在还在读；有读友说：我很难把《紫川》当做一本网络小说——它对我有着太多太深的影响，对我而言，它是哲学、是历史、是青春、是梦想。甚至最后一集发布时，我和众人一样，等啊盼的六七年，反而害怕它全本了。

它是一本优秀的网络奇幻小说，是网络奇幻小说的代表作之一。它以幽默诙谐的语言、细腻动人的笔触、史诗的笔法描绘了西川大陆的英雄们反抗魔族侵略，维护人类文明的战斗豪情和爱情故事。

故事发生在西川大陆。两百年前，大陆上的伟大帝国（光明帝国）的50万皇家军团在20万魔族的喧嚣声中崩溃，帝国最后的皇帝林坚毅、

---

① 参见百度百科"老猪"条，2013年7月20日查询。http://baike.baidu.com/link?url＝nJfomHQlYU_FQCDUKip－Nn0S9vC4OpXt1peUumVTxf－yUwhQ120DXVssV－SkIxJcY-CGD4fI1yC8EALUNjUXjfK。

二、第二代写手

元帅鲁单言双双战死。此时,帝国的国师左加明王越众而出,单人只剑杀魔族将领、卫队数千人,进而魔族撤兵,退守远东。但光明帝国也轰然倒塌,于是,群雄并起,帝国为几个有实力的家族分割。紫川家、林家、流风家三大家族继承了帝国的主要遗产,其中,紫川家实力最强。他西击流风家,东挡魔族,南镇林家。为了强大的梦想,为了家族血统的薪火相传,无数紫川俊杰前仆后继,谱写了一曲史诗般壮丽的历史。

《紫川》令人陶醉的有男儿血、兄弟情、生死恋、自由魂、民族义,多少优秀男女,为了守护心中的这片天地,舍生忘死,抛头颅洒热血,不惜牺牲自己生命。作品用幽默诙谐的语言,细腻动人的笔触,向读者描绘了一个独特奇妙的世界。将一群不同性格的人物,一个个展现在读者面前。一个乘势而起的英雄,一个兵凶战危的乱世,一个摇摇欲坠的家族,一段冷兵器时代的百年悲歌,这就是《紫川》,一部让人读后激情满腔的作品。铭心刻骨的爱情、真挚动人的友情、杀机弥漫的政治、尸横遍野的战场,与幽默诙谐的语言结合在一起,形成了一种独特的风格,让读者看后如醉如痴。

在艺术构思上,《紫川》虽是史诗性的荡气回肠大作,却充满了网络时代流行文化的所有元素。首先,西川大陆及居民等的设计完全由网络游戏而来。某一大陆之上,居住有多种生物:有人类、魔族、半兽人族等。他们之间征战不断,你来我往,杀得天昏地暗。《紫川》整体构架即是如此。

其次,主人公都是帅哥美女,本领惊人。紫川秀11岁就率领800军校生大破10万流风军,奇迹中的奇迹。除紫川三杰本领超强外,大量帅哥美女都是年纪轻轻就军功卓著,官至红衣旗本,如白川、林冰、罗杰、明羽等。流风霜也是20岁的年轻美女,却是流风家军队的最高统帅,且战力惊人,见识卓绝。这种少年英雄的意淫虽较后来的意淫小说在程度上小得多,但意淫的成分也真不小。

再次,中国人习惯性的勾心斗角贯穿作品始终。除外部不停的战斗外,无论人类还是魔族,内部总是四分五裂,叛乱、谋反、暗杀等不断发生。只有永恒的利益，没有永恒的朋友。人性、魔性的丑陋暴露无遗。人与人之间，派与派之间不停的勾心斗角，无始无终。杨明华叛乱，被杀者多达3万；帝林与罗明海同朝为臣，却是死敌，仇恨比对外族还要深得多。

最后，大量使用俗语、网络粗俗语及句式。特别在第一卷中，其使用之频繁，活脱脱一网络句法之大全。如紫川秀与白川等上下级之间的对话，不但没有上下级间的严肃，简直与流氓无二。①

老猪文笔诙谐，尤擅大的战争场面控制，在爱情的描写方面也有独到之处，小说将铭心刻骨的爱情、真挚动人的友情、杀机弥漫的政治、尸横遍野的战场，与幽默诙谐的语言结合在一起，形成了一种独特的风格。

《斗铠》是老猪的又一力作，继续着老猪的写作笔法，还没有连载完，暂不评论。

19. 陆幼青

陆幼青，1963年10月生于上海，1989年毕业于华中师范大学中文系，后任职于某局职工大学。1992年下海，在上海宝久广告公司任总经理助理。1993年与朋友开办上海青苹广告有限公司，任总经理。1994—1997任北京三鸣集团上海分公司副总经理，1998年任上海龙翔广告公司副总经理，后又任上海浦东房地产展销中心副总经理。1994年身体不适而入院，被确诊为胃癌。1998年癌细胞扩散复发。2000年7月，陆幼青病情恶化，决定放弃治疗，同时决定在知名网络文学网站"榕树下"以日记的方式来刻画"自己生命最后的经历和生理、心理的变化"。8月3日开始刊载第一篇"死亡印象"，10月22日刊载最后一篇"谢幕"。12月11日陆幼青谢世。在此之前，他刊载于网络上的日记被北京华艺出版

---

① 参看聂庆璞：《网络小说名篇解读》，中国社会科学出版社2011年版，第191—198页。

社购买版权,正准备结集出版,题为《生命的留言——〈死亡日记〉》。此外,他还著有长篇小说《欢城》,短篇小说集《维维咖啡屋》。

在面对死神的最后的日子里,他一次又一次地在鬼门关上徘徊。在癌细胞快速生长的作用下,他常常在一早上醒来就觉得很饿;但伴随饥饿的确是肿胀得嘴都合不拢的感受,无法进食,要在挣扎六七个小时后才能稍微吃点食物。还有些时候,他连呼吸都无法正常进行,自己的意识模糊地感受到要崩溃。他在日记里也清楚地写下过"我走到了头……"一两个月的时光,对于常人而言并不漫长,但对于病痛中的陆幼青来说,是和死神在进行赛跑的生死之旅。他拼尽全力与死神斗争,只想为自己的生命多争取一分一秒,他内心被信念所填充着,那就是把"死亡日记"继续写下去。

陆幼青的家在上海西郊,那里宁谧而安静,伴随着拂面的清风很舒适。他与妻子时牧言常常会在女儿去上学后,沉浸在二人世界中,轻谈浅笑着,默默地回忆着温馨的过去岁月,也会互相憧憬着未来的家庭、未来世界的面貌。与妻子交谈的时光,陆幼青好像不再是命悬一线与死神赛跑的癌症晚期患者。他也曾云淡风轻地幽默一把:自己体内的癌细胞正在度过青春期。对于生命的这最后光阴,他的态度恬淡怡然,有妻子的爱和呵护,还有那么多读了他作品的网友们为他加油打气:陆幼青,坚持下去,我们都期待再看到你的书!

在生命的最后阶段,陆幼青借《死亡日记》这一平台,对自己的人生进行了平静却不乏真实的思考。这本书是由他自己命名再集结成册,陆幼青37岁的年华,诠释了爱情、亲情、生活,以及避无可避的死亡,他也希望可以由作品来帮助那些同样在"苦苦地跟癌症作战的人"。

他的叙述很诚恳,也很平淡,但是却不乏理性又独特的思维,一下就吸引了公众的注意力。陆幼青在自己的日记里坦言,癌症使人变得脆弱了,"它坚定不移、日积月累、聚沙成塔地对着你侵削剥蚀,从肉体到精神"。他在想着人生中的爱情、亲情和小细节,抱着慢慢回顾欣赏的心态,他觉得这就像是生命与死亡的一次完美对话,优雅得就像品着一杯茶。这些文字，这些思考，平常却又不同寻常，公众开始广泛关注，媒体也开始争先恐后地报道。在上海和北京，还以此为契机，开展了有关"生存和死亡"的广泛讨论。

著名作家陈村曾写文《悼念陆幼青》，他写道："即便我们失去了所有的共同语言，还可能在死亡的话题前做一次最后的沟通。"朱威廉也曾经表示，陆幼青以《死亡日记》教会了自己怎样去面对巨变和痛苦，他以从容不迫的姿态面对死亡，就像是合上一本书似的过完过好自己的最后生命，戏剧也就此完美落幕了。①

这本书大概15万字，他亲自参与了设计封面的工作，那朱红色的封面，是生命的象征，如同用鲜血染红一般。同时他又亲自设计了一朵朝气而美丽的向日葵，寄托了自己对美好生活的渴望。

许多人指责"死亡日记"是媒体的有意炒作，陆幼青放弃治疗是对生命的不负责任，是"自残自虐"。今天，当一切都已散去，繁花落尽之时，再回过头看，我觉得它是对生命的一种礼赞，是人性理智、高贵的最后表现。陆幼青当时说，这本书是自己送给女儿的一件礼物。很多指责的人可能轻看了这一礼物。它其实不是一般的礼物，它是她爸爸生命的凝结，是她爸爸对她最后的人生示范。所以，没有什么礼物比它更贵重。

20. 木子美

木子美，女，原名李丽，广东梅州人，出生于上世纪70末。毕业于中山大学哲学系。杂志编辑、网络写手。曾是著名小资读物《城市画报》的性专栏作家，以每两周换一个情人的体验式性爱写作闻名。因性爱日记《遗情书》公布于网络而一夜爆红，一度使其网页成为中国点击率最

---

① 陈村、朱威廉的话引自百度百科"陆幼青"条。http://baike.baidu.com/view/437671.htm。2013年7月18日。

二、第二代写手

高的私人主页之一。现就职于北京某知名网站,其播客(木的工作室)近期在社会中也有一定影响。除《遗情书》外,尚著有《男女内参》(署名不加V)、《容器》《公然好性》等书。

出名前,木子美曾游走于广州的茶楼酒肆,以勾引男人为乐。大学毕业后的木子美在广州《城市画报》开设个人专栏,文章内容以不同的性爱体验为主,在全国各地均拥有不少读者,其"小范围内的名气"由此得到突破,开始在更大的空间里崭露头角。

2003年6月19日,木子美开始在网络上公开自己的性爱日记《遗情书》,访问甚微。8月的一天,木子美公布了自己与当时某著名摇滚歌星的"一夜性",描写极为细致,并对其性技巧与能力进行了评价。这篇日记被迅速转贴到"西祠胡同"等当时热门论坛,引起轩然大波,木子美和该歌星成为新闻媒体追逐的对象,躲到成都的这位音乐人在接受当地媒体采访时表示了他的愤怒,称没想到与自己一夜情的对象居然是个喜欢"自曝性事"的女编辑。

木子美因此而"一炮而红",大江南北都在传播其战斗伟业。《时尚》《嘉人》等时尚媒体及《新快报》《东方早报》、新浪网等都对其进行了大量报道。木子美也因此当之无愧地成为2003年中国网络界的头号明星;并被称为"木子美现象"。[①]

不安分是木子美的本性,到北京后,她注册了自己的新浪微博。微博用户以80、90后为主,对木子美的"光荣事迹"不甚了解,也不知道木子美是谁,所以,她特意将微博取名"不加V"。为了吸引粉丝,她采取的方法是大量刷屏,以引起别人注意。2012年,木子美的《男女内参》出版,她没有走传统的宣传销售方式,也没有进行签名售书,而是在微博上刷屏卖书。有粉丝买了书,就拍照给她,她再转发,称之曰"网签",开创了一种新的签售方式。在她的努力下,首印2万册很快卖完。

---

① 以上内容参考了百度百科"木子美"条,2013年6月3日查询。http://baike.baidu.com/link?url=rBCA73RcH_-kCD72Jyn4vDiaEpl6XI8zWL-8Tnf9RGn8No6whojCjkDTOH2TptRW。

木子美喜好掺和网络热点事件。2012年8月，方舟子在微博上试图证实蒋方舟的文章抄袭，不加V（木子美）认为抄袭或者代笔的证据都不成立，力挺蒋方舟。随后其他支持方舟子的网友认为这种支持是因为不加V想在《新周刊》上开专栏，猜测和其他恶毒的谩骂由此开始。纷争不断升级，最终双方都开始人身攻击，各自投诉对方言论不当。方舟子称自己投诉不被受理，离开了新浪微博。近期，央视主持人柴静的新书《看见》受到读者追捧。随之，其情事被木子美爆料。一石激起千层浪，也让木子美又火了一把。2012年10月，木子美亮相搜狐视频，自制网络剧《屌丝男士》，亮出自己白生生的大腿，引发轰动。

木子美用身体和52个男人写作的《遗情书》日记，我行我素地试探道德的底线。这本书描述的是这样一种生活方式：另类的，非主流的，远离传统的，疏离道德的。她用逼真的、激情的文字告诉人们，她和她选择的生活方式，在这个文明、宽容、纷扰、多元的社会中存在着。

据《遗情书》记载，木子美性放纵的方式多样：不仅频频更换性伴侣，还曾经当着朋友的面与朋友的朋友性交。此外，日记内容显示，木子美并不拒绝参加多男多女集体性派对。木子美在《遗情书》中记录了其与多名男子的"一夜情"故事。故事以白描的手法，将她与这些人的性爱事件的大量细节再现于看客眼前，内容火爆。

她站在女性的角度，消费了一把男色——在这种意义上，木子美完全可以算是个女切·格瓦拉，很有颠覆性。《遗情书》可以说是木子美自我炒作的枪炮，让她心满意足地红了。后来出版的书里有她的性专栏文章，但很"色情"与很"低级"的舍弃了大半，小说中部分与男人最真实的交流但涉及"色情"的内容，也作了删节。书里是比较"干净"的一部分内容。现在南都周刊和timeout上她的专栏文字则功力猛进，将她的才华展览无余。

《男女内参》差不多是一本约会、恋爱、结婚指南，内容挺有意思，全是短小故事，闲来无事读读挺好玩的。在这本书中，木子美聪明，逻辑严谨；她智慧，洞悉一切；她犀利，一针见血；她撒泼，耍赖，傲娇，卖萌，时常重口味却不招人烦。她是写字的男女中活得最真实的人。她看似个性，却有着正统的三观；她满嘴男盗女娼，却一肚子仁义道德；她偶尔小清新的文字是多么美好，偶尔的一句话，会突然地就那么击中你……

在这本书中，木子美不装不做作，不风花雪月不心灵鸡汤，完全凭借着其强悍的逻辑性和恃才傲物的才情真正征服了读者。让人对她之前的印象来了个 180 度大颠覆。这本书给读者呈现的木子美不仅让人讨厌不起来，反而觉得她极其搞笑可爱。

（宋欠欠）

21. 李臻

李臻，男，2003 年毕业于上海交通大学文化管理专业，在大四时成立"哈哈工作室"。主创人员除李臻外，还有刘嘉硕、马纶鹏等，他们共同完成多媒体小说《哈哈，大学》，它是国内第一部真正意义上的多媒体小说。该作品由 15 万文字、8 个 DV 视频、19 个 flash 动画和若干图片、原创音乐及小游戏等组成。同年，漓江出版社出版了该作品，除传统的文字书本外，还附有一张光盘。是国内首次以此形式出版的小说。李臻当年考上了本校的文学理论研究生，由文化管理转向了文学。

2002 年大三暑假，李臻玩闹式地开始《哈哈，大学》的文字创作，"觉得好玩，想把大学里的一些事情记录下来"。他写得很快，一天五六千字的速度，20 多天便完成了文本创作。9 月份开学不久，他把稿子寄到了漓江出版社，久未见回音。李臻也不太在意，自己终究是第一次写作，且主要还是自己想写些纪念性的东西。期末考结束时，李臻却接到了漓江出版社编辑的电话，说小说不错，希望能作些修改。趁寒假他把作品按编辑的意思进行了修改。

李臻所在的文化管理专业，具现代中国大学文科之通病，男女比例严重失调，30 个人的班里，男生才七八个。人少，交往自然多，大家感情也特别好。一起扎堆吃饭抽烟喝酒时,有人提议说,应该为四年的光阴留个纪念。有人提议海南双飞,但钱在哪儿呢?李臻想到了他的小说。现在大家用以纪念的手段越来越多,DV、相机、flash……为什么不把文本小说和这些多媒体结合起来,来一个创新实验?他想起以前旁听过的一次期刊研讨会,大家为电子传媒冲击,纯文学市场狭窄而展开激辩。其实存在就有合理性,任何艺术手段表达都有自己的局限性,文字可以提供无限的想像空间,感官艺术则更为直接。为什么不尝试作一个结合,在保留文字想像力的同时,通过多媒体进入更丰富的亦真亦幻的世界。李臻的提议得到了这些好哥儿们的赞同,也得到了出版社的认可。"哈哈工作组"迅速成立,并积极行动起来。

有丰富拍摄经验的刘嘉硕承担了《哈哈,大学》的DV拍摄工作。视频是多媒体中难度最大的。"因为器材资金各种原因,我们不可能在技术上做到像电视剧或MTV那么专业完美,但我们是从学生角度出发,希望通过我们的激情和创意,来引发大家的共鸣。"①

激情和创意,也是整个"哈哈工作组"的精神食粮。因为激情,刘嘉硕手下聚集了十几个演员,都是主动要求来帮忙的同学。学生拍DV受的限制多,比如天气原因影响色彩,非专业录音难度大等等。学生们就凭着一股热情,拍了一次又一次,录了一回又一回。刘嘉硕后来数了数他们拍过的所有带子,一共17盒,每盒都是一两个小时的。事实上,因为光盘容量,最后采用的视频作品一共是24分钟。有个男二号,拍了很长一段,后来光盘里只露了一面,郁闷死了。但他们希望能尽量做到最好。

创意,抓的是细节和幽默。他们拍的是日常大学生活,这些细节,你在任何一所大学都会碰到,但那些似曾熟悉的画面,却加了调侃的元素,最后都叫你忍俊不禁。比如拍摄男生在图书馆自修,一漂亮MM娉

---

① 转引自林蔚:《〈哈哈,大学〉:给青春留段声色回忆》,《中国青年报》2003年7月8日。以下引文出自该文,不再注。

娉婷婷走到对面入座，立刻来个男生痴呆呆暴流鼻血的特写；清风垂柳河堤，学生专心致志看书学习，突大喜，抬抬脚拉上条细绳，拉着拉着就从河里拉出条鲫鱼来……Flash 和图片也尽量把创意作为主旨，希望大家能理解的，是他们的创意，而不是技术。

李臻自己是这样看《哈哈，大学》的："我想写的，是一个平常的故事，大学四年的点点滴滴。"小说里没有惊天动地的故事，没有缠绵凄美的爱情，李臻认为大学生活其实就是平淡单调的，"学生嘛，还是觉得生活是苦闷的，你看我们几个，到现在还是光棍呢。但是四年后你回过头看，其实就是这些生活中的点点滴滴打动你，让你特别的依依不舍。"

李臻的同学们成为试读本的第一批读者。他们看小说，听组建过乐队的李臻的原创歌曲，欣赏那些让人哈哈大笑的 MTV 和 flash。"原以为大学四年就是在学习和背单词中过去的，没想到最后留下深刻回忆的，是那些不起眼的平凡小事。""看小说，看光盘，好像又把四年过了一遍，快乐的四年。"读了小说的同学们如是说。

该作品的最大特色在于其多媒体性。DV 短剧、FLASH、原创音乐、电脑小游戏等多种表现手段，以轻松的笔调刻画妙趣横生的大学生活。该书完全不同于传统的"图书＋光盘"形式，光盘中的内容与小说文本紧密结合，"文本"构建故事框架，推演情节发展，而传统文字无法生动表现的部分内容，如背景呈现、人物形象、细节刻画等则由 DV 短剧、FLASH 动画着力承担，真正做到有"声"有"色"。该书也将刷新人们的阅读习惯，"小说"不但能"读"，而且能"听"、能"看"、能"玩"、能"乐"，视听结合，手脑并用，带给读者全新的阅读体验。本人之所以将李臻入选 100 写手，也并不是因为这部作品有多出彩，也不是李臻的写作有多高的水平，因为从后面的表现看，李臻并没有多少作品出现，更没有好作品出现。他能入选 100 写手，恰是因为这部作品独特的形式。

22. 尚爱兰

尚爱兰，女，1962年出生，湖北襄樊人，做过十八年中学语文教师，后辞职专职写作，第一批网络作家，自由撰稿人，曾在《南方都市报》等报刊开设专栏。现已重新回到学校，业余写作。其短篇小说《性感时代的小饭馆》获榕树下主办的首届网络文学大赛一等奖。主要作品有长篇小说《永不原谅》，散文集《数字美人》《蒋方舟的作文革命》等。

尚爱兰很早就开始写作，20世纪80年代早期即与池莉在同一杂志发表过作品，但忙于讲台工作，放弃了写作。其女蒋方舟早慧，7岁即有作品《打开天窗》出版。尚爱兰受其鼓舞，自己也开始重新写作，时间在1998年。当时网络文学开始显山露水，她觉得好玩，开始将文章粘贴网上。当时她写作速度很快，几乎每天一篇。2000年，她的短篇小说《性感时代的小饭馆》在"榕树下"获得网络文学大赛一等奖。从此她的作品开始受到更多人的关注，声誉也快速提高。同年，她的长篇小说《永不原谅》在网上连载后，又获出版。此后，尚爱兰虽还在网上写些东西，但已经不多了，写的作品也不多了。其原因不知，大概是回到学校后没时间写了。

尚爱兰的写作以散文随笔为主，大致可分两类，一类是比较尖锐略带机锋的，如《头在枕头上，想起了我的理想》《四大才女唱情歌》《手指的力量》《急欲堕落》等；另一类是细腻委婉写对女性自身关怀的，如《一个阴沉的下午》《最后一天》《兰子的古代情人》等。除了散文随笔外，尚爱兰也写小说，如《有一种速度在体内飞翔》《第无数次升腾》等篇，在网上就曾激起了不少叫好声。

《性感时代的小饭馆》写网络时代青年男女们的情感故事。耗子与瑛是同事，耗子因为某事有功，公司奖了七千元，瑛带着她的闺蜜方要耗子请她们吃热干面。吃面后，耗子以上网为名去了方的家里，不久即通过网络聊天与方勾搭上了。实际上，耗子自己有女朋友，方是已婚妇女，

二、第二代写手

丈夫经常不在家而已。有一天，他们三个又碰到了一起，瑛问耗子什么时候结婚，耗子说，过几天吧。三个都很平静。

这篇极短的小说获得一等奖，应该有其理由。题目是这篇小说的眼，这个时代，性感的时代，网上遍布裸体的时代。男女之性与小饭馆的热干面一样随便、廉价。耗子与方其实不是很熟络，见面也不是很多，就一碗热干面的交情。他们是通过网络聊天熟悉起来的，估计也这也是获奖的原因之一：点明了网络。这篇小作品语言简洁洗练，自然流畅，很好的体现了尚爱兰风格。

尚爱兰自己觉得最满意的作品是《焚尽天堂》。当年早些时候，河南焦作一录像厅失火，因为老板将门窗都封死了，导致74人被烧死。这篇小说是为纪念这次失火中死去的亡灵而作。小说以死后的"我"为主人公，讲述了当天的事情经过：当天本来我要去看准女朋友梅子，在去的路上碰到路边演，看了一会，碰到一个老乡米口，邀请他一起去做事。在工棚米口与另一个打工佬打架。他们只好去看录像，结果被烧死了。

这篇作品引起很大的争议。因为作品中的"我"是一个"色鬼"（确实是鬼），乱摸女人。然后还有一些赤裸裸的女性身体描写。我以为尚爱兰这么写是为了表现农民工的苦闷。他们在城市中辛勤劳作，却低人一等，没有人瞧得起他们；没有人管他们的生活，更没有性的宣泄渠道。而这对二十出头的小伙子来说，是非常严重的压抑。所以，他们热衷看路边脱衣舞表演，喜欢看黄色录像，对女性身体有着无法遏止的渴望与向往。我们可以发现在郭沫若、郁达夫的作品中也曾有着类似描写。而尚爱兰以女性自身的领悟来写男性的那种渴望，确实有独到之处。这样的描写，我以为是对打工亡灵的最好告慰。

长篇小说《永不原谅》可以看作尚爱兰的代表作。它是一篇感伤的青春祭文，它描述了一位少女凄楚动荡的成长历史。作者以倒叙、穿插的方式，让女主人公在虚拟的未来和灾难深重的过去之间自由出入。国营农场是特殊年代的一个象征，主人公在其中亲历了一幕幕人间悲剧，见证过人性之恶，伴随着人与人、人与畜、人与物之间通感交流的精彩描写，作品丰富而细腻地展示了主人公女性意识的觉醒，对被扭曲了的亲情、友情、恋情，怀着一种刻骨的忏悔，从而呼唤人性力量的回归。

这个小说我想说，它真是一个珍品。在2000年某期《青青草》对当年网络作品的点评中，是放在第一，位列《悟空传》之上的。不知为何，这个小说后来默默无闻。这篇小说看似语言杂乱，实则是一部天籁之作。他带着魔幻主义的风格，悲天悯人的格调，恣意纵横的语言，大声呐喊着，呼唤着人性。全书行文潇洒，诗情洋溢。

对于此文，尚爱兰曾有一个长长的说明："那么，这个小说就不再是写给我自己看的。而是写给灵魂看的，准确地说，是给亡灵看的。或者说，我要代一些亡灵说话，来讲述他们的平淡而悲苦的故事。我有的时候，是以一个大活人的眼光来看他们；有的时候，就把自己看做是他们的一员，或者，即将成为他们的一员。我想避开大悲大喜，恨不能跳到云端上去看这些人和事。所以有一部分苦悲，变形成了轻松和调侃。似乎隔了迢迢的生死路，回头去看现世的人生。我恨不能自己也变成个亡灵，或者有通灵的本事，能说出参透的话。但是，即便我变成个亡灵，也依然想不清楚生存和死亡的问题。这个任务太恐怖和沉重了，我越深入，越感到这是个无底洞。越坠越远离光明，而且没有人抛下绳索来救我。这是我对自己文字绝望的第一个意思。

"写的时候，我有时想，我为什么'结果'不了某个人物？就好像这个人拖着我的手，让我对他多写一点。那个人本没有安排他什么事，为什么进到我的小说里？到底是什么共同的地方驱使他们走到一起？慢慢地就明晰了——他们都是需要同情和拯救的灵魂，和我一样。我写下这些文字，就是为了使我自己安妥，同时也让他们安妥。他们已经面目模糊，全都失掉了自己的名字。但是他们的灵魂至今还在游荡着，没有上帝收留，没有上帝拯救。"①

---

① 尚爱兰：《我的文字我好绝望》，中华网，http://culture.china.com/zh_cn/book/reading/303/20001206/48282.html。2013年9月15日查询。

尚爱兰曾说,写完这个小说之后,我就要自杀了(休息一段),果然,她后来就写得少了。我们只能为网络遗憾,她细腻如丝的文笔在网络上不见了。

对于网络写作,她说:多亏有了网络,我现在才有可能写点真情文字——尽管对自己的创作还不满意,但是网络至少给我提供了一个真实的空间:"只有在夜里四点,在最容易死亡的时间,我的可爱的文字,滚动着舒展开,舒展成一团美丽的卷云,穿过淡黑透明的夜幕,湿润地、无声地触摸我的恶梦,把我触摸成一个干净透明的美人。我的手就变得光滑柔软,我的柔若无骨的手就自动地走到我的键盘上,打下一排排美丽的文字。"[①]

23. 十年砍柴

十年砍柴,男,本名李勇,1971年生于湖南省新邵县一个山村,1993年毕业于兰州大学中文系。先后就职于北京某上市公司、国家某部委,1999年因国务院机构精简分流到《法制日报》,2008年10月,"告别圈养的记者生涯",入语文出版社,开始"四书"生涯:读书、写书、编书、卖书。知名专栏作家、文化评论家和知名网络人。现为教育部所属语文出版社文化图书部主任。

年过而立后,李勇突然醒悟,自己无发财之能,无当官之才,也无做一个名记者替民呼吁之胆量和机缘,便一头扎进故纸堆里,犹如少年时孤身进山持斧伐柯。十年砍柴的写作游走于古代历史文化和当下时事政治之间,先后在《南方都市报》《华商报》《华商晨报》《新京报》《潇湘晨报》《钱江晚报》《经济观察网》等媒体开设时评专栏或文化专栏,目前已出版《闲看水浒——字缝里的梁山规则与江湖世界》《皇帝、文臣

[①] 《尚爱兰和蒋方舟:一对受争议的母女作家》,东方新闻,http://news.eastday.com/epublish/gb/paper148/20010824/class014800009/hwz471379.htm。2013年9月15日查询。

和太监——明朝政局的"三角恋"》《晚明七十年：1573—1644 从中兴到覆亡》《闲话红楼：大观园的后门通梁山》《进城走了十八年：一个 70 后的乡村记忆》《自由与宽恕：曼德拉传》等著作，在文坛中引发巨大反响。

《闲看水浒——字缝里的梁山规则与江湖世界》是十年砍柴的得意之作。中国文人评点和研读《水浒传》的历史可谓久远，但无论是金圣叹还是后起的张恨水、孟超、牧惠诸先生，大多没有逃脱对《水浒传》谋篇布局、文字精妙的研评范畴，偶有老吏断案的发明，但整体上都没有特别的创新。但十年砍柴这本《闲看水浒》打破了此前谈论水浒囿于玩味词藻的文章学的旧有框框，结合当今的社会现实，用法律、经济诸方面的眼光来审视，从出色的文字后面看出血淋淋的丛林法则和血酬定律，这是真正的人文知识分子知识结构重组、文明变革、民主自由的普世思想影响十年砍柴的必然结果。从刘备、宋江、唐僧的"无能"之能里，砍柴看出他们占领道德至高点和无所不能的厚黑手段；从街头赌博做局，看出中国的政治其实多半就是"下三烂"的做局，还要美其名曰"政治智慧"；"从官军为什么不如民团"里看出宋代统治者修文偃武的尴尬，"只有在现在民主社会，文人统军、武人治军，既能避免军人干政，又能保证常备军的战斗力"；从"那些失败的生意人"里看出商人不能因纳税保护自己利益、主张自己的政治权利，饱受官方的压榨，在这种失衡的心态下，只有更加为富不仁，才能最大限度地获取自己利益，从而种下了普通老百姓的仇富心理，成为夹在风箱中的老鼠；从施耐庵对女人的态度里看出"中国毕竟产生不了托尔斯泰、陀斯妥耶夫斯基那样具有终极关怀的作家"，从而把目下疯炒的"女体盛"，看成是对人的尊严的挑战等等，都不难看出砍柴在评读《水浒传》时的独特视角。

十年砍柴的精细，不只在读书有敏锐的触角、独特的视野，还在于他联系现实生活时点到为止，既让读者有适度的联想空间，亦让自己不背上太多的"影射阅读"的"恶名"，每每读到此处，读者便别有会心。他在谈及梁山二把手生存之道时，说梁山这些强盗的"表态学"真学得

二、第二代写手

好,需要站稳立场时绝不会站错,赶快表态支持上峰的安排以及被挟持的所谓"民意",凡是经历四九年后历次整人运动的过来人,看到这些地方真有痛彻骨髓的悲凉。虽然我认为他把周朝伐商朝,喻为英美打伊拉克,同时自作多情地在序言中说"我们党",做出对一党独裁期望甚殷的幻想,不管是言说策略还是偶尔的走火,都有值得商榷之处。但我还是要趁机来一个"表态学",砍十年的柴,真没白砍,他揭示了中国离现代文明还多么遥远的残酷现实和丛林法则。只有把紧密团结在以专制制度为核心周围的柴砍光,才能真正破译出残酷博弈的丛林法则。除了有胡适先生无一日不拱一卒的韧性精神外,或许这是他用甘冒破坏环境的网名,来行走于网络和真实世界的意图之所在。①

《晚明七十年》是十年砍柴的又一力作。晚明的这一段历史,如此书的附题一般,"是从中兴到覆亡"的一个曲线。朱元璋建立的大明王朝历经"多年的风雨"已到了烂熟的程度。所有政治、经济、军事、文化上的痼疾都一起来缠着这个巨人,是向生还是向死,是补天还是凿船,不同的人物有不同的取向。晚明错综的矛盾演绎出了一幕幕大戏,令人瞠目也令人叹惋。

晚明的社会,也是中国皇权制度下所有弊端的典型集合体。把这一时期的问题梳理好了,分析透了,也就是抓住了研究皇权制度弊端的要窍。十年砍柴孜孜不倦地研习晚明史、书写晚明史,可以说是大有深意在。

在《晚明七十年》里,作者的笔触是从万历首辅张居正上台写起,从这个时候起,到崇祯十七年明亡。十年砍柴抓住了四个典型人物来描述——即张居正的"救时",万历皇帝的"怠政",魏忠贤的"乱政"和崇祯皇帝的"无力回天",这四个人在时序上的排列决定了明朝最后的命运。张居正是有所为,万历是无所作为,魏忠贤是恣意妄为,到了崇祯

---

① 冉云飞:《中国人的精神幻象》,原载《新京报》,转自新浪 http://ent.sina.com.cn/2004—07—02/0802432708.html。

又想有所为。但是,轮回了这么一圈,再有所为挽救明朝命运已是为时已晚,如作者在前言中所论:晚明的内忧外患在崇祯年间一起迸发,溃烂莫可救。根本原因就是16、17世纪之交。支撑中华帝国的士人政治已经走到了尽头。这个政治困局,当时的皇帝和文官集团都没法破解,即使是唐宗宋祖在世,也难力挽狂澜。

士人政治为何走到了尽头?是因万历后期和魏忠贤专权时期对正直士人的打压、对吏治的松弛放任,使得文官集团以自保为重、以私利为要,正气正风荡然无存,国家危殆无人关心。大明朝就如一部无人驾驭的马车,一步步滑向悬崖,终至灭亡。

制度之亡,是任何行政高手都不能化解的。这就是十年砍柴在书中为明亡所做的诊断。

这部通俗历史著作不仅立意深刻,且写作特色也令我颇感新鲜。

十年砍柴在讲述这一段历史时,最不易的是做到了举重若轻,将四个人的故事逐一讲完,一部纷繁错杂的晚明大观也就尽在其中了。在通俗断代史的写作上,这是比较有特色的一种。这部书的各个篇章,也同样有要言不烦的特色。它是由一个个简洁的短章组成,一节讲一个故事,前后呼应,连缀成串,从细微处见出大历史的壮阔波澜。①

十年砍柴是一个真正的思想者,他对中国文化体会之深,对其中的某些潜规则厌恶至极,很难有出其右者。他选取的对象都是大家熟悉的老生常谈,却在这些常谈中见微知著,重谈出自己的新意,力透纸背,阐述着自己的思想。他曾红透"天涯"等各论坛,但随着垃圾的沉渣泛起与网络言论的故步自封,十年砍柴这样的智者与思者已经很难存身于斯了。

(张梦航)

---

① 清秋子:《闲看"十年砍柴"》,转自新浪影音娱乐,http://ent.sina.com.cn/x/2007-10-11/00401744740.shtml。

24. 王小山

王小山，东北人，1990年毕业于北京师范大学的中文系，据此推算应该是65后人。当代中国著名网络写手，媒体从业者、自由职业者、公共知识分子。曾供职于多家媒体，曾为《南方体育》《南方周末》等媒体撰写专栏。2003年末跟随程益中创建《新京报》，并担任该报首任文化娱乐部主编，而后又曾担任搜狐总编辑助理，现就任于《体育画报》中文版，担任首席记者兼主笔。目前在《新京报》和《南方都市报》开设专栏。

从2011年开始，他先后出演了多部电影，如《幸福59厘米之小马》中演放屁男；获得了49届金马奖最佳影片的《神探亨特张》，他在其中扮演盗贼；还有由张元导演的首部网络贺岁片《床上关系》，王小山在片中又是出演小偷，因此获得"小偷专业户"之称。现在他新浪微博的个人简介写为：演员、出版人、音乐策划、专栏作家。

王小山于1997年开始接触网络，曾用网名"黑心杀手""打伞和尚""白雪皑皑""大家乐"等。为网络黑通社写作派的开山鼻祖，人送名号网络"四大杀手"之首，也是业界公认的全国十大网络写手之一。王小山是互联网上的狼，他冷静，他尖锐，他目光犀利。在网络世界里，王小山操起一挺挺机关枪，镇静地、疯狂地扫射。明星龙套谁秋雨，影视足球皆晓庆，传媒奥运狗屎坨，大款美女牛粪花，无一不在王小山的密集扫射之列。[1]

王小山结集出版的作品有《大话明星》《比比谁无耻》《这个杀手不太冷》《迅雷不及掩耳盗铃之势》《亲爱的死鬼》《又厚又黑红楼梦》等。

对自己的写作，王小山知道有人欢喜有人骂，他不是很在意。他有

---

[1] 资料根据百度百科"王小山"条整理。http://baike.baidu.com/view/643495.htm。2013年7月19日。

自己独到的见解，不管是骂人还是夸人，别人觉得好或者不好他也不欣喜也不恼火，孩子丑还有自己爱，如果自己的作品真能深刻影响他人的喜怒哀乐，那也算是功德一件，自己也没白忙活写一场。

王小山并不认可别人对于他天马行空的写作风格概括为戏说，他给自己的定义是"胡说"。他认为戏说基本还是建立在有比较完整的历史故事的基础之上，而他的胡说确实架空于历史现实的。王小山曾坦言自己并不擅长诗歌文学，他自己的作品多是毫无顾忌、无拘无束的成品，如果说自己欣赏的小说，他喜爱的作家有贾平凹、王朔、莫言，其次还有余华和王小波。

2006年出版的《亲爱的死鬼》是王小山极具代表的一部作品，他一改往日不羁的写作风格，造词弄句颇具一番文人韵味，与以往简明轻快的创作完全不一样，这是其创作生涯中的一次大突破。笔者认为，要写作的话，写手可以用不同的词汇来写文章，也可以从不同的角度来观察写作主题，抑或可以颠覆自己固有的原则理念改变结构，但是像王小山这种排山倒海式的颠覆，确实是令人倍感意外。

虽然王小山多次带给了读者惊喜，但是《亲爱的死鬼》这样鬼斧神功地摇身一变，的的确确也反映了王小山深不见底的写作功力。他也许不是前无古人后无来者，可是就在这个时代他告诉了大众，作家要想在文学写作上彻底颠覆是完全有可能做到的事情。这也表明了文学写作这条轨道，延伸的方向远远可超出我们的想象。

不管是对《三国演义》狂热喜爱的读者，抑或是对四大名著涉猎不多的读者，都能得到一些惊喜。《亲爱的死鬼》以他独到的叙事手法，将张角、关羽、刘备、张飞等一些历史人物深刻地带回了读者的视野。对于其中的每一个角色，王小山几乎没有偏袒地着墨不多，但是却细腻地刻画出了人物突出的个性，也难怪网友感叹，希望王小山能进军剧本界。读者在这本书里，一面要为蜀国鸣不平；感叹关羽的悲怆，一面也为诸葛孔明惋惜不已。沉醉在这本书中，不知不觉炎热时节都不再扰人心烦。

纵观现在的影视界，对于历史人物戏说塑造的现象比比皆是，《戏说

二、第二代写手

乾隆》《大明宫词》《荆轲刺秦》《大话西游》等屡见不鲜,此类演绎也的确迎合了人们的口味。《亲爱的死鬼》是一种更新颖的理念,以现代人的视角描绘古色古香的历史题材,而且是"胡说"非戏说。

也许是发家于网络,王小山这部《亲爱的死鬼》在学术界并没能成功放射一颗卫星。不过不能否认的是,其中许多栩栩如生的描写,人物复杂的性格、多舛的命运刻画,都令人称道,堪称《三国演义》第二。三国时期尖锐复杂的军事统治斗争,鲜明的护刘反曹的传统思想和儒家仁政说,赋予了其时代的新意;斥责了混战年间苛政带给黎民百姓的疾苦;渴求社会安定,君主仁明。现实意义被诠释而不显山露水。

在业界,《亲爱的死鬼》虽未得到足够的重视,但这本书的出版社却予以了高度的肯定和支持,第一次就印制了20万册。这样的高数据,对比王朔的《看上去很美》第一次印制是10万册,人民文学出版社寄予了王小山高度的信任,也足可见此作品的魅力所在。

王小山有一种魔力,在中国现代的网络写手中,他是为数不多的一想起就可以让人嘴角上扬的一个人。无论是其名声卓著的《大话明星》或者是后来两本可能影响力稍显弱的作品,《亲爱的死鬼》为王小山又带来了足够的关注度。这本书被誉为"揭开名著人物的另外一面"的作品:白龙马的前身是500年前的吕布;林黛玉成了林冲的掌上千金;唐僧成了关羽的秘书;秦琼在麦城救下的竟然是关公;贾府的好邻居是饼店小二武大郎。

我们很容易迷惑在这个光怪陆离、闻所未闻的世界里,感到困惑却又觉得有意思,百晓生曾经总结过:"在这本书里,纵横九万里上下五千年,关公战秦琼宝玉爱貂蝉,打破的就是写作的'法度'及普通人对传统文化、对《三国演义》《红楼梦》《水浒传》和《西游记》的敬畏之心——儒以文乱法,恰恰是写作的本质。这种写作所造成的效果,就是让读者捧书大笑之外能够愉快地生活下去。"王小山自己曾在本书火了以后悄悄地回到广州,他觉得南方这片土地是自己的福地,无论这个或虚构或有现实影子的"亲爱的死鬼"是谁、身在何方,还是给广大的读者网友带来了欢乐。他总是自嘲一般地表明自己是无意义地写作,但只要用心就会发现,他笑容背后的用心良苦。黄集伟曾经评价王小山,他所具备的刻薄实则珍贵,他以自己慈悲的心怀,用简单质朴的思想,裹着寒光凛凛的防护外衣,只不过是不忍心看着那些魔鬼身材婴儿脑袋或婴儿身材婴儿脑袋的家伙一个接一个往下流坑里跳罢了——更有甚者,他其实是在用自己的文字从下流底线之下一个个地往上捞人。

客观来说,王小山属于这样的一类人,如果人们在物欲横流的社会里安逸享乐着,这个平时潜伏在社会中的透明人会忽然闪现,给人以当头棒喝一下;他想告诉那些在物质文化中迷失自我,渐渐找不到文化本质真谛的时候,去分清事情的黑白,而且就是以他自己的方式。

(曾思敏)

25. 西门大官人

西门大官人,男,原名不详,60后,曾用笔名希梦、西门等,毕业于天津美术学院版画专业,祖籍河北,现居北京。诗人、剧作家,河北作家协会会员。曾是天涯社区著名写手。1985年开始文艺创作,创作题材广泛,先后从事新闻记者、电视编导等职业,他创作或参与的40多部电视剧、文学作品获国家和省部级奖励。

还在早些时候,西门就喜欢上了网络,虽然他的写作在线下已经小有成就,但初次"探网"的西门却小受打击。当他第一次在天涯网上贴出自己的网络处女作《情侠三部曲》,一连多日,竟无人点击,很快就被挤得无影无踪。西门开始重新认识网络,认真地分析了网络的形式和特点。在其后的差不多一年时间,他的《大刀向爱情们的头上砍去》《送你一只新乳罩》《睡在花瓣上的夜》《对岸》等一系列网络短篇纷纷在天涯问世,西门人气直升。

2000年11月8日至2001年4月4日,西门于长达半年的时间内,在天涯舞文弄墨连载了自传体小说《你说你哪儿都敏感》,引起重大轰动,一批批《敏感》迷如影随形,欣喜若狂,被这部书的文风和真实震撼。西门从此蜚声中国网络文学界。

其后不久,西门发现他的小说竟在全国几十家网站上有,并且有的将作者的名字都改了。为此,他非常生气,声明没有授权的网站必须在一个月内撤下作品,否则将诉诸法律。也因为此,他觉得网络没有版权保护,以后在网络上连载的作品也就少了。《谁的莲衣》只在网上连载了部分就中断了。后来干脆以写电视剧为主,很少进行网上创作了。他的电视剧作《红粉世家》等在央视多个频道长播不衰,很受欢迎。

他的主要作品有长篇小说《你说你哪儿都敏感》(出版时改为《说好一言为定》)、《谁的莲衣》《骚戏》《红粉世家》、诗集《曾经一样的流浪》等,电视连续剧《红粉世家》《香粉世家》《情史》《雪琉璃》《我的三个母亲》等。

《你说你哪儿都敏感》无疑是西门的网络代表作。故事由风景秀丽的云涯山开始,主人公西门虹美院毕业后到南方一家电视台工作,正式上班前他去云崖山寻雨,在这里他和美丽的叶雨邂逅。在一场突发的山洪中,西门虹救下了遇险的叶雨,两人一见钟情。经过一夜的短暂激情后,叶雨留下一个"两年之内如果你能找到我,我会给你一生的幸福"的承诺不辞而别。

工作中西门与同是电视台新人的王林结成生死之交,四个月后王林丧身车祸,西门痛不欲生,消沉之际迷上网络,并结识了一位网名叫ZHIJIA的女孩。

璇璇是王林生前介绍给西门的女友,不料她却是西门与警局联合抓嫖时拍过的一位嫖客的女儿,但当时因拍摄不好,事情并没有捅出来。西门的领导白忠为报私仇,以西门的名义向市里举报身为领导干部的璇璇父亲,从此西门陷入重重圈套和危机。

西门在网上与ZHIJIA坦诚交往,生活中却屡遭磨难。王林的恋人苏楠暗恋西门,两人结为姐弟,为帮西门她假意爱上白忠,西门不明真相与她恩断义绝,璇璇和西门同居后也因误解愤然离去,西门被单位除名回家乡之际和ZHIJIA相约见面一诉苦衷，不料在路上被人打昏，两人失之交臂。

西门不敢回家，为了复仇和治疗躲到山里一家工厂谋生。他还能站起来吗？在云崖认识的那个女孩还会出现吗？璇璇会不会回到西门身边？ZHIJIA死活都要见他一面，他们的相见又是怎样的？

这是一部没有"结局"的小说，很多人后来一直追问西门，故事的结局是什么。西门无言以对，只说以后会写出来。其实，这就是生活。是作品真正的"真"。因为爱情大多失之交臂，相爱的人没有几个在一起。生活本就是一个悲剧，这是人生的注定。实际上这是该作品让我们震撼的原因之一。

这作品另一难以让人忘怀的是语言。作者文风潇洒，诗意盎然。作为一个诗人，语言犀利是看家绝活。作品中创作了大量诗歌，整个作品显得如诗如画。文中又展开了大量对话，充满睿智和幽默。

对该作品，有网友评价说，它结束了痞子蔡式的网络文学苍白、虚幻的创作历史，开创了网络文学根植、诠释丰厚现实生活的时代。作品确是网络中的上乘之作，后代的小白文更无法望其项背。

《我的莲衣》（电视剧名《香粉世家》，小说出版时名《香粉》）是一个鬼魂的故事，它在秦淮河中潜伏了二百年等待超生，小说于是用了鬼魂的视觉，讲述了一段凄婉哀艳的爱情。这个故事里，没有英雄童话般的刀光剑影，没有男孩子的侠义柔情，在那些遥不可知的时光里，裙裾飘飘之间，是一场香艳而断肠的爱情。

故事里香粉世家的研香公子，比香奈儿的研香师不知道要神秘浪漫多少倍，他为美人儿调制香粉之前，有自己的规矩，必须让美人儿罗裳半褪，而他，闭上眼睛站在美人身后细心辨香，记住每一个人的味道，再用不同的鲜花，研制属于每个人的香粉。无数的美人儿迷失在他的香味里，而他却爱上一个忧伤的女子，那女子讨厌所有的香味，更不相信人世间的爱情。

鬼魂的视线，在小说里是一张诗意的薄纸，仿佛作者在看到梦想时突然变柔的眼神，充满一种古老湖水的忧伤，作者曾经写过诗的手，让忧伤充满着香艳，让每一个激烈的细节，显得优美而柔软。故事本身给人跳跃的节奏感，而自小擅长音乐和绘画的作者，就像一个完美主义的导演，把音乐和画面布置得摄人心扉，每一只笛子响起时，仿佛要穿过每一个人胸口，重回到几千年前的湖水里去。那些桃色的花瓣，仿佛沾在皮肤上的影子，无法拭去。①

作为一个曾经的网络作者，西门对网络文学的写作有自己的认识。他以为，网络写作相对于传统写作，更为自由甚至随意，短篇小说尤为如此，很多是随感式的，只强调写作者的个性，在写作过程中，可以完全不考虑结构，但是，对于语言的要求与传统文学相比，更新颖、更时尚，更幽默。他们不沉闷，行文灵活，阅读轻松。与之一致，网络阅读者很少对作品的文学价值和思想性作出评价，他们注重的是作品的真实性和于自我感受的契合，是不是"像我"，是网上最大的阅读点。因此，网络写作，一开始，甚至在标题，就要明确地告诉读者，你写的是什么，就要考虑如何以最轻松的方式告诉读者一个深刻的主题。在这一点上，传统作家那种纯个人化的写作是远远不能相比的。②

26. 云中君

云中君，原名彭子辉，在网络上还用彭郎、彭朗、楚客、独与村、北狼来也、评诗狂客、诗狂客等，湖南衡阳人，职业书画人。自1998年上网以来，以屈原诗作"云中君"为ID在网上发布书画及散文、小说。1999年云中君为炒作其小说《我一定要找到你》，在各大BBS大肆造势，并自封中文网第一才子，在当时国内中文网站影响很大，他的很多诗作

---

① 喜喜：《西门〈香粉〉：魂魄的乌托邦》，《南方都市报》2005年8月29日。
② 阿姐鼓：《专访网络写手西门大官人：我怕生活不依不饶》，《北京青年报》2001年11月29日。

很快流传到各种文学网站,大有"凡有书屋处,皆有云中君"的气势。云中君大概是中文网站大肆炒作自己的第一人,后来又有一个叫"白衣卿相"的,炒作风头更甚,盖过了云中君。"榕树下"建立后,云中君很快加入,成为其诗友。① 2002年后,在网络上归于沉寂。

云中君是一个多才多艺的人,他具有小说、散文、格律诗、现代诗、书法、中国画、篆刻及文艺鉴赏等多方面才情,锻造出的文笔具有云的特性,高远灵动,变幻万端。他曾自我介绍:湖南狂客,一个被称为网络第一才子的俊逸男儿,一个为网络文学而生的天才,一个为最广泛的大众勤奋写小说的高手,一个立场要把日渐式微的伪纯文学完全放到应当放的地方——文学垃圾箱——的豪客,一个打字如飞的键盘快手,一个通电脑的网络空间的独行侠,一个追慕魏晋风神的书画家。

他的作品除《我一定要找到你》外,还有《兵书与宝剑》《数字化精灵》《爱情是个P》等,并自办有网络大众画廊:www.chuke.com。

2000年4月,云中君在网上正式发表的第一部长篇小说《我一定要找到你》。那时正是痞子蔡在网络上很火的时候,他不甘心,决定要写一部作品全面赶超他。在网上发布后,立即火起来。他说"遗憾的是我比他写得晚,如果我写在台湾同胞的面前,销量与名气就会是另一个吓人的样子"。作者用凝练而富有哲理的语言向我们叙述了自己刻骨铭心的爱情心迹,故事寄托着他对完美理想的追求。"窈窕淑女,君子好逑",主人翁"希望上天已经安排好了那样一位合适的女孩子在另一个地方等待着我",所以他执着地在茫茫人海中寻找他的另一半。

云中君的第二部小说《数字化精灵》,主要内容讲述了"天地万物都有精灵。到了数字化时代,精灵仍然有着极大的生命力,充盈在宇宙之间,渺渺茫茫,恍恍惚惚。计算机进入互联网时代,又出现了一种极为少见的数字化精灵"。这是一篇适合未婚网友阅读的新经典,妙趣横生。

---

① 参照欧阳友权:《网络文学辞典》,中国出版集团世界图书出版公司2012年版,第120页。

二、第二代写手

它同时也凝聚了网络第一才子云中君最新的畅销小说的理论和技巧,不仅是他的第二篇网络经典小说,而且对于网络文学界也富有积极影响力。

《兵书与宝剑》是他的第三部作品,被归类为智谋型小说,可是云中君觉得他写书的初衷是想给小朋友看的,故事描述的是中国战国时期那段令人唏嘘的历史。网络小说中借用网络虚拟形式而恋爱的题材不绝于眼,云中君对此又有不同见解,那些个人的情情爱爱或者是带着一些无病呻吟的文章,不属于正宗的网络文学,只有类似自己《兵书与宝剑》这样的作品,却是以诙谐之音反映了真实的生活,这才更能贴近读者的心,再加上了层层叠叠的加工修改,内容十分多元化,涉猎经济、政治、文化等方面,不是单一的"爱情元素"能够企及的。《爱情是个P》非常真实地反映了云中君的创作理念,他归类为通俗文学,他希望读者能感受到这种风格的小说与纯文学或者纯网络文学都有明显的差异。

云中君在《兵书与宝剑》出版发售时,曾选择西南书城进行现场签售,可是从当时的反应来看的确趋于平淡、不温不火,被号称为"中国网络第一才子"的云中君对于这样的现象没有表现出过于担心,他自信满满地表示过自己无愧于这个雅号,因为起码在这二十年间将无人可以超越他的成绩。

云中君的自信也不是完全盲目的,当时他的小说《我一定要找到你》(爱情类题材)以及《数字化精灵》在网上横空出世时,网友对其给予了高度的评价,人气也很高,当时的阅读点击量超过了十万次,而且数百家网站都转载了他的作品。云中君对于自己获得过的成绩表现得比较淡然,他认为自己自信不完全来自于这些数据,"我之所以确认自己是中文网络第一才子,是因为任何人都无法再在网上找出一个比我厉害的网络作家,否则我会自动向广大网友谢罪",他如是说。在大众看来,这种已经近乎溢出来的自信心是否有迹可循就见仁见智了,但是云中君的一些观点还是引人思考的。比如他谈及网络小说的未来发展之路时,他的答案着实令人意外:"网络小说必须最终依附于传统文学,因为一般的文学作品要成名和发表很难,网络虽能促进文学作品的流行,但这个捷径的终点必须是实实在在的传统文学。"

　　网络写手也是需要时间和现实的打磨累积才逐渐沉淀的,云中君认为网络文学界有许多才华横溢的写手,他们的创作理念、文字功底与公认的优秀作家相比较也是能分庭抗礼的,他们妙笔生花所构造的小说,从情节到细节都足以带读者领略到别样风情的世界;大多数网络写手是非专业人士,可正是这样的背景才塑造了他们接地气察民情的文风,充分体现了"文学是来自于大众之中的"。这种迎合了大众的兴趣和观念的文章带给了读者温暖,使他们感动。无论是阳春白雪,或者是下里巴人,文章应该少一些局限,大家喜欢的就是好的,不应该将其小众化。

　　《兵书与宝剑》为云中君既赚了关注又赚了收入,发布期间他自己频频亮相在各大媒体和相关活动。云中君作为网络写手,却不甘心在幕后默默创作的方式,他相对更高调,在公众前的言辞颇为犀利。有很多人将他与痞子蔡相比较,他们的文风或者类型有一定的相似之处,而自己的产量或者是知名度或者人气却远不及痞子蔡,尽管《兵书与宝剑》使他的曝光率大大增加,他还是众多网文写手中的一员。云中君对此有自己的见解,正如齐白石大器晚成那般,连这等大师都感叹道"三分人才七分天",他与痞子蔡的差距也许并不在于实力,而是时机,若自己的处女篇章网恋小说《我一定要找到你》早于痞子蔡的作品发表,那他有信心今日二人的地位和名气会调个位置。痞子蔡的成绩不是单一因素推动的,他占据了天时地利人和,就像是选秀选手那般一夜成名的运气,或者是中彩票那般的天降奇财。

　　云中君直白地指出,痞子蔡的第二部、第三部作品就有再而衰、三而竭的势头,但他的第三部作品《兵书与宝剑》却是他的心仪之作,所以他的名气和关注度上升不止是运气,也来源于这部小说经过了时间打磨和公众认可。他自认为自己对于作品质量要求十分严格,努力将其档次升华至与民族文化和文学品质挂钩。

　　他批评现在的网络文坛中,粗制滥造、经不起考验的文化快餐文化垃圾比比皆是。比如爱情的题材,劣等作品泛滥成灾,山寨再拷贝山寨,

二、第二代写手

严重影响了网文界的总体水平。网络文学需要整顿,那么经典的、能够把住全场的大气之作就呼之欲出。"君子讷于言而敏于行",他自己正是致力于提高网络文学这个大领域的品质,希望通过自己的努力也可以为后辈或者新手作出表率,以榜样的力量来影响他们,"《兵书与宝剑》,就是想要树立网络文学的精品意识"。

(曾思敏)

27. 中华杨

中华杨,原名杨筱栋,1986年随父母从新疆乌鲁木齐来到了宁波,只有高中学历的他毕业以后干过很多工作,在工厂里当过电工,也曾效力于电脑公司,后为鄞州区某机关的一名司机,有一个5岁的孩子,爱人下岗。

杨筱栋开始接触网络源自于1996年,他自己笑言可以算是最早的一批网虫之一。2002年起,他开始走进了网络文学的世界,当时层出不穷的各大新文学网打破了以前的网站只是介绍或者供读者阅读已经在市场上出版过的书籍的方式,开始给许多普通人提供原创写作平台,如果原创作品精彩就会被连载。2002年起,杨筱栋了解到在日本流行一种幻想军事小说,受其触动,他决心写一部中国式的幻想军事文学。2002年9月5日,一部名为《中华再起》的前所未见的军事小说出现在当时人气最旺的幻剑书盟网站上,作者署名中华杨。小说甫一出现,即受到广泛关注,不少大型文学网纷纷对其进行转载。比如以军事文学类题材为主的铁血网,转载《中华再起》的第一天点击量就超过了一万,读者评论超过300条。

随着《中华再起》的成功,模仿其风格和内容的文章渐渐多了起来,许多题材相似的有关军事幻想的小说被网站统一称为"异时空系列",至此网络文学出现了一个新分支,一个新的类型。中华杨无可厚非成为该类型的领军人物。中华扬也趁着这个势头,创作了《中华再起》的第二部，当时在网络上以每天六千多字的速度更新连载章节，总字数约为 130 多万。其后，他又创作了第三部。中华杨出身军人家庭，有军人气质，创作了军事幻想题材小说《中华再起》后，被网民称为"杨首长"。

除《中华再起》外，他还创作有同类型小说《毁灭》《甲午》等，但都没有完成。

《中华再起》大热后，与其他作品一样被大量盗版。这一年的 11 月，中华杨接到过一位外地网友的电话，祝贺他的《中华再起》正式出版了。这突来的祝福令他感到非常意外，因为没有任何一家出版社就有关出版事宜与他进行过联系。电话过后，他自己去书市进行了调查，发现光是宁波市里，他的《中华再起》就有三种盗版，而且保留了他的名字中华杨的版本仅仅一个，其余两个版本连署名都变成了他人。自己的作品竟然成了他人的作品！中华杨感到十分愤怒，他在网上发表了公开声明，表示自己将停写《中华再起》。其实网络上被盗版的文章不少，许多网络写手也为此烦恼，但除了向公众抱怨外也并没有其余的有效方法，像中华杨这样如此较真的做法还不多见。

同（2002）年 12 月，中华杨联合重庆苏明璞等一批网络写手，成立了国内首家收费注册文学网"明杨·全球中文品书网"，首提 VIP 制。在"明杨网"，网友通过付费方式成为 VIP 会员，可以优先观看作者的最新文章。这个在谩骂声中建立起的国内第一家保护网络写手权益的网站，其发展是出人意料的，短短 3 个月内，驻站作家从两人增至 40 多人，100 多部作品每日更新，同时在线人数达到 1 万多人。明杨网起步迅速，但过于依赖一部作品的魅力，使得网站的依赖性过强。随着《中华再起》前两部的完结，中华杨的暂时隐退，明杨网也失去了发展的动力。因而，终于没能成长为原创文学中的大站。2005 年，幻剑书盟出资数万人民币收购了明杨品书网，接收了明杨残留的 VIP 作品及会员。VIP 制成为现在我国网络文学网站的主要收入来源，但其始作俑者中华杨却在当时网友的谩骂中悄然隐去，不能不说是一种悲哀。

《中华再起》共三部，约 400 万字。第一部名《潜流》，第二部《铁与火》,第三部《风云》。作品叙两名现代的警察在东钱湖畔开车巡逻,却不知为何进错了时空隧道里,最终穿越到了当时正处于太平天国的晚清时期。而这两名现代闯入者,借用自己的现代理念和科技,立下了不少汗马功劳,在这异度时空里为自己打造出了一片天地。

小说开篇写道:"谨以此文纪念那些牺牲在抗日战争中的民族英雄",并引用了华侨领袖陈嘉庚于1938年10月参政会议上发言:"敌人未出国土前,言和即为汉奸。"

主人公杨沪生、史秉誉因为车祸穿越到了太平天国时期的浙江一带,并且被迫加入太平军,拥有了自己的武装,占据温州一带为根据地。他们虽名义上归顺太平天国,实际上却是施行一条重商业重工业的共和国道路,他们将自己的军队模仿解放军的模式进行改革,奉行"军民鱼水一家亲""官兵同等"等原则,并且依靠贸易进口先进火器,在先期作战中屡败清军,并为太平天国多次解围。

后英法两国与清政府缔结协议,对温州进行封锁,温州借助华尔(洋枪队队长,美国人)派代表到美国寻求帮助,正值南北战争的林肯答应了温州的要求,后来温州借助美国人斯潘塞的机枪以及飞艇等超时空理念武器陆续击败了湘军、清军、英军、法军,后来联合四川的石达开,降将左宗棠推翻了清朝统治。

数十年后新的中国异常强大,正值一战爆发,中国商人在前期靠倒卖军火而获利,后期加入了协约国并展开对土耳其和德国的作战。作者还通过一个普通民众徐永晋的经历展现了民主体制下的中国:大量不实的报道,议员为了小事喋喋不休,军政要员为了名利拉帮结派,打肿脸充胖子。军队忽视战功而重刑法。最终徐永晋因为被隆美尔俘虏而遭到遗弃,在他回到家乡九江的时候,望着江水,开始思考这种体制的问题。

小说围绕抗日为中心思想,史诗般宏大的战争画面,相当于一部现代抗日、解放战争史在清末的翻版,各种近代著名人物纷纷登场。阅读过的网友对其赞赏不绝,喜欢近代史的书友互相间推荐,小说得到了人气口碑的双丰收。

中华杨曾说:"许多网友是因为爱国才爱我的《中华再起》,他们太希望祖国能够早日强大。我相信终有一天,他们不需要从书中幻想,而是在现实中看到真正的'中华再起'!"对于这部小说而言,他的认识非常清醒。

中华杨对自己的写作并不十分满意,他说《中华再起》的第一部是垃圾,包括后来两部近400万字的小说只有50万字是基本满意的。他还自认对清末很有见解,认为太平天国就是一种君主立宪。中国最适合的制度是君主立宪。如果太平天国成功了,中国可能是另一种样子。他还认为网络小说就是一种意淫幻想,写作不能太顾忌读者的感受,自己应该表达点东西。

从2006年开始,中华杨就很少再写东西,包括已经开头的两部小说《毁灭》和《甲午》都未能完成,其中原因不明,可能与他的《中华再起》一直未能出版有关。

28. 竹影青瞳

竹影青瞳,女,真名不详,福建人。1998年毕业于淮北煤炭师范学院中文系,2001年毕业于厦门大学文学院,文艺美学研究生。曾在广州某大学教书,业余从事网络写作。后因在博客中发裸照,引起社会极大反响,被迫辞职自谋生路,后开办"竹影青瞳会所"网站。到目前为止,她的作品包括中篇、长篇、短篇小说、访谈、诗歌、博客等超过200万字。但因某些敏感都没有出版,只存留网络与电子书中。新浪博客、搜狐博客、天涯博客皆更新至2009年12月17日后中断。早期文集与照片以《竹影青瞳文集》在网上流传。

2003年2月,竹影青瞳就开始在天涯虚拟社区注册发表文字,很快就引起了注意。"除了我的语言天赋、性感的文风、赤裸直白的文字标题吸引读者之外,我想主要还是因为我张扬大胆的个性。天涯优秀的写手很多,但都比不过我的张扬和大胆。"竹影青瞳说。

二、第二代写手

2004年1月5日起,她在自己的博客上贴上了裸照,此后一个月内她博客点击飙升到十三万多,成为当时最热的博客之一,并受到很多人的抨击。她自称"人间妖孽",并宣称人世将流行"竹影青瞳"。有网友把竹影青瞳称为网络上的"木子美",并称竹影青瞳的裸照现象为"后木子美时代"。

很快,《北京青年周刊》对竹影青瞳事件进行了报道,让竹影青瞳从网络世界走向了大众视野。这篇报道在网络上被广泛转载,并强调了竹影青瞳"大学女教师"的身份。这让竹影青瞳感到了压力,2004年2月22日被迫离职。这一事件也暂告一段落。

竹影青瞳的文章标题,有的对"性事"毫不遮掩。如《走,去海南岛做爱》《抚摸我的乳房》等等。她的创作主要在个人体验基础上,对女性情感、欲望毫不掩饰地观照和反思,文字有大量前卫、赤裸裸的性欲描写,同时,也有某些宗教膜拜特征。

竹影青瞳在《既做才女,又做美女——我的Blog宣言》中说,"我对我自己身体的自拍,只是因为我有冲动要这么做。我的鲜血直往头上涌,我想看见自己美丽的样子,然后让人也看见。我在担心我会不会有一天彻底抓狂,自恋至死。"她在每篇文字后面都贴上自己的自拍照片,一个页面显示五篇文章,一个页面中至少出现一张局部裸照,全裸或半裸,而其他一般都是头像。她对自己照片的标准是:尽量唯美,尽量跟文字贴近,尽量表现精神性的东西。

至于为什么要在自己的文字后面张贴自拍照片,她提到自己长期以来在文字中思考的问题。人来到这个世界,首先降生于一个躯体,然后才是降生在人丛和周遭物体中间。不管个人愿不愿意,喜欢不喜欢,他都要携带自己的身体一辈子。身体是真正属己的世界上的物体,它随着你出生,在死时被带走。

正是这身体对于存在的根本特征,她觉得身体的原初表情(没有因为社会规约和文明的禁忌而掩藏和抑止的真实表情)才是一个人最为真实的表情,回归身体原初表情的存在才是最本真的存在。回归身体首先要有身体的觉醒。传统社会理念认为：精神是高贵的，身体是卑贱的，而尤其女人的身体，又更卑贱。精神对于身体的鄙视，使身体不可能抬头表达自己，而男人对女人的社会优势，使女人的身体在不能抬头表达自己的同时，还不得自主选择自己的存在方式。

值得说明的是，竹影青瞳所说的回归身体不是倡导女权，更不是对传统男性价值的回归或献媚。而是为了避免陷入这两种不同的价值观，她倡导身体的觉醒，首先是让身体回归物体，也就是把身体当作自在的物体来对待。这自在的物体正如自然界的植物和动物，有大自然赋予的美丽色泽和构形。①

谈神性和拯救在这个年代是一个过于奢侈的东西，尤其是面对这样一个所谓以身体写作而在网络出名的女人，这好像显得有点可笑。竹影青瞳说自己的文字与现实有着巨大的反差，生活中，她不是一个喜欢乱来的女人，也不会跟自己不喜欢、不爱的男人上床。生活基本上都是循规蹈矩的，学生、同事看她都是一个很严肃的老师，并不是那种放纵的形象，而是很标准的一个老师。看她的《婊子人生》，和会所的其他文字，我确实感觉到这一点了。至少，在她的文字中，她让我感到她在追求神性的美好和光芒。她完全洞悉那个男人，足以看到他内心的委琐，看到他丑陋的鼻毛和掩盖的秃顶，她却只是淡然的笑。她给了那个男人爱、关怀和一夜的激情。她使那个男人体会到了一天的美好和爱，所以他会有最后的不舍。她洞悉世俗的残酷和丑陋，她知道她不会和他有结果，她知道如若他们继续，最终将归于丑陋。从文字中我们看不到那个男人对她的吸引力，她却如同恋人甚至妻子一样对待他，她刻意在给他一种美好和温暖，尽管完全洞悉他的丑陋。

显然，她的所作所为是违背世俗伦理道德的，很少会有人理解她。她的悲哀她完全洞察，所以她会流下那俗世的眼泪。但她后边那篇文章的那句话打动了我，"每次感觉忧伤即将来临之时，紧随其后的便是坦然

---

① 参看《竹影青瞳文集》。可以网络搜索下载。

二、第二代写手

和平静。它们如此贴近，就像一对先后诞生的双胞胎，或者同时出现的两个性情相异的人。"她在拯救别人，同时也在拯救自己。

其实那婊子无情和她那些写自然的文字是一致的，就是她始终对世界怀有一种美好的情怀，她是充实的。她以前的东西了解不多，网络给她的标签是她是一个靠写性出名的女人。而她的那些性实验——这是我给她的行为的命名——显然是不能被世俗社会认可的，那些惊世骇俗的行为被媒体和公众不失时机的利用，于是，这个女人就这样被推到了互联网的风浪尖上，成为大众的谈资和鄙视的对象。而于她的现实人生，就是听说她被迫辞掉了她中文教师的职业，生活陷入了困境。①

今天回过头去看竹影青瞳事件，是中国的媒体和一些自诩道德高尚的伪君子毁了这个心中怀有美好情感的女人。正如她自己所说，她什么都没有做，没有突破任何道德底线。她仅仅把自己一些露了两点的照片贴在自己的博客里，她碍着谁了呢？这样的照片网上还少吗？将别人的裸照到处贴可以，贴自己的半裸照就是没有道德，实在让人摸不清中间的道德逻辑。至于她的文字，我以为与她的照片一样，有一种唯美的倾向，尽管内容表现的是女人的欲求。难道女人的欲求不能表现吗？女人的欲求不美吗？如果她生活在一个正常而宽容的环境里，或许会成长为一个伟大的作家。

---

① 枪枪：《也说说竹影青瞳》，http://cidian.iask.sina.com.cn/a/vnqn.html。2013 年 6 月 16 日查询。

三 第三代写手

三、第三代写手

历史类

29. 当年明月

当年明月，原名石悦，男，1979年出生于宜昌，法律专业，海关公务员。现为《金钥匙》杂志编辑，中国作家协会会员。

2006年3月，石悦以"当年明月"ID开始在"天涯煮酒"以《明朝那些事儿》为题连载明朝历史故事。开始几天颇为沉寂，几天后，帖子人气骤然增大，点击量直线上升，到5月份，点击量超过100万，这在天涯煮酒历史上从来没有过。由此受到天涯该板块几个名人的攻击，认为点击造假，是作者雇用的水军和刷帖软件所为。他们的行为受到"明矾"（当年明月粉丝的称呼）的反击，双方在煮酒论坛混战，而版主行为偏向，致使该版混乱了好长时间。最后，当年明月将《明朝那些事儿》的帖子搬至自己在新浪注册的博客，继续自己的创作；煮酒的三个版主被免职。该事件称为"明月门"事件，对天涯和煮酒都造成了很大影响。

帖子搬至新浪后，点击量同样持续飙升，加上"明月门"事件的影响，当年明月的名气更旺。当时已发表的部分即被出版社看中，9月即获出版。该书至2009年连载完，当年全部出齐，共7册。

让很多人没有想到的是，该作品不仅在网上爆红，出版的实体书也创造了几个奇迹。全书销量超过千万册，为改革开放以来发行量最大的十五套书之一，也是三十年来最畅销之史学读本，多次获得"新浪图书风云榜"最佳图书、当当网"终身五星级最佳图书""卓越亚马逊畅销书大奖"等荣誉，位列全国十大畅销书之一，2007—2008年度系列畅销书第一名，该系列作品已被译为日、韩、英等多国文字出版发行。作者也由此从 2007 至 2012 年连续荣登中国作家富豪榜，收获颇丰。①

《明朝那些事儿》不是一部纯粹的文学著作，也不是一部正规的历史著作，它是主要根据《明史》《明实录》等演绎的一部历史读本，个人认为有点类似《三国演义》对《三国志》的演绎。主要讲述从 1344 年到 1644 年这 300 年间的明朝之事，在尊重史实的基础上，以年代和具体人物为主线，对明朝十七帝和其他王公权贵和小人物的命运进行全景展示，着重描写在时代背景与封建礼教下的官场政治、战争、帝王心术。它为广大读者展示了明朝 300 年间生动鲜活的历史，朱元璋建立明朝政权、燕王朱棣发动靖难之役夺位、郑和下西洋、仁宣之治等等都在此书中有生动地展现。全书高潮迭起，将以前的刻板式的历史诉说得惊心动魄，精彩绝伦，让读者应接不暇，欲罢不能。

当年明月说"历史应该可以写得好看"。此书就是他这种理念的实践。一是此书虽是真实再现历史，却将小说的创作方式运用在其中，在历史和小说、正史和戏说、历史学术和影视历史剧的结合上找准融合点。如开篇对朱元璋的介绍，就生动有趣。这种写作方法结合了通俗与幽默，以白话文为基础，采用了叙议结合、伏笔照应、铺垫悬念等多种手法，将之前枯燥无味、沉闷无趣的历史事实写得鲜活丰满、深刻圆润，把历史变得"好看"了。

二是将历史与流行文化相结合，运用了一些无厘头的语言，以及流行歌曲的歌词，迎合了当代人阅读史书的口味。比如书中就曾说道"要知道，越接近心脏的部位越能得到血液，同理，天天见皇帝也着实是个美差，甭管表现如何，混个脸熟才是正理"，"混个脸熟"这就是一个流行语。北京师范大学文学博士周枝羽就称之为一个流行文化研究的经典案例，他说道："这部书几乎具备了流行文学传播的一切因素。只是我没

---

① 以上参考了百度百科"当年明月"条，2013 年 6 月 15 日查询。http://baike.baidu.com/link?url=RxW1UMI3B2c9JlhfGaWd3L－TRlq7VU_SVPJoE3SIfHBa4rnj3ASFV5Yatqy7aBRX。

三、第三代写手

有想到一部具备了这些因素的作品居然是一部历史作品,而且是正史,完全不是戏说,我甚至不知道能不能把它称为小说,因为它几乎是完全忠实于《明史》的"。①

三是用跌宕起伏的事件和细腻的心理活动来塑造人物形象。文中的每一个人物不再是刻板的名字和模糊的符号,变成了活生生的有血有肉有情的人,而不再是死去的历史中的一员,它拉近了读者与历史的距离。

《明朝那些事儿》一书一反往常史书的凝重,风格轻松明快,语言通俗调侃,将政治、权谋、战争交织成一片,在丰富读者历史知识的同时,愉悦心情。这本书还对纠正人们对明朝的一些错误认识,如明朝社会风气不是像人们认为的完全封闭,明末的资本主义萌芽等。

《明朝那些事儿》能够大红大紫,固然是作品本身在语言、章节等方面的过人之处,也还得益于这个特殊的时代。首先,处在经济持续快速发展时期的百姓,在衣食住行等物质需求方面已经基本得到满足,缺乏的更多的是精神方面的慰藉。这种需求,已经不是"超女""非常6+1"等电视栏目提供的娱乐刺激所能满足得了的。人们对于中华文化、中国历史等方面知识的渴求已越来越强烈。然而,市场经济的快节奏加上知识水平的限制,使得他们很少能静下心来细细品读史书和古典文学名著,尤其是那些用文言写就的作品。于是那些贴近自身生活、符合自己口味,好理解、易消化的通俗文艺作品就很容易受到大众的追捧。

另外一个原因在于作品忠实于历史。戏说历史的东西,我们看得太多了,甚至可以说有些腻味或者反感了,但作者完全是正说,因为这部作品几乎是完全忠实于《明史》的。文章大部分材料都是真实的,主要是依据《明实录》《明史》《明史稿》《明史纪事本末》这些正史来写的,连大部分人物的对话都是有来由的。历史本身很精彩,金戈铁马,儿女情长,权谋诡谲,要什么有什么,而且有些事件之诡异之匪夷所思,哪怕是再高明的小说家,也无法构思出来,即使写出来,别人也多半要耻

---

① 转引自陆山花:《网络文学类型化研究》,《阜阳师范学院学报》2011年第6期。

笑他胡编，但现实却是历史上发生的那些事，远比小说家们的想象更精彩离奇。

"如果能做到有学术性而又好看，当然是最理想的，不过这个难度很高，可以做到的人寥寥无几。"历史学者彭勇如此表示自己对历史书的理解。他评价《明朝那些事儿》是"比较有趣的普及书"，"最大的特色是通俗易懂，也有趣。至于说到历史的真实，应该说大体上还是不错的，作者也花了不少工夫，没严重的错讹。当然了，这毕竟不是学术著作"。

在这个盛行快餐文化的现代社会，历史文化通俗化将是一条正确而广受欢迎的方式。但要成功，作者的文学、历史、哲学功力要相当老到才行，毕竟文章深度和易懂性的统一是很难的，而当年明月无疑是成功的。①

30. 阿越②

阿越，男，原名罗煜，昵称越胖子、肥罗、肥鹿等。1982 年出生，湖南人，本科读的工科，毕业后维修机车，后考入湖南师范大学历史文化学院，攻读中国古代史研究生，后又入四川大学文化历史学院读博士。在湖南师大读研期间开始写《新宋》。该书在 2008 年的"中国网络文学 10 年盘点"活动中，入选"十佳优秀作品"。目前正在创作新书《霸史》。

阿越 2004 年开始撰写《新宋》，连载于"幻剑书盟"，广受好评，作者倍受鼓舞，勤奋写作，至 2009 年已经完成并出版了三卷 12 册 350 多万字的鸿篇巨制。但整个作品一直没有最终完成，很多人已等得不耐烦。传说 2012 年底已完成，但至今没有看到。作品 2007 年曾在《文学报》进行过部分连载。已出的三卷分别是：第一卷《十字》3 册，第二卷《权

---

① 聂庆璞：《网络小说名篇解读》，中国社会科学出版社 2011 年版，第 123—124 页。
② 此篇基本照搬本人《网络小说名篇解读》的《新宋》篇。因为阿越仅此一部作品，本人也没有新的识见，仅就个别资料进行了补充，个别词句进行了修改。

三、第三代写手

柄》5 册,第三卷《燕云》4 册,由花山文艺出版社和天地坊陆续出版。

《新宋》是网络穿越历史小说(有人称为新历史小说)的代表作之一,描述了一个当代的历史系大学生意外回到北宋年间,利用其掌握的现代知识,欲对北宋王朝的各个方面进行改革的故事。作品叙事结构庞大,对当时北宋社会的政治、经济、文化、平民生活、手工业状况几乎都有涉及,从而描绘出一幅整个北宋时期的全面风物图。

作为宏观历史性的小说,必有许多人物是历史上真实存在的,作品中的司马光,王安石、文彦博、富弼、吕惠卿、苏轼、秦观、蔡京等都是宋代赫赫有名的人物。对这些人物,许多人心中已经有既有的观点和评价,如何处理好这些人物,使其既基本符合大众已有的基本预期,又活跃于作品之中,有鲜明的性格特征,这是历史小说创作上的一个难点。作品对此的处理中规中矩,没作太大的翻案文章。王安石是熙宁年间的变法改革人物,作品中依旧是。司马光是当时保守派的领袖,作品中也仍然是。吕惠卿是王安石的得力助手,是比王安石更坚决的变法人物,但在宋史中列在奸臣传中,作品也就将其描绘成反面性的人物。当然也有一些人面貌较为模糊,如苏轼,本是历史上赫赫大名的人物,但作品中鲜有表现;蔡京,历史上著名的奸臣,但在作品中确是石越最重要的干将,扳倒吕惠卿的第一功臣。这样的处理,读者都可以理解。苏轼历史上的名声大多来自文化,政治上的建树并不太多,并非政治权力中的核心人物。而蔡京此时也没有进入权力的核心,还是石越下属,虽参与权力争斗,但还不是主要人物。因此,在对真实人物的处理上,作者没有作太多文章,主要是丰富细节,让历史上的概念人物活跃起来,栩栩如生地呈现于读者面前。当然,要做到这一点也不容易。作者这样做,并不是说作者没有才气和思考,恰恰相反,它正好表明了作者对当时代的生活非常了解,以至于我们阅读作品时没有任何陌生感,好像就是这些人物的真实再现。正如"网络文学十年盘点"审读委员会的评价:"《新宋》作者知识面广,历史、人文,尤其对宋代社会生活方方面面颇有研究,使作品颇具知识性,而且和其他完全靠想象和虚构结构的同类作品比较，《新宋》给人以不可类比的真实感。"[1]

但作品中的很多人物还是虚构的，他们多为石系人物，如石越、桑充国、桑梓儿、唐棣、鲍照临等。这些人物都鲜明透亮，性格特征明显，显示作者驾驭众多人物的才华。如桑充国，既是石越的大舅子，又是石越最初的朋友、恩人，但因与石越的观点有异，两人不是很热络。而鲍照临、蔡京等人，因观点的近似及政治上利用的需要，反而一见如故，成为心腹。

党争一直是中国数千年以来官场斗争的常态手段，熙宁年间的新旧党之争，更是公开化、明确化、对立化。作者在塑造石越这个人物时，根据自己对历史的理解——新旧党都有其局限，也都有合理性——没有将石越归于任何一党，而是将其设置为第三党（我们暂称之为石党）。石党因石越超出千年的历史知识和对宋代历史发展的了解，希望纠偏于当时两党的局限，存两党的合理性——而这正是作者用之于改变历史的内在逻辑，并体现出作者自己的政治理想之处。石越与鲍照临这一对搭档，一个有超人的识见，洞察所有对手的底蕴，并知道所有大事的预后；一个具纵横家气质，有决断与行动能力。因此，在党争中总是先于对手行动，应对方法也并无不当，照理应该无往而不胜。但事实并非如此。在党争中他们有胜利，也有失败，并且石越自始至终都没有当上宰相。其原因在于党争的胜败并不是来自于行动的正确与否或事物的利弊，而来自于皇上的好恶与心情。皇上喜欢你，你错了也会胜利；皇上心情不好，非常有利的事物也会被否决。并且皇上也决不会让一个永远对的人一直主政而形成对自己权威的威胁。所以，越是功劳大的，越是正直无私，不贪污腐败的，皇帝越会忌惮，对你进行打压。这也不是皇帝不对，而是人性使然，是制度设计必然走的道路，是封建皇权制度（将政权视为私物）政治运作的死结。

它也是中国文化与中国思想的一个死结，中国人很难从这样一个死

---

[1] 评语见 http://wenku.baidu.com/view/dff15c94dd88d0d233d46a1f.html，2013 年 8 月 13 日查询。

三、第三代写手

结的怪圈中跳出来。无论文学作品还是现实思维,在中国人看来,对付党争最好的办法就是党争,用自己的党将别人的党打下去。所以,作品中,石越要想施展自己的抱负、才华,只有先建立稳固自己的党派,网罗自己的人手,进行各种阴谋诡计的运作。但是,到最后,我们会发现,这种党争的结果最后都变成了利益之争、权势之争,而不是最先设想的为国、为民、社稷江山、政治理想,这些东西都只是争斗的借口,攻击对手的武器。作品中,司马光代表的是北方地主豪强的利益,王安石代表的南方中下层百姓利益,所以,他们形成了尖锐的矛盾,形成水火不容的党争。那么,石越代表的是谁的利益呢?是代表整个国家、民族的利益吗?如果是,为什么皇帝对其有戒心?王党对其有戒心?司马党也对其有戒心?吕惠卿党也与其针锋相对?难道这些人都仇恨国家、民族的利益?这显然有些说不过去。这就是我们所说的死结,即使石越本身没有党争的打算,但也只能落入党争的泥潭,无法逃脱。

苏湛在评价《新宋》时认为:"《新宋》和《亚瑟王圆桌上的康涅狄格佬》所讲的都是一个人如何影响一个国家的历史的故事,笔触的核心在于历史,在于一个国家和一个民族的命运,立意无疑要高远得多。"[①]他说的是像《新宋》这样的历史穿越小说,某个人以远超同时代人的才识立志去改变国家民族的命运,比《寻秦记》那样的历史穿越小说中,某个人以远超同时代的人武功、才识去搂钱、泡美女,要高明得多。对此,本人非常赞同其观点。但本人认为《新宋》的价值并不止于此。

《新宋》的价值在于通过石越这样一个形象,告诉我们:任何个人超越时代的知识和才干,对社会进展的效果接近于零;社会进步的基础在于整体国民的识见和制度的设计。石越对宋朝的人来说,当然是天才;他不仅是天才,还是预言家,他知道一切。作品中,他不遗余力的以自己的知识希望推动社会进步,但取得的进展除了建立几家活字印刷的印

[①] 苏湛文章见 http://baike.baidu.com/view/54947.htm? fr=ala0_1_1,2013年8月11日查询。

书馆、几家织布厂外，几乎对社会没有任何影响。他虽进入了宋朝统治层的核心，但他寄予最高厚望的政治经济军事改革，几乎没有任何效果。不仅如此，在有些些微效果的领域，他受到了猜忌，他推动的些许进步，不仅没有得到奖赏，反而成为被猜忌的原因。因为，在一定社会识见基础和制度上，任何突出社会理解的成就都只能是别有用心和心怀不轨。当然，对文学作品来说，大肆编造并非不可。作者完全可以写，在石越的领导下，宋朝飞过了资本主义社会，进入到了共产主义。但作者没有这样写，从思维角度推测，是受到本来历史面目的束缚；从文学方面看，是现实主义手法的胜利，现实主义不允许违背历史的真实去编造一个完全离谱的宋代。这样看，作品标题为"新宋"有些不准确，因为"宋"并没有多少"新"。

新历史主义的一个观点是，一切历史都是当代史。读《新宋》这样的文学作品，这样的感觉更加强烈。作者在写作时，到处充满现代社会生活的影子。如作品中人物对事物的判断和处理方法，许多的权谋术，基本都是现代的，有的甚至在现代社会都办不到。如石越被辽国中伤，说他是后晋石晋瑭的后代，意图不轨。石越与鲍照临对此事的处理速度与方法，细节的周到，即使现代恐也难办得这么周全。

作品结构宏大，卷帙浩繁，内容涉及到宋代社会的各个方面，政治、经济、军事、手工业、科学技术等。作者在叙述这些内容时，不但轻松自如，而且有条不紊，多而不乱，足见作者丰富的历史知识和对叙述的把握能力。但作为文学作品，还是有些欠缺，十年盘点的评语说："作者更大的优势在学识上，不在语言素养上，也不在讲述的能力上，这就使作品语言不精炼，多叙述，少诗意，不懂含蓄，不懂适可而止。作品的文学描写不如它的知识说明。故事情节也较平淡，比较温婉，在打动人心方面略逊于前者。"[1] 应该是恰中要害。

---

[1] 评语见 http://wenku.baidu.com/view/dff15c94dd88d0d233d46a1f.html，2013 年 7 月 13 日查询。

三、第三代写手

31. 曹三公子

曹三公子,男,原名曹昇,曾用 ID 杭州病人,1982 年出生,浙江杭州人。15 岁考入浙江大学,19 岁毕业于浙江大学机械系。学的是工科,爱好的是历史,自谓研究历史十余载。其作品现成为白领读书的标记。主要作品有《流血的仕途:李斯与秦帝国》《嗜血的皇冠:光武帝刘秀的秀》《孽宋》《我知道你去年在中国干了些什么》。

生活中的曹三公子神秘、低调,网友们只知道他是 80 后,未婚。当然,能写出这些既重史实、语言又轻松幽默的历史小说跟曹三扎实的历史和文学功底是分不开的。生活中的他就活在古书的世界里,用他的话说就是:"现代人的价值观太复杂了,我想去历史里找点温存。"他与大多数职业网络写手不同,他并不把写作当成专职,他写小说纯粹是因为喜欢,如果哪一天他不写小说了,说不定他就会消失在读者的视线里。他就像文学江湖里的高手隐士,很少出招,却能一招致命。

2006 年 1 月,曹三公子在天涯论坛用 ID"杭州病人"发表了《流血的仕途:古时做官何其难》的帖子,在很短的时间内,该帖子就受到网友们的热捧,轻松突破百万点击大关。2007 年 7 月,由该帖子改名的书《流血的仕途:李斯与秦帝国》(上册)正式出版,上市不到五个月,就销售了二十余万册,成绩惊人。在此年度"中国书业年度评选"中,该书被读者评为"年度最受欢迎的人文社科书",并成为天涯论坛"煮酒论史"两年来最受欢迎和最火爆的历史小说,曹三公子也因此一举成名,并与当年明月同列为"煮酒论史"双璧。2008 年 1 月,《流血的仕途:终结版》(下册)正式出版,有不少读者反映下册比上册还要好看,并称《流血的仕途》为历史小说经典之作,甚至有读者这样描述看曹三公子书的感受:躺在沙发上看,乐得要掉到地上;躺在床上看,乐得要掉到地上;蹲在马桶上看,乐得要掉进马桶里。

2008 年 8 月,曹三公子开始在天涯"煮酒论史"连载又一力作《嗜血的皇冠：光武皇帝刘秀的秀》，其后又转移至他自己的新浪博客上连载。与《流血的仕途》一样，这部作品同样分为上下两册，分别于2010年9月和2011年7月出版。这部作品不仅延续了曹三公子一贯的写作风格，而且在语言上更具趣味性，从人性的角度出发，深层次地剖析了这位传奇的中兴皇帝，这是在一般的历史小说中比较罕见的。

《流血的仕途：李斯与秦帝国》是曹三公子的成名作。这部小说从李斯本人的角度出发写了李斯的一生。该书以大量的史实记载为主，再加之以合理的分析和推理，虚实结合，让读者感受到故事的真实性，却又不像正史那样死板、生硬。

一代名相李斯原本只是齐国的市井布衣，三十岁时仍没有什么作为，但他并不屈服于命运的安排，离乡背井，毅然只身来到秦国。身为异乡人的李斯在秦国历尽磨难，甚至差点死掉，但就在他几乎绝望之时却逢偶然之机，成为大秦丞相吕不韦的三千门客之一。后来，在一次秦王出行中，他抓住命运的绳索，冒着杀头之险面谏秦王，从此得到秦王的注意和赏识。在其后的数年间，李斯并没有急于获得功名，生活作风极为低调，他看似小心翼翼做着幕后工作，实则暗中观察当时的政治局势，找寻机会。功夫不负有心人，李斯协助秦王离间六国、削权重臣、夺取军权、震慑宗室，将少年嬴政一步步推向权力之巅，最终成为大秦帝国位高权重的丞相！

看过这部小说的读者都不难发现，曹三对李斯的研究是下了功夫的。不管是史书也好，历史小说也罢，写李斯的不多，史书记载太过死板生硬，而历史小说又往往不够真实，《流血的仕途：李斯与秦帝国》却很好地解决了这个矛盾。该小说是用现代视角来解读李斯的官场生涯，书中有丰富的史料记载，大量的史实往往能增加信服度，但如何用这些生硬的语言来塑造李斯这个鲜明的人物形象就很难了。该作品之所以受到读者的热捧并持续畅销，与作者高超的写作水平是分不开的。一方面，曹三研究历史十余载，他不仅有扎实的古文功底，关键是对古语的运用游刃有余，甚至还能用古文调侃，情节丝丝入扣，人物刻画也入木三分；

三、第三代写手

另一方面，曹昇在写作中还大胆使用现代语言，甚至网络语言，并能够与历史很好地结合，让读者读来不觉突兀，反倒觉得新颖。毕竟，小说面向的是广泛的社会大众，现代语言的使用让小说更加通俗易懂，更能吸引读者的眼球。北大著名教授孔庆东这样评价曹昇的写作："作者文史哲融会贯通的卓越才华，辞章绚烂，见识通透，灵感所到之处，下笔生花。"

该书虽然写的是历史人物，但反映的是一种普遍的社会现象——小人物的崛起历程。它在现代职场受到热捧，就因为很多在职场奋斗的年轻人都能在这本历史小说里找到共鸣，受到启发。这本书不仅呈现了惊心动魄的历史，还教会读者如何在现代社会这个复杂的大环境下处事做人。

中国的传统文化博大精深，源远流长，就算它在某一历史阶段不被受到重视，但它始终是外来文化不可替代的，在中国这个复杂的大环境下生存，做人做事是不易的，其中的奥秘在现代管理学中不可能学到。作者不断点醒我们，因为中国博大精深的传统文化在现代并不受到人们的重视。读完这本小说，我们就应该多想想中国的历史文化里面更加根源的东西，人生的意义到底何在？因为，人之所以为人，就是因为人会思考。该书不仅是在写历史，也在写中国的文化，它是一本历史之书，也是一本人学之书。在书的封面上，地产大亨潘石屹是这样推荐此书的：《流血的仕途：李斯与秦帝国》读完让人感到惊心动魄，它不但在讲历史，讲古人的智慧，更是在讲人性！

该书的文笔颇为有趣，是一种破坏式的写法，文白掺杂，时而文言，时而现代；语言轻松，诙谐幽默，大量使用现代词汇来描述古代现象，很有阅读吸引力。如"对君主来说，绝对不能搞市场政治，让大臣们自由竞争，而必须实行计划政治，由君主做那暗中操控一切的看不见的手。"但有时也有怪异和生硬的感觉。

《嗜血的皇冠：光武皇帝刘秀的秀》继续了前一部的写作风格，在曹三公子天马行空的文笔下，重现了王莽新朝末年至东汉初年的风云际会、血色风流,将刘秀、刘縯、王莽等一干历史人物,带到读者面前,给我们另一种理解历史的境界。但该书的后半部分,作者有些松懈,复制了很多古文,不再像前面的生动有趣。

个人认为,曹三公子以历史为经,以想象为纬,是一种很成功的历史小说创作方法。其作品大气,有思想;文笔生动纵横,天马行空;是不可多得的写作之才。但在细节创造与内在逻辑性上还是稍有欠缺。

(邱婕)

32. 月关

月关,原名魏立军,自号李观鱼,梦游居士,男,1972 年出生于山东平原,现居辽宁沈阳。高中毕业后就学金融,曾为银行高级主管,2011 年辞职专职写作。现为起点中文网白金作家,中国作协会员。

自幼聪颖,但不喜正经学习,喜看闲书。《三侠五义》《李自成》《杨家将》《星星之火可以燎原》《说岳全传》等那时能找到的文学书籍在别的小孩还不知为何物时,他已能说给同龄甚至更大的小朋友们听。后来更是对金庸、古龙、黄易、卫斯理……云中岳、柳残阳、琼瑶、岑凯伦、于晴、席绢等悉数揽之。曾在初中时与同伴们一起创作过半部武侠小说,没完而被老师没收。

大约在 2005 年左右从网上看小说,最早是在银行内网上看,但这些转载的小说大多太滥,于是,转至外网寻觅这些没有结局的小说,始发现有些小说是要付费才能阅读的。一次充值 600 元至起点卡上,揽众多书至自己书架。在等待更新的百无聊赖日子里,儿时的写作梦开始复活,尝试自己写作。最先写了部武侠同人小说《颠覆笑傲江湖》,反响尚可。后又写了都市小说《一路彩虹》、玄幻小说《成神》,反应平平。

2006 年 12 月,开始在起点连载历史穿越小说《回到明朝当王爷》,一炮而红。该作品成为 2007 年度起点中文网最受欢迎作品,同时也成为百度、搜搜等搜索引擎上热门搜索关键词,搜索词条达数十万。2008 年 1 月

三、第三代写手

该作品连载完结，总字数达 370 余万。2009 年由太白文艺出版社出版，共 13 册。此后，月关的创作变得更加不可收拾，接连创作了《大争之世》《步步生莲》《锦衣夜行》等作品，现在正在起点连载《醉枕江山》。

月关因为自己的成就获起点 2007 年度最受欢迎作家金奖，《回到明朝当王爷》获 2007 年度十大网络原创作品第一名，该作品一直保持起点年度月票总榜记录——连续五个月蝉联起点月票榜首（2007 年 11 月—2008 年 3 月），2009 年盛大与中国邮局联合发行的 16 位最受欢迎作家的邮票，月关名列其中。

2009 年《回到明朝当王爷》进入"网络文学十年盘点"十大精品终审环节，获得人气第六，但未能进入十佳作品。《大争之世》《步步生莲》《回到明朝当王爷》入榜台湾图书借阅榜前二十名。《锦衣夜行》荣获台湾金石堂销量第一名。盛大集团董事长陈天桥，滚石公司老总段钟潭，著名歌星周华健等企业、文化名人都是月关书迷。2011 年—2012 年，月关连续两届分别获得起点中文网金键盘奖年度作家和年度作品两项冠军。2012 年第七届网络作家富豪榜月关以 370 万元排名 16 位。

《回到明朝当王爷》讲的是由于牛头马面的差错，一个名郑少鹏的人在一年间变成了"九世善人"，如果再有一世，十世善人就要成佛。判官只好利用系统错误，将其返回至明朝正德年间，附身在一个叫杨凌的秀才身上。由此展开了他惊心动魄、丰富多彩的一生。那是一个多姿多彩的时代，既有京师八虎的邪恶，又有江南四大才子的风流，还有大儒王阳明的心学。再加上荒诞不经的正德皇帝朱厚照。浑浑噩噩中踏进这个世界的主角，不得不为了自己的命运，周旋在这形形色色的人物之中。有东厂、西厂、内厂、外廷之间的纷争；有代天巡狩清除贪官的故事；还有剿倭寇、驱鞑靼、灭都掌蛮、大战佛郎机；开海禁、移民西伯利亚……，精彩的故事纷至沓来。①

---

① 此处参考百度百科"《回到明朝当王爷》"条，http://baike.baidu.com/view/896329.htm。2013 年 8 月 17 日。

作为一部受到热捧的网络小说,成功自有其特别之处。全书写战争大气磅礴,金戈铁马,扑面而来;写儿女情长,时回肠九转,时血脉奔涌;写运筹帷幄决胜千里,亦逻辑缜密,似国手对决;写对白时,行文古朴,倒有几分红楼的影子。虽有时文笔水平不一,少数情节略有牵强,笔法也不及金庸倪匡等简练,然瑕不掩瑜,确为网文上乘之作。

很多人认为该书不是种马小说,因为一般的种马小说,书中所有女性都貌美如花,个个莫名其妙的爱上男主人公,没有任何情感上的培养,都是一见钟情。本书的写法与这些书有所差异。书中的12位主要女性虽也是个个如花似玉,美貌非常,但与男主人公都有感情发展,有的开始甚至是拒绝他的,只是在后面的发展中出于各种原因而嫁于他。本人认为,这只是种马小说的变种,从文学上来说,这种"变"使它有了文学的"人文"韵味,但不能改变它种马交配的本质。就像《红楼梦》,尽管好,但仍是意淫小说一类。

本作品最大亮点还在于,将诸多对于中国历史的思考注入架空历史中,例如耕牧之争、大陆扩张与海洋扩张、政治集团间的博弈、经济理论的运用甚至对于邪教和农民运动的思考,也借杨凌之手隐晦地阐述了作者的主张与见解。

月关也曾尝试写其他题材的小说,如玄幻、都市、武侠等,但这些或者不很成功,或者没有得到读者的认可。他成功的作品基本是架空历史的。由此看来,月关对架空历史有独到的驾驭。

33. 灰熊猫

灰熊猫,男,原名谢栩文,曾用网名大爆炸、灰衣熊猫等,祖籍福建,1979年出生于天津。工学学士,曾就职于一家网络公司,IT工程师,业余喜欢研究历史。擅长写历史、军事类题材的小说,现为纵横中文网签约专职作家、中国作协会员。他是一个充满理想主义和激情的作家,常常在其作品中对历史某些现象梳理出他的个人见解,引起他人的

三、第三代写手

共鸣或反驳，饱受争议。

童年即喜阅读，达废寝忘食程度。新世纪初，阎崇年大热，灰熊猫看了其电视讲座后，出于对其史料和观点的质疑，开始在一些知名论坛发表自己的见解，其后尝试写小说，是为《大爆炸》。《大爆炸》因文笔不成熟夭折后，重新构思在起点连载并改名《窃明》，自此灰熊猫走上写作道路。

《窃明》于2007年5月24日开始在起点中文网连载，2008年01月31日完结，全书约150万字，后签约魔铁文化出版公司，实由海南出版社和长征出版社出版，全书共六册。《窃明》连载后，即在网上引起巨大反响。为作者不一般的历史观，为作者激情的文笔，为作者拳拳的爱国心，为作者不一般的历史写法，网上展开了巨大的论争，一时炒得热火朝天。2008年的"网络文学十年盘点"活动，该书进入前十，成为"十佳作品"。同年，该书入选搜狐"读本好书"活动2008年度"十佳图书"（2009年1月公布，但该书排为非文学类）。2011年灰熊猫加入中国作家协会，成为作协正式会员。

除《窃明》外，灰熊猫的作品还有：《虎狼》《伐清》《朱棣的权谋》（该书无网络版）。

《窃明》讲述了一个现代普通人黄石因为爆炸事件穿越平行宇宙回到明末万历四十六年（1618年），运用自己的历史知识，抓住机会一步步地积聚力量，发展势力，最终成为影响历史走向的风云人物。作者在书中重塑了明朝独特的社会气质，展现了明末阉党与东林党党争的实质，并且引用丰富的历史资料在书中提出了袁崇焕是大明帝国罪人的说法，从而在网络引发巨大的口水战，至今不息。

需要提醒的是简体版本实体书与网络版本的内容有部分出入，特别是结尾部分，那段非常激动人心的文字在出版审核时被删除。台湾省盖亚文化有限公司出版的繁体版本实体书却更多地保留了网络版本的内容。

灰熊猫通过一个挣扎在明末辽东的黄石将一段湮灭于清史的明末揭开一角，让我们得以窥见那些我们还算熟悉的历史人物到底是什么面目，天启皇帝、魏忠贤、袁崇焕、熊廷弼、孙承宗、祖大寿、东林党徒、辽东将门，纵然是一家之言，可是作者却将这些明末的人物写活了，写绝了。读一本《万历十五年》，崇祯的明末在我的脑海里还是云山雾缭，读一本《窃明》，大半个明朝却在我眼前活灵活现。读《窃明》，让我想到了当年明月的《明朝那些事儿》。同样鲜活的历史，那些被人扭曲后为我们所遗忘、所无视的历史再一次被我们拾起。

《窃明》不仅仅在于写活了一个明末，还在于给了我们一种残酷的真实和沉痛的反思。以"建奴"（小说中语）数万草寇为什么能屠杀大明三分之二人口，湮灭天下？以大明广博疆域、百万将士官员何至于族亡史绝？在那个不可思议的年代到底发生了怎样荒诞的历史事件？哪些人哪种制度哪些原因又该为这样泣血的历史结果负责？因为和谐，我们的历史对明末轻描淡写，异族的入侵变成了朝代正常的更替。但是读《窃明》，我们知道了小冰河时期，气候对明国运的致命一击；我们知道了东林党为代表的明朝官员是如何的腐败昏聩；我们知道了辽西将门、军户制度，明军的战斗力为何如此的低下。我们还知道了毛文龙，这个东江以200人起家、孤军抗建奴、复土千里、救辽民数十万的浙江人，这个在《鹿鼎记》中被丑化，在建奴编著的明史中被贬低，仅仅因为被袁崇焕所杀而被我们所知的英雄。还有袁崇焕，这个相对毛文龙享有大名，被乾隆翻案被金庸吹捧被没有良心的满族"学者"捧上神坛，实际上却是空耗百万军饷、坐视军民被屠、友邦被灭，卖米资敌，擅杀同级大将、号称"五年复辽土"却被建奴打到北京城下，子孙摇身一变成为旗人的"民族英雄"。

不读《窃明》之前，相信袁崇焕帅才无双，关宁铁骑战力无敌，八千骑兵可以打败十万建奴；不读《窃明》之前，相信东林党人清白坚贞，极具才干；不读《窃明》之前，相信明朝皇帝弱智无能，无非木匠、烟鬼；不读《窃明》之前，相信康乾盛世统治下百姓幸福和谐。正如灰熊猫的起点笔名"大爆炸"，《窃明》真的是一个大爆炸。[①]

---

① 网友评论，http://zhidao.baidu.com/question/248674905.html，2013年6月23日查询。

三、第三代写手

和所有的网络小说一样，小说中黄石对历史的改变可以给我们一种虚幻的满足，然而掩卷之后，那种沉重的压抑却会引起我们对历史的反思和重读。钱穆在《国史大纲》序中说到：任何一国之国民，尤其是自称知识在水平线以上之国民，对其本国已往历史，应该略有所知。《窃明》不是历史书，但《窃明》书中之历史，或许能够让我们重新考察那段历史，还历史以真实面目。

此外，此书在战争描写上有独到之处，绝非一般YY小说动辄巨大胜利的嘴皮子文学可比。

《虎狼》为《窃明》的姊妹篇。小说背景设定在《窃明》故事结尾之后的二十年。主角许平，一个非穿越人士，在长生军中因其出色的表现得到提拔，后身陷莫名的官场与政治阴谋被逼出长生军；后加入了明末农民起义军，成为出色的起义军将领。故事最后，许平败在黄石所领导的南明政权的反攻之下，失败后带领自己的残军远赴北美开拓新的家园。

这本小说的争议更大，因为争议各方的奇葩行为，导致这本小说连载中出现几个闻所未闻的事情：一是因为不能接受作者的观点变化，许多《窃明》的忠实拥趸们都变得出离愤怒，他们开始有组织地进行抵制，激烈地与作者在网上进行辩论，并极力挑剔《虎狼》的任何一个值得批判的小细节，进行攻击。这种对作品爱憎分明的强烈感情，已经超脱了文学批评的范畴，变成了纯粹情感上的冲突。二是拥护与反对派互掐，甚至作者本人参与到其中，成为网文界一大奇观。两派的人不断投票以及发表书评影射政治影射对方，然后有人专门去举报，使得该作品的书评区一度被封禁。三是因为主题涉及敏感问题（民主、宪政），传说某部门曾对此专门请作者去喝茶了解该书的情况，纵横中文网被迫暂停该小说的更新，导致2011年2月20日——2011年4月06日，长达45天的断更。①

---

① 该资料来源百度百科"《虎狼》"条，http://baike.baidu.com/view/781393.htm，2013年6月23日查询。

灰熊猫确是一个令人吃惊的作家,虽然出身工科,但对历史、人文、社会等都有自己的观点与见解。在写作上富有激情,也不为读者之愤而有所妥协,应该是个有前途的作家。

34. 酒徒

酒徒,本名蒙虎,男,1974生,内蒙赤峰人。毕业于东南大学动力工程系。毕业后在北京从事电力设备调试工作多年。中文在线旗下17K小说网知名签约作家,中国作家协会会员,首届网络文学联赛导师,人送外号"老酒"。现居澳大利亚墨尔本。对于自己的笔名,他自己曾经解释过:"好饮但不善饮,常饮常醉,所以为酒徒。此外,喜欢信口胡说,怕惹事,自己权当醉话"。

2000年,发表处女作《秦》,反响平淡,开始涉入网络文学。

2003年,推出另一架空历史小说《明》,红透网络文学世界,一书成名。被誉为"架空历史小说的开山鼻祖"。

2006年,推出另一历史小说《指南录》,大热,奠定网络著名写手地位。

2007年下半年呕心力作《家园》重磅来袭,在17K小说网连载,人气火爆,深受好评,在网站拥有千万读者粉丝。该作品简体中文出版时改名《隋乱》,虽改名弃了网络人气,但依旧大卖。作品凭借其高超的艺术性和质量水准豪取4项网络文学大奖,被戏称"拿奖拿到手软的大神"。该书已经签约影视公司,即将搬上荧屏。

该书的繁体中文版曾创下台湾金石堂、诚品、博客来三大连锁书店畅销排行榜三榜齐上的傲人销售纪录。《隋乱》除了在汉语文化圈风行外,名气还远播国外,被翻译成泰文等多种外语。

酒徒凭借该部小说进一步奠定了他在架空历史小说领域无可替代的重要地位,并名利双收。由于该书的成功,酒徒2008年荣获"2008年原创网络文学评选10大优秀作品奖",同年荣获中国国际版权博览会"最

三、第三代写手

具商业价值原创网络文学奖",该年 4 月成为首届"中国网络原创作家风云榜"获奖作家。2009 年 4 月,再次成为"中国网络原创作家风云榜""中国文学畅销书作家实力榜"获奖作家,2009 年 6 月,荣获"网络文学十年盘点十佳人气作品""网络文学十年盘点十佳优秀作品"两项大奖,并被十年盘点组委会推荐加入中国作家协会。2010 年,酒徒加入中国作家协会,成为中国作协会员。

随着《家园》的巨大成功,"隋唐三部曲"的后两部顺利推出,第二部名《开国功贼》,第三部名《盛唐烟云》。作品延续了前作风格,同样受到读者热捧。

2012 年,最新推出历史传奇神作《烽烟尽处》,首次涉足民国故事和抗日战争。①

《秦》虽然是一部历史架空小说,但它没有明显的故事情节和人物形象,更像是带有浓重讽刺意味的借古喻今的历史和民族的思想录,给人一种历史乱评弹的味道。每个章节都很简短,却蕴含着作者独到犀利丰富深刻的思想见解。小说主要借蒙恬修长城一事展开探索秦朝的灭亡之谜。

《明》叙一个业余登山爱好者登山时不慎跌落,结果误入穿越到了明代。茫然无措的他不知道自己何去何从。凭借内心良知的呼唤和坚守,他决心运用自己的知识造福百姓,成就一番事业。于是他踏上了一条冒险荆棘之路。历史由此而转弯。

《明》是一部有思想、有见解、有个性的玄幻作品,富有历史感和深刻的人性。作者没有重复那套"超能英雄逐鹿天下、妻妾成群、毁天灭地、唯我独尊"的情节模式。而是将故事融入时代中国的社会现实之中。在现实的笔触中,重拾亿万中国人心中永远未曾磨灭的强国梦。

《明》不仅仅是一部穿越架空的历史小说,更多的是思考和思辨、挣

---

① 以上参考百度百科"酒徒"条,20137 月 28 日查询。http://baike.baidu.com/link? url=－79MHhb8uBPOzEK8B8ZiftARWQ4tDiY2aLJBf8rAvgB06hHlATrJYGoC－D_efigA。

扎和抗争的精神。小说富于理想色彩和英雄主义，英雄可以改变时势，却又带有悲剧意味，武安国最终结局只能牺牲和燃烧自己。

《指南录》是一本近似穿越的南宋末年救国录。它以文天祥兵败后的抗元故事为主线，写一个民国时期的抗日革命青年灵魂因偶然机遇穿越到南宋末年的文天祥丞相身上，为保卫国家和捍卫民族独立和不沦为四等奴隶的尊严，积极运用自己的现代思维才智奋勇抗击元兵。他秉持着科技救国和众生平等的理念，曲折地在历史漩涡中推进自己的理想。

《家园》是酒徒的代表作，讲述的是隋炀帝年间，河北上谷地方的一个少年李旭，为逃避兵役进入大草原。在草原中收养了一头被草原民族视为圣物的银狼，并结识汉人徐大眼（徐茂功），与流落草原的中原人学得箭技和兵书等本领。他帮助寄身的部落突厥发展壮大成为一个大部落，后因得罪突厥贵族，只好回到中原。参加炀帝的首征高丽之战，立下大功得到赏识，被提拔重用。隋末动乱，义军四起。他先投奔李渊父子，后又归附张须陀，并在四处征战中，结识了秦琼、程咬金、罗士信等豪杰。后来他随众又入伙瓦岗军，与红拂女相识相知、渐生情愫。

本书主人公李旭虽是虚构，但作者用百万字篇幅完全锁定他一人，使其成为绝对唯一主角。借由李旭个人传记式的传奇遭遇，使每个读者都能化身李旭，完全地投入到作品中，与主人公一起冒险闯天下。

《开国功贼》的主人公经历了从码头苦力到反贼头目乃至治乱能臣、爱民好官的过程。《盛唐烟云》则以盛唐时期为背景，安史之乱为主线，围绕着一个纨绔子弟的成长过程来展开全新的剧情描写。

历史传奇新书《烽烟尽处》写1931年"九一八"事变以来的抗战史，主角张松龄国中毕业返家，在火车上被一群热血的大学生（血花社副领队方国强、周钰，以及北大高材生彭学文）"拐"走，北上支援二十九军抗日。他们一行人，都是青涩的高中生或刚毕业或在校的大学生，充满理想主义的情怀。他们分别来自不同的阶级后代，如大方为代表的无产阶级后代，对抗战容不得半点杂质，属于愤青类型；也有以主角张松龄为代表的商人小资产阶级后代，他们的思想更为缓和，懂得体谅商人,他人的难处;还有其他形形色色的人物,他们都有自己的那一份心思。他们想象过以后会遇到无数的困难,甚至失去生命,但他们仍然希望绽放出自己最后的笑容,来唤醒全中国的民众。

从新千年执笔到今天为止,酒徒先后创作了生涩的《秦》,成名的《明》,大热的《指南录》,再到红得发紫的《家园》,直至民族救亡的《烽烟尽处》。一本比一本厚重,勾勒出了酒徒的心路历程和创作轨迹。不难发现酒徒作品的特点,那就是"架空历史、在真实的历史背景下虚构故事和人物,为读者展现一幅恢弘壮阔、烈血铁骨的英雄传奇。

酒徒目前为大陆架空历史小说的新翘楚,擅长运用真实史实,结合武侠、爱情等诸多元素,建构出当时历史环境的整体风貌,写实刻画场景,细腻透写人物,在传统历史小说中破旧出新,成为新一代网络小说名家。

他的小说以气度恢宏、语言凝练、情节曲折著称,文风厚重,而且往往凸现民主、爱国等普世思想,含有厚重的历史沉淀,处处带着对人生的思考和悲悯情怀。他的作品胜在细节,行文的大气少有人可以比肩;胜在深刻,煽情的功力同样让人望尘莫及。他的作品充满矛盾却又显得协调糅合。足可见酒徒思想之开阔、功力之深厚。

(袁鹏)

35. 天使奥斯卡

天使奥斯卡,男,真名不详,1976年出生,江苏南京人;金融与英语双学士,起点中文网白金作家。在2012年第七届网络文学作家富豪榜中以300万元收入,列17位。

大学毕业后,天使奥斯卡曾做过几年文史资料管理员。百无聊赖之际,一直在BBS上灌水。2006年因某种原因辞了文史管理员,精神更加空虚。一朋友(紫钗恨)是网络作家,见他整体混迹网络,不干正事,遂劝他也在网上写点东西。他听了觉得是一个很好的建议,就开始了网上写作。第一本书名为《我的新金庸群侠传》，这本书没有写完，失败了。但他从中认识了很多网络上的写手朋友，心态也变得正常起来，鼓起勇气开始了第二本书的写作。

第二本书是《1911新中华》，这部大开大阖、立志深远的铁血军文，在还没有写完之际，就已经好评如潮，点击过亿，成为网络文学的经典之一；同时也成为2006—2007中国网络文学最轰动的事件之一。该书后来由花山文艺出版社出版。

尝到甜头的奥斯卡开始了第三部书《天命神话》的写作。但此时的奥斯卡发现了一个问题：就是自己虽然爱好写作，但每天固定要更新这么多字确是痛苦的事情。但不更新又不行，几万收藏你作品的人在等着你，还有VIP读者更是付了钱的，等于签了合约，不更新有违约之嫌，这对于自认是道德楷模的他非常致命。最后尽管他尽了自己最大的努力，但该作品最后还是断了更。为此他获得一个称号"从不断更奥特慢"。后面的作品也有这种断更的情况，又改称号为"奥公公"。

他的第四部作品是《篡清》，这部200多万字的作品，在起点获得1100多万的点击。该作品在连载时就广受读者好评，在还没有完结时，太白文艺出版社就开始出版。出版后销售良好，使他挤进了2012年的网络文学富豪榜中，也使他成为起点真正的大神。目前他正在写作的作品名《宋时归》。

《1911新中华》是同时奥斯卡的成名作。主角雨辰是一个军史爱好者，但一事无成，女朋友也离开了。就在他自己准备坐车离开原来住的地方时，遭遇雷击，穿越到另一个平行世界1911年的中华，这个世界和原来的世界略有出入。他刚穿越就被一支溃散军抓了，经过巧言应对，他成了这支溃散军的首领，带着这支军队光复了上海，正式开始了一个完全不同的辛亥革命。至最后，他成了第一任中华民国总统。一个怀抱大志高瞻远瞩的领袖，一群充满激情和历史责任感的年轻军官，一个百折不挠刚毅如铁的团体，为着共同的家国理想，在短短的几年里，一举结束内战和分裂，拯救中华于重重危机中，并且打开国门，立威于世界！

三、第三代写手

这部作品最吸引人的在于激情。小说开头能写出激情，不是太难，难的是从头到尾都有激情，这部作品就是。主人公激情澎湃，为中华之奋起，在所不惜；一群热血男儿有激情，为光复中华，甘愿抛头颅洒热血。《1911新中华》这本书，是属于给男子汉看的书，阳刚之气甚足，男女情爱的描写不多，也非重点，即使有也是为了侧面反衬主角雨辰以国家大事为主的性格。这种性格贯穿全文，无一处不是为了国家复兴而奋斗，也无一处不是为了民族解放而血战。

在这种民族大义的描写下，即使小说里并没有什么侠骨柔情，但也依然吸引了大量的女性读者，因为看着自己的祖国在危难当中，热血青年们在雨辰的带领下奋发图强英勇作战，哪个男儿不希望成为这样的英雄，哪个女子又不为这样的英雄心动？女主角李媛虽着笔不多，但却描写得有血有肉，在雨辰的影响下，毅然投身于大时代的变革当中。国难当头，巾帼不让须眉，这也是这本热血男儿的书，却能得到许多女性读者喜爱的原因之一。

这本书能暴红，应该不是偶然。一来作者文笔确实可圈可点；二来小说故事情节安排得不错，而且处处激情，引人入胜，并且当时这本书更新较快，所谓天道酬勤；三是说明读者心中对辛亥历史有着心中的痛，如有可能，都想改变，换一个轰轰烈烈、崭崭新新的新民国。

《篡清》是作者的代表作。叙发改委一个废柴小白领徐一凡，穿越到甲午之前的大清朝。结识太平天国旧部韩中平，得其信重；在其手中大盛魁商号资助下写《欧游心影录》博取声望；进京拜光绪、慈禧，以操练新军名义踏上仕途；收小弟，下南洋炮击爪哇土著，救我侨民万千。北洋抑制其崛起，去朝鲜练新军，以华北慷慨之士及南洋热血青年为基本建立禁卫军，收袁世凯手中军队。甲午爆发，北洋系沉没，朝廷欲割地求和，徐以孤军决绝之态战日本，得以全朝鲜和东北。而后清廷忌惮，效曾国藩故事，分封其于南京。学日本故事，置产兴业，稳物价，促商业，两江迅速操于其手。以其超越时代的见识，游刃于西方列强之中。利用香教的宗教和民族主义力量，使北京迅速结束谭嗣同主持的温和改良政府，满族皇室被扫荡一空。

《篡清》是与《窃明》类似的小说，也明显受其影响。这两小说大受欢迎，说明国人对这两段历史的痛。沃野千里、人口过亿的堂堂大明王朝，被区区数十万人口的建真所灭，其痛若何？国土广袤、人口数亿的天朝上国，被远近的撮尔小国欺辱，裂土求生，上贡求和，痛何如哉！但历史就是历史，已不可能改变，唯一能做的就是以幻想求得情感的慰藉。两书都在做这个事情。但两书还是有所不同。《窃明》是以作者对明末历史的理解来写明末风云，否定了东林党和袁崇焕，但黄石没能改变明末的大局。《篡清》是以作者的愿望来写清末，YY成分更多。从作品本身来看，两书各有特色，人物形象的塑造，对战争的描写，情节的控制等方面两书都做得不错。

《宋时归》还是历史穿越类小说，2010年1月1日开始连载，经常断更，目前都没有完成，所以有书友称为"送死鬼"。小记者萧言跨越千年，回到北宋，欲挽天倾。因为所求的是不可能的奇迹，所以才要付出更多艰辛，更多血泪，更多牺牲！大宋茂德帝姬，大辽蜀国公主，李师师，燕地豪强郭药师之女郭蓉。恩怨情仇纠葛，值此末世，孰能理清？小说人物心理细腻、准确生动；战争场面描写热血、激烈；语言尽力接近当时的历史风格，对当时的历史背景有一些精彩的描写。很多读者期待。

天使奥斯卡七年间真正完成的只有两部书，在网络的大神写手中是不多的。但两部书他还能进富豪榜，说明确实受欢迎有市场。他的书很热血甚至是很狗血，构思严谨而宏大，人物鲜明。书带有浓重的历史沧桑感，很有才华。但是书的更新速度很慢，而且不怎么稳定，经常变成周刊甚至是月刊，还经常在月末捞了读者们的月票后断更，书友对他是又爱又恨。

36. 雪夜冰河

雪夜冰河，原名娄文社，另有笔名冰河，男，1973年出生于内蒙呼和浩特。1996年毕业于中国政法大学，在广州从事法律工作5年，到北京做媒体工作，现居住在北京朝阳区。曾任《商务周刊》总监，为旅游卫视节目总监，星楷传媒董事、总经理，还是地产商。2007年他曾作为网络作者代表在首届中国网络文学发展研讨峰会上做主题发言。其小说《无家》在2008年是网络文学十年盘点活动中获"十佳优秀作品"。他的作品还有《警察难做》《天蝎座》《像绅士一样驰骋》等。

2004年开始作者在起点上连载《无家》（奇怪的是起点现在已经找不到该书），这本在网络文学作品中不算很长的书，大约写了三年，于2007年连载完。连载中，多次得到许多有影响的人推荐，也得到网友们的一致好评，被认为是网络作品中的上乘之作。在军事小说圈内曾创下"谁看谁哭"的纪录，被誉为"战争版的《活着》"。当年该书就出版了实体书，第一次印刷的10万册不久即售罄。

2013年该书再版，改名为《狗日的战争》，引起一波新的热潮，再次攀升多家书店畅销书排行榜，且获得作家梁晓声、导演陆川、演员孙红雷等人的热捧。然后，该书遭168家公司抢版权。华策、中影、小马奔腾等均放出"探子"多方打听，咨询价格和合作。据该书责编张福建透露，目前《狗日的战争》影视版权还处于报价阶段，尚未与某家达成合作。杭州某影视公司的一位经理说："将小说改编为影视剧，成功率是比较高的，在国外，这种改编基本已形成产业。事实上，我们一直在关注军事小说的出版，但市面上流行的军事小说大多是讲雇佣兵、狙击手，题材同质化。而《狗日的战争》这本书则是讲一个老兵的抗战故事，主角更贴近生活，更为人性化，情节比《亮剑》更为悲壮，所以我很看好。"①

---

① 蔡震：《〈狗日的战争〉影视版权遭哄抢》，《扬子晚报》2013年6月25日。

《无家》讲述的是一个打过抗日战争、解放战争、抗美援朝战争的老兵，如何在波澜壮阔的中国现代史进程中，演绎着他传奇而卑微的一生。主人公老旦是个农民，他的理想是守着老婆孩子过日子。但日本人打来了，他被国民党军队抓去当兵，第一天就上了前线。日本人的炮弹使他认识了战争的残酷性，也使他迅速成长为一个无畏的战士。他经历了徐州会战、武汉会战、长沙会战、常德会战。打了许多大仗、恶仗，多少兄弟、战友在他身边死去，他也无数次徘徊在生与死的边缘。终于看到了日本人投降，他在梦中思念着老婆孩子，以为可以回家过安生日子。

但战争并没有结束，而是变得更加惨烈，更加沦丧得失去了理性和人性。老旦的刀法在抗日战场上威风八面，所向披靡，但是，当对面的兄弟呐喊着冲过来的时候，老旦手里的刀则变得异常沉重，无论如何也举不起来了。在这里，一旦越过政治的层面，我们就会看到，固有的关于那场战争的历史想像，还有另外一种面貌。老旦当了俘虏。而命运的残酷和吊诡之处，就在于他必须马上掉转枪口，使自己脱胎换骨，于是，老旦也就变成了老解放。

新中国的建立只让老旦享受了短暂的回家快乐。很快，美国人打到鸭绿江边，老旦再次应征入伍。这一次他可没有那么幸运，再次归来的时候，他把一只胳膊和一个眼球留在了朝鲜。更让人伤心不已的是，回家以后的老旦并没有过上安生的日子。肃反、大跃进、反右倾、三年经济困难，直到"文革"，一个接一个的运动，把老旦从人变成了鬼，他的两个儿子，有根和有盼，一个死在朝鲜战场，一个死在"文革"的火海中。而他的妻子翠儿，摔死在批斗他们的高台下。他掩埋了妻子，然后，怀着赴死的庄严，把一生珍藏的几十枚勋章一个一个别在累累伤痕的身上。当他威风凛凛地走出房门的时候，守在门外的革命小将们都惊得目瞪口呆，作者这样写道："面前这个上周在台上还低头不语、抖若筛糠的老废物，如今竟然不可一世了！他身上大大小小的军功章在朝阳下璀璨夺目，让这些崇拜英雄的革命者们瞠目结舌。更离奇的是，老旦那粗大的雄根上，居然也沉甸甸地挂了两个勋章，看上去竟然颇为精致，一阵

三、第三代写手

风吹来,竟然叮叮当当碰撞作响了。"老旦在临死前以这种方式恢复了自己作为人的尊严。

这是一个充满了传奇和异端色彩的故事。作者明显地想要区别于以往我们所熟悉的关于战争的叙述。在他放大了的描述中,传统战争叙事中的浪漫和抒情完全不见了,而代之以血淋淋的残酷和冰冷彻骨的伤痛。小说这样描述老旦头一天参军路上所遇到的情景:"一颗炮弹在老旦前面10米左右的地方炸了,前面几个人像是闹鬼似的忽地不见了,他被震得头皮发麻,感觉到一场血雨从天而降,一条胳膊恶作剧般地搭在了他肩上,还带着热乎乎的体温。"这很有点类似于现在电影大片中为表现战争场面而制造的音响和影像效果,夸张而又逼真。阅读之后,我们同时感到了非常强烈的感官刺激和心灵震撼,它把战争可能唤起的英雄气概撕得粉碎,揭露了战争背后魔鬼般的狰狞面目。战争可以使人豪迈,也让人恐惧、伤痛、辛酸和堕落,使得我们这些读者从心底涌起一股悲凉之气。

作者关于战争的描写也是别开生面,而战争场面,说到底还不是最重要的东西。在这部小说里,真正让我们心动和心痛的,倒是战争以及社会动荡中老旦同这些普通士兵的悲惨命运。书里写了很多人,他们有的有名字,有的连名字都没有,稀里糊涂地就把自己的生命丢在了战场上,或某个政治运动中。他们也有自己的梦想和希望,但他们从来不能主宰自己的命运,他们像一件东西似的被高高在上的权力和势力抛来抛去。而传统的历史叙事却总是盛赞牺牲和奉献,这种刻意塑造的英雄形象对所有人来说都是巨大的压力,即使老旦这样的普通农民也摆脱不了这种压力,这种被意识形态扭曲的价值观让每个人都觉得自己的生命无关紧要,进而觉得所有的生命都无关紧要。这是很可怕的,是悲剧中的悲剧。以前我们经常慨叹,中国的战争文学一直达不到前苏联战争文学所攀升的思想高度,以及他们所开掘的人性的深度,我们一直没有《静静的顿河》《第四十一个》这样的作品。读了《无家》,我们可以轻轻地舒一口气了,这部作品或许还有不够成熟的缺陷,比如它的结构安排,就明显的是个半截子工程,没有最终完成。但它在另外一些方面,比如历史的复杂性和残酷性,甚至超过了前苏联的一些作品。这是因为我们的生活,在现实和历史两个方面都显示出与前苏联的巨大差异,而所有这一切就集中体现在老旦悲剧性的人生经历中。

在这部 50 万字的作品中,塑造了老旦这个历史的见证人。他用自己卑微的生命见证了中国上个世纪 30 年代至 60 年代所经历的苦难。这是一部史诗,也是一部血泪史。

雪夜冰河不是一个专职作家,但无愧于一个真正作家的称号。他的笔总是伸进社会,探进历史的深处,将那一串串的血痂翻出来给我们看,让我们反思。无论是《无家》还是《警察难做》都是如此。

三、第三代写手

战斗类

37. 刺血

刺血，原名李忠卫，1981年12月生，河南省新乡市人。毕业于郑州大学计算机信息工程学院。自称专职计算机学生，兼职自由职业者，狂热的吉他爱好者；熟练的网络冲浪者；向往远足的流浪人；初涉文坛的写手。他的小说有《狼群》《十诫》（未完成），听说还有《持续火力》。

《狼群》是刺血目前唯一完成的小说，该小说2004年在起点中文连载，但现在已经被删除。实体书出版了多个版本。在网上，军事小说数量并不算少，但《狼群》是较早以雇佣军为题材反映现代战争的一部作品，并且对网络军事幻想文学的创作产生了一定的影响。

《狼群》的故事随着一本日记的翻开而娓娓道来。小说主人公、大学生刑天，在中缅边境旅游时遭遇人质劫持事件，意外走上雇佣兵生涯。刑天是个具有军人天赋的人，他的冷静和处理突发事件的能力，为常人所不及。但即便如此，他也经历了由开始对陌生环境的恐惧、闻到尸臭时的呕吐，到接受狙杀昔日好友的任务，再到被同胞惊惧离弃的"食尸鬼"的历程。由此可见，小说给了人物成长一个很合理的发展空间。一只狼什么都做不了，但一群狼可以撕裂一切，他们没有确切的姓名，只有绰号，他们之间既有相互猜忌，也必须相依为命。刑天的狙击手师父"快慢机"以"战场就是佣兵的训练场"对他言传身教；刑天的女友REDBACK在破了他的处男身后，却直言说，不是因为爱他，而是因为他的作风凶悍，愿意和他"一起厮杀，一起享乐"。这些书写，非常符合佣兵生活的逻辑，因为那样的环境只能产生那样的人迹关系。跨越多国的厮杀——既有城市暗杀，也有雨林搏击——终于使刑天在佣兵道路上越走越远。但是，在刑天冷酷的脑海里偶尔也闪过祖国的形象和亲人的面庞，作者似乎觉得这是不能少的一笔，但似乎又有些笔头乏力。

在极端环境下，考验人的意志与胆识，激发人的潜能，是包括普通战争题材作品在内的所有涉及灾难的文学作品的基本要素，但以雇佣军为题材的小说又有其特殊性，它最主要的特点在于：一是雇佣军多跨国作战，有时候甚至是跨越几个国家，因此增加了写作难度；二是雇佣兵往往担任最艰险的作战任务，经常面临最极端的困境，内心世界的复杂程度难以想象。三是雇佣兵是失魂、失根的战士，他们受人雇佣，是炮灰中的炮灰，是拿生命赌博的战士，缺少灵魂支撑，没有为祖国而战的荣誉感和人生的归属感。《狼群》在第一方面做得一般，小说也存在一些细节上的微瑕，比如环境描述和人物对话都显得比较随意，个性化特征不明显，做工不细。这一点对刺血来说恐怕是个很难彻底解决的问题。因为军事知识可以通过间接途径获得，而环境和人物的逼真度却难以揣摩。在第二方面的表现相当充分，展现了雇佣兵作战环境的恶劣以及时时面临的死亡威胁。在第三方面开掘得不够深刻，只是写到他的哥哥，一个从小训练他的中国特种兵胖揍他的那一小段，有了点味道，那种失魂、失根的感觉，那个最能展示艺术魅力的地方没有被完全打开，这不能不说是小说的一个遗憾。

《狼群》在人性开掘上，有自己的独到之处。小说写到刑天凭借佣兵身份赚够了足以挥霍一生的金钱，决定金盆洗手时，忽然发现，自己已经深陷于纵横杀戮的生活，不可自拔。终于，在一次失手险些杀掉自己的母亲后，刑天在伦理的巨大压力下，决定重返狼群。这样处理情节的发展，一方面巧妙的为展开下面的故事做了铺垫，一方面也揭示了佣兵生涯的残酷：刑天已经被战争异化了，他从一个优秀的年轻人，变成了一个杀人机器，失去了正常人应该拥有的天理人伦。如此的悲哀，无疑是对人性深处的追问。人何以成为人？雇佣兵刑天已经回不去了。打个不恰当的比方，在我们的现实生活中,当一个贪官贪到一个亿的时候,钱,对他已经没有任何意义了,但他为什么还要继续贪下去,而且毫无理由的麻木的更加疯狂的贪下去呢?这就是人性的悲哀。因为,人,总是习惯于自己最有力量的时刻。对于刑天来说,这大概就是心理学上所说的记忆性创伤吧。

凭借超强的想像力,作者为我们塑造了一个个有血有肉、有情有义的雇佣兵形象。尤其是他在行文中信手拈来,丰富到极致的军事知识,更是引无数军事发烧友为之尖叫,追捧不已。可以说,在新一代军事幻想小说中,《狼群》是当之无愧的 NO.1 级经典。

自 1970 年代末对越自卫反击以来,我国并未涉及过重要战事,而以往军事文学的核心基本依赖真刀实枪的战事进行虚构,和平年代久了,这一领域的创作就显得比较寂寞。然而,战争与和平是相对的,在和平的霓虹灯下,战争的阴影无处不在,军事文学仍然具有潜力和活力。正因此,时代呼唤新的军事文学出现。新世纪以来,网络军事文学——确切地讲应该是网络军事幻想文学创作,进入了活跃期,产生了一批优秀作品,填补了我国新时期军事文学创作的缺失。可以这样说,军事幻想文学在网络的发展,给新一代热爱军事题材写作的朋友提供了发挥才能的广阔空间,《狼群》便是其中的代表作品之一。

(鲁漪)

38. 纷舞妖姬

纷舞妖姬,男,本名董群,又称口号男。上世纪 70 年代末出生于山东济南一个军人家庭,后随父迁居于山西。上海交通大学毕业。儿时的生活环境注定他一生与军队结缘,也造就了这位极具血性的军事小说家。从军后,喜欢研究武术和枪械,接受过系统的军事训练,拥有空手道黑带三段段位,对狙击与反狙击,诡雷设计,丛林、山丘特种作战等军事知识有一定了解。据说,他曾在中印边境和印度军人交手,空手对白刃,并且活捉敌人,但也导致自己受伤退役。现为起点中文白金级作家,网络顶级人气名家，与刘猛、都梁号称中国军事、传奇类小说三驾马车。著有《鹰隼展翼》《獠牙之蛇》《弹痕》《第五部队》《星痕》《诡刺》《生存法则》等军事小说。①

《鹰隼展翼》是纷舞妖姬的第一部网络作品。小说以这样一段话作为它的开篇语：军人，是民族的骄子，他为国家而生，为国家而死。作为一名优秀而称职的军人，是一种无上的光荣。因为他的意志需要比一般人更加坚强，需要超人的智慧忍受巨大的牺牲和痛苦。在一名优秀的军人身上，凝聚着人类最优秀的品质和力量。段落结尾署名为巴顿将军，但是翻阅资料，找不到乔治·巴顿说过这段话，或许纷舞妖姬只是借用巴顿将军的威名，亦或许他所指的巴顿将军另有其人。

从小说的可读性来说，《鹰隼展翼》还是比较成功的。但作品运用了大量过度夸张的写法使这部铁血军事小说呈现了明显的纷舞妖姬风格，沦为一部意淫之作。像傅吟雪、长孙庭这样的军人无疑更符合那些穿越小说的主角，而不是现代军人，因为他们几乎无所不能、无所不通。一个新兵蛋子就能够呼风唤雨，仿佛是成熟老练的精英。意淫小说的主角几乎没有成长的时间，就像武侠小说中的绝顶高手从一出生就身怀绝技，不需要拜师学艺。甚至连偶遇武林秘籍或世外高人这样的传奇经历都免了，他的江湖只剩下爱恨情仇。故而我读完《鹰隼展翼》，并没有太多的感动与惊喜，不可否认的阅读快感是有的，但那也仅仅是意淫的快感。意淫者，虚妄也。每一部意淫小说都会使人产生快感，那么从这层意义上来说，《鹰隼展翼》与其他意淫类小说没有区别，只不过它在意淫中借用了国家、民族这样的幌子。

只有赤裸裸的冷血与残忍，是无法承担起一部真正的军事小说的。虽说慈不掌兵，但军事并非仅仅只是杀戮。《孙子兵法》有云："百战百胜，非善之善者也，不战而屈人之兵，善之善者也。"不过网络写作大多

---

① 本文参考了百度百科"纷舞妖姬"条，http://baike.baidu.com/view/877819.htm，2013年8月19日查询。

三、第三代写手

都流于意淫,很少有真正的对人生的感悟与体验。或由于商业化的过度介入,个人的哗众取宠,都让网络写作成为一种模式,对文学本质的探讨与感悟没有了,无拘束的自由消失在数以万计的点击量中。

《弹痕》在我看来算是纷舞妖姬写得最好的作品了。而在这之后陆陆续续创作的作品,如《第五部队》等,内容雷同,给不了读者看下去的兴趣,从其销量也可见其端倪。《第五部队》叙述第五特殊部队在艰难中奋斗、执著探索一种新的强国道路的故事。这是一群英勇无畏的绝密尖兵,原始丛林、高原戈壁、冰山雪地、荒凉大漠是他们与死神决斗的战场,咸水鳄鱼、孟加拉猛虎、毒蛇野猪、密林蟒蛇时常如影相随。它是一部中国特种兵的热血传奇。其中对现代各种特殊战争的描写,让人耳目一新,大开眼界。

但是,作者在写作时可能过于激动吧,平均每五六句话,就喜欢用个感叹号,既在感叹人生苦短,又在惊讶世界的神奇。而神话书中的主人公则是作者的一贯手法。作品描写的好像是一群神兵天将,而不是现代士兵,他们上天揽月、入海捉鳖,天文地理、历史典故无所不知,无所不晓。这让理性的读者觉得有过分吹嘘之嫌。

个人觉得以纷舞妖姬的《弹痕》为代表的这一类小说更适合在读者心情低迷的时候阅读,其在振奋人心,提供源源不断的"正能量"方面还是很有用处。我更愿意称这类小说为"热血小说"而不是军事小说。作品包含了作者满腔热血,既有对国富民强的喜悦,又有对民族伟大复兴的祝愿。世界很大,路还很长,中华民族崛起于世界民族之林需要每个人脚踏实地的努力奋斗。

纷舞妖姬的小说血性十足,男人的不屈斗志和阳刚之气跃然纸上。字里行间总是透出阵阵来自军营的角铮狂鸣之声,精心编织锐气十足的文字读起来令人惊心动魄,向读者们展现一场场荡气回肠的经典军事对决,在悍文林立的军事小说领域占有一席之地。他的写作风格张扬热血,作品风格以阳刚、热血、震撼著称,文笔犀利锋锐,字里行间总有一股杀伐天下的气魄和舍我其谁的豪情,让人读罢热血沸腾,掩卷遐思、心潮澎湃起伏。他笔下塑造的每一个主人公的血性都有一种可以撼动读者心灵的神奇力量，他的每一部作品都有吸引读者一口气读完的神奇魔力。

但正是由于这种一泻千里、酣畅淋漓的写作风格也使读者阅读完之后感到些许的荒唐。这就好比当下那些令人诟病的抗日神剧，简直不把主人公当人看。为了片面的迎合观众或读者的无知和愚蠢，将人物神话。故事的主人公有如传说中的哪吒、孙悟空，天赋异禀，从出生就自带着非比寻常的技能。他们似乎不需要从小事一点一点慢慢干起，就算是遇到困难，总会得贵人相助，并最终化险为夷，逢山有人开路，遇河有人搭桥。其思想方面仍有着"十七年文学"的影子——描写典型事迹，塑造英雄人物。主人公为了党和国家的伟大事业，为了中华民族的伟大复兴，毅然投入到"革命"的神圣事业中去，将个人情感抛在一边。在不经意间让读者或多或少的感觉作者沉浸在漫无边际的"意淫"之中。

（张启飞）

39. 金寻者

金寻者，男，又名 goldseeker，原名史愿，四川省眉山县人，生于 1975 年 8 月 24 日。在北京长大。1999 年毕业于清华大学工程力学系，同年赴美国内布拉斯加林肯大学攻读机械工程硕士。现居美国爱荷华州。

金寻者从小喜欢阅读文学读物，尤其钟爱武侠、科幻小说。写作是他最大的兴趣，大学期间即开始尝试写作，1997 年曾经在科幻世界发表短篇小说《风吹百合和旗帆》，后因学业繁忙而中断创作。

2001 年在美国曾经创作过中篇英文小说《新鲜感觉》并自费发表，但影响很小。2001—2002 年曾经创作过自传体中长篇小说《初旅》，得到十月杂志编辑的好评，但是由于经验不足和学业压力，最终错过了出版的时机。

金寻者创作的转机出现在 2003 年，这一年他在网络发表的《大唐行镖》受到读者的欢迎，点击率达到 3000 万。台湾小说频道出版集团出资

三、第三代写手

出版了繁体版的《大唐行镖》。2004—2005 年，春风文艺出版社出版了该书的简体版，并将其改名为《镖行天下》。该书被称为新武侠小说的扛鼎之作。

2005 年创作并发表了长篇奇幻小说《血盏花》，起点中文网购买了小说的电子版权，台湾小说频道出版集团购买了繁体版和简体版，并于该年开始发表繁体版。2006 年开始长篇科幻小说《末日之翼》的创作，17K 小说网购买了《末日之翼》的简体中文电子版。2007 年台湾冒险者天堂出版集团购买了《末日之翼》的繁体出版权，并开始出版繁体版，将其改名为《永恒的夜色》。在爱荷华大学选修小说写作课程（fiction writing）其间，创作英文中篇《Curse》，获得全 A 终评成绩。2007 年中期开始为《今古传奇·奇幻版》创作连载中篇小说《超英助手之双面奇缘》《超英助手之世界末日》。

2007 年 10 月开始进行长篇武侠小说《大唐乘风录》的创作。2010 年创作了《大唐御风记》，至此终于完成大唐三部曲，该年还创作了《远征天河谷》。

2011 年 9 月开始为《今古传奇·武侠版》创作连续长篇小说《相忘师》系列，目前已经连载作品有《相忘师·僵尸引》《相忘师·邀梦犀》《相忘师·鲸吞》。2011 年 12 月于起点中文网开始发表新作《纹章之怒》。2012 年 11 月于起点中文网发表新作《末日秀》，目前处停更中。①

《大唐行镖》叙一位镖局少年的成长历程。彭无望因为迷恋厨艺而荒废武功，令家人伤心。然而在青州酒家却让他遇到高人，学得高超武功。满门血仇令他挥泪告别无忧无虑的年代，肩负起复仇的重任。而在追杀仇家的过程中，他与越女宫结怨，与少林寺、天山派结缘，更和青凤堂这个最大的杀手集团结仇。在江湖决斗终于平静之后，彭无望带领一帮江湖好友踏上抵御外敌的征程。为了国家安危，不惜抛头颅洒热血，终

---

① 以上参考了百度百科"金寻者"条，2013 年 7 月 24 日查询。http://baike.baidu.com/link?url=9FA5vNlV46QrtIaJLy23A2Egd_Oxl_ODd806cA294h6M2rlXA_lF9GvQfDBI3LAM0Jo2VosrG6gUhOhnhm0Xza。

成侠之大者。

该作品给人印象最深的是激情澎湃，主人公的坚韧、执着、一往无前。小说的开头有些老套和平淡，初读像是走的少年复仇的老路，文笔也稍弱。很多人可能就此放弃。"挺过前面几章，发现复仇只是一个引子，之后主角一波接一波虽千万人吾往矣的血战，其慷慨壮烈仅在《天龙八部》中萧峰在聚贤庄的桥段堪可比拟。小说之后的文笔也比开头强许多，有作者与主角一起成长的感觉。与其他的精品相比，《大唐行镖》主要胜在气势。那种一往无前的壮烈和咫尺天涯的深情让人热血澎湃，欲罢不能。"①

《大唐乘风录》讲述江湖中臭名远扬的牧天侯有两个正直的弟子，一个名郑东霆，一个名祖悲秋。二人为了不同的目的共闯江湖，千里送休书。二人刚入江湖就遇上惊天惨案，并被指为凶手，合称"中原双凶"，正道群起而攻之，无奈之下只有逃命。二人一个有武功不能用，一个有武功不会用，连连遇险却总能化险为夷，意图洗冤。谁知，这本就是一个针对他们的大阴谋，后来他们虽然成功脱身，但却卷入了一场更大的阴谋：太行山寨打关中、寻找"青虎"彭求醉、寻觅师傅最后子、天书大会逞威风，一场接一场的好戏在等着他们。最后他们两人被七家八派的人追逐，被整个江湖通缉。

本书独一无二的武学体系，令人耳目一新。以轻功作为分水岭的江湖世界，清新逼人，令人悠然神往。文笔风趣幽默，慷慨激昂；悲到神伤，笑到断肠。人物设置十分新颖，不再是身怀绝技的高手，也不是有一番奇遇从平民变成了济世的大侠。而是一个身怀绝技却碍于誓言落魄失意的江湖捕头。而与他行走江湖的不是什么红颜知己，而是基本不会什么武功，从未有江湖经验的连轻功都不会的胖师弟。

《大唐御风记》讲述风洛阳、唐斗、鱼韶、祖菁等江湖武林高手之间

---

① 风间忧作："《大唐行镖》的壮烈"，见天涯论坛，http://bbs.tianya.cn/post－no124－8698－1.shtml。2013年7月24日查询。

的爱恨情仇。唐斗、风洛阳相识于十三年前,地点是微山湖,当时微风细雨,还有那令他俩一见倾心的鱼韶。那时,他们还年轻,充满朝气、憧憬未来。唐斗不顾一切地爱上鱼韶,风洛阳选择了放弃,却不知道鱼韶属意竟是自己。唐斗得知真相,哭闹着把风洛阳狠揍一顿。风洛阳却恋上了祖菁,鱼韶无可奈何却又不服气,嘟囔着谁让别人比自己青春。

故事围绕江湖魔化危机,将帮派争雄、斗剑扬名、唐门内斗、魔化之争融合在一起,大开大阖,跌宕起伏。结尾,唐斗布局设套,以釜底抽薪之计,借求仙之道,消除成魔戾气,完成漂亮逆转。欲成仙先去祖宗根,浇灭了多少男儿的英雄梦。①

大唐三部曲是金寻者的代表作,也是新武侠的代表作之一。三部书写出三种全然不同的风格,写出三种全然不同的江湖,带给我们的三种全新的感觉!《行镖》热血沸腾,《乘风录》幽默风趣,《御风记》多了一份成熟、沉稳、无奈。三部作品相通的是希望,金寻者的作品永远都不会少的理想和希望。②

金寻者的玄幻作品也还流畅大气,但影响不及他的武侠。

40. 卷土

卷土,原名陈圣夫,曾用笔名张德坤、成熟梨,男,四川成都人,80后,毕业于第三军医大学。现为游戏策划,起点知名写手。

2004年12月陈圣夫开始以张德坤为笔名在起点连载《入侵脑细胞》,这是一本奇幻修真小说,约在2005年10月完结,最后的字数为84万多,目前的点击量为95万,推荐12万多。2005年10月开始连载《大话红楼梦》,2006年10月更完,这是一本架空历史的小说,总字数98万,总点

---

① 新浪博客哥舒书语:《大唐御风记》,http://blog.sina.com.cn/s/blog_52f0c423010109l5.html,2013年7月24日查询。

② 月光下的黑猫L:"金寻者及其作品介绍",百度贴吧"盗墓吧"http://tieba.baidu.com/p/1008687128,2013年7月24日查询。

击121万，推荐14万。比前一部的反响稍大。第三部作品是《邪之左手》，2007年6月开始连载，2008年3月更完，都市异能小说，最后字数67万，总点击109万，推荐仅4万。2008年5月开始《逆封神》，这是一本仙侠小说，2009年2月更完，最后字数60万，总点击131万，推荐6.4万。从点击和推荐情况看，此时，作者的反响较为平淡。

2008年9月底，作者以成熟梨（后改为现在的卷土）为笔名开始连载《王牌进化》（最初名《梦魇世界》），这是一本时空穿梭的无限流小说，2010年4月更完，总字数435万，总点击1441万，推荐204万。从数字看出，卷土红了！该书还由台湾鲜鲜文化购买了版权，出版了实体书。并有网游公司购买了该作品改编权，正在改编游戏。此作品被认为将无限流文学推上了一个新的高峰。

在此基础上，卷土2011年9月开始《最终进化》的连载，2013年7月更完（据说在起点的压力下，提前结束），总字数461万，总点击1548万，推荐294万。从数字看，卷土的人气在进一步提升，作品获得认同度更高了。①

《王牌进化》讲述了一对兄妹夫妻生了个呆滞儿子方林，兄妹夫妻的事被街邻知道了，于是议论纷纷，夫妻只好自杀。这个呆滞儿子暗中杀死六个街坊邻居逃走了。他为了躲避通缉，到一个很差的专科学校注了册，变成了大学生，然后又到一个餐馆打工。一天餐馆的一个员工将他带进了梦魇世界。这个世界恐龙快打、3国志、KOF、圆桌武士、变身忍者、街头霸王……一个个你所熟悉的街机游戏，变成了生存的前提条件！于是他在各种游戏时空中穿梭，完成任务，提升自己的等级。

该作品与以前的无限流小说不同之处在于不是反穿于各种电影之间，而是反穿于各种街机游戏之间，非常像网游，对街机游戏爱好者有很大的吸引力。被称为数据流的鼻祖。它继续发扬了卷土小说的优点，在剧情战斗方面和人物的描写刻画非常注意，对于作品中细节的把握非常到

---

① 以上数字全部来自起点中文网，2013年8月16日收集。

三、第三代写手

位,那种战斗的紧张与刺激、狭路争锋都能被他活灵活现渲染得淋漓尽致。节奏感掌握得非常好,自然而然地让人沉迷于其中深深不能自拔。仍然注重与现实的结合,那种将饮食文化融入作品中,深受广大书迷们喜爱。

《最终进化》是《王牌进化》的续集。讲述未来社会人类开发宇宙遇到能源危机,方森岩被派往1984年美国《终结者》电影时代的洛杉矶完成任务,不断进化升级的故事。

新作进一步完善了前作的设定,比如称号系统,同很多游戏设定中的一样,但可以带出梦魇空间,另一方面作品中还大大地强调了团队的作用。不过作品也并非完全沿袭前作,里面的部分设定也做出了很大的突破,比如在主角的设定选择方面,不再是擅长谋略的智者,而是战斗冲前的勇者,但主角的风格还是偏向于严谨的,虽然多了些热血,却也不是那么无脑,在个人性格上主角或多或少依然带有着那么一丝智谋的色彩。本书最大的一个看点在于,主角擅于合理地运用手头的东西,主角一开始只有街头混战的经验,也没有学过武术之类,但在梦魇空间中很善于运用自己的特长来获得胜利,这恰巧是许多作者没有注意到的。

在描写小范围局部格斗动作方面卷土似乎天生就拥有着异乎寻常的魔力,那种战斗的紧张刺激、狭路争锋都能被他渲染得淋漓尽致,动作、节奏、战斗波折都能把握得非常好,自然而然地让人沉迷于热血的战斗中,这也是深受广大书迷所喜爱的一点。其作品另一个显著的特点就是注重与现实的结合,尤其是将饮食文化融入作品中的那种风格,这,正对应着他一直强调的那句话:小说的宗旨就是源于生活,高于生活。还有就是关于男女关系,特别是女子的风情,以及男女之间的交锋、挑逗,卷土绝对是第一流的。成名作《王牌进化》汇聚了种种这些特点,而新作《最终进化》给了我们一个全新的风格。也许正如卷土所说,他要给我们的不是那已逝的过去,而是一个全新的传奇。

卷土笔下的每个人物都在不甘地反抗着自己的命运,也许这正象征着他命运多舛的半生,坎坷,大起大落。在他的笔下没有真正十全十美的人物，再完美的家伙也总有他脆弱的另一面，他想要展现给我们的不是那种塑造出来的死物，而是一个真实有血肉有灵魂的人。

41. 骷髅精灵

骷髅精灵，原名王小磊，男，山东烟台人，1982年7月13日出生，现居上海，2004年毕业于华东政法大学经济法系。现为起点中文网白金作家。2012年公布的网络作家富豪榜，骷髅精灵以5年1700万版税收入位列第4。

2004年开始写作，第一本小说《猛龙过江》，全书两百三十余万字，网络点击两千多万，当年百度贴吧文学类第一吧，是网游类小说的扛鼎之作，此作掀起了网游小说风潮。2005年末开始创作魔幻小说《海王祭》，在港台出版，当年为港台地区畅销书，累计销量十多万册。2006年创作的科幻小说《机动风暴》近三百万字，网络点击超过两千万，港台出版后成为玄幻小说畅销冠军，累计销量四十多万册，开创了新派科幻机甲流。该书还作为2009年鲁迅文学院第一届网络作家班课堂研讨作品。此后连续三部小说《界王》《武装风暴》《雄霸天下》均蝉联港台地区玄幻小说畅销冠军，截至目前，总销量近九十余万册，港台玄幻小说近十年的总冠军。网络方面，点击均过千万。其中《武装风暴》改编成同名热门网络游戏，《雄霸天下》改编为同名漫画。其他作品还有《三眼艳情咒》；目前正在起点连载的有《圣堂》。

骷髅精灵连续九年入选盛大文学年度作家峰会，也是仅有的一位参加了创办以来所有年度峰会的作家。作为网络作家代表，骷髅精灵多次被各大文学研究机构和团体选中进修：包括2007年—2009上海社科院网络作家，2009年鲁迅文学院作家进修班等。2011年，骷髅精灵作为中国青年作家代表，参加中国作协青年作家汶川生活体验及采风活动。同年，参与传统作家与网络作家结对交友活动,与著名作家柳建伟结对。①

《猛龙过江》以经典游戏"传奇"为背景,药王府的小王爷王钟,天生异能,从小就苦练武功,正悠闲地过着隐居式的生活,和兄弟红颜知己共同征战游戏世界。但是,敌人已经来了。反击是必然的,王钟在朋友与众多美妻的协助下,一步步地反击敌人,增强自己的功力,最后终于站在了金字塔的顶端,成为王之王者。这书是骷髅精灵的处女作,开始显得有点稚嫩,但迅速蜕变走向成熟。全书始终贯穿热血疯狂,追求友情的极致。

《机动风暴》叙2215年,普通人类和基因进化的新人类伊文特人之间的战斗已经平息很多年了,但是双方的明争暗斗并没有平息。双方成立了USE和NFU统一联盟,人类重新进入了一个高速发展时期,新的战争正在酝酿之中。

李锋高中毕业后,想成为一名机动战士,为此除了进行不懈的军事化身体锻炼,还疯狂地玩模拟机战的宇战游戏,为了达到训练目的,他坚持使用最落后的BS001,结果是得到了"百败小兵"的绰号……他从来没有赢过,等级列兵,也被称为"永远的列兵"。

但是意外发生了,一次爆发式的发泄引来了一颗流星,李锋的生活轨迹也被改变。身体发生了奇异的变化,他竟然可以灵活的操纵号称笨重破烂的BS001,后经过魔鬼训练,他创造了宇战的奇迹,刀锋战士的ID瞬间名声大噪,当所有人都在为寻找他而疯狂的时候,他却依旧为了考军校而奋斗。

来到军中以后,一个全新的机会展现在他面前。由于意外得到其他世界的超高科技机器人的他,得到了身体的改造和玛雅文明高科技的帮忙。很快,他在联邦军队中崭露头角,一步步地走上机甲格斗的巅峰。

《武装风暴》与前面两部一脉相承。人类、伊文特人、凯蒂人团结起

---

① 参考百度百科"骷髅精灵"条,http://www.zhaoxiaoshuo.com/baike－694/,2013年4月17日查询。

来对抗号称宇宙毁灭者的扎戈族。长达三百多年的战争里，人类发明出对抗扎戈族的武装铠甲，引导出基因核力的奥义，配合科技，最终占据上风，同时开始了星际大航海，开辟了仙女座和人马座的两个新的人类居住点，但扎戈族并没有消失，它们就像人类的影子，当一个传说结束的时候，新的传说开始了。

王动同学即将展开青春灿烂的大学生活，等到的却是开赴诺顿星大开发的"卖身契"，那是个鸟不拉屎的地方，他被老头子换酒了。

从未出现扎戈族踪迹的诺顿星遭到扎戈族大规模袭击，防御力量瞬间化为乌有，王动也陷入绝境，五倍于地球的压力，残酷的环境，四处的扎戈，异变发生了。二百五十六度极限正版刀锋诀！一个老实巴交的机器人，一个满嘴胡话的貌似武神，王动的野人生涯没有疯，他迎来了曙光，来自联邦的救援，为了堵住他以及其他幸存者的嘴，联邦许诺了优厚的条件，而王动同学终于开始了他梦寐以求的生活，可精彩这才刚刚开始……

骷髅精灵写作风格以热血著称，善于刻画人物心理，战斗场景更是一绝。最擅长的是第一人称写作，他的书全是种马小说，但与一般的种马小说不同，开头先走一段纯情的路子，然后开始种马。小说中的女性角色，也不全是花瓶，而是花功夫塑造，大多性格饱满，有血有肉；不同性格、身份背景的女性处事方法各有差异，对情感的要求不尽相同。男主角在距离、关系、情感、追求上产生了各种男女之间的磨擦，从而使感情更加浓烈真挚，最后推倒显得更合情理，也让读者更加满意。该作者的书电子版，手机版，出版成绩都非常不错，实体书在台湾更是有着很高的销售量，成为此类小说销售冠军。说明YY不仅在大陆网民中流行，港台亦然。

由于对战争没有真实的体验，也从来没有思考过战争的意义与危害，对战争的认识全都来源于网络游戏，所以，他及他们在描写战争时，完全将战争视为游戏。战争仅是砍杀的游戏，仅是杀人的过程，仅是自己晋级的一环。这种战争态度是极其危险和有害的。

三、第三代写手

42. 晴川

晴川，女，原名武丽莉，70后，哈尔滨人，毕业于哈工大建筑系。毕业后就职于银行，闲时写作，为晋江文学、清韵书院等多家文学网站专栏作家。2009年加入中国作家协会。2000年以笔名小谷在科幻世界发表作品，如《蝶》《新人》等，两次获得银河奖。2002年开始网络创作，2005年开始创作《韦帅望的江湖》系列。现已完成《韦帅望前传之魔鬼的玩具》《少年韦帅望之童年》《少年韦帅望之大刃无锋》《少年韦帅望之众望所归》《少年韦帅望之不减狂傲》《后传凤凰劫》等。该作品在2008年的网络文学十年盘点中获"十佳作品"和"十佳人气"双大奖。2006年前4部出版为三卷77万字，并签约了影视版权。2007年4月，长篇小说《宋启珊》（出版时改名《新欢》）获中国网络文学节年度原创作品唯一的特等奖。

此外，还有作品《大漠鹰飞》《兄弟》《玫瑰的刺》《吸血鬼》系列、《风卷尘沙》《杀人游戏》《一生追随》以及《闲闲吧》系列短篇集、《浣纱灵异事件簿》系列作品。

《韦帅望的江湖》肯定是晴川的代表作。这是一部非常独特的武侠小说，颇有古龙之风。它没有一个像样的宏大故事；没有刻意描写的激烈武打场面；没有一个特别高大的英雄。它是一个少年成长的故事。小说从一个悲剧开始，一个四岁的顽皮幼童韦帅望突然被这个世界上唯一宠爱他的母亲抛弃。失去母爱庇护的帅望，带着自己沉重不堪的身世之谜时刻行走在生与死的边沿。从此开始的人生里，太多的疼痛、折磨甚至阴谋考验着他的善良和机智，他不断面临各种选择，在巨大的痛苦里挣扎的帅望，磨练着他天性的纯良和真诚，从一个懵懂未开的孩童逐渐开始进入成人的世界。

《韦帅望的江湖》是一个关于"爱和成长"的系列长篇。作者有意模糊了主人公韦帅望成长的时间背景，而是提炼出每一个少年成长过程中的某些共性问题,把它们放置在社会这个"江湖"之中,在跌宕起伏幽默有趣的故事里,通过锤炼韦帅望这个聪明顽皮的孩童,用一种更加贴近当下人们阅读趣味的方式,来表达"爱和成长"的主题。小说非常贴近现实生活。它试图透过这个故事来探究中国当下面临的儿童成长问题。

严格地说,《韦帅望的江湖》不是武侠言情小说,它的主要篇幅没给刀光剑影的场面,也没给缠绵悱恻的爱情,而是通过大量的对白刻画人物之间的情感关系以及人物的成长。但"情"在这篇小说中是纲,是最重要的那个隐性角色。《韦帅望的江湖》所言之"情"主要是亲情、友情,爱情则处于次位,以最经济的笔墨点染:前传中冷恶和施施爱恨交织的恋情、韦行对施施的怀念、白逸儿和冷恶最后的灵魂交融是爱情的点睛之笔,用墨集中,并不贯穿全篇。贯穿全篇的是帅望和韩青、韦行之间的父子之情、韩青和韦行的兄弟之情,还有师徒情、儿时的伙伴情。小说中的很多角色看似无情冷漠,实则有深情。韦行刚毅木讷不近人,对施施却包容到极致;冷恶名如其人,对施施和白逸儿的爱却几乎毁了他而不自知;即使狠毒阴鸷如冷秋,也难免被帅望的长情感动。因此,这是一个关于情感、关于孤独、关于成长的故事。所有的人,爱也好,恨也好,冷酷也好,防备也好,不过是想在这没有安全感的人世间找到一个可以信赖可以爱恋的人,消灭那种冷彻骨髓的孤独感。小说贵在情感都写得细节丰沛、令人动容。

总之,小说大部分时间以儿童视角展开,显得纯净清新,迥异于其他武侠小说。语言清丽跳跃,偶尔间杂和现代人生体验感悟相通的议论文句,把现代人的思维方式巧妙嵌入人物形象,读起来轻松愉悦。①

该作品的突出之处还在于其语言,完全避开了网络写作中的"小白文"和"口水文"。首先表现在,作者没有任何铺开的描写,以对话和心

---

① 章颖:《生命中不可承受之"情"——读晴川〈韦帅望的江湖〉》,转引自天涯博客"珍惜",2013 年见 7 月 10 日查询。http://blog.tianya.cn/blogger/post_show.asp?BlogID=2528979&PostID=21340307。

三、第三代写手

理描写为主,对话之间还隐含转折、假设等,致使语言跳跃性很大,如果不仔细回味,许多地方看不明白,造成一定的阅读困难。其次,文中有大量关于人性思考的警句。作者对人性有深入的思考和挖掘,有自己对人性的理解和总结,作者将这些东西大量分布与作品中,以富有哲理的语言呈现出来,很有意味。①

《宋启珊》是一部以女主人公宋启珊离婚后经历为主要线索的长篇小说。这是一个关于女性爱与自尊的故事。美丽动人的宋启珊不顾家人的反对,毅然与自己所爱的穷小子杨杨结婚了,天鹅嫁给了癞蛤蟆。但是10年后,功成名就的丈夫回来告诉她,另一个女人怀了他的孩子。她说,我可以为你做任何事,但就是不会哀求。离婚成为必然。此后她的生活中走过各种各样的男人,有的优秀,有的富有。但她还是不能忘了自己心中的所爱。虽然他后来又想回来,但她还是拒绝了。他成为她心中永远的伤疤。

是的,女人可以爱得深沉,可以爱得忘我,但是女人也有尊严,女人也不能为了爱放弃自己的尊严。许多人说,爱的面前没有尊严;其实,如果没有尊严,怎么谈得上爱呢?没有尊严的爱只是一种可怜的施舍,甚至是一种动物的苟合。爱是人的一种需求,而苟合只是动物的发情。两者有着根本意义上的区别,区别的根基在于尊重与自尊。我以为本书是晴川自己对爱的理解,是自己对爱的定义和要求,也是她自己心迹的一种表露。

晴川是一位敢爱敢恨、重情重义、淡泊名利、坚守性情的作家。写作不只是晴川的一份工作,更是她的一个爱好;由此,晴川的作品不会为其而迫,而是源于内心,心有所想、笔有所写,而这样的作品更能体现作者骨子里的东西,更能表达真实的情感,表现作者的真性情,通过作品与读者之间进行交流,产生共鸣。

---

① 聂庆璞:《网络小说名篇解读》,中国社会科学出版社2011年版,第186页。

43. 玄雨

玄雨，本名黄宇，男，广东河源人。出生于1980年5月31日。中师毕业，当过小学美术教师。平时爱看各种漫画书、武侠小说、各类人物传记。喜欢听着音乐写东东，喜欢喝着啤酒看球赛，喜欢天马行空的胡思乱想。现为17K小说网站驻站写手，台湾鲜网签约作者。

玄雨是中文网络写作较早的写手之一，2001年，年仅21岁的玄雨开始在网络上写《梦幻空间》，这是一部近百万字的玄幻小说，历时两年完成，受到网友们的特别关注。2003年4月，玄雨开始在起点连载小说《小兵传奇》（《梦幻空间》《孤独战神》亦同时在起点连载），受到网友们的热烈欢迎。其书名成为2004年两大搜索引擎的十大热词，位列新浪该年十大热门书之首。该书与萧鼎的《诛仙》、萧潜的《缥缈之旅》合称为2003年网络三大奇书。它开启了中国的星际科幻新类型，当时的玄雨还只有23岁。

可惜的是当时中国文学界对网络小说并不关注，网络文学自身的盈利模式还不成熟，产业规模还无法预估，出版界还很少介入网络文学的出版，而此时的台湾出版社正在大陆网站上搜集有价值和出版潜力的作品和作者。玄雨很快与台湾出版社签约，将其作品交其出版，并停止在网站上更新和发表新作品。现在看，玄雨等当时那一批为了小利而放弃大陆市场的行为有点得不偿失了。

2006年之后，中国大陆网络文学市场开始发力，写手们的收入开始大幅增长，特别是大神级写手，很快成为作家新贵，进入富豪榜。而玄雨等一批人因为与台湾签约，作品不能在大陆面世，网站上也没有新的作品出现，逐渐被人遗忘。

2008年玄雨试图重新回大陆市场，该年他加入17K小说网，并入选17K小说网的首届"中国文学畅销书作家实力榜"，同时开始在17K小说网连载新的作品，但时移势易，黄鹤一去不复返，玄雨的作品再也没有

三、第三代写手

以前红火了。

除以上提到的三部作品,玄雨的作品还有《强盗》《商战》《黑与白》《合租奇缘》《神武飞扬》《八方战士》等。

《小兵传奇》无疑是玄雨的代表作,这部作品的版权卖给了台湾的鲜网,所以大陆目前只能在网上读到,没有正版的实体书。该书现在已经完结,共出了30集,每本约6万字。作品叙一个小兵唐龙,在未来时代被应征入伍,但由于电脑程序的错误他被弄到一个机器人集中的学校去,被许多机器人(骷髅教官)实施了高强度的体能智能宇宙能诸多能之类训练,于是一个超人诞生了。他一路春风得意,平地出人头地,要风得风,要雨得雨,金钱,美女,什么都有了,而且为了拯救宇宙和地球,目标要成为宇宙大元帅,经历了凶险残酷的政治斗争、宇宙战争,最终宇宙一统,登上了宇宙的最高峰。

《小兵传奇》之所以当年这么火,获得这么多的支持,首先是因为文章确实写得不错,文笔朴实,情节也能吸引人,主角的形象塑造也能贴近读者的心,这是关键。还有,这书的读者基本上以青少年为主,他们的梦想在现实中遭到太多的压制,所以大家都想有像唐龙那样为着实现自己的梦想而奋斗。有人说中国每个男人都有一个梦——做皇帝的梦,所以,中国只要与皇帝有关的东西都会大受欢迎,产品只要打皇帝的旗号就很好卖。象《小兵传奇》这样的作品,主人公唐龙不是做了皇帝,而是做了宇宙的霸主,那谁不喜欢呢?弗洛伊德认为,我们阅读文艺作品,就是为了宣泄我们的情感。宇宙霸主当然是我们帝王梦的最好宣泄。

星际舰队这样的科幻小说以前在中国基本没有,本身我们的科幻小说不发达,星际舰队的想象不是中国文明的想象范畴。这类意象是在美国的《星球大战》《星际迷航》《太空堡垒》《星际奇兵》等电影的启发下而进入中国年轻人头脑中的。作者依此进行自己的创作,创作出中国的星河舰队和太空中的中国力量,是对我国文学类型的丰富,也是对中国文化内容、中国想象力的一种丰富和发展。所以,作者的贡献不容置疑。

《合租奇缘》是玄雨重新回归大陆网络文坛的一部希望之作,这部作品据说在2003年已写了4万字,但后面因为写《小兵传奇》暂时搁置了。2010年在17K小说网开始连载。这是一本都市异能的小说。叙一个初入学校的穷学生陈世豪看起来平平无奇,却身怀上古修真《太阳功法》,修炼一身纯阳正气,又得教廷上古神器圣杯辅助修炼,一身无敌修为震惊黑暗界。他的非凡能力,在青春无限的校园中,引出了一段段激情四射的故事。他先是阴差阳错的住进了美女窝,与五个异能小妞陷入了暧昧漩涡。然后率领着这个暴力美女团席卷全球,战血族,单闯教廷圣殿,夷平欧美;斗仙法,力破上古魔阵,平荡华夏。[1]

这又是一个穷小子得奇遇而成功的YY故事。当然我们需要这样的故事,不然,穷小子怎么活下去呢?他们没有生活的现实基础,难道心灵的一点鸡汤也不给他们?不过,过多的YY可能会害了他们,因为他们可能会像那个白捡兔子的农夫,守在树桩旁等待奇迹的降临。

对玄雨的写作与成功,有网友这样评论:玄雨的读者群,虽然受到学识、年龄和经济能力的限制,在现实社会没有什么影响力和发言权,但是这些人几乎都有无穷时间和精力可供挥霍。网络上白看书的群体,也以他们为主。因为人多时间多,对于他们喜爱的作者,捧场的当然也就多了。玄雨的"红",很大的原因就是因为他对这个读者群体的心理揣摩,已经到了炉火纯青的程度。不知道是玄雨本身的原因还是考虑到读者的理解能力,玄雨有一种把作品中的世界简单化面谱化的倾向。在他的作品中,黑就是黑,白就是白,没有灰色区域,不需要为选择而感到任何的困惑。[2] 对于此评论,当然有其合理之处,但它可能还是有点贬低了玄雨。

---

[1] 此处参考了百度百科"合租奇缘"条,http://baike.baidu.com/view/4173824.htm,2013年8月3日查询。

[2] 来自百度贴吧小兵传奇吧,网友评玄雨,http://tieba.baidu.com/p/9668642,2013年8月3日查询。

三、第三代写手

情 感 类

44. 赵赶驴

赵赶驴，原名聂海洋，1979年生于湖北襄樊。公司白领，成名后，辞去职务，专职写作。为人低调，不愿抛头露面。网上的第一篇作品是《我的网恋女友，竟然是个做小姐的》，语言风趣幽默，获得较高人气。接着，他在天涯社区里写了两本小说——《我是怎么泡上校花的》以及《我在成都火车站捡了个彝族美女》，用的笔名分别是刘秀和燕王朱隶。或许用的名字不一致，当时作者自身并未获得关注，但这两部作品却受到网民热捧，网友都管他叫点击量之贼。

2006年4月，一篇名《和美女同事一起被困在电梯一夜的故事》的作品在猫扑爆红，作者署名赵赶驴。也许赵赶驴这个奇特的网名也格外有意思，于是这篇小说与这个名字一夜之间传遍了整个网络。短短两个月时间，这篇爆笑爱情小说仅仅在猫扑网大杂烩上的点击率就达到了惊人的1.5亿。加上其他网络的转载，总点击量达到了2亿。这篇小说到现在的点击量超过5亿，位居所有小说点击之冠。

这篇小说在网络连载过程中还有一个有趣的插曲。这年7月底，更新了三个多月的小说突然断更了，赵赶驴一夜之间不见踪影。两个月来已经习惯每晚点击"收看"小说连载的网友开始夜夜扑空，小说情节发展停止在男女主人公在电梯里的第一次接吻，这一吻就差不多一个月，被网友戏称为"史上最长一吻"。在这一个月里，挂念故事进展的网友仍然每日查看该贴，造成帖子点击率再次飙升。但由于长期未更新，等待

147

烦躁的网友开始开骂,一时间赵赶驴成为"史上最著名太监",网上开始成立"赵赶驴追杀团",扬言要杀之而后快。有关赵赶驴的恶搞帖子开始层出不穷,一篇名为"假如XXX与美女被困电梯"的帖子,将著名相声演员郭德纲等名人的段子重新改编,以"与美女一起被困电梯"为主题将各个名人逐一戏耍一番。该贴在不计其数的"赶驴贴"中鹤立鸡群,被网友称为"精彩绝伦盖世贴",再次掀起点击高潮。这时,一直沉默的赵赶驴才回来继续更新。[①]

同年9月,北京中信出版社以《赵赶驴电梯奇遇记》(以下简称《电梯》)为名,将这部当红网络小说正式出版。2009年12月25日,由《电梯》改编的首部商业网络贺岁片《赵赶驴》播出,由知名影视公司运作,被称作是"青春版的《武林外传》"。此剧的播映又一次掀起了"赵赶驴"热,并在搜狐播客等各大网站播映。据统计,在开播了一个多月的时间里,该剧就创下了2000多万人次的点击量。另外,《电梯》的电影拍摄也在筹划之中。

赵赶驴的作品还有《我捡了一少妇的手机》(署名毛小强),并以《赵赶驴手机奇遇记》出版。2009年,赵赶驴又推出新作《办公室来了个极品女同事》(署名毛文豹),此小说独家签约小说阅读网(签约后署名改为赵赶驴)。此外,还有《都市绯闻秘录》等。

赵赶驴的作品都是一个题材——都市爱情YY小说。《电梯》无疑是这些作品中的代表。

它是一部喜剧爱情小说,讲的是一个四角恋爱故事。小说的主人公就叫赵赶驴,它描述了赵赶驴与顶头女上司蒋楠、女同事白琳、白琳的妹妹白璐(大学女生)之间的暧昧关系及感情纠葛。虽然也有不少网友将其归类为YY小说,但小说中并无情色描写,小说的内容是纯情的,主人公的感情也是纯粹的。

---

① 参看百度"赵赶驴"条:http://baike.baidu.com/view/495540.htm,2013年6月25日查询。

三、第三代写手

赵赶驴是一个 23 岁、初出茅庐的大学生，没有多少情感经历，却很有艳福，撞上了三个美女。虽然赵赶驴脚踏三只船，但他心里真正爱的只有白琳一个人。他与白璐、蒋楠始终保持着似有似无的暧昧关系，但并无什么实际行动，他的这种做法无非体现了一个年轻小伙子青涩，想寻找新鲜感和刺激的心理，但他的感情其实是单纯而纯粹的。从小说里可以看出，主人公是一个心地善良、感情纯真的青年，例如在白璐心脏病发作的时候，他不忍心告诉她自己爱的是她姐姐；另一方面，主人公也是现实社会里，刚入社会，找不到方向和明确的目标，渴望爱情而又迷茫彷徨的青年的典型代表。他"有色心没有色胆"，虽然脚踏三只船，但也并没有得到什么实质性的好处，而且优柔寡断，始终没有作出明确的选择，到最后她们各奔天涯，自己却独自沉沦。

从艺术的角度来看，《电梯》的语言颇有特色，心理描写很到位，表达出了人物内心的独特感受，并引起读者的共鸣。小说里成语的化用就恰到好处，比如，"不入虎穴，焉得虎妻"。我因为救白璐刷卡刷爆了，没有钱交房租，房东要赶他走，他到处借钱，白琳知道了，邀请他到她家去住，可谓正中下怀，于是这样坏坏地想；再如，"嚏不逢时"。白琳怕老鼠，晚上睡到我的床上，我趴在电脑桌上眯了一觉，后来又到客厅里悄悄地弹琴。不知何时，穿一身睡袍的白琳醒了，正开着房门望着我呢。在这最浪漫的时刻，我猜想，白琳八成是想"点炮"，正在我美到极点的时候，突然响起了炸雷一样的喷嚏声，方才那浪漫的时刻终于以这样郁闷的方式结束了；又如，"一失手成千古恨"：我本想发黄色短信给同事骡子，一不小心发到顶头女上司蒋楠的手机上去了。我心想，肯定是要死翘翘的啦，非常后悔，想着自己费尽心思终于来到白琳身边，而且"业务"也似乎就要展开了，没想到一失手成千古恨，俺以后再也不敢乱发黄色短信了！书中有多处都以成语的化用来巧妙的表达人物内心的独特感受，极具特色，深得读者好评。另外，《电梯》的语言紧跟时代的步伐，时尚前卫，符合广大网民特别是青年网友的口味。书中有不少区别于传统汉语言的新式词汇，如"东东"（东西）、"偶"（我）、"闪"

"挂掉"（死去）、"波霸""嘿休""死翘翘""扁"（揍）、"巨像"（极像）、"靠"（秽语，"操"的意思）等等。

赵赶驴的作品大受欢迎的根本原因是就是"赵氏娱乐精神"，主要有两方面：一是对美女的YY，他的作品几乎都是写美女的，并且有多个美女，这些美女都会与平庸屌丝男暧昧；二是将网络贫嘴化为写作语言，幽默生动有趣。对此，赵赶驴自己的解释是："我的小说就是有一种草根的、小人物的娱乐精神在里面。我的故事大都来源于生活本身，甚至很多情节我就是把生活中的事情照搬上去的。因为生活，所以好玩。当然有人说我的故事编得太不可思议了，不知道是怎么编出来的，怎么这么好玩——说实话，我也不知道。手放到键盘上，有时候很多东西会自然而来。不信你们也可以试一试。"① 其实，赵赶驴的小说反映了屌丝的悲哀，他的作品看起来爱情轰轰烈烈，花团锦簇，美女众多，意淫无限，但到最后没有一个成功的，所有的爱情全都无疾而终，只有花没有果。

作为一名红透天下的小说作者，赵赶驴个人的举止却十分低调，他选择隐藏自己的真实身份，在签售的时候戴着一个滑稽可笑的驴头。2006年，《电梯》的出现使赵赶驴火遍了中国网络，仅仅在两周以内，仅仅在MOP网上，追随赵赶驴的粉丝，早已超过1000万人次！2007年，除了国内各大城市外，赵赶驴还远赴台湾、香港以及日本、韩国、新加坡、马来西亚等地进行全亚洲的"驴头签售秀"。当然，有不少人认为这完全就是一种炒作手段，有人评论说他小说的"娱乐性"是"对文学的一种伤害"，外界对赵赶驴的争论没有停止过。对此，赵赶驴的态度十分明确，他在一次采访中说："我写的就是草根小说，我希望文学能与生活平行，读者想看什么，我就琢磨写什么，同时，读者也在琢磨我会写什么。这样的状态挺完美。"②

(邱婕)

---

① 萧九：《网络红人赵赶驴》，《甲壳虫》2007年第1期。
② 同上。

45. 崔曼莉

崔曼莉，女，南京人，出生年月不详，南京大学中文系毕业，做过电视节目主持人、策划人，有过国企、知名外企从业经历，现为英派瑞克科技公司执行总裁。

崔曼莉2002年开始文学创作，在《青年文学》等刊物发表小说及诗歌十余万字。她在传统的文学奖中获得过许多荣誉：短篇小说集《卡卡的信仰》2003年入选中国最佳短篇小说集，《杀鸭记》获2005年金陵文学奖。2004年出版的小长篇《最爱》为新浪网阅读量最大小说之一。2004至2009年创作长篇小说《琉璃时代》，几易其稿。期间的2007年化名"京城洛神"在天涯创作了网络长篇小说《浮沉I》，引起轰动。陕西师范大学出版社获版权出版后，立即成为年度畅销书。《琉璃时代》出版后也登上文学类畅销书榜，获中国作家出版集团长篇小说创作奖。2009年曾登中国作家富豪榜，排名第17位。《浮沉II》出版后持续畅销，2010年被中国新闻出版总署推荐为"年度最值得阅读的50本小说"，2012年被改为同名电视剧。2011年中篇小说《求职游戏》获北京文学奖。另著有文学批评著作《艺术的敌人》。她把自己定义为写作者，即：不断写作的人。崔曼莉四岁开始学习书法，2012年，书法作品在德国参加国际书法大展，并获收藏。除自由创作外，崔曼莉还在《大家》杂志开有《双文记》专栏。

崔曼莉最有影响的作品是《浮沉》，这是部颇受争议的职场小说，其创作背景源于2007年微软中国大中华区总裁陈永正辞职离开微软。小说通过大外企赛思中国的前台乔莉借助总裁秘书这块跳板成功转型为销售后，一面承受着没有销售经验的压力，一面备受办公室政治的困扰。正苦恼间，一个价值7亿的大单与她不期而遇。在这场没有流血却你死我活的搏杀中，她既是一颗悲壮的棋子，又是一名无畏的勇士，她既可能一战成名，也可能沦为阵前炮灰。小说以职场新人乔莉的命运为线索，以两家大外企对一家大国企七亿改制大单的竞争为背景,详细描绘了中国当下社会国企改制、外企竞争、中国社会商业化、中国城市化进程等社会议题。通过讲述乔莉、陆帆、王贵林等各色人物际遇的浮沉,真实地展现了当下中国的社会百态,犹如一幅当代中国的"清明上河图",并且展现了中国社会各种阶段与人物的生存现状。

对于《浮沉》,新浪读书频道从八大方面进行了推荐,大致可以总结为:

结构上看,该书人物多、故事分支多、情节错综复杂,作者娓娓道来、毫不零乱,表达十分精准。对职场精神的理解和把握既有深度也有广度,创造了职场小说的新的高度,足以令关心职场,以及身在职场的读者朋友们激动不已。文笔清新,叙事精彩,大局观强,有很强的文学性和画面冲击力,在同样的职场商战小说里,有鲜明的文学特色。情感描写细腻入微,女主人公乔莉,以及陆帆、狄云海等几个青年男女的爱情历程,被巧妙地嵌入错踪复杂的企业竞争之中,细腻入微地表达出当代人或无奈、或迷惑、或平静等各种情感态度与爱情故事。①

从文学角度看,可能《琉璃时代》更能代表崔曼莉的写作。1910年到1935年,是中国民国时代资本主义快速发展的25年。《琉璃时代》以少女凤仪从10岁到35岁的命运变化为主线,以她周围人命运变化为辅线,以上海为背景,叙述了在外资、本土资本、黑帮和政府势力之间激烈的利益冲突和复杂关系,反映了中国大命运的转变,以及在这个转变当中,每个人命运的迭荡起伏。小说对民国历史背景有着真实展现,大到时代背景、历史事件,小到服装、服饰、发型、餐饮、购物、娱乐等,都有史料为依据,它既是故事,是一部女人成长史,也是一部民国上海大历史。②

"写民国就是为了写现在",崔曼莉认为,上世纪二三十年代,新旧

---

① 新浪读书频道,http://book.sina.com.cn/z/fuchen.shtml。2013年8月10日查询。
② 此文参考了百度百科"崔曼莉"条,http://baike.baidu.com/view/1918973.htm,2013年8月10日查询。

三、第三代写手

思想的冲突和融合,与现在的情况颇为相似,譬如对于今天的女性来说,成长到底路在何方,仍然是很大的问题。与其他女性作家关注自身的情感,停留在"爱或者不爱、留守婚姻还是出走婚姻"等小视野命题不同,崔曼莉更关注女性的独立精神和成长,她在书中提出了自己的爱情观点,"爱他就让他成长"。

对《琉璃时代》,著名作家《人民文学》编辑部主任邱华栋评价说:"历史是今天的一面镜子。小说对民国历史真实的再现,和对民国三种企业模式与企业家命运的刻画,值得当代社会思考与借鉴。"而"爱她就是让她成长",是文学作品中很少出现过的爱情方式,这样的爱情在当代社会值得探讨"。民国史料专家周利成评价此书说:"《琉璃时代》对民国历史的还原,达到了很高的程度。无论是服装、饮食还是风俗,都有据可依,有史可证。它的故事十分精彩,但是它对民国生活丰富、真实的再现,实在是吸引我的目光。"①

《卡卡的信仰》收录了崔曼莉十年创作精品中短篇小说十四篇,是作家在这十年中对人精神世界的探索。这些小说中的主人公或因疾病,或因灾难,或因爱情,或在穷乡僻壤,或在繁华都市,或在异国他乡,无一不是身处各式各样的人生绝境当中。脱身绝境的欲望,现实世界的残酷,交织辉映着最真实本原的人性。作家以冷静睿智、入骨三分的深邃笔力,将我们带入一个既静谧又充满张力的世界。

对崔曼莉的写作,目前评价是比较高的。中国作家协会副主席、著名报告文学作家何建明说:"我之所以特别看好崔曼莉,是她的作品中充满着女性作家的独立感觉,这与其他同类优秀女作家相比,显然她的作品更超人一等,因此我认为崔曼莉最有希望成为张爱玲式的伟大作家。"他同时认为崔曼莉的文学价值远超韩寒、郭敬明等。②

---

① 京东书评,http://item.jd.com/10096987.html?utm_source=p.yiqifa.com&utm_medium=tuiguang&utm_campaign=t_1_657168/。2013 年 8 月 10 日查询。
② 搜狐文化客厅等处,http://book.sohu.com/s2009/cuimanli/。2013 年 8 月 10 日查询。

46. 金子

金子，女，上世纪70年代出生于四川凉山，成长于重庆，毕业于四川美术学院油画系。从事过教师、编辑、设计师等职业，她厌倦一成不变的职业生活，后辞职开始自由写作。现为重庆作家协会会员、晋江文学网驻站作家、女性知名阅读品牌"悦读纪"最具影响力的作家之一。金子喜欢变换生活的城市，现暂游居广西省南宁。

2004年金子开始在晋江原创连载自己的小说《梦回大清》，以其清新、幽默、含蓄、曲折的文风，逐渐受到广大读者的喜爱。2005年，《梦回大清》开始被各文学网站竞相转载，并被网民评为"时空穿越文巅峰之作""网络十年最恢弘曲折、越看越好看的爱情故事"。2006年初，《梦回大清》出版上市不到两月，已经跻身各大图书畅销榜。面对如此强烈的阅读需求，金子再度开笔创作了《梦回大清终结篇》以回报意犹未尽的热心读者们。①

其后，她相继创作了《夜上海》《绿红妆之军营穿越》《我不是精英》《月光下的单人床》《时间灰烬》《玫瑰花精》《水墨山河》《女人心中有魔鬼》（连载中）、《梦回大清Ⅱ》（连载中）等作品。

作为经典的穿越文清穿小说的鼻祖，《梦回大清》开创了穿越类小说的先河，被誉为清穿三座大山之一。

故事讲述一个名叫蔷薇的平凡上班族女孩在故宫的御花园寻找自己的好友，却不知不觉在自己常逛的故宫里迷路了。而正是这场"莫名其妙"的迷路，却使得一个生活在21世纪的女孩走错了门，穿越了时空……她回到了清朝，并身不由己地踏入了危机四伏的皇宫内院。在她的生命里，出现了热情如火的十三、深沉内敛的四爷、威严与慈爱并存

---

① 互动百科"金子"条，http://www.baike.com/wiki/%E9%87%91%E5%AD%90，2013年8月15日查询。

一身的康熙、命运多舛的"姐妹"……无数曾在史书上读到的人物,却带着各自的喜怒哀乐,纷至沓来。而她在应接不暇、无力承受的同时,还不得不去面对历史与现实的扑朔迷离,相爱与相伤的难以取舍,爱恨情仇间的何去何从。在既知的历史中,她无奈地做出一次又一次艰难抉择,她分明清楚历史上的他们最终将会有怎样的结局,却独独对自己的将来、结局一无所知,徒叹无奈。作者以充满京味的语言,在看似平淡的开篇中,一步步打开小说情节,一个个人物次第而出,让读者伴着清新幽默的语句慢慢置身其中,在恢弘、曲折、精彩绝伦的情节中手不释卷、如醉如痴。

作品除了激动人心的剧情和众多性情各异的角色外,最值得欣赏的便是金子笔下活灵活现的角色塑造。

女主人公雅拉尔塔茗薇。聪慧、伶俐、冷静、机智,似有女侠的勇气、才女的头脑。小女生的情怀都集于她这个有着两世生命与经历的一人身上。她勇敢地从熊的掌下救了十三,机智地在皇帝面前保住十三等人,她的一举一动都有着一定的意义,聪慧得令人不由得叫好。虽然小薇也像其他言情小说中的女主人公一样,为身边出色的男主们摇摆不定、伤心哭泣,但她的身上却还有着一些不同的东西。她的徘徊与落泪不仅仅是因为男主角们的出色,还源于她洞悉他们每个人身上那令人心痛的过去与将来。小薇在现实世界已经是个成年人,而回到古代清朝的她才16岁。实际年龄与心理年龄的差异,让有着更多经历的她面对事情时有着一份老成,一份深沉周全的思考与冷静果决的判断。

再看《梦回大清》中的那些男主们,他们都是阿哥却性情各异。清朝毕竟还处于思想落后、循规厉行的古代,阿哥们所遇到的无不是下人们奉承讨好的嘴脸,唯唯诺诺的态度,绝对的服从和隔离后的心理鸿沟。他们之间虽有着血脉上的联系,但兄弟之间却也存在着勾心斗角、明争暗斗,更何况出生后就一直被关在那样"华丽的牢笼"里,不难想象他们锦衣玉食、富丽堂皇表面下内心的孤独。而正是像小薇这样有着现代生活经历与思想的"特殊"女孩的出现,让他们一直阴暗寂寞的内心看到了难得的阳光,渴望接触,甚至是拥有。所以,便有了接下来展开的清宫中的故事。

《我不是精英》是金子的转型之作。她一改以往"穿越"题材的文风,高调变身都市情感 style,聚焦于现实生活中小人物的喜怒哀乐,淳朴且写实。金子写作的这次"华丽转身",我认为是其创作之旅新的里程碑。这不仅是金子"改嫁"新东家聚石文华后诞下的第一部具有见证意义的爱作,而且焕然一新的题材面容也令广大读者眼前一亮,带给我们更多的欣喜。

小说从一个学历普通、英语一般的女孩儿因为一个偶然的机会进入一家非常有名的外企;而另一面一个公安大学的高材生,却因为一次严重失误从刑警队被调入了派出所当片儿警开始写起,写出从精英到草根和从草根到精英后,他们所经历或者说演绎的故事。生活有时就像是不期而遇的黑色幽默,当你遇到黑色,却还能幽默积极地面对时,那就证明你依然有着光明。小说的字里行间有着一股浓重的北京下里巴人的味道,爱情的巧妙,友情的珍贵,发小的真心交织成他们的故事。

金子用独特的文笔和京味儿的语言,为我们展开了一个别开生面的世界;职场白领的小打小闹,老北京邻里的鸡毛蒜皮,军人的军营作风,还有青梅竹马的恋爱进行时。金子正是用其一贯的"金氏幽默"展开了这段五彩斑斓的故事,在故事中我们不难发现折射出了我们每一个人的影子,让我们不得不折服于这位"平凡而不流俗,自信而不张扬"的实力派女作家所散发出来的独特光华。①

《水墨山河》是金子再一次回归穿越的力作。作品讲述一个现代女孩水墨无意间穿越到了一个从未听闻的乱世之中,没有绝色美貌,没有惊世才华,移情换景,水墨一下从灯红酒绿的都市醒来,已换了世界。她被迫踏上那尸骨累累的战场。"苍天已死,黄天当立;岁在甲子,天下大

---

① 新华网:《"穿越作家"金子转型新作〈我不是精英〉出版》,2010 年 5 月 31 日。http://news.xinhuanet.com/book/2010—05/31/c_12163169.htm。

吉。"一句似真似假的传言，让衡泰三年群雄逐鹿，一时烽火起。水墨从没指望别人带给自己舒适的生活，依靠别人，连活下去都不能保证。一步一行的坎坷艰难，多少敌对的仇恨目光。这从来就不是一个安宁且公平的时代，胜者王，败者寇，弱者逝去无声如湮灭。战场多诡谋，多方人马各自为谋、心怀鬼胎，他们想做的，就是踩着同伴的尸体向上爬。同伍夹杂汗臭味的粗陋男子，心狠手辣的执鞭酷吏，阴狠残暴、草菅人命的黑虎军，明哲保身、心冷如铁的常胜军，战场上不只是靠勇气便能活得下来。

小说中有着宏大而出彩的战争背景铺设，更兼细腻、朴素的情感展现。女主角水墨不是花容月貌，男主角也并非无所不能，他们的爱情也不是传说中那样缠绵悱恻、百转千回，但或许正因为这样，在读者眼中才更显真实、感人。原本就只是一个现代女孩水墨的无意穿越，竟成就了一段金戈铁马、刀光剑影的战场和一场生死相望、相濡以沫的侠骨柔情，也刮起了一场穿越中的战争风。小说构思精巧，悬念不断，常常在不经意中让人不由自主地跳进"金子式的甜蜜陷阱"。金子在语言的运用上也是张弛有度，往往会在严肃或沉重的叙述中出其不意地穿插一些小幽默，让人倍感温馨。

（都鹏飞）

47. 流潋紫

　　流潋紫，原名吴雪岚，女，浙江湖州人，1984年10月8日出生于诗书簪缨之地——浙江湖州南浔区练市镇。现为浙江省作家协会会员，杭州市作家协会类型文学创委会副主任。学生时代的流潋紫曾一度喜欢数学胜过语文，但因为一位数学老师的影响开始抵触数学，又因为对文学产生了兴趣而毅然选择中文专业。2007年，她毕业于浙江师范大学行知学院汉语言文学专业。现任教于杭州江南实验学校。①

流潋紫说自己秉持"水流心不竞,云在意俱迟"的懒人态度,懒写文,懒思考,犯懒成性。沉溺诗词、武侠、言情,尤爱野史。胸无大志,热爱阿堵物与美好皮相,迷惑于爱情。流潋紫,一种唇膏的名字,貌似美丽的颜色,可是喜欢倒着念。喜欢别人称自己"阿紫",却不愿像金庸笔下痛苦于情的阿紫。刁钻、犀利、温柔、忍让、古怪,情愿简单而快乐。无意做天使与魔鬼,潜心修炼成阿修罗。平生所愿——"愿得一心人,白首不相离。"

2005年末的大学期间,流潋紫开始从事业余写作,陆续在各大杂志发表短篇小说及散文,并成为榕树下、小说阅读网、起点文学网、红袖添香、腾讯小说等文学网站专栏写手。她曾在多家杂志发表作品:《有一种爱,与婚姻无关》发表于《爱人》2006年第11期,《严小心的超市爱情》发表于《言情》2006年第3期,《鸭架粥》发表于《婚姻家庭恋爱》2006年第1期,《如是今日,愿不再相见》发表于《学子周刊》2007年第2期。2008年在《今古奇观言情版》发表了《后宫·玉簪秋》。

2005年流潋紫开始尝试写长篇小说《后宫·甄嬛传》。最初发在晋江原创网,深受读者喜爱,并被转载到各文学网站。2006年10月,有人投诉此作为抄袭作品。晋江原创经过调查后,认为有抄袭嫌疑,要求作者向被抄袭者道歉。但流潋紫本人认为已创作的40万字作品,个别段落可能用了别人的文字,但整体上没有抄袭。随即退出晋江原创,转至自己的新浪博客继续写作。

2007年2月花山文艺出版社将此书的前50多万字分三册出版,书刚上市,立即成为书市新宠,火热畅销,红遍大江南北,成为当年最畅销的网络文学作品之一。此后的几册,许多的出版社抢着出。广西师范大学出版社出版了4—5册,重庆出版社出版了6—7册。后面还有一些出版

---

① 此处资料参考了百度百科"吴雪岚"条,http://baike.baidu.com/view/7059957.htm?fromId=1262590&redirected=seachword。2013年8月13日查询。

社出版了其他一些版本,可见此书的火爆程度。

该书被誉为"小说版的《金枝玉孽》""后宫小说巅峰之作"。并获得了第二届腾讯网"作家杯"原创文学大赛冠军,受到数十万读者追捧。新浪个人博客"流潋紫的原创自留地"点击率已达2000多万,一时流潋紫和《后宫·甄嬛传》引起国内多家主流媒体如《钱江晚报》《IT时报》《北京青年报》《新京报》《法制晚报》、浙江电视台等的密切关注和争相报道。流潋紫这个以前饱受争议的作者一夜间再次名动江湖,不过这次是美誉!并被视为浙江80后作家群的领军人物之一。

2007年,《后宫·甄嬛传》出让电视剧改编权,交由北京电视艺术中心拍摄电视连续剧,流潋紫还亲自担纲同名电视连续剧的编剧。2011年地面电视频道播出后引发热潮,观众对其中文气十足的对白、机关算尽的宫争颇感兴趣,惊讶80后的流潋紫文学底蕴的深厚。2012年上映后更是在各大卫视引发收视狂潮,成为当年收视率最高的电视剧,并传遍东南亚各国与地区。流潋紫一举成为国内类型小说名家、知名新生代编剧。

2011年12月开始流潋紫在《超好看》上开始连载最新作品《后宫·如懿传》。作为《后宫·甄嬛传》的续集,流潋紫表示《后宫·如懿传》将无缝连接前部,但不再依托女主角的内心叙述,而是采用第三人称书写,变为后宫群像图,视野将会更加广阔,而且小说会以真实的历史背景为依托。"如懿的原型是乾隆的皇后乌喇那拉氏,她在陪伴乾隆帝第四次南巡至杭州时,与乾隆帝突然决裂,被秘密送回京城,留下了一个千古谜团,我希望用自己的臆想为这个千古谜团演绎一种可能。"[1] 这是流潋紫在回答记者问时希望借助媒体向读者传达的信息。

《后宫·如懿传》是流潋紫在汲取了电视剧《甄嬛传》改编经验,以及五年创作积淀的基础上创作完成的。作品将从乾隆即位、甄嬛成为皇太后开始进行讲述,但这次主角换成了乾隆继后乌喇那拉氏。在《后

---

[1] 流潋紫:《如懿,如懿》,新浪博客"流潋紫·说",http://blog.sina.com.cn/s/blog_4a8ccbd30102e11v.html。2013年8月13日查询。

宫·如懿传》中，乾隆后宫的明争暗斗依旧白热化，不同的只是这次的宫廷争斗将在嫔妃青樱（如懿）、高晞月以及富察氏皇后之间展开。出身高贵、受尽恩宠的青樱，却因姑母景仁宫皇后的连累，在新帝登基后，只得偏居延禧宫，各嫔妃的权谋争斗、欺压，让青樱受尽委屈……流潋紫表示在《后宫·如懿传》中爱情的描写要比《后宫·甄嬛传》中少得多，而且多情乾隆恰恰也薄情。"我想表达的是乾隆盛世时后宫嫔妃们的残酷境遇"才正是她希望读者在其作品中能够读到的内容。此作 2012 年 4 月已由中国华侨出版社出版。在未完成时即受到几十家影视机构的疯抢，最后花落谁家还是未知。

流潋紫阅读广泛，尤好诗词、武侠、言情、历史（野史），颇为深厚的古典文学积淀使她的小说语言典雅婉约、柔美细腻，善于人物心理描写和刻画，笔下人物性格鲜明丰满，作品每每充满复杂的矛盾冲突，情节跌宕、悬念丛生。

48. 三十

三十，男，原名许悦，70 后，毕业于南通工学院外贸专业（现南通大学），现居南京，为中国海关出版社"LOFT"公社成员。三十是超级畅销书作家，被读者誉为"新纯爱小说教父"。代表作《和空姐同居的日子》，畅销数百万册，更被改编成话剧、广播剧、电视剧和电影。其中话剧在京沪深三地广受好评，广播剧长盛不衰，电视和电影分别由姚晨、陈伯霖、王珞丹等知名影星主演。

其创作还有，《下班抓紧谈恋爱》，已完结并出版改编为电视剧。《就是爱你，怎么样！》在其博客连载，目前已经连载完毕，一共 19 章，大约 4 万多字。《都是美女惹的祸》已经于 2009 年 5 月 11 日在其博客开始连载，但已经在 2009 年 5 月 15 日发出公告决定停止连载。《天使是个倒霉蛋》已正式更名为《和藤井树停留在最好时光》，目前新浪读书频道连载中，实体书已经在 2009 年 1 月出版。《和空姐同居的日子 2》已经在

三、第三代写手

2009年的4月由中国海关出版社旗下"LOFT公社"出版。《剩战——我的剩斗士兄弟姐妹》于2010年4月在新浪网和起点中文网同步连载，在起点网名为《轻熟男女之三十岁那天遇见》，出版的时候又改为《轻熟男女之三十岁那天遇见你》。三十最早曾用zero_xu的笔名在网络上发布过一部奇幻小说《城市英雄传》，后重新整理上传，现在"我看书斋"能找到。在内地，能把爱情写得纯、写得像冬日的阳光一样让人舒服，让人享受其中的作者，一直并不多见，三十堪称其中领军人物。

2005年冬天，新浪读书频道出现了一本名为《和空姐同居的日子》的书，该书甫一出现，就因其清新的语言，纯真的感情引发阅读狂潮，让无数年轻男女感动得泪雨磅礴。然后被转发到天涯等各类网站，掀起了更大范围的"新纯爱"感动，在各大网站占据过第一把交椅不短的时间。

作品叙野蛮而温柔的空姐冉静，失恋买醉，被白领陆飞"捡"回了家。因为陆飞的傻气与幽默，冉静开始主动与他接触。之后又意外拿到了陆飞家的钥匙，不久便开始了匪夷所思的"同居生活"。

两个萍水相逢的人，在同一个屋檐下生活，感人的故事接踵而来，让人忍俊不禁的同时，也常常被感动得泪流满面。美女冉静是家里的"公主"兼"女主人"。陆飞喜欢冉静，却从不给她任何压力，只是淡淡地出现在她身边，淡淡的温馨与甜蜜，构成了一曲荡气回肠的爱情神话。作品中流露出来的清新、健康气息，搅动了每个人心底尘封已久的爱情向往。

与这个充满着成人色彩的书名成对比的是，小说内容异常的纯洁。展现在读者面前的就是陆飞和冉静相识、相恋直到私定终身的过程。两人虽同居，那也仅仅是共同居住。这本书没有什么多角恋，没有俗套的生死离别，更没有失忆、车祸这些无聊的桥段。我们看到的是两个人平凡的过着每一天。但就是这种平凡却感动了无数读者。

作者在访谈中对于这部作品这么说："《和空姐同居的日子》应该算是建立在自己生活背景及自己的故事上的故事，也是自己的一个梦想，一份对于爱情的渴望和态度。用自己的感受去写自己的文字，这可能是像我这种中学作文不及格的人能够将故事写完整的唯一方法。有时候,我也会看着自己的文字露出一点并不好看的笑容。"① 三十将理想与现实相互交融,最后诞生了这本书。人天生就向往美好事物,三十给我们谱写了一篇真实的梦。这或许才是这本书最大的魅力。

2006年冬天,三十写下了自己的第二本新纯爱小说《下班抓紧谈恋爱》,三十自言写这本书的初衷,是希望我们能珍惜眼前的爱人。书中的故事,依然纯得晶莹剔透。在《下班抓紧谈恋爱》中女主人公米小妮,白领写字楼的"性感女神",有着让全大厦男同胞流鼻血的天使面孔和魔鬼身材,每个月,她都是大厦八卦绯闻的主角人物。在去公司地铁里,她邂逅了同一栋大厦工作的许悦。这个貌似深沉实则有点呆的"王老五",还没弄清楚对方的名字,就被米小妮坏坏地涮了一把。就这样,两个人的生活从此扯到了一起,一连串让人啼笑皆非的故事反复上演,让他们的生活重新变得生动起来。这个故事应该算是《和空姐同居的日子》的一个延续。作者表示只想用他最简单的文字,用淡淡的情绪去写一个简单的故事。

《下班抓紧谈恋爱》的叙事从来没离开我们所最熟悉的环境,故事永远在我们最熟悉的写字楼里、地铁里、房间里和电脑游戏里随时发生着,自然而然又出其不意。在《下班抓紧谈恋爱》中,我们仿佛可以听到自己的呼吸之声,我们可以在小说里看到自己的影子闪烁其间。

因为"纯"的力量,使三十成为2006年的书市奇迹。作家李师江曾这么感慨,"读三十的小说,如同一道道涓流,在你心田流过,渗入五脏六腑,遍布神经末梢,最后通体百骸,已经全被淡淡的感动打通。"②

作者在2009年出版的《和藤井树停留在最好时光》就情节上来讲,和《和空姐同居的日子》《下班抓紧谈恋爱》一样,平淡得让人想不起有

---

① 三十:《〈下班抓紧时间谈恋爱〉序》,中信出版社2007年版。
② 转引自张肆:《三十开创"新纯爱时代"》,新浪读书频道,http://book.sina.com.cn/nzt/youth/lit/xiabanlianai/1.shtml。2013年5月19日查询。

什么大起大落。就语言的精辟程度来看，这本书继承了前两书的风格。人物间的贫嘴仍然很出彩，书里诙谐幽默的语言让人忍俊不禁，轻松快乐。能让人在这个忙碌而又疲惫的日子里，拿起这本书的时候，放松心情，以待重新出发面对生活。而三十也还能在这种幽默的语言中为我们透露出一些真实的社会现象以及自己的看法，让我们产生强烈的共鸣。

《轻熟男女之三十岁那天遇见你》是三十的扛鼎之作。他在序言中说，开始是准备写一部伟大的作品，但写着写着，觉得离伟大很远，伟大不是自己现在能够做到的，于是退而求其次，写一部自己的巅峰之作。所以，他写了改，改了写。这是一部关于剩男剩女的爱情故事。从题材看，三十开始更深入的进入社会。剩男剩女是我们这个浮华时代的必要副产品，但它是个巨大的社会问题。三十的笔触伸进了这个领域。依然是清新幽默的笔调，依然是娇美可爱的美女，但生活的悲凉已丝丝渗透。是不是巅峰之作，当然不知道。因为三十还会继续写，无法预知哪部是巅峰。但超越之作是无可疑问的，三十正在超越自己，向着更高的目标前进。

三十让我们不再满足于阅读和我们生活毫无关系的虚构爱情故事，他要让我们身在其中，让故事简单得如同我们的生活本身。然而，最简单的东西，也往往最能打动人心。这就是三十所开创的"新纯爱时代"给我们带来的感受。

49. 桐华

桐华，原名任海燕，女，1980年出生于西北甘肃，浙江省作协会员，言情小说作家。毕业于北京大学光华管理学院。毕业后在深圳中国银行从事金融分析工作，后赴美国加利福尼亚州攻读财经类专业硕士，现与丈夫定居纽约。以《步步惊心》闻名文坛，现自己成立工作室，策划电视剧《金玉良缘》。2011年第六届"中国作家富豪榜"排名14（290万）；2012年第七届"中国作家富豪榜"排名16（305万）。

桐华于2005年5月开始在"晋江原创网"上发表穿越小说《步步惊心》,(据传网络连载时用的笔名是张小三,但现在连载文的作者也是桐华),从此踏上写作的道路。该书在网络爆红后,于2006年初出版。该书还出版了台湾繁体版、越文版和泰文版。2012年,由该书改编的电视连续剧在湖南卫视上映,引发收视狂潮。桐华也由此誉满天下。该作品还被上海话剧艺术中心改编为同名话剧,2013年更是被浙江改编为越剧并于最近上演。

《步步惊心》成功后,桐华趁风头连续创作了《大漠谣》《云中歌》《最美的时光》(原名《被时光掩埋的秘密》)、《那些回不去的年少时光》《曾许诺》《长相思》等作品。其创作以言情为主,有人将其与藤萍、匪我思存、寐语者并称为内地文坛新言情小说"四小天后",桐华被封为燃情天后,赞其文笔"平淡入笔、逐层深入、戳人心痛,她的爱情会燃烧"。目前《大漠谣》《云中歌》《最美的时光》《长相思》等作品的电视剧也在拍摄中。

桐华将自己创作的部分长篇作品分为三大类:大汉情缘系列(包括《大漠谣》《云中歌》《解忧曲》);西域奇情系列(包括《楼兰篇·曼陀罗华》《最美的时光》《那些回不去的年少时光》);山经海纪系列(包括《曾许诺》《长相思》《大唐双娇》)。此外还有许多短篇及专栏作品。

桐华最初的网络阵地是晋江原创,在上面共发了4部作品,从《云中歌2》起转移到"四月天文学网"。

《步步惊心》既是桐华的成名作,也是其代表作。讲述了原本繁华都市的白领女子张晓穿越后成为倔强、任性的"拼命十三妹"若曦的穿越故事。她带着对清史的洞悉卷入这场九王夺嫡的争斗中,不断地与命运抗争或妥协。她明知道历史的走向,也知道站在哪一边才是明智的选择,可这里有她深爱之人,于是,她只能处处为营,步步惊心。

该书讲的是情感与理智的斗争。她爱八阿哥,八阿哥也爱她,可谓是两情相悦,情意浓浓。但她知道八阿哥最后的结局,注定了的悲剧;理智告诉她,不能卷入这个悲剧。四阿哥也喜欢她,她也对其有好感,但舍不下八阿哥。她知道最后的皇帝是四阿哥,她也不想去当那个皇后娘娘。这些情感的纠结非常令人痛苦;但更痛苦的是,她知道这一切,但却不能与任何人诉说,只能憋在心里。人的痛苦源自有知,但追求有知又是人性的必然,因此,人生注定是充满了痛苦的悲剧。

《大漠谣》的故事发生在西汉武帝时期,一个在狼群中长大的女孩被一名寄身匈奴帐下的汉人所救,取名玉瑾,并随之学习汉族的诗书谋略。不料匈奴政变,玉瑾最终流亡到了长安,改名金玉,并在流亡途中结识了年轻的霍去病和儒商孟九。深谙谋略的金玉很快在长安立足,却在不知不觉中陷入了对孟九的痴恋,更跳到了诡谲难测的政治漩涡中。孟九的一再拒绝,霍去病的痴心守护,金玉在一番痛苦抉择之后,最后与霍去病遁隐于茫茫大漠之中。

《云中歌》可以说是《大漠谣》的续集,历史背景从汉武帝转换到了汉昭帝与汉宣帝之间,主人公云歌是霍去病和金玉的孩子,自幼生活在大漠,偶然的机会让她救了荒漠中的陵哥哥,并赠与珍珠绣鞋,许下诺言。另一只绣鞋也无意间丢给饥饿的小孩。十年后,云歌到长安寻找陵哥哥(刘弗陵),却把刘病已(卫皇孙,后为汉宣帝)误认为是陵哥哥,并以为他已把承诺忘了。后又遇上难缠的绝世美男孟珏,在一段时间相处后,云歌和孟珏相爱了。但重重误会下,云歌欲与孟珏决裂,离开长安。在这时,云歌重遇上了痴心等待的刘弗陵(汉昭帝)。云歌和刘弗陵过上了一段幸福的生活,但一切的幸福又在刘弗陵之死时戛然而止。到最后,也许相濡以沫,相忘于江湖就是最好的结局。

桐华以现代为背景的作品只有两本,《最美的时光》为其一。苏蔓是一名出色的白领,在一场相亲中,她以滑稽的情况遇见了宋翊。但谁都不知道,其实她17岁的时候就认识宋翊了,因为那时,他已是少女们的偶像了。白桦林里,17岁的苏蔓捡起了滚到脚边的篮球,却失落了一颗少女的心。平凡的女孩苏蔓第一次觉得,自己也可以在青春的阳光下自信飞扬。我在清华等你——多年后这句话已被宋翊遗忘在时间的角落,不复记得。而那个捡篮球的女孩却一直牢记在心里,无数次在挫折后想起他说这句话的笑容，擦去眼泪，重新出发。她追随着他的脚步，出现在他出现的每一个地方，却始终没有勇气走到他的面前告诉他："宋翊你好，我叫苏蔓，我喜欢你。"为了这年少的心动，苏蔓毅然放弃原有的高职位，转入到宋翊公司由低做起。在这期间，她遇到了陆励成，一个由农村出来，仅凭自己的努力、实才在这座大城市里站到了高处的人。陆励成也喜欢上苏蔓，但最后成全了宋翊和苏蔓的爱情。在这个故事中，每个人都曾为了心中的那个人而忘了自己，不求有结果，不计付出，甚至不求那个人知道，然而那段曾不顾一切为一个人付出的岁月，对她们而言，已是人生最美的时光。

桐华的文字里有种淡淡忧伤的感觉，那种人生中、命运中的无可奈何。无论是现代题材还是古代题材，故事中总是充满了生离死别，命运弄人，人在其中，也只能放手。《云中歌》里，十年后的两人，数次都只在一墙、一桥的距离里，但无奈不得相认；难得再遇上，却又要死别，徒留伤感；《曾许诺》里，我与你相约于一树之下，但我怨你薄情寡义，你也怨我不守承诺，不过是一场误会，却白白遭受生别，最后在死别中，只剩愧恨；《最美的时光》，她最美的时光都留给了她心中的人，但她心中的人把他最美的时光留给了另外一个人，岁月蹉跎，再多的时光也耗费不起。

桐华的文字除了刻画了一个个生动的故事，还在于她语言的可读性。桐华的文章，经得起一读再读，文章中善用诗句，在古代题材上尤为好，而且一字一句都不是口水话，就算是二三十岁的读者也不会觉得幼稚和粗俗。而桐华高于一般作者之处，在于她对于历史的把握。不是照搬历史，而是一些历史模糊之处进行文学的再创造，但大体上又是依据历史的，并没有对史书上言之凿凿的历史进行改动糊弄世人。

（潘晓均）

50. 禹岩

禹岩,男,武汉大学毕业,现居于南京,IT 工程师。

1999 年开始,中国的网络文学开始起色了。那时候玄幻市场刚刚兴起,还不火爆,大多数写手还是写的武侠,禹岩也不例外。他的第一部小说是武侠,曾经与台湾的某出版社接触过,也有合约,可惜的是,那出版社倒闭了,他的出版梦想破灭了。他从事的是 IT 行业,流动性大,禹岩在深圳、武汉、北京之间来来往往。2001 年底的时候,又辗转到上海、南京、杭州,那时候每天在上海与南京之间的火车上,成车厢建制的都是背着便携电脑的伙计,大家互相交换着名片,一半中文、一半洋文的那种。嘻嘻哈哈中,那种漂泊的滋味,让禹岩产生了许多的感悟。

在网络上混了几年之后,禹岩觉得倦了,不再在网络上写东西。到了 2005 年,禹岩的手又痒了起来,又开始在网上写东西了。《都市良人行》于 2006 年 2 月开始传的,4 月上架,中间因为女儿的事情差点让他一蹶不振,但他挺了过来。尽管有波折,订阅也很惨淡,可他还是坚持写完了,共 120 万字。他认为,入了 VIP,坚持写到底,这是一种责任,为了那八百个一直订阅支持他的兄弟,他一定要完成。

《都市良人行》主要讲述一名年轻的特种兵禹言,因一次任务失败被迫退役,从而走上另外一条充满传奇的道路。金钱、权势、美女,在欲望的深渊中。是一部现代都市版的武侠小说。

《极品家丁》的灵感来自于周星驰的《唐伯虎点秋香》和《国产007》,当时正值 2007 年春节期间,没事,翻出这张碟片看,突然就有了感觉。在春节返家的时候,他在火车上就赶出了一万字,感觉有点意思,就接着写了下来。

作品讲述年轻的销售经理——林晚荣,和公司的女老板到泰山旅游时意外坠崖,来到了一个完全不同的世界(项羽取得政权后过了十几年的一个大华王朝），成为萧家大宅里一名光荣的家丁（花匠）——天下第一丁（后来因有功而御赐）。以振兴萧家为起点：灭"白莲"（利用六百人的老弱残兵，直接铲除白莲教主力团伙），轰"圣坊"（为了带走老婆肖青璇），斗砚秋（大学士梅砚秋，洛凝在京城的导师），戏康宁，金陵赛诗会，山东救官银（创造一大奇观"鱼跃龙门"），气煞玉德仙坊老院主，智护萧家大院"新"夫人，奇袭突厥皇宫，活捉突厥小可汗，为苗族人民除去贪官，让苗族人民过上好生活。

该书推出后，立即在网上爆红。迄今点击超过3000万，推荐超过500万。该作品在起点于2008年11月载完。但在该年的4月，实体书即开始陆续出版，2009年2月，8册就已全部出齐。该书在百度与谷歌的当年搜书榜中连续40周位居前三。当年的网络阅读有"玄幻数《诛仙》，探险看《鬼吹灯》，穿越数《极品家丁》"之说。被认为是穿越的巅峰之作。其影响力与火爆程度可见一斑。

很多网友都表示觉得《极品家丁》比《都市良人行》好看得多。这个其实不奇怪。《都市良人行》在《极品家丁》之前，而且写的时候受很多现代社会的限制，写着写着又掺杂军事、武侠、玄幻等等，男主又无敌开挂，发家升级都容易，感情戏又有限，除了婉若和曾柔感情戏完善，其他的都含糊，禹岩还掌握不好"暗扣"，造成部分交代不清，这就显得平淡了。但是到了《极品家丁》就不一样了，架空历史有着随意的发挥空间，男主恢复成正常人，优势变成了思维，更加合情合理，剔除了武侠玄幻，专攻情感与斗智，就算战争场面，也更多的是突出男主性格；男主的发家史靠谱，女主性格清晰、感情交代透彻，暗扣把握得当，给人遐想空间，几乎把《都市良人行》所有不足都弥补了。综合对比，《都市良人行》是一部还算不错的作品，更像是《极品家丁》的练手。

其实，认真看完禹岩的两部作品后，可以发现，它们之间是有很多相似和关联的地方的。两部作品的人物互为身影。比如：曾柔是当之无愧的小醋坛子，称作禹言的仙儿二小姐是不错的；雅妮、念欣性格非常的刚烈,相比大小姐,徐军师有过之无不及;雅妮是禹言的玉若,念欣是禹言的玉伽;舒乐是禹言的青璇,和家丁里男主女主等换了个位;宛若活脱脱就是金陵城里的凝儿;而曾倩的妩媚则比较容易让人想起沦陷的仙子青璇。

《极品家丁》深受读者的喜爱,一些有心思的网友甚至为它作诗,将故事中的人物都写进诗里,创作得相当用心,足以体现读者们对禹岩的喜爱:

神呆似醉酿极品,宁仙坠落配家丁。
小月残花两相肖,玥美绝伦照青璇。
王点梅花香残玉,伽蓝似镜藏月牙。
春秋神话尽伤秦,倪曲长琴忆仙儿。
媚容浮烟忘歆安,呈听春雨恋碧如。
沁阁冷蝶相思洛,冰疑水寒犹自凝。
傍袅竹里月偎依,轻芝舞袖对玉莲。①

禹岩的作品有一个特点,就是语言生动有趣,描写细致入微。还有许多有趣的对联,让人忍俊不禁,同时又体现出了作者深厚的文学功底和灵活运用的奇妙。"鹤龄频添开旬清健鹿车共挽百岁长生""梧桐枝上栖双凤——菡萏花间立并鸳""两猿截木山中,这猴子也会对锯〔句〕。匹马陷身泥内,此畜生怎得出蹄(题)""绿水本无忧,因风皱面。青山原不老,为雪白头"等等,都令人印象深刻。禹岩在描写人物时语言十分生动,"此时月光之下,她楚楚可怜间,脸带泪珠,神色憔悴,倒也不见幼稚,却如一个捧心的西子,更是让人多增几分爱怜。"十分能引起读者的感触。但有些地方对男子的相貌描写有些过于夸张,不免不符实际,

---

① 该诗引自百度贴吧"极品家丁"吧,作者懒羊羊,http://tieba.baidu.com/p/1119854201,2013年9月10日查。

比如:"女孩子们见禹言来了,立即停止了打闹。这男孩子挺帅啊,皮肤如玉般晶莹剔透,不含一丝杂质。"用这种语言描写男孩使作品扣了点分,但总体上不影响读者阅读。

禹岩是一个非常有才华的作者,可惜写了两部作品后就玩起了失踪。2008年后再也没有在网络上出现过。读者们至今还怀念着他。

(张君琳)

51. 辛夷坞

辛夷坞,女,原名蒋春玲。1981年生,广西桂林人,2004年毕业于广西大学电气工程学院。后曾供职于某电力国企(现已辞职),是起点中文网的专栏作家,现签约北京儒意欣欣文化发展有限公司。

根据辛夷坞自述,她是办公室闲人,青春将逝未逝,业余爱好空白,聊以写文谋杀时间。无远大抱负,热衷一切小情小趣的事物,但并不迷恋。平生最大的优点就是不感性,不较真;最大的缺点是明知故犯。2006年的时候有段时间特别空闲,一个星期六的中午,她抱着笔记本在看小说,在这过程中她突发奇想试着创作小说。到了黄昏的时候她的小说已经完成了两万字。这就是她第一部在网络上连载的小说《原来你还在这里》。以后一发不可收。

辛夷坞被奉为当下最炙手可热的80后女作家、青春文学新领军人物。独创"暖伤青春"系列女性情感小说,其所有作品均长居销量排行榜冠军位置,累计销量突破1500万册。2012年被《中国图书商报》评为"2012十大网络女作家"。[①]

辛夷坞的作品被陆续被改编成影视作品。由赵薇执导,改编自辛夷坞原创的《致我们终将逝去的青春》的同名电影,2013上映后即获热捧,于全国掀起一股"致青春"热潮。辛夷坞的影响力也进一步提升。

[①] 欣欣:《今年正当红的十大网络女作家》,《中国图书商报》2012年3月6日。

三、第三代写手

自 2006 年始,辛夷坞勤奋写作,陆续推出了很多作品,其中主要的有《致我们终将逝去的青春》《原来你还在这里》《蚀心者》《晨昏》《山月不知心底事》《许我向你看》《我在回忆里等你》《浮世浮城》等。

有人将辛夷坞的作品定义为新都市言情小说,她自己也同意这一观点。她书中多为描写 80 后一代的感情生活,作者自认为是她们这一代人的情感代言人。她书中的主人公大多以女性为视角,辅以第三人称的语言描述。语言描写比较细腻,注重人物内心刻画。同时最值得讨论的是她的故事基本存在上下两个部分,一个是书中人物在读书时代的故事,一个是他们毕业后步入社会参加工作后的种种。两个阶段首尾相连,浑然一体,有很大的阅读冲击力。学校中清纯的感情与社会中残酷的现实激烈地碰撞,造成了一个个感情悲剧。而这些感情悲剧随着书中人物的成熟又在结局化为团圆。

读过辛夷坞小说的人都能感到她故事的较为逼真,这是由两方面决定的。第一,在故事当中人物经历的成长蜕变临界点,都设置在毕业时节。这时点确实是人生变化的一个重要交点,许多东西在此确定,许多东西在此失去,永不复回。在这些复杂利益、感情的纠葛中,每个有大学经历的人会被深深地吸引进去。第二,辛夷坞为她的作品设置了简单而又复杂的人物关系。简单是指这些人物基本都就读于 G 市 G 大,基本来自同一个年龄层面。复杂是指这些人彼此之间都有关系,在作品中作为主配角互相转换,互为背景。作者的每个故事写作风格与手法都不同,但是每个故事的人物都相互认识,并且都与书中城市 G 市有渊源。通过这样的方式,作者的每本小说都被串联在一起形成一个完整的故事,而每一部分则是展现出不同人物的不同故事与性格。在每一部书中的主人公都不是单独描写,而是会让另一部书的主人公以配角的形式出现在这部故事里。基本上每个主角都属于同一年龄段,并且在一个大环境中相互联系。她的描写具有司马迁史记的风格,每一部小说凸显一个人物的主要性格,在另一部小说中将这个人物以配角出现,展现出另一性格。通常一个人物的正反面形象因此被剖析得淋漓尽致。

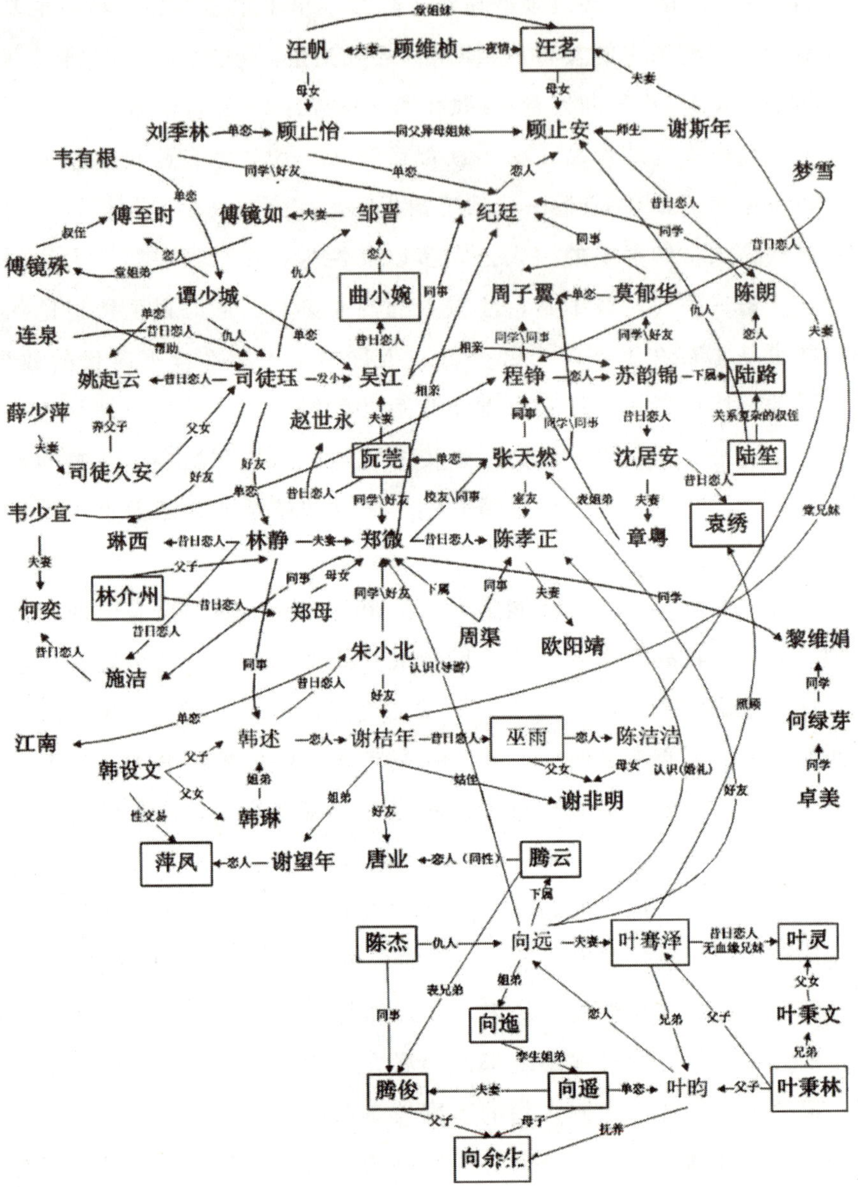

辛夷坞作品人物关系图（部分）①

① 此图复制于百度百科，http://baike.baidu.com/view/704850.htm#sub5029274。2013年6月20日复制。

三、第三代写手

《致我们终将逝去的青春》是辛夷坞的代表作,故事在女主角郑薇和她生命中的两个男人林静和陈孝正之间展开。自喻为"玉面小飞龙"的郑薇,洋溢着青春活力,心怀着对邻家哥哥林静浓浓的爱意,来到大学。可是当她联系林静的时候,却发现出国的林静并没有告诉她任何消息。但生性豁达的她,埋藏起自己的爱情,在阮阮、朱小北等好友的帮助和感染下,开始享受大学时代的快乐生活。她与板正、自闭而又敏感、自尊又高傲的陈孝正相爱了。但在毕业之际,她又一次被背叛。七年之后,两个背叛她的男人几乎同时来到了她面前。此时的郑薇已不再是七年前热情单纯、敢爱敢恨的小姑娘了,她有了自己的阅历,有了自己的思考。经过比较,她倾向于林静。

作品最大的魅力在于让我们每个人对自己曾经的青春岁月再回味了一次。这些故事,或许有些许无奈,但却真实。那些心疼心酸,正如青春在我们各自的生命里留下的叹息与遗憾,隽永在心却终无言。现在,辛夷坞给我们表达出来了,怎么能不让我们激动莫名。

作品语言流畅精致,时有警句。作者对生活感受非常深刻,概括能力很强,许多的句子精到凝炼。如写追求与被追求者的关系:"纵使她的计策比他高明上无数倍又能如何?乞求爱的人费尽心机,不爱的人不需要任何手段,所以他不费吹灰之力就可以将她击溃。"[1] 如女人强烈追求爱情的可能结局:"碰到什么样的男的都不要紧,就怕遇到了传说中的洋葱王子,你想要看到他的心,只有一层一层地剥掉他的外衣,在这个过程中他不断地让你流泪,最后才知道,原来洋葱根本就没有心。"如男人生命中的女人地位:"在男人的世界里,女人其实只是一片点缀的白云,他偶尔会赞叹它的无暇和美好,也会对它留恋,但决不会为了它而放弃浩瀚的天空。当然,还有更聪明一些的男人,可以踏着云彩叠成的阶梯一步登天,又或者在风雨来临之前,希望在云下得有片刻安身之地。"这些句子无不精到有味,让人赞叹。

---

[1] 作品引文皆出自《致我们终将逝去的青春》,百花洲文艺出版社2013年版。

小说结构细密，繁而不乱；前后照应好，故事情节没有明显的漏洞。作品其实是由几个爱情故事穿插而成，郑薇的爱情故事是整个作品的骨架，贯穿始终，她的几个室友的爱情故事则穿插于其中。这样，作品的故事就不会太过简单而沉闷，又增加了作品的容量和可读性。由于作者写作时节奏把握较好，穿插的故事并没有冲淡主线，反而把主线映衬得摇曳多姿。这样，整个作品显得虽谈不上花团锦簇，却也浓淡得宜、肥瘦恰当。

三、第三代写手

幻 灵 类

52. 梦入神机

梦入神机，本名王钟，男，1984年出生，湖南桃源人。曾是全国少年棋手（象棋），战绩一般，改从文，其"梦入神机"笔名即来自棋谱。曾为起点中文网白金作家，后与烽火戏诸侯等人改投纵横中文网，现为纵横中文网专栏作家，人气大神写手。2012第七届中国作家富豪榜子榜单"中国网络作家富豪榜"，梦入神机以5年1000万元的收入荣登该榜第六名。

梦入神机2006年开始在起点中文连载《佛本是道》，前面的七十章情节散漫，不怎么入流，七十章后，开始紧凑，后面越写越精彩，终成神作。起点的评语是："独自扛起06年仙侠小说的大旗！"此作标志着年仅22岁的梦入神机的正式崛起，并进入顶级网络写手行列。

大概是由当棋手养成的性格，梦入神机对自己所从事的事情从不轻言放弃，他一天接一天地写下去，作品源源不断的涌出。他的作品更新稳定，不断更，很受读者拥戴。他的《阳神》在首发网站起点中文网创造了连续八个月月票排行榜第一名的成绩，也让他登上起点当年"第一大神"的宝座。作品《永生》在完本时点击量达到两亿六千余万，奠定他在纵横中文网梁柱地位。

他的作品还有《黑山老妖》《龙蛇演义》《圣王》等，目前在连载的有《星河大帝》。

《佛本是道》既是梦入神机的开山之作，也是他的代表作。作品叙一

175

个名周青的人修仙成道的故事，主旨证佛道同源，佛道同理。全书气势恢宏，波澜壮阔，让人耳目一新。它是融合《封神演义》《西游记》《蜀山剑侠传》《山海经》、三言两拍等神话、志怪、仙侠、传奇等在一起的小说。最有意思的是糅合了中国古代大量的神怪故事，而整理归纳出一个独特、完整、庞大的仙佛世界系统。比《封神演义》更大，更有纲领性。使之成为网络仙侠的纲领性作品，为写手指明了新道路，为读者打开了新世界。

说得更通俗点：在《佛本是道》以前，修仙的boss撑死也就是元始天尊，修佛的boss就是如来，修魔的boss实在没办法，就弄个蚩尤、项羽什么的，或者原始天魔，反反复复，来来去去就那么几个人，都被写烂了，至于为什么他们最厉害？怎么个厉害法？不知道。直到看了《佛本是道》，大家才恍然大悟，哦，原来是这样啊：鸿钧才是老总，下面几个分堂，人教、阐教、佛教、修罗教的老大等都交待得一清二楚。小时候看过的书，听过的故事，里面的人物统统找到了组织，甚至连山海经等一些古籍里提到的妖魔鬼怪，也都一一分类归纳到巫族和妖族之中。整个神魔世界恢宏大气，等级分明。

以前，中国仙侠被西方玄幻所压。为什么？因为人家西方玄幻的系统庞大而严谨，矮人，精灵，兽人，巨龙，还有天使恶魔，可写的东西多了去了；相比仙侠，来来去去就那西游记的人物，甚至还弄出个不东不西的神界，让人喷饭。

《佛本是道》出现后，不用多说，大家看看那一大堆穿越到洪荒的、封神的、西游记的就知道了。修神？那是上封神榜的，修仙证混元才是王道。怪兽也不再限于什么五爪金龙六翼神龙了，共工、帝江、大日、金乌等洪荒巨兽统统出现。如来观音，十二金仙靠边站，上边七大教主压着呢。有了《佛本是道》提供的大纲，形形色色的神怪人物大家信手拈来，都有迹可循了。于是乎，各种穿越蜂拥而来，题材丰富多了，范

三、第三代写手

围广泛多了,人物丰满多了。① 这就是提纲的作用。

所以,有人说《佛本是道》是封神体系古典仙侠的开山巨著,开创了"大荒流",同《飘渺之旅》所开创的"修真流"、《无限恐怖》开辟的"无限流"并为网络玄幻最有影响的三大流派,为仙侠类玄幻小说开启出一扇全新的门户。后面此类的仙侠小说基本逃不出它的范围。

《阳神》是作者又一人气之作。同为仙侠故事,作者要在《佛本是道》的基础上再战,殊为不易。作品叙一大臣庶子洪易年幼丧母,不为父亲待见,受尽旁人白眼,立志发奋读书,出人头地。因偶获大禅寺无上典籍《过去佛陀经》,踏上了武道双修的道路,命运也由此发生变化。后经种种历练,终至大成,成为纪元之子。

这书与《佛本是道》相较,没有太多的可取之处。它落入了一般仙侠小说的窠臼:一个少年,发奋努力,种种奇遇,终至大成。它唯一值得一提的是作品试图解释中国古典思想中的一些概念,如"名分""真诚"等。他这些理解不一定对,但至少说明作者在思考这些问题。

对梦入神机的作品,有的人如醉如狂,如他书迷"神机营"中的人,有人斥之为垃圾。一个网名 gwtzq 的人在天涯发帖这样评价他的作品:梦入神机的书,充满血腥,崇尚暴力,宣扬"顺我者昌、逆我者亡"的强盗逻辑。书中三分之一的篇幅在做杀戮前的准备,三分之一的篇幅在打打杀杀,三分之一的篇幅在念叨杀人的道理。主人公自命为"正义"的化身,是"绝对正确"的,谁挡了他的道,或者有可能会挡他的道,那就该死,躲得再远,他也会找上门去杀你。这样做的理由,仅仅是为了让他的"念头通达",即"你得罪了我,我一定要杀了你才爽,不然我心里放不下"。王超为了立威去刺杀印尼军阀苏哈尔尼,梦入神机是这样描写的:"把他的脑袋血淋淋地割下来,房间里有高档洋酒,王超取下几

---

① 参见百度百科"佛本是道"条"读者评论 3",http://baike.baidu.com/link?url=FAF3bwFnLswQQKQoZ-viZeGTZhMji0-5g8t1vRnZ1NmjcSl-DeX0Dav3pJ5xtg8n。2013 年 6 月 30 日查询。

瓶，一把拧开，咕咚咕咚连喝几口。割头下酒，他觉得畅快淋漓！"一股疯狂与暴戾之气，跃然纸上。①

梦入神机的小说不是最流行的YY种马作品，所以，有人评价它是沙漠上的一片绿洲。其实他的作品是另一种YY，一种无上成功的YY。当然，网络小说中的大部分作品都有YY的毛病。它应该是年轻人的一种通病，血气方刚，需要这样的YY来激励自己，为自己鼓劲，汲取前进的动力。

53. 南派三叔

南派三叔，真名徐磊。80后（1982年2月20日），浙江嘉善人，毕业于浙江树人大学，本科学习的是电子商务专业。大学时代即开始创业。大三那一年，他在网上注册了一家公司，做起了向海外推销玩具、赌具的外贸生意，工作很辛苦，常常要东西南北跑。2006年底，他终于存了一笔小积蓄。2007年全球金融危机，他的公司也遇到了麻烦，生意一落千丈，在家闲得无聊。他有个开古董店的叔叔，经常没事就往叔叔店子里跑，看看店里那些稀奇玩意儿，排遣自己心中的烦闷。久了，他有了想法，他要写故事，写能震慑人的故事，实现儿时的作家梦——他在小学六年级时写过一本4万字的童话。

《盗墓笔记》系列在起点中文推出后，立即获得空前的人气，长期在点击率排行榜上居高不下，"截至2012年，《盗墓笔记》这部小说在起点中文网上的点击率已经超过1600万，而小说的实体书也已卖出将近200万本"②，堪称最赚钱的小说之一。目前盗墓系列被改编成了影视、游戏、漫画等形式，并与美国派拉蒙公司签订了改编协议。

---

① gwtzq: "第一神书《阳神》，一锅生拼硬凑的大杂烩"，天涯论坛 http://bbs.tianya.cn/post-no124-15349-1.shtml. 2013年6月30日查询。

② 《盗墓笔记》点击率，百度知道 http://zhidao.baidu.com/question/493969188.html。

三、第三代写手

2010年，南派三叔徐磊在第五届中国作家富豪榜上排名第14位，版税收入为285万元，社会各界开始对他投来惊艳的关注目光。2011年，他更以1580万元的版税收入，晋升到了"2011第六届中国作家富豪榜"第2位，仅仅落后于多栖发展、风头正健的郭敬明。2012年，他又以850万版税继续上榜，排名第九。

2013年3月22日南派三叔发布微博称自己将不再进行任何文学创作活动，但保留"南派三叔"的笔名。其后传出出轨、出柜传闻，然后又传出他被父母带往医院住院的消息。

继《盗墓笔记》之后，南派三叔陆续推出和出版了《大漠苍狼》系列、《怒江之战》系列、《藏海花》系列、《沙海》《黄河鬼棺》系列（三叔仅创作前八万字）等作品。

刚开始写时，三叔并没有对自己抱很高的指望，知道作为门外汉想吃文学这碗饭非常不容易。但是凭借自己长期以来对盗墓世界的兴趣和热情，他认真准备了相关资料，以平实的语言描绘着这个世界。他最先选择了百度贴吧，在写完了第一章后，立即获得了百万的跟帖，徐磊无心插柳地红了起来。此后在起点中文网连载，网友赞不绝口，点击率居高不下，好评如潮。

这些故事的灵感，徐磊回忆这是来源于自己的奶奶。小时候，他最爱听奶奶讲鬼故事，现在他仍然记得当时听奶奶讲的第一个关于血尸的鬼故事，听完后他当时整夜噩梦，可是却从此对恐怖小故事产生了浓厚的兴趣，时不时就缠着奶奶再讲新的给他听。记忆力非常好的小徐磊还会把听到的鬼故事告诉自己学校的小伙伴们，现在想着当时的情景他都觉得记忆犹新："我讲那些鬼故事时，十几个小朋友都围着我，他们吓得哇哇大哭，我可得意了。"① 这群小伙伴应该就是徐磊最早期的鬼故事的受众，也让他隐约发现，自己的故事让人又怕又爱真是有趣。

脑子里的奇思妙想一股脑地往外涌，他想起了自己人生中的第一个

---

① 小曼：《南派三叔：靠卖故事赚钱》，《中国大学生就业指导》2012年第28期。

鬼故事,奶奶讲的血尸,这为自己写小说提供了无限灵感。而自己的叔叔开古董店,古玩宝贝什么的他也见过、摩挲过不少,这又为他心中的故事孕育了条件——提供了各式各样的道具。

2011年,茅盾文学奖首次向网络文学开放,当时还未收尾的《盗墓笔记》承载着无数网名的欢呼呐喊,成为了最大热门。可惜最终无缘入围该奖,作为作协副主席的高洪波在发布会上主动解释了《盗墓笔记》的落选原因,"《盗墓笔记》影响力很大,我们也希望它能代表网络文学(参评),但遗憾的是它没有写完,这完全取决于作者本身的意愿。"① 南派三叔对于该消息立即在微博上作出了回应,表示自己不会为了获奖而将《盗墓笔记》草草结尾。虽然与大奖擦身而过,但由此也足以见得南派三叔对于网络、对于文坛、对于社会产生了不容小觑的影响。

小说"可以如一瓶烈酒,一盆烧鸡,浓香扑鼻,美味诱人;也可以似一杯清茶,一枚橄榄,清香飘渺,余韵悠长"。从美学角度来说,两者并没有高下之分。② 南派三叔自认不是作家,他仅是个讲故事的人,再加上兴趣和勤奋,他无心插柳地写出了一部畅销书。如果说有什么秘籍的话,那就是他知道自己作为作者,书是写给谁看的,心中有读者,对他们的阅读口味了然于胸臆。

代表作《盗墓笔记》系列,共出版了8卷九本。该小说分为两季,共8卷:"第一季包括《盗墓笔记壹——七星鲁王》《盗墓笔记贰——怒海潜沙》《盗墓笔记叁——秦岭神树》《盗墓笔记肆——云顶天宫》《盗墓笔记伍——蛇沼鬼城》《盗墓笔记陆——谜海归巢》;第二季包含《盗墓笔记陆——阴山古楼》《盗墓笔记柒——邛笼石影》《盗墓笔记捌——大结局(上)》《盗墓笔记捌——大结局(下)》。"③

---

① 《〈盗墓笔记〉因没写完落选第八届茅盾文学奖》,中国网:http://news.china.com.cn/rollnews/2011-06/20/content_8402169.htm,2013年5月14日查询。

② 郝铭鉴:《南派三叔的"秘籍"》,《编辑学刊》2012年第1期。

③ 南派三叔:《盗墓笔记》,起点中文网:http://www.qidian.com/Book/68223.aspx,2013年5月14日查询。

三、第三代写手

《盗墓笔记》的前奏是五十年前,长沙的一群土夫子(盗墓贼)们发现了战国时期的一部帛书,那些残章记录了战国时期一座古墓的方位,不过那群盗墓贼在盗墓过程中遭遇了许多诡谲之事,最后几乎都被埋葬在了地下。五十年后,当时一位盗墓贼的后代(吴邪)发现了自己先人的笔记中的秘密,他集结了一帮有经验的盗墓能者一起去寻宝。他与闷油瓶张起灵、王胖子一起构成倒斗(盗墓)铁三角。

通过一系列的探险,吴邪从一个懵懂天真的少年磨砺成一个任何事都要深思熟虑的头领,从一开始安守本分卖古董的古董店老板变成经历过九死一生经验丰富的小强式人物;遭遇重重艰难险阻,但还在为了寻找心中答案不屈努力的执着者。

故事中谜团堆叠纷至,旅途中障碍重重,摆在天平的一头是金钱是权利是诱惑,而天平的另一边,是兄弟是情分是人性,二者若不可兼得,那又该如何取舍。《盗墓笔记》给读者留下的感悟和感动,来自于吴邪为了好兄弟胖子而忘却自己的安危置身险境,来自于世态炎凉之时朋友终究选择了感情抛弃了诱惑。人性的温暖和深情还是升华了这部小说,那些兄弟之间的情分,深厚如此打动读者的心,赚取了读者多少眼泪,也为之带来了正能量。

与同是盗墓类小说的《鬼吹灯》相比,《盗墓笔记》更加注重墓室结构与盗墓过程的描写,因而真实感更强。那些诡谲神秘的环境塑造让读者仿佛身临其境,而三叔从未亲临长白山、西沙群岛等地,也没有接触过盗墓行业的人,仅仅只是通过看游记和纪录片等资料加上无穷的想象力。三叔坦言这是拜自己良好的阅读习惯所赐,他平时可以整晚整晚的静下来,阅读自己感兴趣的各类杂书,甚至连字典都可以一个一个字地专心读完。他从来不觉得自己是个作家,因为无法以文字功底见长,他只是向来把写小说当成讲故事,而对于自己讲故事的能力还是非常自信的,要吸引受众,就得讲让他们觉得神奇而且新鲜的故事,让他们通过听故事而达到"身未动、心已远"的效果。

除了对于奇幻环境传神的描写,三叔还非常擅于抓住读者的心理,他的小说总是悬念迭出，神秘莫测。英国大作家狄更斯曾经说过，写小说就像编篮子，开头容易收尾难。为了增加小说精彩程度，三叔会挖很多"坑"，大结局时这些"坑"都得填上，不但要填得合情合理，还要填得出人意料，这无异是对作家想象力和创造力的挑战。他会设定同一人物拥有不同的个性，着实让读者摸不着头脑，可最后却又一语道破天机似的呈现出了反转的结局，令读者只得由衷感叹三叔是不折不扣的"坑神"。

（曾思敏）

54. 格子里的夜晚

格子里的夜晚，原名刘嘉俊，男，出生于 1980 年 10 月，上海人。华东师大中文系毕业。起点白金作家，现任《文学报》编辑等职。

1999 年以一篇《物理班》获第一届新概念作文大赛一等奖，后免试进入华东师范大学中文系文科基地班学习。和陶磊合著的作品有《高三史记》。小说《物理班》是其成名之作，曾被《小说月报》等广泛转载。

在 1999 年 10 月至 2002 年 2 月大学期间，任《萌芽》刊中刊《惊奇》版块主编，《萌芽》本刊小说组发稿编辑，新概念作文大赛评委助理，并独立组织编辑了《新概念作文大赛特色作品选》系列 6 册。2001 年 11 月至 2002 年 12 月，在《上海一周》报社担任文字记者和摄影记者，参与多个主打选题的策划、采编工作，累计发稿十余万字，图片 70 余张。

2004 年起混迹在起点中文网，以 absolut01 为笔名发表小说数篇：《间谍公司》《大陆图腾》《理想国战记》《灵界代言人》《过渡诠释》《数字生命》《野性之心》《时光之心》《暗房》《修仙科学院》等。在网络上人气很高，被起点聘为白金作家。后改名为"格子里的夜晚"。目前在起点连载《天钧》，反响不错。[①]

格子里的夜晚是一个比较全面的网络作家，他的小说如此受欢迎很大的原因除了他具有很好的写作能力外，还应该归功于他小说的多种类型。他的作品主要分为四大类：

1. 仙侠修真类：《天钧》《修仙科学院》；
2. 架空历史类：《时光之心》；
3. 都市类：《野性之心》《暗房》《生涯使命》；
4. 科幻类：《数字生命》《数字风暴》。

格子里的夜晚作品很符合当下人们对现实的无奈和无能为力，希望借助外力或是在思想上幻想自己是一个能人异士，能够将自己的想法付诸行动，改变自己境遇的心理，所以他的作品在一些不能改变现实或是希望自己能更有作为的人群中很受欢迎。

他的作品塑造了许多英雄能人。例如《时光之心》里的小少爷叶韬。《时光之心》是一本穿越和架空历史小说。主人公叶韬的梦想很简单，让自己过得好一点，让自己周围的人过得好一点，然后，在可能的情况下，让身处的这个时代更像穿越前的那个原时代一些。在穿越到的时代里，叶韬也是一个能人异士。作品中几乎只要他知道的，他就能做出来，并且得到那个时代的肯定。这在现实中是不可能的事情，但是在穿越里也有其合理性。

《修仙科学院》着重塑造了聂信这个能人异士，他不仅是物理学天才而且还是修仙方面的天才。在小说中，作者让主人公将古老的修真法门和科学精神融合在一起，又加入了层出不穷的奇思妙想，使主人公本领高强，击破众多敌人与邪妄，把刻板守旧的卫道士和嫉妒贤能的其他修行者打服，并培养出忠实而又可爱的灵兽追随者。这很符合现在一些对

---

① 此处参考了百度百科"格子里的夜晚"条，2013年5月20日查询。http://baike.baidu.com/link?url=proMUNZmsT5hhpQJlbU－mqsN3CsX3dVZV5dvpAH9v90hO3rAr_725fgBIecavfD5SpHHD0BPGU6zw5RC1－MFGK。

现实无能为力的人希望修成一门技术来改变现实的心理。

这样的写作模式在他的《数字风暴》中也有体现。作品中的林闻方几乎就是一个无所不能的人,他不仅在个人性格上能够使得自己身边的人觉得温暖;既可以很轻易地和朋友搞好关系也能游走在自己的情人世界里;他还可以很轻易地夺取整个战争的胜利。在他的世界里几乎是没有失败的。他也可以将各种自己的内心奇思妙想变成现实。

格子里的夜晚写作的语言风格多种多样:不同类型的作品语言风格可以不同,同一作品中不同人物环境也可具有不同的语言风格。

在架空历史小说《时光之心》中,整个作品语言典雅朴素。由于是历史小说,所以语言比较典雅,使读者读来有那种古色古香之感。小说里面几乎很难找到直接明了的现代语言,每句话都有古代语言的韵味。

《修仙科学院》中的语言则是时髦现代的,十分直白浅显。《修仙科学院》是一部现代都市修真小说,所以在这部小说里面我们随处可以见到我们在日常生活中所使用的口语,例如"童鞋""鄙视你"等等。读这本小说时就像是在日常生活中和朋友一起聊天一样。但《修仙科学院》里也有一些较为正式的书面性语言,并不全是这种时髦的现代网络语言。

格子里的夜晚最为出彩的一点是他在作品中为我们描述了数字技术在我们生活中的运用。这些运用虽然在一些科普作品中有描述,如尼葛洛庞帝的《数字化生存》、托夫勒的《第三次浪潮》等,但格子里的夜晚通过对这些知识的消化,加上自己的想象,使这种生活更加具体形象,仿佛看得见摸得着,有生活在其中之感。由此看出,作者是一个知识非常丰富、能够不断吸收新知识的人。他的作品与那些完全凭想象的作品不同,有现实和科学基础,不全是瞎想。

(詹晶晶)

55. 兰帝魅晨

兰帝魅晨,男,又名兰依水,暗魅,原名余毅,生于1982年前后,

三、第三代写手

现居广东省深圳市。2004年7月20日开始在起点中文发表作品，名《兰帝魅晨系列之天堂瞬间》，11万多字。当时笔名暗魅。此系列共发了三部，第二部是《兰帝魅晨系列之新月永恒》，约56万字，第三部是《兰帝魅晨系列之断续》，约19万字（当时未完结）。这三部作品的反应一般。2005年8月开始写《高手寂寞》，此作品反响很大，也成为兰帝的代表作。此后，他作品接连不断，到目前已写了13部，大约1200万字。兰帝的作品虽多，却并没有赚到钱，别人一部作品赚几百万，他可能赚几千、万把块，致使他在2012年结婚后经济拮据，不得不考虑转型写商业化的作品。

他的作品除上面提到的外还有：《真相堕落》《兰帝魅晨系列之饮》《暂命名》《机械末日》《王》《情与血》《惊仙》《读心高手在都市》《高手寂寞2》。

《高手寂寞》是兰帝的代表作。它是一篇争议很大的网游小说。叫好的人说是自己看过的最好的小说，有的人竟看过十几遍；说不好的人竟直接斥之为垃圾。这是一本以网游设置方式为背景的武侠小说。讲述的是公元2218年后，人类进入全面机械时代，无需劳动，人类变得无所事事。地球联邦决定将人类引入一种新的生活方式——虚拟网络生存。中国区是一个综合中国历史、地域、武侠等设置的一个区域。由养育院养大的孩子出院后自由选择他们所要进入的领域。本作品主要在"江湖"领域活动。

《高手寂寞》显然是为了表达一种哲理：真正的高手为什么寂寞；真正的高手，是怎样的寂寞。高，不是凭空来的，从寂寞中来。整部作品，可以很完整的看到主人公依韵"长高"的过程。所有的人都有七情六欲，都有自己的牵挂：亲情，爱情，友情。但是依韵在这些上面都没有得到满足，只好献身于武道。指沙间背叛了他，铭背叛了他，依韵对爱情基本绝望。养育院的霸天等唆使指沙间背叛了依韵，亲情也就没有了。而对依韵这种唯利是图的人来说，另外还有什么朋友呢？有什么友情呢？都没有。所以，他在世界上什么都没有，对一个有追求的江湖人士来说，唯一的出路就是醉心武道，在寂寞中成为高手。

作品中对主角的塑造非常用心。多数的网络小说，主角的性格来得莫名其妙。一个平凡的大学生，一个捡垃圾的落魄少年，到了网游里就变成杀伐果断指点沙场的高人大将。没见过血的人，就能在真实的虚拟世界里变成冷血杀手，诸如此类的幼稚设定数不胜数。人的性格，在很大的层面上是受他的经历影响的。而《高手寂寞》，在依韵性格的塑造上下足了功夫。

借着武功，依韵逐步提升自己的位置。从初出江湖的毛头小子，到沉寂下来的无名苦修武者，再到初露头角的一庄之主，再到众人口中的传说级高手，但依韵仍未停滞……如果他站得不够高，就不会看那么远，就不会一直向前，哪怕跌倒，也要爬起来。其实，不管是现实和小说，能打动人心和创造奇迹的唯有一种人，那就是执着的人。妥协，是绝大多数网络小说主角和现实中庸人的特点。有的向自己的惰性妥协，有的向强权妥协，有的向现实妥协，有的是为了避免苦难。正确的妥协也许能够避免痛苦，甚或带来轻松。想必这是我们很多人的共同习惯。但唯有执着，执着于一条直线之人，可以与迎面而来的事业碰撞出耀眼的火花。这也是为什么人们看见遍体鳞伤还执着挺着身体的战士会感动，人们会为了从一而终的爱情而感动。扑火的飞蛾在被火焰吞噬的一刹那，用自己的肉体为燃料所绽放的光芒，一定耀眼无比。

当然，世界上并不是只有在一条道上走到黑的人，还有各种各样的人在活动。究竟哪种人更可贵，作者可能也有些疑惑，所以，他在作品中塑造了其他性格的人物。作品还描写了小剑、紫杉的努力，他们希望大家能够一起摆脱杀戮江湖世界，在和平、祥和的天界共同生活。小剑为此花费百年挑战喜儿，获取钥匙，紫杉为此阅遍所有功法，最终创出了可以消去杀气的、模仿任何意境的、修炼后一定能够升入天界的万法全通意。他们的思想与行为是否对社会更加有利？每个读者随着自己境遇的不同，一定会有不同的理解。

作品还写了主持正义的可名。在兰帝的世界里，可名的正义就是以暴易暴，由可名来建立规则，制订法律，但是法律失败了，可名人为的规则比不上系统制订的大规则。在人欲无穷，人人都想踩在别人头上耀武扬威，获取更多的大环境里，可名的失败从开始就已经注定；所以依韵敢于和可名打赌，因为依韵远比可名了解这个世界运行的规律。

作品还写象征真仁者的暮色，暮色和可名不同，她不以杀止杀，她觉得，真仁即是不杀。即使在这样一个重生不等于死亡的世界里，暮色仍不忍杀。耶稣教导门徒说，如果有人要打你的左脸，那么，就把右脸一并给他打了吧。这样的善，是反对一切暴力的。地藏菩萨发大愿心，地狱不空，绝不成佛。读者眼中的兰帝，给暮色赋予了可以和佛教中的地藏菩萨、基督教的耶稣同等高度的善。暮色不怕失去修为，不怕去不了天界，不需要离开混沌空间，其实，对暮色这样的人而言，心安乐处，便是身安乐处，天界，混沌空间之外的世界，重要吗？相信对暮色而言毫无差别。①

兰帝小说的特点为一个"冷"字，看似白开水，却颇值得回味。他构建了一个有如史前时代的大自然的世界。在这个世界里，没有现代社会的基本道德法律约束，一切都是血淋淋的，直截了当的，唯有适者才能生存。兰帝的五大传说，每个人都是自我的，依韵和喜儿，他们极端自私，但是他们不虚伪，他们承认自己的自私，并且愿意为了自己的自私而付出全部努力。他们成功了，用无比的努力和对自己的严苛，站在了这个世界的顶峰。即使他们关心他人，也仅限于能让他们感动或者需要关心的；小剑、紫杉和暮色，看似关心整个江湖的命运，但与其说是这样，不如说他们每个人真正关注的，是他们自己心中的江湖，应该是怎么样。

在兰帝的笔下，不够自我，对自己真正的需要不够了解的人，绝对没有好下场，无论是指间沙、霸天，还是《真相堕落》里的残刃，都只

---

① 此段参考了百度百科"兰帝魅晨"条，http://baike.baidu.com/view/816424.htm. 2013年5月25日。

能无奈地一遍遍地轮回重生。

但是，究竟和谐的世界是否存在？人性中，拥有能让所有人和平共处的元素吗？兰帝最终还是让天界在五大传说的手中毁灭，即使在《真相堕落》后，《兰帝魅晨之饮》前的世界里，拥有了可以和混沌主脑媲美的精神能力的风华、残酷最终也化为灰灰。而拥有拯救主脑能力的五大传说却并没有插手主脑和随之而来的主脑内人类的毁灭。如何诠释这个事实？其实，兰帝内心深处，并不认可所有人都能和谐相处，而绝对的力量在缺少对力量的了解、领悟和制约的情况下也只能毁灭自身。世上并不存在救世主，五大传说也许可以拯救系统一次甚至几次，但如果一次次的轮回仍不能让一部分人觉悟，那么弱者的消失还是不可避免的。

兰帝小说中主人公性格大都为身负绝技，性格冷傲，比较其他人通篇YY的作品，兰帝的小说实为中国网络小说一枝难得的奇葩。可能正因为此，他的读者不爆，他的经济收入也有限。兰帝的作品其实都是他自己对社会的思考，与一般网络小说走的不是一个路子。只是这种思考借用网游、玄幻的路数有些埋没了作品的价值。

56. 流浪的蛤蟆

流浪的蛤蟆，真名王超，男，汉族，江苏南京人，1975年出生，环艺设计专业毕业。早年入工厂做事，但由于性格原因呆不住，跳槽后混迹于各个装潢家居公司，后进入某动画公司工作，但终是不安心。后干脆辞职回家，吃父母的，吃女朋友的，过起了游手好闲的消极生活，并混迹于网络，干起了网络写手的行当。曾为起点中文白金作者，2011年2月携作品《焚天》正式加入纵横中文网，并同时与鼎铭中文网有无线签约。曾在一个顶级网络作家35人的评选中，名列第十，为国内知名网络写手。

流浪的蛤蟆于2005年开始写作《魔幻星空》，最早发表于MSN读书频道，后移至起点中文。最初的网上创作，可能是出于激进的好奇与尝试的心态,没能很好地结合自身的人生阅历和市场潜在的规则,作品较大程度上缺乏独立性与趣味性,抄袭、拼接、枯燥等等各种弊端显露无疑,这使他遭受到了极大的打击:大量网络读者对作者进行口诛笔伐,从一个网站追到另一个网站,死咬住不放,以浩大的声势完全淹没了作者,致使作者多次受到网站站长级别的管理者的极力打压。可是,作者依旧顽强生存了下来并且发布了不少十分有名的网络小说,由《魔幻星际》到《天鹏纵横》,作者之前负面形象一步步被抹掉,因为在之后的创作中,作者一改最初的那种近于无知的创作方法,而是以自己的想象、艺术感觉,再结合日常积累的大量素材,充分加以熔炼提升,实时以市场、读者动向为方向,创作出高质量、受读者追捧的优秀作品。他平时非常注意积累素材,脑子中有什么想法,立即记录下来,然后根据题材的成熟度与市场需要将其中的某个题材展开,写成作品。由于思路大开,常常是上部作品没完结,下部作品或者下下部作品都已基本成型。他认为作品需要推陈出新,读者亦是新老交替的,只有不断吸引新读者来读自己的作品,才能让自己立于不败之地。

  流浪的蛤蟆是国内第一代收费网文写作的受益者,在大约十年前绝大部分网文作者都未获得收入时,作者已经俨然成为靠网络收费阅读赚取月入数千元的纯网文写手先驱之一。加入起点中文以后,他迅速成长为白金作者。《仙葫》进入 2010 起点首届金键盘奖评选十佳名单;还在 2011 年红袖添香举办的首届华语幻想小说大赛并担任评委;受邀参加纵横中文网三周年庆祝活动。他的最新作品正在纵横中文网火热连载中,在国内报刊杂志上发表过的作品也不计其数,还有一部长篇网文小说正在被完美公司改编成游戏。

  作者的网络小说创作源于小时候对美术、科幻作品的接触而产生的兴趣,创作的作品涵盖了仙侠、武侠、玄幻、科幻、奇幻、游戏各领域,扎实的写作风格使得作者拥有相当大的读者群。仙侠类的作品有:《天鹏纵横》《时空妖灵》《大猿王》《仙葫》《焚天》《赤城》《一剑下昆仑》等等;玄幻类的作品有:《天地战魂》《恶魔岛》等;科幻类作品有:《魔幻星际》《电子竞技联盟》《母皇》等等；游戏类作品知名的有《蜀山》；奇幻类作品有《魔导武装》；武侠类作品有《四海》，除此以外，还包括一部评论文集——《蛤蟆王子故事集》。

《天鹏纵横》是作者第一部较为成熟的作品。展示的是天下千山万水、百壑千川的环境，生灵、人类、走兽、飞禽、爬虫、游鱼、植潜，生命的形式千门万类，层层不穷，还有与超越生死轮回的仙灵相反的另外一种生命形式，即秘密修炼的恶魔纵横的世界，体现了作者天马行空的想象力，也体现了作者纵横挥洒的处世态度。

《都市妖灵》则由平凡的在校生方林空展开序章，以穿越的安排赋予主人公以不寻常的人生新旅程，以都市、玄幻、穿越展现了平凡人的不平凡经历。《大猿王》传达的是一个美术学院的学生，穿越到了异界变成了六岁顽童，以画写真级春宫裸画为生、泡无数熟女的故事，是中土六部曲之一，这部小说带有浓厚的东方文化色彩。

《仙葫》讲述的是白石镇的焦飞偶遇道人，机缘巧合拜入道门大派，隐姓埋名，刻苦修炼，经历繁复新奇，像是一部带有浓厚道教色彩的仙侠巨作。《焚天》见证的是作者的一个特别体系：仙道、妖道、人间、黄金白银，都以符钱串联各种，展现了人间生活在异界的烙印，开创了一代王朝，丰富的想象与独创的体系架构了一个异界。《赤城》以穿越为前提，总体讲述的是一种极高的剑术，即百鸟生的暗杀第一剑。小说中有玄幻、有侠义，刻画了一个闷骚男的仙侠穿越遭遇。《天问》描述的是八神洲的种种，盘古大陆的神人，从地府飞升上来的历代武将，侠客，邪派高手，无名小卒，统统汇聚到了一起，这些人物的碰撞，发生无数的故事，纷繁复杂的情节设置中足以体现作者的才华与惊人的想象力。

《恶魔岛》总体来讲是充满了本土风格的幻想作品，讲述的是一个都市的普通少年，因为误服食来自奇异世界的愿望果实，而来到了恶魔岛这个神秘的地方，这里有世界各地因为各种不同理由到来的人们。小说的主角王麟，他为了寻找回家的道路，跟所有并不十分可靠的同伴努力奋斗。该书是作者积极挖掘本土文化而进行的一种积极尝试。《母皇》是

三、第三代写手

一部构思极好的科幻类作品,惊人的想象搭配个性的语言是这部小说的标签。一个大学毕业生,三年没找到工作不得不去考研;硕士毕业又是三年没有找到工作,不得不去考博士;而这里每年都有没法毕业而跳楼的同学。在这样的残酷精神压力下,终于熬过了人生最后一段学习生涯。在即将获得人生第一份优渥工作的时候,被外星人抓去做人体研究,但是这还不是最倒霉的,更倒霉的是他被外星人玩废了之后,抛弃在一个环境不明的星球上。

《蜀山》是流浪的蛤蟆的代表性作品。一本网游小说。玩家驾驭了法宝,飞剑……互相决斗挑战、比试人品,作品在场景画面的立体式构造上给人相当的遐想空间。《蜀山》完结后不久点击量就过1000万,这部网游作品受到了广大读者的赞赏与推荐,许多人甚至将《蜀山》同之前大家公认经典的《蜀山剑侠传》相比较。用作者自己的话说,"现实世界里人们无法刷怪升级,我只有在虚拟的时空中去实现自己这个梦想"。小说的时间设置在百年之后,科技含量高于电脑的光脑已经诞生,主人公在光脑上畅游网络虚拟世界。主线是主人公如何在网络游戏的虚拟世界里升级打怪的经历,建构游戏世界的场景、细节、人物和故事。

作品看似简单,却有其出彩之处:首先,从小说的构思来讲,以主人公如何在网络游戏的虚拟世界里升级打怪的经历为主线,并行主人公与女友共同修行这条辅线。怪兽、法宝、御剑、升级等等各种网络游戏规则在小说中的表现十分恰当合理,于文字之上建构了游戏世界的场景、细节、人物和故事这一立体的世界,以其丰富的想象力和感染力将读者带进一个游戏的世界,读者容易产生一种代入感,仿佛身临其境。

其次,从小说的节奏安排来讲也是非常人性化和有契合性的。小说基本上以2000字左右为一回,比较短小,回与回之间的衔接切换比较流畅而迅速,暗合游戏的速度,也提高了读者的阅读节奏。个人感觉小说的契合度很好地照顾到了读者的情感变化的节奏。

最后,从小说的语言来说,《蜀山》的文字承袭了流浪的蛤蟆一直以来的行文风格,文笔十分扎实,语言活泼,跳跃清新,并且省去了网游小说许多重复、符号化的惯例文字。

  当然，作品也是有一定的瑕疵的。第一，在处理现实世界与虚拟世界上，作者处理虚拟世界是比较成功的，但是对未来的现实生活设想还是不够理想，使得小说在深层空间的拓展上有所缺憾，作品的现实感和传统文学价值显得不那么明显；第二，小说基本上以2000字左右为一回，短小的篇幅常常限制了作者的描写，很多情节和场景都没有充分展开。

（李杰）

57. 猫腻

  猫腻，原名晓峰，曾用笔名北洋鼠，备用笔名乐俊。1977年生，湖北夷陵人，现居大庆（据起点作者信息）。曾就学四川大学，因散漫懒惰荒废学业而被开除。现为起点中文网白金作家。坊间读者昵称其为"猫大""猫叔"。2012年第七届网络作家富豪榜猫腻以230万元位列19位。

  猫腻2003年开始网络写作，《映秀十年事》是他的处女作，连载于起点。该作奠定了他作品的整体风格和类型基调，从此在文坛开始崭露头角。

  成名作《朱雀记》2005年开始在起点连载，大受追捧，2007年获得该年度"新浪原创文学奖玄幻类金奖"和"新浪第四届原创文学大赛奇幻武侠奖金奖"两个大奖。但该书在出版实体书时遇到了麻烦。先是台湾的繁体版因为出版社倒闭而夭折，后花山文艺出版社简体版也仅出2集（本）即夭折。

  同年（2007）《庆余年》开始在起点中文网上连载，引起巨大反响，2009年完结，约400万字，实体书已出版6本，被冠为"史上最权谋小说"。

  2009年4月开始连载玄幻小说《间客》，2011年完结，反响也非常不错，荣膺起点首届金键盘奖年度作品。2011年8月，最新心血之作

三、第三代写手

《将夜》在起点中文连载中，该作品已连载两年，还未完结，但已出版实体书三本，并在起点第二届金键盘奖评选中为他夺得年度作家桂冠，也为他进入作家富豪榜立下汗马功劳。

《映秀十年事》是一部风格唯美的玄幻武侠小说。许多读者都认为"作者在映秀生活了十年，这部小说就是以那段生活为原型的回忆录"。实际上此映秀非彼映秀也。两个映秀都是地名，但一个是现实中的，一个是文学作品中的，作品中的映秀与四川的映秀没有任何关系，只是两个字相同而已。了解猫腻的都知道他在起名字上很懒惰，很随意，经常是借用或随便想一个。结果就造成了这个大误会。不巧后来发生汶川地震，映秀恰好是震中，受灾最严重。猫腻出于尊重死者感慨人生，于是停笔再没写。尽管网友发帖百般恳请他继续写完，但他只说：往后映秀十年事，将是生者庆余年。

《朱雀记》是一部以当代方式续写《西游记》的玄幻小说。鄂西山区小城外一个从小身具异能的拾荒少年易天行，凭借与生俱来的天赋一步步向上爬。人间仙界任驰骋，妖魔佛陀即路人，诛仙斩妖，千回百折，由最初的"破烂王"，变身为大学生、黑帮头子、玩火的妖怪、佛宗的护法，最终竟成为佛尊！因而也可以给它换个名字——《菩萨是怎样炼成的》。

在易天行修炼成佛漫长而又坎坷的道路中，遭遇了形形色色的人物。知节识体的邹蕾蕾、一心减肥的朱雀儿子小易朱、爱穿阿玛尼（ARMANI）的老猴、忠心耿耿的莫杀、慈悲智慧的叶相、老谋深算的斌苦、怕老鼠的唐僧、苦命的二郎神、背着米奇林书包的菩萨、阴险狡诈的西方血族、柔情似水的嫦娥、莫名其妙的玉帝和道家阴谋，还有奉玉帝之命下凡的秦梓儿，逐一登场，与主角碰到遇上，共同演绎恩怨情仇，其过程可以说是原来长翅膀的不一定是天使。

《庆余年》是猫腻真正的成名大作，也是起点2009年人气之作。一个年轻的病人，意外的多出了一段生命，自己取名"庆余年"，因为一次毫不意外的经历，重生到一个完全不同的世界，成为古代庆国伯爵府一个并不光彩的私生子范闲。修行无名功诀,踏足京都官场,继承庞大商团。包裹在他最外面的是一层金光闪闪的纸衣,纸衣下面是非常刺眼使人流泪的芥末,芥末下面是甜得发腻的奶油,奶油下面是苦涩无比的毒药壳,壳的中间却有那么一抹亮光。人都是复杂的,对于庆国的百姓来说,看到的是他金光闪闪的外衣,对于范闲的敌人来说,看到的却是这层外衣下面辛辣的芥末。一个混淆了身份的私生子,商场、官场、战场以及婚场纵横驰骋。作品缓缓道来的仿佛是一个异时空的灵魂的再生,却讲尽了这片大陆上几十年的风风雨雨。在这个叫范闲的年轻人的成长路程里,庆国几十年起伏的画卷慢慢地呈现出来。

作者自己评价该书时说"舒爽"。我以为该作之所以人气暴旺,原因就在此处。它包含了两个中国人最喜欢的东西:一是权谋争斗,二是种马YY(意淫)。两者的结合搔到了中国人的痒处。这也是宫廷戏持续吃香的原因。

《将夜》是猫腻的第五部作品,也是继《间客》后又一全新力作。因其超高人气现已被改编为漫画,在《漫画show》上同步连载。

主角宁缺穿越降临长安,因为生而知之,违反了昊天的规则,导致将军府满门被杀,四岁的宁缺逃出生天,隐居深山中潜心修炼,使自己强大起来,立志报仇雪恨。吃尽苦头,历尽艰辛,最终杀死了仇人,扬名天下。该书目前还在继续连载中。

猫腻文风细腻,不输女性作家;架构有序,情节跌宕,内涵深刻,轻松明快。人物塑造生动形象,绝不脸谱化;人物间的情感时而荒唐时而又让人肃然起敬;善用殴•亨利式的结尾,化骨飞天,出人意料;处处设伏笔,构思精巧独到,引人入胜。《庆余年》被公认为猫腻的代表作,是5部作品中水平最高的一部。一盛大文学高层曾称赞说这是"一部不可多得作品"。

其实,对猫腻的几部作品,有些人还是有不同的看法。有人认为他前中间两部(《朱雀记》《庆余年》)写得好,后面两部走了下坡路。主要是中间两部作者有拷问人性、感悟人生的思考,而后两部纯粹变成了讲故事。

在《间客》和《将夜》里，我只看到一个踏踏实实把自己定位为说书艺人只想编些好看的故事混饭吃的猫腻，而且还为自己编故事的天赋沾沾自喜。也是，痛苦的哲学家和快乐的猪之间一般人都会选择后者，庄子不也想做"曳尾于涂中"中的活龟吗？但一般人可以这么选择，作为一个有可能晋级为真正的作家的人，猫腻这样的选择未免可惜了，这个时代真的物质化到这种程度？

"不客气地说，丧失了那份冷冽的思维和抗争之力的猫腻的作品无可避免的显示出一股匠气，真的，就只是在说一个故事而已，只是这个故事有些长。虽然没了那份灵气和张力，但说故事还是不赖的，猫腻现在的作品没事打发时间还是不错的，不过，同一个的作品，如果作者停止了思考，只是一味要编出好看的故事，那就突破不了同一个人作品的"陈式"，如果作者写作态度多少有那么些随意和不认真的话，这种陈式就越发凸显了。"[①]

其实网络上传"猫腻出品，必属精品"。不过，我想上面这个评论者虽然要求高了点，但还是很有道理的。本本相因的作品有意思吗？当然不只是说的猫腻。

58. 辰东

辰东，原名杨振东，生于1982年，汉族，双子座，北京人，毕业于中国石油大学。现为起点中文网签约作者。他是一个性格谦和、品性温良、行事有原则的人，绝不敷衍，很有责任感，富有想象力。2005年开始网络写作。第一部网络小说《不死不灭》，发表在起点中文网。后以《神墓》一文扬名立万，开创了太古战争流。因善于在作品中设置悬念，

---

① Liujunli的日记：猫腻作品评析，豆瓣网：http://www.douban.com/note/242199440/?type=like。2013年6月12日查询。

被读者们称为"坑神",而其个人口号——生命不息,挖坑不辍——更是体现了"坑神"的特性。同时,其行文超脱不羁,热血,能够最大限度地调动读者的兴趣和想象力,满足读者的心理欲求,亦庄亦谐,让人欲罢不能,受到广大读者的喜爱,所以很多书迷又称其为辰神、辰东大神、东哥、装逼东、辰水水以及热血辰等等。因是北京人,被某些书迷赞为"燕京才子"。①

辰东出道至今发表的小说已经完结的有5本,分别是浪子异侠类型的《不死不灭》和《还我真尊》,异世大陆类型的《神墓》,洪荒神话类型的《长生界》,以及古典仙侠类型的《遮天》。其中又以2006年开始发表的《神墓》最受好评,最为知名,曾长期名列百度中文小说榜前十名和Google中文网络小说榜前十名。曾有网友评价他写文形象而生动,毫不拖泥带水,精简有力。辰东的写作风格和特点的确是极其富有想象力,文笔精简优美而生动,人物性格鲜明,布局宏大,气势蓬勃,文字底蕴丰厚,用词华丽,具有诗画美,热血的同时具有人性的挣扎与对社会的隐忧,含有一定的文学性。但辰东的风格与方式多变,缺点与不足也明显,如人物脸谱化,文中美女皆是花瓶,智商低;在描写高度破坏力的打斗场面时文字生硬;后期描写的场面与前期的有很多重复;挖坑时收放不继等等。这些优点与不足相互交织,有时可能同时存在于同一本小说创作中。

《神墓》于2006年5月25日开始连载,完结时,字数高达310多万。《神墓》是一部异世大陆类小说,首发于起点中文网,由九州出版社出版。在台湾最权威的小说网站"说频"人气一直排前三位,是大陆玄幻作者在台湾取得的最好成绩,其实体书更曾夺得台湾小说销量月度第一,实体书发行超越50万册,仅次于《诛仙》,还曾一度高居百度小说榜首。它既是辰东的成名之作,也是他的代表作,同时也是网络玄幻悬念流奠基之作。

---

① 参见百度百科"辰东"条,http://baike.baidu.com/view/1136189.htm。2013年4月17日查询。

三、第三代写手

这部作品的成功之处在于精巧设置悬念的同时对人性、社会、生命等元素进行了些许探讨，如生活中的人性的挣扎和世情的悲凉等等，文章里充斥着关于人性的思考。小说后来被改编成同名大型网络游戏。

作品叙一个在相连的仙幻大陆和魔幻大陆发生的传说。小说以从神魔陵园复活的辰南为主角，以辰南寻找万年前爱人雨馨、追索神魔灭亡遗留的行迹为线索，引出浩茫六道、天地棋局，演绎一部充满热血、壮烈、凄美的传奇，道出了无数英雄佳人的传说。故事中道法与魔法并存，真气与斗气同在，东方神龙与西方巨龙共舞。剧情里有绝代佳人，缠绵的爱情；恐怖绝地，玄异的惊险之旅；远古遗闻，失落的传说；众神之秘，不灭的神之遗迹等等。文中的各色人物齐聚，神秘的东方修道者、奇诡的西方魔法师和无敌的东方武者以及至强的西方龙战士，共同演绎出一曲惊心动魄的传奇。

小说的主角辰南是被神秘人以生命泉水喂养而复活的，并以帮助辰南改命为条件要与辰南合作，将败天灵魂与辰南融合或者藏于辰南灵魂深处。在辰南真正复活以后，神秘人在背后推波助澜，引导辰南，为辰南铺好成长的道路。书中悬念一个接着一个，高潮一个接着一个，情节紧凑，跌宕起伏，让读者欲罢不能，百看不厌。而故事中，辰南也感觉到自己是棋盘中的一个棋子，虽生活得热血充实，却亦有一种不可名状的无奈，就像现实生活中说的"人在江湖飘，身不由己"一样，江湖并不是完全的自由，也有自己的规则与生存法，违背者是不能再在那个江湖中生活下去的。

《神墓》小说中人物众多而且性格鲜明，有无情仙子之称的"天界雨馨"、七绝天女之一的楚可儿、貌美如花的楚钰、心机狠毒的仁剑、风华绝代的澹台璇、纯真善良的雨馨、老巫婆和美女名医纳兰若水等等。每个人物都有自己的独特性格和色彩，生动活泼，有着属于自己的生活和辛酸历史。如外表坚强而内心柔弱的龙舞，爱上了不爱她的辰南，十年的等待和十年的守候又是何其的令人钦佩与心酸；新旧龙宝宝的变化又体现出了人性本善的观念。而且人物很形象立体，并不是清晰的正邪之

197

分，是一个复杂的个体，上一秒还是同伴下一秒可能就是相互厮杀的对手，这一点很符合人性的复杂。与此类似的是书中没有对于常人所不能接受的残酷做出感叹和否定，这何尝不是对现实社会生活中的残酷的赤裸裸地反映？在这一点上可以看出作者敏锐的为人处世的智慧，什么是正，什么是反，谁能道得清？[①]

这本小说在语词的运用上很是有文采，可能是作者辰东的高学历与对文学的爱好，文中有很多富音律感的诗歌创作，如文中的关于楚可儿的诗歌："襟含秋水不沾尘，独立谁晓绮梦深？缘灭缘生丝弦恨，月悬月落断魂因。情仇几度浮沉苦，聚散十分岁月痕。经世还留冰心在，半思骨血半思君。"又如独孤败天的话语中的"历千劫万险，纵使魂飞魄散，我灵识依在，战百世轮回，纵使六道无常，我依然永生！天道，天道，天已失道，何须奉天"？文中还有很多这样的优美词句，具浓厚古典韵味。此外，小说的语言可以算是亦庄亦谐，诙谐幽默。

作品的不足，首先是人物刻画虽生动但是近景描写把握不住而倾向脸谱化，小说中的大部分倾城美女都是摆设的花瓶，自诩为女神却在不如意时实际上又成了泼妇。其次是生活体验的不同以及小说特别的性质以至于高度破坏力的打斗场面描写得不够生动，而且作品后期的创作出现很多重复场景。再次是人物语言的书本化，有些对话场面有滥竽充数的嫌疑，如辰南的嘴炮有说教立牌坊的感觉，都用书面语，排斥口语，给读者一种厌烦无聊感。所以，他"辰水水"名号并不是没有出处的。

（陈旋）

59. 树下野狐

树下野狐，男，原名胡庚，昵称狐狸，福建人，毕业于北京大学爪

[①] 凝木风：《读神墓，感受作者内心》，豆瓣读书 http://book.douban.com/review/1469904/。2013年4月14日查询。

三、第三代写手

哇语专业,现居上海,专职作家,上海作家协会会员。2001年7月开始在网络上创作《搜神记》,开创了中国新神话主义的东方奇幻风格,被誉为"本土奇幻扛旗人""北大蒲松龄""当代新神话主义浪潮的领军人物"。主要作品有:《搜神记》《蛮荒记》《仙楚》《不周记》《云梦泽传说》《神光》《画蛇》(正在创作中)等。

"树下野狐"这个笔名很有特色,很多人好奇什么意思。他本人在接受腾讯的访谈时说是小学四年级的时候特别想看村上春树的《挪威的森林》,就起了这么一个跟它有一点类似的名字。还有一个佛教的典故,就是野狐听高僧讲道,然后被一个高僧看破了,野狐逃跑了。作者个人喜欢比较自由散漫,觉得他适合自己的性格。

2001年奇幻文学在中国网络刮起一股旋风,但以西方风格为主。大陆的许多爱好者,因为当时国内的网络还不是很发达,喜欢到港台等中文网站看这些作品,有的人自己也在上面试着写自己的作品。树下野狐就是其中之一。该书在网络出现后,立即受到广泛好评,实体书马上在港台出版了。大陆最早的网上连载,现在能找到的在红袖添香2004年11月上传,实体版本最早的是辽宁教育出版社2005年的版本。该作品与当时最流行的西方奇幻明显不同,典型的中国文化风格,所有的元素都建立在中国文化基础上。所以,被称为东方奇幻。作者其后的创作保持了自己的风格,一直持续到现在。因此,称作者为"本土奇幻的扛旗人"应是实至名归。

《搜神记》是一个系列,共三部,第一部为《搜神记》,约160多万字;第二部为《蛮荒记》,约195万字;第三部为《不周记》(只看到22多万字,又说是《蛮荒记》的前传)。该系列借中国神话传说中的洪荒时代为背景,以中华远祖人物与神话人物如神农、青帝、皇帝、蚩尤、西王母、夸父、刑天、祝融、赤松子等以及《山海经》中的神怪为主要角色的武侠奇幻小说。它不仅继承了中国古代幻想作品的优秀特质,更博采众长,将神话、魔幻、武侠、言情、地理、人文、上古历史糅于一体,以史诗般的笔触再现中华民族文明起源的洪荒时代,重构瑰丽雄奇的中华神话。其思想之浩瀚、行文之奇诡、言辞之有趣、情节之跌宕,已使其从纯粹的娱乐式的赏析中跳脱出来,令人不得不叹服中华文化的博大精深。这其中,读者可以看到武侠和玄幻前辈的身影,而少年人的无羁想像和豪放心灵,更加使其青出于蓝,从而奠定了作者新生代两大奇幻天王之一的至尊地位,成为东方新神话主义奇幻的开山之人。

《云梦泽传说》只是一个短篇,先说是《搜神记外传》,后来说是还没有出现的第三部之前传。叙公孙轩辕(拓跋野)统一大荒后的150年,帝誉时期的一段内部权利斗争。《仙楚》讲述少年书生楚易进京赶考途中,为避雨进入荒山破庙,无意中救了一只狐狸,捡到一袋珍宝。于是一夜之间,富贵逼人来,他平凡的命运彻底改变。仙女妖精粉墨登场,牛鬼蛇神群魔乱舞。他稀里糊涂地成为万众瞩目的天子门生,又身不由己地卷入了诡谲莫测的仙魔之争。《画蛇》是借许仙演绎成的奇幻小说,计划为唐宋三部曲之一。据说2003年就曾计划在起点连载。2009年10月在起点连载了2.5万字,无疾而终。其后又发在树下野狐的新浪博客上,也没有完。原来是发到《奇幻》杂志上去了。

狐狸的书,文笔很好,结构很复杂,人物的设定上出自《山海经》或其他典籍,却赋予他们与之不同的性格,让读者各有所爱。虽然在那些有文字记载的典籍中,我们能够预见到那些主角或者出镜率很高的人物的结局,但是我们还是盼望着看到文中的人物究竟如何步入了典籍中的那些结局。与一些没有耐力,只会挖坑,后来弃坑的作者不同,狐狸一直延续着这种风格,有谜题,那就到最后一刻才解开。有时在看书的过程中,我们会想,狐狸累不累啊,自己看着坑,有没有想赶紧填上的冲动呢?作者的耐力比我们强,只有到了特定的时候、特定的场景,才会将真相公之于众,让人不禁大呼过瘾——即使我们已经猜的八九不离十了。

古老的中国有太多的好故事,但我们只听王子公主老巫婆,人鱼矮人小红帽,却很少听精卫填海、夸父逐日、刑天长舞。在盘古开天辟地之后,金木水火土相生相克,共工怒撞的不周山,女娲补天的七彩石;

三、第三代写手

伏羲的八卦怎样用来占卜星辰,蚩尤黄帝那场大战到底是怎么回事;大荒诸山上的花草虫药是谁在采摘,息壤之土怎么随风翻涌;昆仑山下的弱水日日流淌,云梦泽的大雾是否依然弥漫;那高耸天际的扶桑树,那可以展望前生来世的三生石;那大海与银河缓缓坠入归墟的瀑布是怎样凄美;北海之大有鲲鱼翔游,天空九万里鹏鸟展翅;方山上毕方鸣火,流波山夔牛雷吼;那苍凉的大荒在美丽的夕阳下,它承载了太多的故事,等人倾听它的诉说。① 而现在在它被遗忘了许久之后,终于又有一个人将它翻了出来,激情澎湃地讲给后代人听。

树下野狐来自北大,这是关于中国传统文化的最优秀的学府,受其熏陶的他细腻而不失大气,粗犷又无尽绚烂的文采自然不必多说,更主要的是,他的作品里时刻传达着我国的传统美德与气节,甚至是一些哲学思辩,如《仙楚》里便有:"千秋一场梦,世事一盘棋,又何独你我,若有来生,楚某定当一样行善除恶,替天布道。"这点,更是难能可贵。而最后,把这些融汇贯通的,便是他的剧情和描写,在这点上树下野狐颇得金庸大师的真传,人物性格各异,好坏正邪没有定论,俱是由人性与人心来展开,更自然也更加强读者的代入感。由此可见,树下野狐之成功,是必然的。

在中国玄幻小说界,树下野狐堪称泰山北斗级别的作家。他与台湾作家罗森一同被誉为"中国本土奇幻扛旗人",可见其在东方玄幻界的地位。树下野狐华丽而凝练的文字、波澜起伏而深藏玄机的情节、史诗英雄般的人物塑造,都具有大家之风。

60. 唐家三少

唐家三少,原名张威,1981 年生,法律本科毕业。起点白金写手,

---

① 刻舟求剑:《蛮荒三部曲——瑰丽雄奇、波澜壮阔的洪荒史诗》,刻舟求剑的百度空间,http://hi.baidu.com/lidiot/item/c1c949cb1d2bb42aef4665d7。2013 年 6 月 4 日查询。

80后明星网络作家中的"光之子","中国作家富豪榜网络作家之王"。三少从2004年开始网络写作生涯,题材变化多样,包括奇幻、玄幻、仙侠、异世界等类型。他的写作题材规范化、情节模式化、人物脸谱化,文字朴素中带有力量,主要作品有《光之子》《狂神》《善良的死神》《惟我独仙》《空速星痕》《冰火魔厨》《生肖守护神》《琴帝》《斗罗大陆》《酒神》《天珠变》《神印王座》《斗罗大陆Ⅱ绝世唐门》。

　　刚开始写作时,三少选择的阵地是读写网,但效果并不理想。其作品《光之子》从读写网转到幻剑书盟后,立即受到关注。在《光之子》得到大众的好评后,三少连着创作了第二部作品《狂神》、第三部作品《善良的死神》,他的网络创作就此逐步展开。2005年3月,唐家三少带着未完成且颇受注目的作品《善良的死神》入驻起点中文网。第二天,就追平了他在外站创下的最高订阅记录,第三天就有超过七千的订阅量,从此,与别的网络写手不同的是,三少被起点买断,成了一名专职的网络作家。众所周知,三少是个勤奋的作家,在2005年7月完成《善良的死神》的创作之后,9月30日,他又带着新作《惟我独仙》强势归来。新作发表当晚就吸引了万余名读者的关注。往后,三少以平均一年一部作品的速度为读者持续带来文字盛宴,成为读者心中的"人气王"。唐家三少现共创作了作品13部,且全部出版。2010年,唐家三少加入了北京作家协会,2011年11月,唐家三少当选中国作家协会全国委员会委员,成为中国作协最高权利机构的第一位网络作家。他在当时的采访中说:"主流文学界对网络文学的认可度越来越高,网络文学的影响也越来越大,加入中国作协是件非常有意义的事情。"2012年底"网络作家富豪榜"发布,唐家三少以2007至2012年5年收入3300万元的战绩位居榜首,成为名副其实的"中国作家富豪榜网络作家之王"。

　　谈到三少的写作,就不得不提起两个字"快""长"。从"快"来说,三少说自己一天上网十几个小时,写字6到8小时,一天写9000到1万字,一年写300万字。第一部作品写了80万字,第二部150万,第三、第四、第五部160万,第七部180万,第八部300万。"2012年4月,盛

三、第三代写手

大文学为唐家三少申请了吉尼斯世界纪录,当时他就已经连续 100 个月"不断更"。同年 11 月 30 日唐家三少自己写的一篇感谢读者的文章中透露,按照 word 计数,他用近 9 年的时间,写了 13 部作品、2690 万字,出版了简体中文版图书 124 本,繁体中文版图书 436 本。他已连续 9 年平均每天写 8000 多字。"① 唐家三少的确是真正领悟了"快"和"长"的真谛的作者,他能满足读者渴求不间断阅读小说的心理,他被网友称为"网络时代的赛车手舒马特"。

《光之子》是唐家三少的处女作,共分 12 卷,一共 356 章,加之最后一章的"尾声",总计有 357 章之多,共计 80 万字。小说的主人公叫"长弓·威"(以下简称长弓),是一个懒惰的少年,因性格原因选学了无人问津的光系魔法,却无意中踏进了命运的巨轮,一步一步的成为了传说中的大魔导师。他通过自身的努力,在历尽磨难之后完成了命运赋予他的使命——结束了东西大陆的分界,让整个大陆不再有种族之分,让百姓安居乐业。最后,长弓成为了后世各族共尊的光之子。

第一卷大体介绍了这个世界的构成,例如大陆、国家,又如所分的职业,如魔法、剑士、骑士等以及他们的等级,另外还强调了主人公的一大特点——睡觉的时候都能冥思。在第二卷中,长弓便正式开始了求学之路。在经过第三卷的"历练风云"之后,第四卷长弓进入了高级魔法学院继续深造,在这里,长弓接受了系统的教育和学习,能力得到了极大的提升。随后,长弓参加了他所在大陆中几个国家里的几个学校之间组织的比赛,在第六卷时他还进入了"龙谷"(顾名思义,龙谷就是传说中龙的栖息地。几乎在所有的玄幻魔法类的小说中,"龙"是不可或缺的,不能算是主角,但是在主角走向成功的道路上不能缺少的一个伙伴或者是大力支持者,往往"龙"代表的就说力量和速度)。在第七、第八、第九、第十卷里提到了另外几个种族,例如魔族、妖族等等,长弓结束了大陆上各个种族之间的纷争,最终达成了和平协议,归还给大自

---

① 聂庆璞:《网络超长篇——商业化催生的注水写作》,《学习与探索》2013 年第 2 期。

然和人民和平的生活。第十一卷讲到了"神的传承",一个光之神的传承,也就从此刻开始,长弓才真真正正成为了"光之子",继承了光神的一切,并且还发扬光大,给人民带来了幸福和安康。最后,万恶之首被长弓斩杀于马下,长弓彻彻底底地结束了善与恶的纷争,维护了真善美。

《光之子》是唐家三少的第一部小说,从这部小说总体来看,最大的优点就是完整性。小说情节一步紧扣一步、一环紧扣一环,从头至尾,剧情的发展和最后的结局都非常清晰明了。虽然,当时年仅23岁的唐家三少在文字上可能功底还不是很深厚,作品也并不成熟,但他在构思上的独创和新奇是不容置否的,更重要的是,读者就是买他的帐。三少也承认:"光之子是我的第一部作品,它还是不成熟的。我只是希望,自己的作品能给书友们紧张的工作学习中带去一股清风。只有在轻松愉悦之中才能做好自己想要做的事。"①

在《善良的死神》创作过程中,唐家三少入驻起点中文网,开始了专职网络写手的生涯。这部小说的主人翁叫阿呆,虽然是小偷出身,却淳朴善良。在一次行窃之时,他被强大的炼金术士哥里斯因为要创造一件神器的目的带走,阿呆的命运从此改变。他救了大陆第一杀手冥王,冥王为了报仇,强行将阿呆带到偏僻的小镇,并把自己的一身所学倾囊而授。阿呆学习了一身绝世武技之后,在帮助冥王复仇之路上,结识了一个又一个的朋友。在他们的帮助下,阿呆慢慢成为了救世主,艰难的冒险历程也使他变得坚强。特别是在与神王的交谈中,他得知自己是死神曼多恩,是神王与冥王的孩子。世界与亲情,令他左右为难。血日当空,必出妖孽,血雨泄世,劫难将成,千年劫难即将降临大陆,阿呆成为了拯救大陆的救世主,善良与邪恶的结合,光明与黑暗的统一,以凤凰之血为引,穿越了重重阻隔,以神龙之血为结,爱之永生。三少给这部小说命名为"善良的死神",是因为"善良"和"死神"这两个毫不相

---

① 唐家三少, http://qq10163038.blog.163.com/blog/static/18485230720133269103279 1/, 2013年06月13日查询。

干的词在阿呆身上同时出现了。阿呆有着善良的性格，却要干死神该干的事。三少在谈到自己的写作历程时也表示，自己在创作的时候，经常被阿呆所感动，因为倾注了太多太多的感情。唐家三少仅用4个月的时间就完成了这部160万字的作品，但相比前面的作品来说，创作思路更加清晰，不管是文字还是对人物的描写，都有过之而无不及。

网络写手中，三少获得的荣誉最高，但对三少的写作，很多读者还是有些微词：一是主人公千人一面，性格非常接近，一般都是至情至性、恩怨分明、自强不息类型；二是语言白话，网络小白文的代表之一；三是意淫无限，主人公基本是种马；四是情节发展雷同，没有太大变化。当然，三少的写作也有许多的优点：如为人谦和，认真负责，很少爽约，从不断更，想象丰富，阅读轻松愉快等。

对此，唐家三少也有自己的态度，他认为："我希望大家不要理解成网络小说就是很随意的东西，其实不是。我经常会为了一段只有十几个字的文字去翻阅一个多小时的资料。玄幻类小说应该是和武侠、言情小说平起平坐的类别，它写起来也是很累的，只不过跟一些传统的小说相比，创新和幻想的东西更多一点，但是也要与现实相结合，你要有合理性，如果不合理的话，读者读了也不认可。我只是想给大家紧张的生活工作中带来一丝轻松罢了。"①

（邱婕）

61. 天下霸唱

天下霸唱，原名张牧野，男，1978年出生，天津人。高中肄业，自学本科美工专业，曾在电视台做过美工，后与朋友开了一金融投资公司。自称为哄女朋友开始写《鬼吹灯》。至今共出版九部作品，分别是《鬼吹灯》系列、《谜踪之国》系列、《迷航昆仑墟》（又名《阴森一夏》）、《贼

---

① 林涛：《点击——消费文学》，《中国企业家》2007年第15期。

猫》《死亡循环》系列、《我的邻居是妖怪》《凶宅猛鬼》（无实体书）、《鬼不语》《墨客》《河神·鬼水怪谈》等。

"《鬼吹灯》最初由天下霸唱发表在起点中文网，在创下千万点击率后，由南海出版社整理出版发行，并被冠于'网络点击率连续5年第一''销售冠军'的头衔"[1]。总共8册、近200万字的作品至今仍然畅销不衰，并形成了一个"鬼吹灯"文化产业链，不仅有其相关影视作品，还被开发成网络游戏；另外，《鬼吹灯》的出现造成了多种盗墓小说的跟风写作，甚至形成了"盗墓小说"流派。美国《时代周刊》也曾评论说：《鬼吹灯》丰富饱满的想象力，成为它最让人刮目相看的地方。《鬼吹灯》的成功使天下霸唱以280万版税获2007第二届中国作家富豪榜第十九名。天下霸唱并不是昙花一现，继《鬼吹灯》之后，他又推出描写考古工作者诡异经历的《谜踪之国》系列，接着又推出一个"类似于怪谈一样的故事"的《贼猫》等作品，并均受到读者喜爱。2010年，他以420万版税荣登2010第五届中国作家富豪榜第十名。同年10月，"天下霸唱以1000万元版税与北京新华先锋文化传媒有限公司签约，其中包括两部书稿和3年写作期作品。同时，天下霸唱将担任悬疑MOOK《谜中迷》主编"[2]。

《鬼吹灯》是天下霸唱的代表作，甚至可以说是他的标签。这一系列作品讲述的是1960年至1980年，三位"摸金"校尉胡八一、王胖子和Shirley杨的惊悚盗墓探险经历。他们所经过的盗墓地包括大兴安岭、内蒙、昆仑山脉、三峡、陕西、南海等地，所牵扯的历史上至五帝时代，下至文革时期。

《鬼吹灯》结构庞大，故事诡异，情节千回百转，读之让人目不暇接，但人物不是很多，形象刻画鲜明刻板，都为扁平型，这是类型小说

---

[1] 朱婉莹：《论〈鬼吹灯〉的艺术特色及其贡献》，《东南大学学报》2011年第6期。
[2] 盛宣杰：《〈鬼吹灯〉杜琪峰拍电影，盛大还要改编成网游》，见http://www.gmw.cn/content/2007－09/12/content_670041.htm。2013－07－12查询。

三、第三代写手

的一般写法。小说中三位主人公的形象和个性都非常鲜明，作者在对人物的塑造上注重的是人物的英雄气和爱国情怀。在小说中，胡八一是一名有过作战经历的军人，体格健壮，性情沉稳，有着一份深深的爱国情，他的"拿手绝活"便是对祖传家卷的熟知。不过，他也有缺点，他有军人的一腔热血，却也容易冲动，在经历了战争之后，他似乎已经失去了生活的重心。小说的另一个主人公王胖子一开始是一个大字不识几个，却又很贪财的懒汉。也正是因为无知，所以也无畏，他胆子大也讲义气。小说的第三个主人公 Shirley 杨是一名女性，"她出生在一个探险世家，她的血液里继承了许多探险家的基因，绝不是一个能闲得住的人。她毕业于美国海军学院，虽然后来放弃从军，选择成为《国家地理》杂志的一名普通摄影师，但她身上仍然具有典型的美国海军军官气质，卓越但不高傲，从不缺乏冒险的精神与勇气"①。但也许是因为从小在国外长大，shirley 杨为人比较豪爽，开放，不工于心计，所以容易被人利用。她有着和胡八一、王胖子不一样的知识体系和生活观念。而这三位主人公既有自己的独特个性又性格互补，最终共同经历了很多风风雨雨。

作为小说，《鬼吹灯》的情节过于紧张，没有做到张弛有度。如有些时候主人公连续战斗，几天几夜，没有停歇，甚至没有饮食，显然不合事理。但作品的"真实性"却引起读者的好奇心和强烈兴趣。一方面，小说里的环境揉合了真实与虚构，让人感觉置身其中。天下霸唱的写作素材大多来源于真实历史资料，书中出现的很多墓址都是出现在古书之中或者现实生活中有的，例如精绝古城、大鱼脊骨建庙、鲜卑山洞、三峡地区、湖南沅陵县等。"而且作者创造出了大量的盗墓术语和行内暗话，并将发现古墓、解开机关的方法和中国传统的《周易》风水理论相结合，不仅自圆其说，更是将情节的逼真推上了一个高峰。纵观全书，发丘、摸金、搬山、卸岭四大盗墓体系的来历、掌故、传说、手法、流

---

① 天下霸唱：《鬼吹灯》第六卷，南海出版社 2008 年版，第 25 页。

变,样样具细。引出《鬼吹灯》的《十六字阴阳风水秘术》更是如假包换。"① 另一方面,天下霸唱将盗墓活动细化到了一定程度,而他对各种知识的活用也让人感叹。出色的盗墓者就犹如现在的特工或情报工作者一样,在人们的眼中,是神秘、拥有多项技能的能力者。而天下霸唱把考古知识、历史知识、土木建筑知识、军事知识、地理和气象知识等等融合到了小说的主人公身上,例如盗墓的工具清单上所罗列的枪支:运动气步枪、精仿六四式手枪、汤普森冲锋枪、散弹枪雷明顿、美国单动式制式手枪 M1911、二十响和大肚匣子等等。而且不是仅仅罗列,连每一支枪的入境过程和功能都作详细描述,这就让人有了真实的感觉,更让人佩服天下霸唱的知识面。此外,小说中所出现的古董如蛾身螭纹双瓠璧、秦王照骨镜等也是天下霸唱结合历史典故所创作,这些都让读者感觉真实,新奇又刺激。读完这部作品,不得不佩服天下霸唱广博的知识面和丰富的想象力。

《鬼吹灯》虽带着"盗墓"的标签,但它并非真正的盗墓小说,而是包含了大量的中国风水概念、民间传说,以及一些典籍记载,是一个有关中国文化的故事。天下霸唱曾说,《鬼吹灯》其实不是一本盗墓小说,而是一本探险小说。确实,《鬼吹灯》中的墓都是不存在的墓,都是作者构想出来的。这些墓只是作者构造故事的一个场所,一个背景。其中的盗墓流派也不真正存在,完全为作者杜撰。所以,更确切地说,《鬼吹灯》为奇幻小说,而非盗墓小说。

天下霸唱出道后,一直在写作,他后面的作品虽不乏精彩之作,但都没有超过《鬼吹灯》,无论是水准,还是影响力。从后面的一些创作看,天下霸唱在致力收集民间的一些鬼怪故事、民间传说、民间奇案等,这既可丰富自己的创作,又可抢救一些民间传说和文化,是一件非常值得肯定的工作。他的《河神·鬼水怪谈》是其代表。

天下霸唱被读者称为中国最具想象力的作家,他的作品最大的特色

---

① 朱婉莹:《论〈鬼吹灯〉的艺术特色及其贡献》,《东南大学学报》2011 年第 6 期。

就是丰富的想象力和创意。"他的小说所关注的,永远是人在充满未知的环境中的思考与行动。跌宕起伏的故事,古老的传承,神秘的遗迹,兄弟间的情谊,生死无常,加之幽默精练的语言、丰富多彩的民间文化、使他的文字构建出另外一处'江湖'。"①

(邱婕)

62. 跳舞

跳舞,原名陈彬,曾用名小五,1981年出生,江苏南京人氏,起点中文网白金作家,中国作协会员。跳舞是最具号召力的网络作家之一,也是最为成功的网络职业作家之一。2012年网络作家富豪榜中以5年600万版税收入列11位。

在2004年之前,跳舞从来没有想过要写长篇小说。最喜欢泡BBS,在当年号称国内最大的BBS"西祠胡同"恶名昭著。后来被某杂志招安,转写平面媒体专栏。2004下半年辞职,又有大量时间泡在网上,此时起点中文网正风生水起,又听说某起点作者年收入达N万,比自己写那些平面专栏多得多,遂加入,决定去写玄幻,还与唐家三少一起组成了个"三五香烟组合"。

但开始的写作并不顺利,最先的作品是《轻剑风流》,一本玄幻小说,写了十来万字,写不下去,仆街了。不久,开始写《欲望中的城市》。这是一本都市传奇作品,写完了,反响也不错,奠定了跳舞的写手地位。接下来,再接再厉,都市传奇作品《嬉皮笑脸》也完成了。一年内开三本书,完成二本,说明跳舞的写作底子确实不错,不愧是写专栏出身的。

接下来的几年里,他完成了《变脸武士》《邪气凛然》《至尊无赖》《恶魔法则》《天王》等一系列作品。作品订阅数从最先的几十到后面的

---

① 百度百科,http://baike.baidu.com/view/355292.htm,2013年07月12日查询。

上万，完成了从生手到大神的成长转变。这几年是跳舞的快速成长期，也可能是他最辛苦的时期，每天更新、看书、收集资料，不亦乐乎。

2009年底，跳舞开始写《猎国》，这部作品在网上一直拖到2013年3月才完成，但台湾的河图文化出版公司、大陆的太白文艺早就出版了实体书。该书的出版在两岸并受欢迎，使跳舞的收入登上一个新台阶。同时该书也被改编为网络游戏，进一步扩大了他作品的影响力。据说跳舞也去某游戏公司任策划总监了。目前他正在更新的作品是《天骄无双》。

《欲望中的城市》是跳舞的真正成名作。这部80多万字的小说，最终获得700多万的点击，并在连载中途即被出版商看中，这在当时是非常难得的。作品讲述的是一个普通年轻人陈阳，身边奇怪的事情一件接一件发生，三个美女先后出现在身边，然后又从一无所有到白手起家成为一个传奇人物的故事。用作者自己的话来说，写的是一个普通人的发迹史。或者干脆说，是一个"奸商"、一个"骗子"的发达之路。作者其实想要表达的是：欲望中的城市，每个人都不满足。

跳舞非常善于观察生活，并且有自己的理解。他将这种理解化成了自己的格调和语言，形成了自己的风格。在这部作品的前几十万字的写作中，他非常顺手。但对一个初写现实生活长篇小说的作者来说，写几十万字，基本将自己写空了。跳舞自述说，作品的后面几十个章节完全是按照自己脑子的白日梦胡编乱造出来的，但是好在够想象。这是一般作者写长篇都会经历的过程。后面的也不能说是胡编乱造，而是故事的逻辑发展。任何非写实的故事都是这样产生的。

这本书的成功最直接的原因个人认为还是满足了网络屌丝的YY心理。他们都渴望成功，希望白手能够起家，渴望美女莫名其妙地来到自己身边。残酷的现实是——不可能。因此，当读到这样的小说时，自然就使他们的心理得到巨大的满足。

《邪气凛然》被很多人认为是跳舞的代表作，这是一本都市异能小说。叙南京一个叫陈阳的黑社会青年才俊，为老板的女儿打残了另一黑社会组织老板的公子而逃命广州。进入广州的黑社会，但遭到原老板的追杀。只好逃往加拿大，加入大圈帮，几经奋斗，接管了大圈帮，并整合了加拿大、美国的华人黑社会。但他不敢回国，怕以前的仇人继续追杀。后与军方合作，得到军方的庇护，才回到国内，但还是遭到仇人的多次伏击。在击杀仇人后，与几个美女隐居加勒比海的某小岛上。

这小说有点像早年香港的古惑仔电影。渲染兄弟的情和义，展示的是香车与美女。古惑仔通常没有好下场，不是被警察抓，就是在火拼中被砍。但是，这个陈阳运气特别好。不但在火拼中每次胜出，还成为黑社会老大，香车美女环绕。不但在中国如鱼得水，在海外也是呼风唤雨。最后，杀了仇人，像韦小宝一样隐居海岛。情、义以及韦小宝般的艳福满足了 YY 族的快慰心理，作品获得高度认同。

《恶魔法则》于 2007 年在起点开始连载，全书 668 章，长达 415 万字，点击量超过 3200 万，2008 年荣获网络小说榜榜首，并被网友推崇为网络小说必读之作，是玄幻类小说的代表。2010 年被改编为同名游戏。故事讲罗兰帝国的雷蒙伯爵是帝国显赫的家族，其子杜维·罗兰因天生愚笨，被父亲遣往罗林平原老家度日。但过了不久，这位少年却被当地人称为持业有道的天才，各种各样的发明事迹被人传颂，更有不少好奇者奔赴罗兰平原一睹究竟。原来他把灵魂卖给了恶魔，并知道自己是千年前的大英雄。从此这世界的所有规则被颠覆，它遵循着恶魔的轨迹在发展。杜维凭借恶魔赋予的才华一步步走向了权力的巅峰。

这部作品具有西方玄幻的典型优点和缺点。小说构思庞大，人物众多，描绘了一个绚丽多彩的世界，让人大开眼界。但头绪众多，作者写了后面忘了前面，留下很多漏洞。还有，语言稍有点啰嗦，不是那么干脆利落，读起来没有爽脆感。

《猎国》与《恶魔法则》是类似作品，也是一本异界玄幻小说，字数稍少。三大帝国环绕下的某大陆，有一位身世未明的少年——夏亚，自幼被郁金香家族的传人老家伙收养。在老家伙的另类培养下，夏亚练成了一副好身手。老家伙离开人世后，夏亚开始了从一个土鳖成为王者的神奇猎国之旅。他的名言是"不想谋朝篡位的权臣不是一个合格的权臣……总有一天,帝国的金币上会印上老子的头像"!他实现了,在这个过程中,当然少不了曲折美妙的爱情故事,尔虞我诈的政治斗争,热血沸腾的战争场面,精彩纷呈的探险之旅,以及那曾经辉煌的传说。

跳舞现在是网络写手界的顶级人物,他的成功主要有两点:一是勤奋,八九年的时间里写了1700多万字,虽比唐家三少少点,但确是非常不俗的成绩。二是精明,从《轻剑风流》到《天骄无双》,跳舞尝试了武侠、都市、奇幻、玄幻等各个类别。除开那本古派武侠,如果我们仔细研究一下,就会发现,跳舞在作品类型上的转换,几乎就是网络小说流行潮流的变化,而且他并不是简单的跟风。从创作时间上说,他是走在了潮流的前列,这充分体现了跳舞对市场的研究以及他那敏锐的直觉。虚心听取意见,认真分析市场,正确审视自身,扬长同时避短,长期辛勤耕耘,这就是跳舞的成功之道。

从传统的文学意义上来说,跳舞的成就并不高。他还没有写出真正的传世之作,都是大路货;也看不出语言天才,写出让人眼睛一亮的句子。总之是平淡。期望他沉下心来写出真正的好作品。

63. 无罪

无罪,本名王辉,男,1979年9月12日生于江苏省无锡市,2001年毕业于中南大学应用物理及热能工程系。曾是锅炉设计工程师,电厂副厂长。2004年开始网络写作,2009年辞职,现为网络专职作家,纵横中文网签约作家,网络写手中的顶级大神之一。"猥琐流"的开创者,代表作品《流氓高手》。在2012年中国网络文学作家富豪榜中以5年400万版税收入列第15位。

无罪于2004年开始在清新中文网创作第一本书《无神不灭》,这是一本武侠题材的小说,当时还入了VIP,可惜因为经验不足,写了一半就没写的了。2005年他在起点中文写了《SC之彼岸花》,写了30多万字后,编辑找到他,提出签约。该书是将网络游戏带入小说的第一次成功

三、第三代写手

尝试，也使无罪第一次有了写作的成就感。

接着他写了《SC之彼岸花》的续集《流氓高手》，这本书在起点连载时，获得了新书月票榜第一、竞技类订阅第一的好成绩。该书在网络上刮起了一股旋风，模仿的作品层出不穷，大都冠以《流氓××》的名字。后来这类作品被称为"猥琐流"，所以，此作是"猥琐流"的开创者。该作也奠定了无罪在网络小说界的白金作家地位。

随后无罪开始尝试其他的题材，先后创作了《神仙职员》《国产零零发》以及《扬眉》等作品，但人气还是有所下降，锐气受到一定挫折。为了提高人气，他几乎将所有业余时间花在写作上，既保持快速更新，又非常注重写作质量。至《扬眉》结束时，人气终于回到《SC之彼岸花》的水准。为了稳定人气，他又重新回到游戏题材，写了《流氓高手Ⅱ》。这书颇受欢迎，但也受到一定的诟病，不是针对作品本身，而是针对无罪，认为他只会写游戏。

2009年冬，已经辞职专事写作的无罪离开起点中文，携带他的最新玄幻巨著《罗浮》来到纵横中文网，迎来他创作生涯的另一个高峰。该作打破了纵横中文的各项记录，被认为是中国玄幻小说的百科全书。其后他又在纵横中文连载了《通天之路》《仙魔变》等作品。其中《仙魔变》是他进入2012年网络作家富豪榜的主要收入来源。

《流氓高手》与《流氓高手II》都是游戏小说。第一部写的是方少云从菜鸟演变成为CS高手的一些历程。方少云本不是流氓，但他却是中大被很多人称为流氓的人，因为他非常猥琐，吃面像猪吃食一样，还经常在BBS上调戏女同胞。他玩了好几年的星际，但一直是个菜鸟。后来在中大与湖大的一场星际比赛中受了刺激，决心成为星际高手。他做到了。当然其中少不了美女相伴的香艳故事。有人形容这作品是"一本好像走在高速路上看到手扶拖拉机一样非常拉风的书"！

《流氓高手II》是在2008年夏开写的。故事的开始，中大的BBS上流传着这样的一个传说，据说当年的猥琐宗师方少云在离开中大时，曾经在中大的某一个角落留下了一本猥琐秘笈。而得到这本秘笈的人，非但能够成为高手高手高高手,而且还能收获一段完美的爱情。

两书的背景都是中大校园,却是完全独立的故事。都有着飞扬的青春,猥琐的学生生活,还有让你难忘的女孩儿。大学是现今青年人的必经之地,几乎每个人在中间渡过了最美妙的一段时光。那里有生死至交的兄弟,有互相拆台的朋友,有打游戏、踢球的战友,还有自己心仪的女同学。做什么事都能找到志同道合的朋友,各种怪异的人都能碰到,什么样的观点都有。所以,大学是回忆的天堂。这样描写大学生活的小说受到欢迎也就不奇怪了。况且这作品写得那么亲切,游戏的复现是那样的到位,语言也有那么一点搞笑,风花雪月是那样的与众不同。

《罗浮》讲述了一个看似平静,却隐藏着数百年气运转化危机的修仙界中。一名懵懂的山野少年洛北,从资质平平,到骨骼惊奇的练武奇才,遭遇了一个代代一脉相传的神秘门派——罗浮门,在无意中卷动了修真界的风云,带领罗浮门最终战胜昆仑、敕勒、峨眉等门派并成为绝世仙侠的故事。该作品是无罪的转型之作,也是他转投纵横中文的开山之作。其风格与前面的游戏小说有很大不同,表现得较为正经。但修真小说的套路在那,它只是对前面的修真小说有所综合,堆砌了很多怪物、法宝、法术等,没有太多惊喜。特别是写到后面显得有些累赘和草率,更让许多人失望。该书后来被改编为同名网络游戏。

《仙魔变》是无罪又一本修真小说。林夕穿越到了云秦大陆,成为一个普通的少年,但意外被推举参加青鸾修真学院的入学考试。在学校中,他结识了一群很好的朋友。但各个帝国之间表面平静,暗地里却风起云涌,影响着生活在这片土地的每一个人,并被身不由己的卷入了乱世洪流之中。他本来是置身事外看风景的旅行者,但当身边有了越来越多的亲人和朋友,他有了想要保护的人,他必须努力学习,刻苦修炼,才能保护他们,才能对抗重重险阻,并最终成长为乱世英雄。这是一个有关帝国和荣耀,有关忠贞和背叛,有关青春和热血,有关一个怀着与众不同目光的少年,有关一个强大的修行学院的故事。

这部作品是无罪将《罗浮》与前面游戏小说风格糅合的一个实验。

它既没有《罗浮》的正经，也不完全是《流氓高手》的猥琐流，而是带有小正经而又小猥琐的小清新流，基本是成功的，吸引了很多的读者，也被改编成了游戏。

无罪的写作类型以仙侠、校园网络游戏为主，写作上具有自身特别的"猥琐形式"。在仙侠作品上，无罪很有想象力，构造的世界气势宏大，结构设置基本合理，但好像完全脱离生存界，只在修真界内转圈圈。主人公以平凡小人物为主，这些很不起眼的人物经过努力后，获得巨大成功，创造出自己的人生高峰，作品洋溢着积极向上的氛围，具有鼓励性，备受年轻人，特别是男性、爱好网游的学生喜欢。校园网游类作品，一定程度上反映了当今校园的学生生活，学生那种好勇斗胜的血性，以及自由散漫的猥琐，都较为真实。不过，过分渲染的那种游戏战斗，可能在价值观上对年轻人容易产生误导。

无罪有一定的语言天赋，对生活也有自己的把握，但网络写作的高产很容易掏空作者的生活积累，致使写作很难持续保持质量。估计无罪等如果继续这样下去，就只能写套路性的烂作了。

64. 萧鼎

萧鼎，男，原名张戬，1976年出生，福州仓山人。中华职业大学毕业，曾就职于期货公司。从小爱看武侠小说，2002年起开始从事网络写作，在网络上发表自己写的武侠小说。2003年在台湾出版了《暗黑之路》。2003开始在幻剑书盟连载《诛仙》，大受网友欢迎。"当时'起点中文网''幻剑书盟''龙的天空'等大型文学网站纷纷转载，点击率不仅突破3000万大关，且以每天200万条的速度递增。"[①] 同年台湾开始出版该书。2005年，《诛仙》排名百度十大网络玄幻小说第一位，在"百度2005中国风云录"活动中，《诛仙》被授予风云小说奖，"诛仙吧"也成

---

① 吴佳男：《萧鼎：一根烧火棍搅出了新江湖》，《新青年》2007年第1期。

为了百度文学类的第一吧,当时的报纸对"诛仙热"做了很多相关报道,颇为轰动。一开始,《诛仙》被《梦想者》杂志连载,后来在朝华出版社出版。《诛仙》前三册在出版后的短短两个月多的时间里就销售了35万册,而它前五册的销售量则超过了100万册。2007年网络连载完结,同年全书出齐。2007年4月,《诛仙》改编的同名网络游戏面世,它的改编游戏授权费约为100万元。2010年1月,萧鼎被增选为福州作家协会理事。萧鼎因《诛仙》爆红网络,目前为"幻剑书盟"首席签约作者。他的作品还有《矮人之塔》(未完成)、《叛逆》《诛仙前传》《诛仙Ⅱ》《轮回》(未完成)等。

《诛仙》不仅是萧鼎的代表作,也是仙侠修真小说的代表作之一,被网友誉为"后金庸时代武侠经典",与《飘渺之旅》《小兵传奇》并列号称网络三大奇书。

本书是西方神魔、游戏文化与中国文化融混的一个产物。西方神魔文化、游戏文化体现在种族的设置上,比中国传统武侠或修真小说多了一个兽妖族。中国传统文化中有各种神鬼异兽,但没有所谓的兽妖种族。这一种族直接来源于当代的网络游戏,是西方渊长神魔文化的一个表征。但该书中的兽妖又带有中国文化特征,它没有设计为自然界中特有的一种生物,而是设计为天地戾气所化的不死的兽神所驱使的不明所以的一个东西,它有好多种形状,如鱼人(妖),其他的作者所写不详。

作品在地理设置上受游戏与中国古地理知识影响,与传统武侠小说有区别。传统武侠一般有明确朝代背景,地域在中国境内。该书没有明确朝代背景,地理上受游戏影响,设置为一块大陆。这块大陆的地域环境又是中国古地理的:南疆巫族,十万大山,瘴气横生;北边但泽,湿地荒凉;西北荒漠,没有人烟;东边大海,物产丰富;中间中原,人气鼎盛。

但主要内核还是中国文化思想和武侠小说。表现之一是中国文化是儒、道、佛融合的产物,而该书仿之设计了一个佛、道、魔三修。出身于佛教的普智一直想要与道家的青云门合作双修,但总被拒绝,为实现自己想法竟设下毒计，屠尽全村。他的徒弟张小凡实现了他的理想，不仅实现了双修，还将魔道也加了进来，实现了三修。这显然是作者有意无意的对中国传统文化思想发展中三教合一的一种模仿。

其二是受中国武侠文化的影响。中国武侠文学很多作品在书中设置了"正""邪"双方，双方你死我活的战斗，但战斗的双方到底为了什么，却不知道。只要对方是魔教（邪），就不问为什么，只管杀就行了。实在让人不明所以。《诛仙》其实一直在探索这一问题。何谓"正"？何谓"邪"？"正""邪"有何区别？青云门号称正邪两道之首，可见是亦"正"亦"邪"，青叶修炼成功后，一夜杀尽青云其他六峰占有者，而不是驱赶。这是"正"还是"邪"？天音寺的普智竟屠尽草庙村240多人，是"正"还是"邪"？而魔教的碧瑶为了自己心爱的人，竟甘愿舍身就死，救下张小凡，是"正"还是"邪"？主人公张小凡开始一心守"正"，但他心中最高洁的理想却被现实击得粉碎；他发现自己心中最为崇高，愿意为其牺牲一切的所谓"正"，在那些头面人物看来，竟然狗屁都不是。所以，他叛入魔教。最后，魔教鬼王荼毒生灵，他又杀了鬼王。他是"正"还是"邪"？《诛仙》在努力消解着正邪之间的分界线，所谓的"正道"都有"邪气"。青云掌门道玄由"正"堕"魔"；焚香谷一直与兽神勾勾搭搭；天音寺一直觊觎着青云门。所谓的三大"正派"没有一派不在偷偷摸摸，干点见不得人的事。而魔教也不是一点好事不干，兽妖入侵，魔教虽是各怀鬼胎，但还是与兽妖奋起抗战，最后几乎全部覆灭，只留下鬼王宗的部分人员。当然，尽管如此，书中魔教还是"邪性"大点，干的缺德事多点。正派"邪性"小点，干的好事多点。所以，所谓的正、邪之分还是存在，并没有完全被消解。

中国传统文化的表现还体现在作者的语言与文化造诣。作品语言流畅，与金庸等的武侠语言相比，更有激情和诗意。虽然这些激情与诗意有时显得有些做作。作品中作者还自创了一些诗词，这些诗词虽谈不上精品，但绝对不差，不是糊弄之作。这在年轻写手中是难能可贵的。作品中的许多动物借用中国古代传说中的名称，显出一定的文化意味。如黄鸟、夔、烛龙、玄蛇、饕餮等。①

作品虽为修真小说，但书中一直强调，如果为了修仙而违背人性，那修仙就没有了任何意义。人是情的动物，有父母情、兄弟情、师徒情、男女情等，所以，该爱就爱，该恨就恨。如果为了修仙，爱不能爱，恨不能恨，那修仙就失去了本来的意义。所以，陆雪琪的大成不是她有心修得，而是她的爱的化成，她心中的爱过于强烈，只好日夜用功将之化为修为。最典型的是张小凡。他集佛、道、魔三教于一身，得阅《天书》五卷，成为修为最高的人，但他始终没觉得这有什么意义，有什么值得骄傲的地方。十年中他唯一牵挂的是碧瑶，他活着的目的就是有一天碧瑶能复活。他是书中最有情有义的男子，所以，才能成为修为最高的人。因此，人道即仙道，人道即天道。

作品想象丰富，气势宏伟，是仙侠修真中的佳作。作者在作品中为我们虚构了诛仙剑阵、四灵阵、八方玄火坛等诡异阵法；写了诛仙剑、崭龙剑、天琊剑、噬血摄魂棒、合欢铃等神奇兵器；有御雷真诀、大梵般若、吸血大法等威力巨大的武功。这些东西有的与以前的武侠小说有关，但大部分是作者新创，体现出作者对武侠文化有较深的浸润，也有较好的想象力。打斗描写气势宏伟，场面壮阔。作品描写了几次大的打斗场面，两次正魔大战，一次人兽大战，都发生在青云山上。作者的描写虽谈不上波澜壮阔，但气势上还是不错的，特别是诛仙剑的使用，作者写得有声有色，颇见功力。

整体看，《诛仙》与金庸等的武侠小说相比，并不逊色，但缺点仍然非常明显。一是在武功的描写上与金庸等名家差距明显。武功的招数、路数作者基本心理没谱，所以不敢多写，都是语焉不详；甚至连作为三大正派之一的焚香谷是什么武功，修的什么道也是含含糊糊；鬼王到底是什么武功（就是天书第二卷吗），合欢派情况怎样，百毒门情形若何，都是含糊其

---

① 这些都是传说中的猛兽。但作者故意以注的形式说出自《神魔志异》，不明真相的读者容易受骗，以为《神魔志异》确有其书。

三、第三代写手

辞。二是书中线索虽不多,但漏洞颇多。如周一仙、鬼先生到底是什么人,始终没有交待。作为先锋小说,这样写法大家可能觉得没什么,但作为武侠修真通俗小说,这样的漏洞非常刺眼。再如苍松道人的叛变显得突兀,逻辑性不强。苍松是青云门的第二大人物,没有任何受委屈的地方,魔教长生堂提供的职位也不可能比青云门高,仅仅为了一百多年前师兄万剑一没当上掌门,突然叛出青云门,没有任何逻辑性可言。①

萧鼎后来的写作很大程度上都围着《诛仙》打转转,但没有一部作品能够超越《诛仙》。看来,完成《诛仙》后,萧鼎并没有调整出来,没有寻找到新的创作点。我们期待萧鼎新的好作品问世。

65. 血红

血红,原名刘炜(自称猪头),曾用笔名 ricewhu,男,苗族,1979 年生于湖南常德,现居于上海。肄业于武汉大学计算机系。当今网络文学玄幻领域极具人气的作家,起点白金签约作家。最早(2004)晋身年薪 100 万级的网络写手,2012 年的"中国网络文学富豪榜"中,以 5 年版税收入 1400 万列第 5 位。

血红生于传说中的桃花源,但居于中国匪名极盛之地——湘西,故天生带了三分匪气。自幼读书,艳情言情,神话鬼怪,近代传记,阅览无数。不同于此前的勤奋好学,大学时的刘炜犹如脱缰野马,无人管教,成为传说中的问题学生。离开武汉大学后,又因上班时玩游戏而被扫地出门。2003 年,待业的刘炜在武汉游玩数月后发现,从事网上创作的人数逐渐增多,但文字功底较之自己大都不如。所以,他便凭一台借自朋友的电脑,开启了自己传奇般的创作。②

---

① 参见聂庆璞:《网络小说名篇解读》,中国社会科学出版社 2011 年版,第 213—217 页。
② 参考百度百科"血红"词条,http://baike.baidu.com/link?url=TelY0ESW6RHib8Lwuj3D9LWJy4-jSPJj9IAYFJPtnpQcDaFKZCXWjd6Y4l9a7QYE#5。2013 年 9 月 19 日查询。

他的第一篇作品是《林克》，这时他用的笔名是 ricewhu，这本书并没有写完，只写了7万多字，因为很多人骂，所以写不下去了。血红很恼火，自己认真写作，你们还这样骂我，干脆写一部流氓书算了。于是开始了他"流氓系列"的创作。第一部《我就是流氓》，这是一本28万多字的网络"短篇"，主角开始是一个小流氓，后来蚩尤附体，变成了超级大流氓，充满了征服欲和破坏欲。意想不到的是，这本书红了，它很对读者的胃口，广受追捧。在此情况下，他连又写了三部续集，分别是《流氓之风云再起》《流花剑录卷》《龙战星野》。流氓系列奠定了血红在网络界的写作地位，也为他赚得了第一桶金。他成为最早晋身年薪100万级的网络写手。接下来的两年时间里，他改用现在的笔名"血红"，他完成了《升龙道》《邪风曲》和《神魔》三部重要的作品。

2006年，血红从起点转战17K小说网，重写了《林克》，创作了《逆龙道》《巫颂》等作品。可能17K小说网的环境并不适合血红，2009年血红重回起点。在起点又创作了《人途》《天元》《道行纪》《邪龙道》和《偷天》等多部小说。2012年4月，他的新作《光明纪元》登陆起点中文网，目前已完成600多万字，获1600多万的点击，正火热连载中。

正邪，谁人能定？善恶，任你评说。看破万物本源又如何？所作所为，不过是为了存活……《邪风曲》是血红的经典著作之一。市井街头混混厉风，偷了一个小钱袋，结果被无数人追杀。幸而遇上了古怪的老道萧龙子，厉风一通胡话之后，被劫持到了修道门户一元宗，做了辈份最小的弟子。奈何一元宗的那群修道士，个个懒散得离谱，除了成天自己闭关修炼，根本就不理会厉风的日常功课，前途"无亮"啊！厉风在一元宗呆了六年，除了见识到一元宗修道士的实力与自己的一些感悟外，就是把那些道法高明的修道士耍得团团转，其他一无所得。某天，一元宗在毫无防备的情况下被别人灭了门，厉风流落到了社会，但遇见了燕王朱棣的世子，混进了王府。后经种种奇遇，又改名吕风，终修成超级高手，恢复了一元宗，并揭出幕后最大的阴谋。

人物是作品的灵魂。《邪风曲》的主角厉风张扬跳脱，不拘小节，思

三、第三代写手

维周密,精于算计。然而,当面对当权人物时,却又难登大雅。如此,作者便把一个小人物的市井本质刻画得淋漓尽致,令人拍案叫绝。厉风非人非仙,亦正亦邪,为达目的不择手段,但尔虞我诈之后,那偶尔滴落的泪水、迷路孩子般恐慌的脸,却倒映着他心底的赤子之心。刹那的真实中,我们仿佛瞥见一个恐惧的男孩无助地站在那里,默默地守着世界,无法逃离。在作者的塑造下,主角厉风得到一个残缺却真实的灵魂。该作品继承了作者前面的流氓风格,与一般的修真小说迥异。

《升龙道》是早期血红的代表作,据说该书救了起点,当时"有《升龙道》一出,谁与争锋"的说法。由此,可见当时该书的气势。作品叙主人公易尘,被人陷害后为师门所弃,并废去全身道行,辗转来到英国伦敦,为成为一教父级别人物而打拼。依次遇到教廷叛徒杰斯特、菲尔兄弟、菲丽、凯恩部队、契科夫等各色人物,更使自己成为了人物。他先是统一了伦敦黑道,然后开始和黑暗议会也扯上关系。因自身与中国道德宗的恩怨,双方纠葛时,致使菲丽重伤。易尘伤心之后,为救菲丽,出了地球,后又辗转来到仙界、神界,最后遇到终极 BOSS 鸿蒙,不知怎么就把其吸收了。然后一行人回到地球。血红自己说:本书讲述的是一个不怎么好的人,做尽了"坏事",偏偏让人感觉酣畅淋漓。

这部作品还是继承了血红的"流氓"本性,只不过流氓得有智慧一些。"流氓系列"中的流氓大多是暴徒,而易尘这个流氓是动脑流氓,他学会了用智慧战胜对手。该书在结构的设计与情节的把握上也比血红以前的书有巨大进步。

文明的宿命,毁灭和复苏,无止尽的轮回。原罪的深渊,世界被崩毁,只有余烬残存。黑暗笼罩下,无边废墟中,唯有一人独行。将血罪消泯,撕破那黑幕,光芒笼罩大地。《光明纪元》是一篇玄幻巨著,目前虽还没完成,但其同名网络游戏已由盛大北斗工作室投入数亿资金进行改编研发。该作品开书 21 天就成起点"百盟书"①，创造了起点"百盟书"记录。

小说背景发生在一个烽火连天、硝烟弥漫的纪元。大陆中，教会里的教权之争，教会与国家的执权争夺，国家与国家之间的利益分割，都让这个不宁静大陆备受战火的煎熬。黑虎家族的唯一直系血脉继承人——林齐，因被人陷害被抓进"黑渊神狱"。而神狱里的异教徒、恶魔、恶鬼、巨人和上古生物等，却使林奇不断成长。从神狱出来后，林齐被卷入纷争，他利用自己的神秘力量周旋于各大势力之间，最终站在大陆之巅，迎接光明纪元的到来！

血红的文笔有一种很痞的风格，网友戏称为"流氓风格"。首先，他笔下的人物有血有肉，栩栩如生，让人难以忘却。但亦是因为这种一成不变的"流氓风格"，致使他笔下的人物略有重叠现象。其次，他笔下的男主角总有猥琐的一面，流氓系列尤其明显，后面的也一样。如"那一眸遐想"，"具体的，佛曰，不可说"，随处可见。此外，他的小说总能不断激起人的愤怒和血性，却在最后告诉读者：大道无为，天道茫茫，人力不可抗争。因此，他被网友称为"现实作家"。最后，他笔下女主角极少，即使有，历经千难万险后，却不一定能修成正果。所以，他也被网友谑称为"虐女作家"。其实，血红自己感兴趣的也就是"古惑仔"一类。

有网友读者评价说，血红的书，我看后是一个感觉：爽。他的书文笔细腻中又透着一股"烧刀子"的劲力，其中的搞笑，其中的言语，字里行间的黑暗哲理让看书的人沉醉在他的幻想世界之中不愿觉醒。

（李松涛）

---

① 百盟书是起点的一种荣誉。"盟主"是起点粉丝的一个等级，如果一个读者在某本书中获得 10 万粉丝积分，则可以成为该书的盟主。如果一本书的盟主超过 100 个，则称"百盟书"。目前为止，起点的百盟书一共只有 14 本。

66. 烟雨江南

原名丘晓华，本科毕业于复旦大学，毕业后进入新华社，任记者。数年后旅英留学，取得硕士学位后回国发展，加入北京一家特大型投资公司，其间先后从事证券分析与投资、风险投资、并购与重组业务。目前任职于国内某知名金融机构。

2003年，烟雨江南开始在起点中文连载《亵渎》，2006年载完，记者出身的他出手不凡，《亵渎》获得巨大成功，被称为网络小说史上里程碑式的存在、玄幻小说的代表性作品。三年时间内点击量达2300多万，600多万推荐，高居推荐榜第九位，收藏更是高达13万之多，足见火热程度。2006年，烟雨江南入驻中文在线旗下17K小说网，成为其签约作者。在17K小说网上发表的作品有《尘缘》《狩魔手记》《罪恶之城》（连载之中）。出道10年，发表4部作品，尽管字数不少，但在网络写手中的成绩属于一般。但烟雨江南的作品，部部经典，却是罕见。他在17K小说网的许多纪录目前一直无人打破。他是网络中最具实力也是最认真写作的写手之一。

在2008年的"网络文学十年盘点"活动中，烟雨江南独得两个大奖，一是"十佳人气作品奖"（《亵渎》第一），二是"十佳优秀作品奖"（《尘缘》）。2010年6月，因为其写作的突出成就，由17K小说网推荐，中国作协吸收其入会，成为中国作协正式会员。

烟雨江南四部作品部部出彩，但大部分人认为《尘缘》是他的代表作。故事叙一块青石，因为听得一巡界仙人诵读天书九卷之故，得以脱却石体，修成仙胎，却无意中纵走一只天妖，被降罪打入浊世，而那位巡界仙人也因此被清退仙班，在堕入轮回之前，两人相约三生。两仙堕入人间之后，各种势力三派九流都来争夺他们，壮大本门势力，引得人间和天堂大乱。其实这只是仙帝的一个阴谋——仙帝为消灭竞争对手大罗天君设置的一个惊天阴谋。吟风也好，顾清也好，还是道德宗，甚或他们着意培养的纪若尘等都只是仙帝的一颗棋子，一个可资利用的工具。在人间他们好像法力无边，在仙帝眼里，他们一钱不值。最后，他们都看穿了仙帝的阴谋，全都逃离了仙界，重新开始自己的生活。

《尘缘》与《西游记》有异曲同工之妙，烟雨江南另辟蹊径，独创了一个仙界，完全不同于《西游记》中天界的那套游戏规则，使《尘缘》同样具有吸引力。作品结构非常复杂，人物众多，内涵深厚，非一般的网络小白文可比。2009年4月，由《出版商务周报》与《长篇小说选刊》联合八家主流文学网站主办的第二届"中国网络文学作家风云榜"活动中，《尘缘》荣登榜单。其评语为："烟雨江南的《尘缘》是一场世俗意义上的青梅竹马和非世俗意义上的日久生情之间的较量。作者在人物的刻画或细节的描述上，都显示出了较好的叙述能力。"我以为这个评语只道出了作品的一部分，作品的大结构不是爱情，而是揭示社会统治的黑暗。在统治者眼里，所有伟大的爱情都不值一提。

网络文学十年盘点审读委员会是这样评价《尘缘》的：《尘缘》是一部读来给人既有似曾相识之感、又完全创出新境界的作品。作者功力深厚，储备丰富，"法宝"众多，语言精炼，无论是仙界还是凡尘，都描绘得生动传神，活灵活现。作品刻画人物的功夫尤其见长，众多人物，各个鲜活，不论真人道长、魔头小妖，还是人间众生，皆能描绘得入木三分，一颦一笑，一谈一吐，个性鲜明，栩栩如生。作品成功地塑造了纪若尘这样一个阴错阳差、假冒"谪仙"的道德宗弟子血肉丰满的文学形象，他的命运始终被读者深深牵挂。作者的丰异想象力帮助他把此书的细节描述得令人惊叹，出众的讲述才华使作品令读者不忍释卷，独到的文学情愫让这部作品在情节性可读性之外还具备了抒情诗般的心灵感动，某些场景某些细节（譬如顾清和纪若尘初见那一幕）堪称绝唱。一部这么长的作品，能让人一口气读下去，连连拍案，欲罢不能。读过之后，除了过瘾之外，情感上还留下了深深憾叹，心潮泛起不断的涟漪。这样的小说，即使算上纸媒的传统文学作品，又能有几部？

《亵渎》以西方文化背景讲述了一个具有东方哲学内核的故事。该书将不可调和的矛盾双方置于一个统一的整体当中,讲述了一个规则与挑战的故事。凡人就如同棋盘上的棋子,强者则是规则下力量极至的体现。而诸神卓立于棋盘之上,摆弄着众生的命运。凡人罗德里格斯的反抗、黄金狮子奥菲罗克的堕落,都是规则力量的结果;而圣骑士与魔族公主的结合、死灵法师对圣殿的叛逃则是规则压制下迸发的挑战的火花。烟雨江南巧妙地将规则与挑战的力量架成《亵渎》的结构,种种矛盾的错综复杂的对立绞杀间,将小说的艺术魅力挥洒得淋漓尽致。

《狩魔手记》的故事发生在核战之后的地球,讲述一个少年"苏"在魔兽丛生、人心崩坏的环境里自力更生,通过个人的奋斗来争夺生存空间的故事。该书带有积极向上的正面宣传意义,是一部具有曲折震撼情节和超群想象力的励志类科幻小说。

核战过后,杀戮开始蔓延到整个世界。人间秩序完全瓦解,弱肉强食成为第一原则。当欲望失去了枷锁,就没有了向前的路,只能转左,或者向右。左边是地狱,右边也是地狱。《狩魔手记》其实是烟雨江南对人性的思考,对力量的反思。小说情节充满了神秘,但作者对神秘的描写并不是停留在一般的玄奥立场之上。《狩魔手记》书中的传奇人生是凡庸细密的,是有浓烈的日常经验的。该小说刚一出炉就受到读者疯狂追捧,在首发站 17K 小说网上获得了新书榜、鲜花榜的第一名。每周有近百万的读者通过 17K 小说网阅读该作品,每天发布的书评和留言数也超过了 2000 条。作者的绝妙手笔和读者的热烈追捧在小说刚发布 6 万字的时候就引来很多出版社的青睐和关注。

《罪恶之城》叙来自阿克蒙德家族,背负着沉重的期望,那身具恶魔和精灵血脉的少年毅然走向毁灭与重生的战场。放不下的执念支撑着他踏过熔岩,冲破深冰,更在绝域战场中纵横杀戮,只为打倒遥遥前方那个巍巍身影。作品中基于"阿克蒙德"家族的冷静叙事,让人不由想起哥伦比亚著名作家马尔克斯的巨著《百年孤独》。该书上线仅一个月,就已拥有超过 300 万读者,在 17K 小说网上获得超过 280 万张"贵宾票",甚至创造了作者一天最高收入 7 万元的业界"神话"。有评论者大胆预测,《罪恶之城》有望成就网络文学中类似《百年孤独》的经典之作。

在网络小说日益浮躁和商业化的时代,烟雨江南的作品一直保持着其独特的魅力,引领着网络文学的潮流。烟雨江南善于写情,写人,其作品无论是情节设计、语言风格、世界观构架、讲故事的方法、埋伏笔的深度,都达到了极高的境界。

烟雨江南凭借其深厚的西方文化功底,天马行空式的奇思妙想,唯我独尊的超绝笔触,厚积薄发、精益求精的创作风格,加上成名作《亵渎》、畅销作《尘缘》等多部作品的人气积累,当之无愧地成为华语玄幻小说的领袖人物之一。

《长篇小说选刊》编辑部副主任马季在"网络文学十年盘点"活动中评价其作品时曾指出:"烟雨江南的作品,其小说情节充满了神秘,但作者对神秘的描写并不是停留在一般的玄奥立场之上。烟雨江南笔下的'传奇人生'是凡庸细密的,是有浓烈的日常经验的。"

(王涛)

67. 燕垒生

燕垒生,男,原名张健,1970年出生,浙江杭州人。工科出身却喜爱诗文,大陆最优秀的网络原创作者之一。作品题材多样,涵盖武侠、科幻、恐怖、玄幻以及旧诗文与现代文学创作。网络文学"先驱"之一,与痞子蔡、李寻欢、宁财神、慕容雪村等是同时成名的作家。

燕垒生说自己很早的时候就想当一个作家,但自己学的是工科,看来是没希望了。他最早进行创作,大概在1990年,用笔记本写了三大本蛇人围攻人类的故事。据说写完第三本以后,第二本找不着了,对他造成很大的打击,也因此中断了写作。5年后出现了网络,让他欣喜若狂。开始是看,接下来自己写。初期驻足榕树下,作品点击超高,俱属精品。如《武道》《瘟疫》《癫狗》《妖楼》等等,其中《瘟疫》获得2000年榕树下十大作品。《妖楼》点击达到17000,是当时点击最高的,远远超过

三、第三代写手

其他作品。

《天行健》最早也应该是发在《奇幻世界》杂志上,后发到网上。这部书在网上评价很高,认为是早期网络作品中的经典之一。该作品2003年5月5日在起点中文连载,到2006年5月才载完第一卷。后面第二卷、第三卷及其他的一些番外放到了其他网上,直到2009年才载完。所以,该书虽早期评价很高,但由于更新太慢的原因,以及不全的因素,导致该作品在市场上一直表现不佳。2009年大陆简体版出了7册,在市场上得到了一定认可,但似乎没有大红。

燕垒生作品发表地点不定,有时在网络上,有时在博客中,更多的是在杂志上。所以,他的作品很难找齐,甚至一部作品都不在一个地方,如《天行健》,让喜欢他的读者感到不方便,这影响了他作品的市场份额。

燕垒生的作品众多,除上面提到的外,还有玄幻作品《贞观幽明谭》《地火明夷》,惊悚短篇《白夜》《深井门外的脚印》,武侠《道可道》《轩辕剑之天之痕》《武功院》,科幻作品《西摩妮》《礼物》《猫梦街》,修真小说《修罗宫》《摩耶境》《无量劫》,以及《武道》《南柯》《移家记》《夜雨幻》等等。

《天行健》是他的代表作,是一篇波澜壮阔的架空历史作品。小说从帝国军讨伐共和军叛乱开始讲起。由武侯所率领的帝国军攻下了共和军的最后一座城池——高鹫城。作为前锋营百夫长的"我"(楚休红),因为首先攻破了城门,而被武侯器重,赐给了"我"一把刀——百辟刀。自此,我的生活发生了翻天覆地的变化。

还沉浸在大获全胜的狂欢喜悦中的帝国军,突然遭到了一群妖怪的袭击,就是蛇人。蛇人上半身长得像人,下半身是蛇,行动灵活,又力大无穷。在蛇人的围困下,帝国军虽全力抵抗,但因差距过于悬殊,最终全军覆没。"我"和另外七人乘坐飞行机逃离了高鹫城,其中一人是"我"心中的爱人——"她"。

面临着被灭种的危机,帝国在全国最有权势的人——文侯的带领下,开始了反击战。"我"在经过了无数意想不到的事情之后,成为了文侯的亲信,官阶不断提升。但在"我"的心里,"我"所作的一切不为帝国,只为自己想守护的人——"她"。"她"虽然和"我"在从高鹫城回京的路上有过短暂的相聚,但回到京城后"她"却成了大太子的侧妃,这令"我"的心时时隐隐作痛。并且通过对官场上大臣们互相倾轧、排挤的深入了解,"我"对帝国存在的意义产生了怀疑。在这些复杂的环境中,"我"虽然迷茫于自己的处境,但生在乱世,身不由己,但还是有自己的原则和追求,最终为了自己的理想,从容地走向了断头台。

作品虚构了一个庞大的自足空间,穿插了无数中外历史的典故,倘若深入其中,不难发现某些史实的模拟。文间流露出的,除了小说奇幻的情节,人物细腻的刻画,更多的是针对普通人对生活、自由的追求,一个过来人对历史的反思,一个文化分子对时政的不满。文章越向后,这种意向越明显。书中融道家哲学的精髓、禅宗思想的玄妙于荒诞、惊悚之中,折现出了中国古老文化精髓。当然,这种迥异俗流的创作手法,更多的反映了生活的真实,多了几分人生的况味。作品中,还有着浓浓散不去的命运的悲哀。

《天行健》最吸引读者的无疑是真实,真实的人物互动,真实的战争场景,真实的单兵打斗,真实的政治黑幕,真实的内心挣扎,这种能让读者身临其境、心驰神旋的真实感,在众多的网络玄幻作品中不说独一无二,也是屈指可数。不论是战场上的明刀明枪还是官场中的勾心斗角,都做了深入刻划,让人深切感受到战争的残酷。出色的氛围描写让人有身临其境的感觉。战争的惨烈,勇士的无畏,情节的多变让人把心提到嗓子眼。作者对人物的描写也有独到之处,往往几笔淡淡的素描就把一个个活生生的人物跃然纸上。

战争是此书的另一大看点。作品从一个中级军官的视角写战争,写出战争的残酷血腥和对人性的无情摧残,写出局部战斗场面的惊心动魄。作者还花了很多的笔墨来反思战争,探寻和质问战争的本质,这在争霸夺天下流行的网络玄幻作品里,不啻是一股清泉。战争是什么?战争是政治的延伸和补充，战争是少数统治者争权夺利的游戏。作品中，战争虽然被赋予了另外一种意义——人类生存的自卫，但依旧脱离不了政治重重的暗影。苍月公的诈降，柴胜相的叛变，岛夷之乱，甚至军队指挥官的任命都离不开政治斗争的影响，这才是写实的战争，这才是写实的政治。

燕垒生国学基础扎实，引用资料翔实，反映在作品中，即细节丰富准确，底蕴充实。善于状写人物矛盾的内心世界与复杂的人际关系，白描化的描写平实准确，清爽干净。他的作品不是后代的小白文所能比肩的，当然喜欢小白文的读者也不一定喜欢他这种有意味的作品，尽管它们都是玄幻作品。

68. 云天空

云天空，原名李星，男，祖籍四川遂宁，1976年生于北大荒，现居山东威海。网络文学职业写手。从小爱好文学，喜看各类文艺书籍，因所读中学禁看小说，硬是把字典和词典翻看数遍。大学毕业后，工作清闲，闲来无事，于十年间，看遍市内大小十数家书店数万本。凡带字者，不分类别，尽数生吞活剥。书看尽时，便在朋友的介绍下，于网络上浏览小说，后接触玄幻作品，大为意动，于2005年1月起在起点中文网尝试写作，其中《幸运魔剑士》以及《网游——梦幻现实》因想象丰富、情节夸张、更新速度快、阅读愉快而大受欢迎，进入当时起点订阅前三，也奠定了作者在网络写手中的地位，成为起点当时八大签约作者之一。

2005年10月10日，云天空的新书《邪神传说》在起点中文网正式上传，刚一过3万字这个新书榜的限制，便牢牢占据第一，无人能够撼动。而在点击榜的位置也是节节攀升，新书期还未结束，就已经成为周点击第一。随后，更是达成了点击榜和推荐榜双榜第一的骄人成绩。而在以后长达8个月的连载时间里，它从来没有从点击榜和推荐榜上消失过。而且，推荐榜的第一自从它出现以后，便再也没有了别的作品的机会。直至此书完结到现在,《邪神传说》仍以总2300多万的点击数占据起点总点击榜的第七名,以总490多万的推荐占据总推荐榜的第十一名,以接近15万的收藏占据总收藏榜的第十四位。[①] 2005年一年,云天空写了三本巨著,600百万字,其写作之神速,不得不为人震撼。

2006年6月,云天空与起点（盛大玄霆公司）合作期满,云天空认为以前的合约不公平,侵犯作者权益,拒绝再与起点续约。7月,云天空携转型新书《混也是一种生活》正式加盟17K小说网。起点作为报复,将云天空存于起点中文网的《邪神传说》还没有上传的197章100多万字VIP章节,全部一次上传。给云天空造成巨大的经济损失和精神冲击,云天空在协商未果情况下,将盛大玄霆告上法庭,法庭判决玄霆赔偿云天空经济损失12万元。云天空因为此事受到很多人的攻击,一度卧床不起。

2009年1月1日云天空再次与玄霆合作,回归老东家起点,相继完成了《X一龙时代》《写手风流》《大地武士》等书。2011年11月13日,沉寂一年之久,云天空再发新书——《双魂召唤师》。

《邪神传说》是云天空小说的代表。故事叙一个10岁的天才小男孩——冶金,机械的双料博士——冷莫,以10元的价格从叫花子那里购得了《九阳真经》和《百战刀法》两本武功秘籍,从此开始了他的传奇生涯。在一场事故中,他来到了魔幻世界,凭借其超群的智慧,把众多武功与百战刀法和九阳真经融合,形成了霸绝天下的七绝斩,凭借着其亲手打造的一代邪刃——邪神斩,冷莫开始啸傲魔幻界的旅途！主人公最后成为九阳神功＋烈火斗气＋火系魔法＋火凤凰幻兽聚集于一身、遇神杀神、遇佛杀佛的杀神。

《邪神传说》属于典型的网游小说。名不见经传的少年,因为一次不可思议的经历遂练就绝世神功。该书文笔并不出彩,情节也很一般,人

---

① 参看百度百科"云天空"条,http://baike.baidu.com/view/208378.htm。2013年5月20日查询。

物形象粗糙，是最为典型的 YY 小说，还在连载的时候，许多人就很不理解为什么此书能够长排第一。因为除了乱七八糟的无上神功之外，实在没有什么谈得上文学的造诣。究其原因，可能该书是当时更新最快的书，每天的更新量，可以让读者过一把瘾。另外，作品主角连中头彩的运气和经历迎合了读者的趣味，满足了他们的猎奇心理，就是 YY 得读者的心理都舒服了。再加上作者是当时国内较早采用此类模式写作的作家，作品脱颖而出倒也符合阅读心理。

该书有一个创新就是将武功与魔法结合起来，创造了一种前所未有的功夫。以前这两个东西属于不同的体系，一个是西方的，一个是东方的，两者绝不混在一起。现在作者将这两个东西集于某一身，打造出独特的功夫运用，终于达到了 YY 的最高境界。

《混也是一种生活》是云天空的转型之作，尝试描写一个没有异能奇功的普通都市少年一步步追逐梦想走向成功的艰难历程。这次的转型非常成功，作品发布以后成绩斐然，牢牢占据了各大重量级榜单的前三位置。

作品讲述的是三个大专毕业生走向社会的故事。坚毅果敢，义气过人的张少宇；聪慧狡猾，行事狠辣的李丹；平凡但却执着的梁进，三人联手演绎了一部经典的都市传奇。小说充满励志的气息，十分符合年轻人的口味，尤以张少宇一角塑造得形象生动。

回归起点后，云天空基本又回到了网游小说的写作上，看来，虽然《混也是一种生活》成功了，却不是他的擅长。

对云天空的写作，见仁见智。就云天空在网络的影响来说，他属于大神级的写手。其作品一出现就会登上排行榜，受到许多网友的追捧，不可谓不受欢迎。他的作品也大都出版了，既有大陆版的，也有台湾版的，说明出版商也还看好他的小说。但是，云天空的作品从未获过奖，其本人很少获得过什么大的荣誉，其作品很少有人研究，这不能不说有些遗憾。

个人认为，云天空的小说过于 YY，超过了一般的网络小说，使得行家们觉得这样的作品就是玩笑,没有太大的价值。再者,云天空的作品内涵确实粗浅,经不起过多的分析,估计他自己都不知道要表达什么。还有,云天空的语言也一般,没有特别出彩的地方,也没有特色,很难让人特别留意。另外,作品的故事构架,人物塑造等都平常。这些可能就是云天空的作品叫座不叫好的原因;也是云天空作品文学性的真实写照。

但是,云天空的创新能力还是可圈可点的。网游小说的创作,新武功的尝试,不同题材小说的探索等。另外,云天空还注意开创文学市场。他通过注册"云天空"和"混也是一种生活"两个无线网址以指向自己手机小说页面,一举成为了首个收入破百万元的无线网络写手。现在这种方式已为各大网站所使用,都开发出了自己的手机终端,以方便阅读和赚取收益。"云天空"新尝试的巨大成功,让那些一直苦于寻不到手机文学盈利模式和对其持怀疑态度的人们擦亮了双眼,然而这只是在新媒体文学盈利模式的探索路上迈出的一小步。随着技术的进步,新媒体的能量也在逐步被放大,然而如何在"有利可图"的市场上图得一利依然是发人深思的问题。

69. 青斗

青斗,男,原名左仁义,1971年生,吉林省辉南县人。出身中医世家,毕业于长春中医学院,现为自行医执业中医师。行医闲时进行文学创作,吉林省作家协会会员。

青斗是一个深具中国文化修养的作者,其写作大多与传统文化有密切关系。最先出版的作品是有关中国围棋的古曲棋侠传《仙子谱》,其后写了都市传奇类《石格里拉》,还有军事类《猎杀——狙击手传奇》。现在正在创作"中医药"系列,已完成3部6本(它们是《医林志1:双龙传》《医林志2:太素神脉》《一代宗师:乾隆御医黄元御》《大中医:针灸铜人》《大中医2:天医堂》《大中医3:医行天下》,此系列作者计划写

三、第三代写手

8部15本)。此外还有作品《森林帝国》《现代江湖传奇录》《追踪者》等。青斗的作品大气,文化功底深厚,但在网上并不怎么红,反响平淡。随着中医药系列的出版,青斗的作品受到越来越多人的关注,其价值正在被发掘。目前已有三部作品正被改编成电视剧。

《仙子谱》在1996年就开始写了。2006年,青斗带着十年磨成的剑——一蛇皮袋重逾百斤的书稿来到昆仑出版社,结识了其中一资深编辑。由于某种原因,昆仑没有出版该书,经该编辑牵线搭桥辗转波折,2007年3月光明日报出版社出版了该书的第一卷《仙子谱I》。可能是为了给书本造势热身,在书正式面世前,青斗开始在起点中文连载《仙子谱》。但该书在起点的反应平平,最终只获得2万多的点击量,1000多的推荐。

可能这本透着文化的书没有得到市场认同,青斗从市场出发,写了诸如都市传奇类的《石格里拉》《现代江湖传奇录》,军事题材类的《猎杀——狙击手传奇》等一些作品。这些作品虽然是热点题材,点击量也比《仙子谱》高一点,但也不怎么成功。青斗开始反思。然后转向自己的本行——中医,开始创作中医系列小说。随着这些小说的面世,青斗的创作也终于得到了社会和市场的认可。书籍一本接一本出版,影视改编正在展开。

《仙子谱》是一本很好的小说。讲述明万历末年,围棋少年方国涣经高人点化,终成超一流高手。岂料,小小棋盘也可作恶杀人,纹枰之间亦可拯危救世。于是,方国涣行走江湖,以黑白之子介入世道纷争,终以正义之棋战胜邪恶棋手,并由此参透了"人生如棋,世事如棋"的至高境界。

这部小说场面恢弘,人物众多,故事情节离奇复杂,立意高雅。其丰富的社会内涵和中国传统文化的承载令人惊异。小说中所描述的棋道经纬、武术源流、古代美食、山川风景、市井面相、中医精神等等,无不通透着中国古典文化品质。①

---

① 《仙子谱》读者书评,http://read.qidian.com/BookReader/96398,21555787.aspx,2013年7月12日查询。

西南大学文学院教授、学报编审韩云波认为该书具有深厚的中国文化元素:"经过素养、人格、通识、大道这样一个序列,《仙子谱》的'好看'与'耐看'就逐渐呈现出来——棋本身是一种雅致的文化,包含着精微与通弘,而'棋道'与'天道'的结合,形成在'路上'的基调,这就把神秘文化与精英文化结合起来,使之具有文化的厚度。"道"本身是一种抽象的文化,包含着哲理与实践,而棋道与世俗的结合,形成在'江湖'的背景,这就把幻想文化与现实文化结合起来,使之具有文化烈度。在文化厚度与烈度之间,更交杂了武侠、奇幻、情感、社会以及种种传统文化之博大精深的深髓韵味。"①

在中医系列小说中,《一代宗师:乾隆御医黄元御》为人所称道。该书叙明代中医黄元御的传奇故事。他偶识江湖侠女莫如萍,情愫大开。莫父医雍正皇帝"丹毒",雍正畏毒不敢服药,因此避祸逃离京城,终被杀身亡。莫如萍从此亡命江湖。他苦读《伤寒论》,三年而解,从此参悟医道之秘,成为一代明医(明于医道,至精至诚的医生)。在家乡时就留下了"雪埋双公子""翻江倒海挪大背"等传奇医案。后游江淮,苏州城内"一针救两命",收江南四弟子。他游历京城,医好乾隆皇帝之疾,被赐御医,名震京师。而后专心著书,重新阐释群经。将自己在医道上的感悟,传于后世。为解莫如萍之围,黄元御自创一种"卸力散",将追杀莫如萍的大内高手索伦那阿的功力散去。也因此令索伦那阿毁去了可激复黄元御中气的唐琴"暴雪"。他耗尽心血,终于著成了《四圣心源》等十一种医书和另外三部著作。成为祖国医学发展史上,自"长沙而后,一火薪传"的"一代医宗"。

作者以深厚的中医学养和生花妙笔,钩沉辑轶,为读者塑造了一个耿介热衷、侠骨柔情的名医形象。对于黄元御这个清代名医,青斗充满感情。在写这部书的过程里,青斗遍查史籍、医案,倾注了大量的心血。

---

① 韩云波:《寻找〈仙子谱〉的文化突入口》,http://read.qidian.com/BookReader/96398,21555796.aspx,2013 年 7 月 12 日查询。

"雪埋双公子""翻江倒海挪大背""一针救二命"等一个个拍案击节、精彩绝伦的医案令人不忍释卷。我们从这些医案中再次领略了国医圣手庖丁解牛般的高妙医术,对中医这门古老的医学门类心生敬畏。

在书里,青斗运用渊博的中医文化知识为我们搭建起了一个"岐黄空间"。这个空间里所有的"生活流"和所有的"例证性"动作都带有明显岐黄痕迹,情境激发也源自于岐黄(诸多精彩医案),像青斗的其他中医小说一样,在这部书里,笔墨从不被浪费,这样就决定了青斗得益于中国传统话本营养的叙事方式,在"草蛇灰线"的文字埋伏里,情节跌宕,引人入胜;与此同时,画面感也得到了空前增强。传统笔墨与现代的叙事方式的交媾,不仅迎合了当下的阅读习惯,也迸发出了瑰丽奇幻的阅读快感。①

青斗是一个非常有才华的作者,不仅文化功底深厚,文笔也非常优美。相信通过作者的不断努力,终将在我国文坛上获得应有的地位。

---

① 徐锡前:《如椽巨笔为岐黄做传,悬壶痴心添杏林春色——读青斗〈一代宗师——乾隆御医黄元御〉》,徐锡前新浪博客,http://blog.sina.com.cn/s/blog_49914daf0101c4wz.html,2013年7月12日查询。

其它类

70. 叶听雨

叶听雨,男,上世纪70年代出生,云南昭通人,为某机关单位秘书。自称自幼生活在贫困县,对农村情感深厚,热衷于描述现实生活中的人物。贫穷的物质生活反而增加了他精神生活的丰富,对生活充满热情,对现实生活中形形色色人物充满关注与好奇,并将通过文字表现出来。是长期在网络上发表各类文章的网络写手,创作是他的精神追求,同样也为他带来了物质生活的丰盈。其小说《脸谱》在2008年的网络文学十年盘点活动中荣获"十佳优秀作品"。

作品除《脸谱》外,还有《枪长》《八步官途》《仙人板板》《官血沸腾》等。

叶听雨的网络创作开始并不顺利,《枪长》并不是他的第一部作品,他之前曾将自己的作品上传起点中文,但审核未通过。他只好另起炉灶。《枪长》上传后,得到了很大的关注,点击率在当时可以说是很不错的。《枪长》主人公名陈四清,外号枪长,作者说他是一个农民,一个好吃懒做、贪财好色、胆小如鼠、卑鄙无耻的农民。他在村里胆小怕事,所有人都瞧不起他,外出打工又吃不了苦。一次犯事判了刑,在狱中受几个高人教导,10年后出狱,从此成为江湖一霸。作者开篇就告诉大家是YY小说。但该作品在给读者带来YY快感的同时,抨击黑暗,讽刺现实生活。在都市里,世界黑云重重,邪恶的人与邪恶的人渣之间血腥斗争,但深藏在邪恶里的善良也有时闪光在邪恶的斗争里。枪长的故事就是这样一场邪恶的游戏。

三、第三代写手

叶听雨真正的代表作是《脸谱》，这本书意外的获得了网络文学十年盘点的"十佳优秀作品"。作品讲述一个出身屠户的少年朱自强，从困苦生活中艰难成长，最后晋身高级官阶的奋斗故事。命运在给他一个聪明绝顶的脑袋的同时，也给他的家庭送来了一场又一场的磨难。他收到全县第一名的中考成绩单当日，父亲突发脑溢血去世。大哥不顾血缘亲情，私吞了丧礼钱，二哥因为寿棺之事伤人外逃，剩下他和母亲两人贫苦度日，相依为命。高考前夕，母亲积劳成疾，在亲戚的漠视中凄然离世。一系列的打击中朱自强看尽了人情冷暖，变得坚强成熟的同时也变得敏感而自卑。他放弃上大学的机会，毅然踏入社会，决心用自己的双手和聪明才智改变自己的命运。这是一个身处社会底层、遭遇人生不幸、过早体验世态炎凉的青年的成长奋斗史。

另一方面，这也是一部官场小说，真实描绘了中国官场生态，以及一个"好官"在官场中的沉浮俯仰。作者对朱自强怀有很高赞赏和期待，甚至寄托着自己的理想。从这点看，作者的现代社会意识并不强烈，或者说还停留在中国古代的"好官"观念内，甚至连古代"清官"意识的水平都没有达到。朱自强这个"好官"与其他官员一样大肆培植自己的势力，结党营私，与黑社会勾结制造事端，恐吓对手。他之所以成为"好官"，是因为作者的维护，而不是作品中的所作所为。这种二元逻辑其实是古今中国文学的通病，作者只是犯者之一。当然，从某种意义上说，作者就是写实，朱自强等官员的形象是现实存在的反映。但作为一个文学作品，难道不能给我们一点希望，至少作者在自己的意识中透露这样一点希望，来一个不讲权谋，不涉黑社会，真真切切为百姓做点实事的官员么？萨特说，作品是"以未来的名义对现实的审判"，写作必须介入现实，"一旦你开始写作，不管你愿意不愿意，你已经介入了"。① 所以，作为文学作品，我们还是希望能有点亮色，给我们一点闪烁的灯火。如果连我们想象虚构的文学作品都尽是黑暗，没有一点光亮，那我们何

---

① 柳鸣九：《萨特研究》，中国社会科学出版社1981年版，第24页。

来生活的勇气？

　　这本书在网络文学十年盘点中的评语是这样的："语言相对成熟，有一定个人风格，读来感觉贴切。小说书写了一个人在进入官场之前的漫长的成长史，有成长小说的特点，因而小说思想性格基础坚实。以上两者构成了《脸谱》的文本价值。该小说不足在于拖得太长，后半部分流于叙事，缺少性格刻画，因而文学性大大减弱。《脸谱》的作者很会编织故事情节，描画人物性情，且故事与人物，都带有原生态的真实性。可以说，这是一部由个人成长的角度来揭示当下官场现实的小说力作，而作者也由这部作品，既显示出了深谙官场生活，洞悉官人心理的厚重的生活积累，也表现出了善于由细节刻画人物，由人物主导故事的艺术功力。就阅读感觉而言，作品前半部的叙事语言较为出色，后半部的故事编排较为曲婉，但语言表现又不够从容。"①

　　个人认为，作为现实主义文学，作品前后都过于虚幻与理想化，倒是中间的官场描述颇见作者功力，也反映出作者对官场的谙熟。

　　叶听雨的另外一部网络小说《仙人板板》。小说的主人公鲁板具有能透视人心的特殊能力，小说乍看之下有点玄幻，但实际上还是都市类型的小说。看透人心，能不能荣华富贵？想要锦衣玉食、妻妾成群，先要好好活着。看透人心，能不能纵横无敌？想要上位掌权、操控他人，先要牺牲自己。鲁板小学未毕业，除了一身蛮力，只有一手不错的棺材手艺。可他能看透人心！这个世界很简单，有钱就是大爷。这个世界很复杂，有钱也许是孙子。鲁板能看透人心，谁把他当大爷，谁就是他兄弟；谁把他当孙子，谁就要被他整死。一切有为法，如梦幻泡影；如露亦如电，应作如是观。丢下质朴走进城市，看穿人心的荒凉，当富贵荣华成为过眼云烟，拾起斧头，回归善良。文章就是这样一个异能者实际又平庸者的都市打拼故事。

　　叶听雨的作品大多以现实社会为背景，在网络文学作品中虽不是绝

---

　　① 见 http://blog.sina.com.cn/s/blog_47d86f7f0100fltu.html。2013 年 5 月 19 日查询。

无仅有,但也算难能可贵。他的作品有他独特的风格及人物的设定。他作品中的主人公大多是当地的青年出身,然后外出闯荡江湖,所以开始总是对当地风物与人情世故有细致的描述,很有况味与文本价值。但往后发展,就会进入都市,勾心斗角、尔虞我诈的都市病态成为作品的主要内容。这些虽不乏价值,但有些流俗。他文风洒脱自如,思想无拘无束,天马行空,任意为之,犹如地下世界的游侠儿,在一片烽烟中,占据着自己的山头,傲视独立,并不求人喝彩称赞。他实是一个非常有价值的作者,但在网络界和出版界都没有大红,实在有点出人意外。

71. 徐公子胜治

徐公子胜治,原名徐胜治,男,1974年出生,字天心,号风君子,忘情公子,现居大连。毕业于大连理工学校,著名的证券分析师、作家。曾在多家证券投资与咨询机构任职,累计出版与发表的各类分析与评论超过千万字,著有《超越大盘的策略》《徐公子兵法》等证券著作,是市场中公认的分析大家。现已从证券行业辞职,成立工作室,从事专业写作。

1998年,徐公子进入证券行业。2004年,徐公子将自己在股市中听到和看到的一些故事写成《股事志异》在和讯网连载。2005年中国股市正在构建历史性大底,2006年股市底部形成,开始上涨。但正在此时,徐公子开始对中国股市失望,2006年6月,他与起点中文签约,进行身份转换,开始了他的写作生涯。2010年9月,他对中国股市彻底失望,退出资本市场。作为证券分析师,笔杆子厉害,名气较大,但他是一个失败者。在2006—2007年恰逢中国股市百年难得的机遇期,他虽然没有完全退出资本市场,但不看好,这个时候去写小说,只能说他缺乏真正的市场眼光。

他用自己的作品构建了一个宏大的世界,分为"天、地、人、鬼、神、灵"几大部分,分别为《鬼股》《神游》《人欲》《灵山》《地师》《天枢》等，现在起点中文网上连载他的新书——《惊门》，在网络上备受好评。

《鬼股》与《神游》几乎同时发表在起点上。但《鬼股》是根据以前的《股事志异》改编而成，所以从时间上看，应该是徐公子胜治的第一部作品。它由一些可以单独成篇的系列故事构成。从题材上看，它可以算作灵异文学，也可以看作是财经或都市文学。小说里融入了现实的折射。正如徐公子所说：在这个系列作品里，我不想超越自己的生活去凭空杜撰一个虚幻的世界。所以我写的故事大多在现实中以某种形式发生过或可能会发生。虚幻、灵异并不是写作的目的，而只是应用的手段。现实中每个人都会有无法表达的情感，无法诉说的苦闷，无法形容的感觉，所以玄幻应运而生，成为了真实世界的折射和寓言。

《神游》被称为"东方奇幻巅峰"，"国宝级"史诗巨作，它以气势恢弘的架构，无与伦比的想象力，令人惊叹的传统文化底蕴，成为中国真正意义上的第一部奇幻经典。故事讲述的是上世纪 80 年代末，正在芜城中学读书的石野，无意间闯入一个传承神秘智慧的隐秘圈子，在异人同学风君子的引领下，石野领略到众多濒临灭绝的中国神秘智慧，并深受传统文化精髓洗礼。石野受君子之道指引，继承中国哲学自古传承的处世神韵，最终身心修养知行完备，成为一位至朴归真之人。

该书情节匪夷所思而又丝丝入扣，小说中融入了对现实的折射，其中蕴含的中华传统文化，包括佛学、道学、儒学、丹道、茶道等，也使其具有了独特的味道和深度，足见徐公子功力之深厚、学识之渊博。

盛大网络董事长陈天桥是《神游》的忠实粉丝。2010 年，起点中文网举办作家沙龙，陈天桥作为股东发言时说："我其实更希望以一个读者代表的身份站在这里，这里有我最喜欢的作家。像徐公子胜治的《神游》如果再改改，甚至可以称得上是中国的《哈利波特》。"[1]

---

[1] 灵星：《写小说的证券师》，龙的天空，http://www.lkong.net/thread-656597-1-1.html，2013 年 9 月 12 日查询。

三、第三代写手

《地师》是其中又一较为突出的作品,写地师游方混江湖的种种经历。游方是个北漂,中关村卖过碟、潘家园练过摊。他出身江湖八大门,年纪轻轻就熟知各种江湖门槛,尤其精通地理风水,却从不信神异之说。他一次良心受震动为一位长者报仇,冒充风水师混入盗墓团伙寻机下手,不料却被"当代地师"刘黎盯上,吃了不少苦头,最终拜刘黎为师。游方修为未成之时,行走江湖游刃有余,被尊为年轻一代风水奇人。得到真传之后,却接连遭遇凶险,不得不继续用江湖手段才能每每扭转乾坤。这是一本入世的玄幻,通过一个个的故事的串接去阐述处世的道理和准则。

很多人说徐公子的小说跟金庸的某些系列作品很相似,有的读者甚至断言若干年后,徐公子的地位将不亚于金庸老先生。超绝的想象力、严谨的逻辑、渊博的知识、对传统文化深刻睿智的理解使得徐公子的奇幻小说有着独特的味道,受到广泛好评,被誉为当下难得能提升中国奇幻小说品质与地位的作家,甚至有"奇幻界金庸"之称。

确实,徐公子的小说和金庸的系列作品一样,不是一个个孤立的个体,而是一个完整的系列,有着严密的框架和逻辑构思,各种体系相互交织,构建了一个宏大的文字世界。用徐公子自己的话说:"《神游》是构建这个世界观体系的根基。而构思中的世界最完整的宏观表达是《灵山》《天枢》的落笔则是最终的圆满。天、地、人、鬼、神、灵(六部曲),不能用一种题材来概括。我所写的就是所见的世间万象,再放飞想像,各种体系互相交织完整,化成了文字中这样一个世界。当《天枢》完本之时,我也终于将这宏大的构思描述完整,它是这些年来的见知、思考、想像与各种故事人物的编织。没有想到我竟会完成它,但回头看它真的完成了,用文字构建了一个现实、思考与梦想交错的宏大世界。"[1]

在徐胜治自己的描述中,从人到仙的过程,实际上是一个人重新认

---

[1] 灵星:《写小说的证券师》,龙的天空,http://www.lkong.net/thread-656597-1-1.html,2013年9月12日查询。

识自己、认识世界的过程，因此小说的创作也就成了作者思考和架构自己思想体系的过程。最初的《神游》关注样本是当代微观的个人；被评论简单归类为"穿越"的《灵山》，则是将这思考范围"打通古今"；到了《人欲》和《天枢》，已然"贯穿中外"。尤其是《天枢》，完全体现了作家以中国道家思想"复盘"全部人类文明史的雄心。

徐公子的小说诞生于网络，却不像大部分网络快餐小说的浮躁和肤浅，他的小说被称为国学之书、华夏之本、浩然之源，其中蕴含着深厚的国学底蕴和巧妙的逻辑构思。资本市场从业者独特的阅历和视野，使得徐公子的小说不同于普通写手，更具逻辑和思考；他喜欢实地考察，折射生活，反映现实的写作手法，使得他的小说在现实与玄幻中寻求到了一个平衡点，源于现实又高于现实；而徐公子本身深厚的国学基础更使得小说具有了浓厚的传统文化气息和历史深度。

徐公子巧妙运用仙侠的题材，写出了一系列展现自己对个人修身、修行、修心的体会和感悟，作品风格独树一帜，与起点绝大多数作品大相径庭。作者是带着思考用独立的思想在写作，我认为这本身就是写书人必需的且要贯彻始终的修行，但绝大多数起点作者确只是为了写而写，因此作品差距才如此明显。他的书修行的系统性很好，并结合中国的各种神话，赋予神话人物新的内涵，值得一读。

但是徐公子的作品还是有网络作品的通病：一是高度 YY 加自恋。YY 的程度前所未有，人、神、鬼、妖统统推倒，来者不拒，一个不漏。高度自恋表现为只有自己是正确的，别人都是错的。如替天行道自己可以，别人就不符天道。二是错别字、乱用词语虽比一般网络文学稍好，但也不少。三是价值观模糊。传统文化有精华有糟粕，特别是部分传统文化中的价值观缺乏逻辑架构，现代的人对这些需要进行清理和思辨，而不是渲染和鼓噪。

（李佳）

72. 更俗

更俗，原名张年平，江苏南通人，1979年3月11日出生，毕业于南京理工大学化工学院。原起点中文网白金写手，2010年与梦入神机等人出走起点，改投纵横中文网，现为纵横中文网签约作家。其笔名据说来源于家乡酒名，这酒醇厚甜香，为作者所喜欢的文章风格，故用之。

2004年底开始在起点写《山河英雄志》，一本军事类的小说。题材可能是受当时玩的网络游戏"帝国时代"的影响。大约连载一年后，在起点产生一定的影响，文笔也相当不错。2005年底，北京一家出版社与起点签订了出版该书的合同，更俗因此辞职回家专心写作。但因为出版合同的原因，网上更新变慢，且作品移至VIP区，阅读量开始持续下降，作品有扑街（失败）的危险。出版社废除与起点合同，改为直接与更俗签订出版合同。就在更俗认为作品写得差不多，可以出书了的时候，出版社正式通知，解除出版合同。该事件对更俗打击和影响都很大。因为他已经辞职，专心写作。这下，不但前功尽弃，还要出去找工作养家糊口。

期间，他还写了《神之血裔》，但也失败了。

更俗说，他写书第一动力是钱，还有一个更大的动力是娱乐自己。所以，前面虽然失败了，但工作之余的写作没有停止。期间，他开始转换题材，写起了都市文学，第一篇为《官商》。该书反响平淡，既没有大红，也没有扑街。后面相继写了《重生之官路商途》《枭臣》《官场之风流人生》以及《山河英雄志》的续集《中州乱世录》等作品。

《山河英雄志》这作品当时扑街了，但它影响确是很大的。小说描述中国某个动乱时期，各路军阀割据一方，相互攻杀抢掠，残害百姓，为祸人间。徐汝愚，一个体弱多病、被误授武功的世家少年，经历种种痛苦非人折磨后，惊人崛起，成为一方势力。这书的文笔不弱于《窃明》等书，但其影响相距甚远，本人揣测是《窃明》写大一统王朝的争斗，

热血奔涌,为读者所喜;《山河英雄志》写乱世混战,文笔诚恳,不符合巍巍中华的读者心理。但也有人对该作品评价很高:

"当我尝试进入作者设置的阅读迷宫的时候,我不禁为作者的构思和驾驭能力惊叹不已,《山河英雄志》无论把它放在当今的网络读物还是纸质读物中做比较,它都完全可以称得上是一部鸿篇巨制,复杂而不紊乱的行文脉络,波澜壮阔的战争场面,惟妙惟肖的人物描写,等等,这些都极大地体现了作者的写作功底以及对小说精髓的把握,整个小说可谓气势磅礴,作者的爱憎通过自己笔下人物的遭遇抒发得张弛有度,零度叙述的合理运用为作者叙述的开阔提供了基础,数条行文丝线被作者牢牢把握,所以读起来显得非常的自然。"

作者在第一章就借用文中人物的言辞提出"天地不仁,以万物为刍狗;圣人不仁,以百姓为刍狗",这句出自《老子》的话基本就奠定了整个小说的思想基调。"刍"大意为"用过即扔",其实质与"狡兔死,良弓藏。飞鸟尽,走狗烹"并无异样。而暴君当道必然视百姓为刍狗,这也为小说情节的顺利发展提供了一个社会背景和时代背景。而该作品归于"历史架空"也属正常,其实目前的大多古代背景的小说都是在架空历史,有的甚至在篡改历史,而周星驰的无厘头杰作《大话西游》实质是在"架空经典"。作者在《山河英雄志》中则利用深厚的功底逃脱了"篡改历史"的罪名,回避了官府回避了朝廷,这样的架空使得作者制造的史诗更显得真实而无可挑剔。它试图让我们相信,有这么一个年代,有这么一群人,但是我们永远不能确定他们是哪个具体的年代的哪一群人。这样反而更能激起读者的阅读快感,而这种虚无的快感就是有历史背景的武侠小说的显著魅力。①

《官商》叙陈氏家族在静海市的浮沉。陈然在静海市的领导岗位呆了二十多年,当一把手九年。陈家在静海市的根基深厚,地位难以撼动。

---

① 未见有知:《评更俗〈山河英雄志〉》,百度贴吧 http://tieba.baidu.com/f?kz=664368726。2013 年 6 月 15 日查询。

三、第三代写手

1992年，陈然因为经济问题从静海市委书记的位子上退下来，接连两任继任者都是陈然的政敌，陈家一直受到排挤，直到七年后新的静海市委书记耿一民上任，在静海市拥有深厚根基的陈家迎来振兴的机会。书中的主角是陈然的外孙林泉。他利用陈氏在静海的根基与势力，施展自己的才华和魅力，在静海市天马行空、如鱼得水。

作者曾承诺该书绝不种马（其实种马是网络小说的必备元素，不种马才没人看呢），所以在写作的时候难以放开手脚，虽然书中的主角也与几个美女纠缠不清，但这种写法难以满足种马YY者。因此，他的写法两边不讨好，种马迷觉得不满足，而纯正小说读者觉得还是在滑向种马的庸俗之路。其实从后面的写作看，更俗也慢慢的文如其名，种马的味道越来越浓。

更俗没有一部小说爆红，却被誉为网络中的大神级写手，可能有些人莫名其妙。其实，更俗的写作实力晋身大神级写手是没有问题的，但更俗对自己实力的运用可能有问题。在百度的"更俗"条上，这样评价他：

"起点的写手成百上千，但是在文章大局把握和文笔上，能和更俗相论的人不超过十个。更俗的小说，文笔流畅且优美，伏笔到位，尤其在描写人物上，刻画了一个个有血有肉的角色，让人感觉真实，诚恳。更俗是一位很有生活体验的作者，很有内涵，而且在现实生活中，对各个方面都有不少涉猎。在起点上，只有猫腻能和更俗相媲美。更俗的书立意明确，言之有物，有自己想要表达的思想，可以说是鹤立鸡群。更俗写书很认真，每天都要查阅大量的资料，保证了书的质量，但是产量就受到了影响。更新速度在起点的作者中算是中等。"

更俗与一般的起点写手相比，更像个腼腆的知识分子。不善于或是不喜欢对自己进行商业炒作和商业运作。这是更俗的影响力没有更上一层楼的一个原因。①

网络写手中有很多写作天才,因为网络的原因他们出现了,但也因为网络的原因,他们浪费了。更俗可能是其中一个。希望他们在解决经济问题后,能够真正静下心来写作,为人类贡献自己的文化精品。

73. 静官

静官,原名马红俊,男,江苏扬州人,1981年出生。毕业于扬州英才烹饪学校,拥有8年左右的厨师经历。网络玄幻小说名家,因创作被誉为"中国第一部兽人史诗"的《兽血沸腾》而为广大书友所熟知。

2004年,初中学历的静官开始尝试"码字"。第一部作品是《血流》,该书近100万字,获得200多万的点击。成绩似乎还可以。

2006年,他在起点中文网上连载《兽血沸腾》,以主角和军队的"零死亡"为卖点而迅速蹿红,在历史排行榜上高居前三,被誉为"中国第一部兽人史诗"。随后,该书在台湾出版,被誉为"台湾书市的救市之作"。大陆的舞文弄墨出版社出版了简体本,深圳金智塔公司的《网络小说连载》杂志连载了该作品。2007年,北京百游公司以300万元的高价购买《兽血沸腾》网络游戏改编权。②对此,静官说:"我原本只想收获一缕春风,你们却给了整个春天。"

意外走红的静官接下来开始了新的创作,写了《贾宝玉的日记》和《食色无双》。《贾宝玉的日记》仅开了头,就断更了。《食色无双》写了几十万字也无疾而终。2012年11月8日,静官携新书《万妞不挡之勇》

---

① 百度百科"更俗"条,http://baike.baidu.com/view/1940036.htm,2013年6月15日查询。

② 参考中华网《27岁扬州小伙百万卖出小说网游改编权》,链接:http://game.china.com/zh_cn/news/news3/507/20071121/14488455.html。

签约纵横，重返网络，但更新 9 卷后，再次销声匿迹。①

《兽血沸腾》主要讲述一个侦察兵重生到异次元世界的故事。在这个异空间里，生活着人类、比蒙兽人、海洋民族、魔兽和至高无上的神灵，他们为了各自的欲望而不断发动战争。而在南疆战场阵亡的侦察兵刘震撼却莫名其妙地重生在这里，在解救了一位比蒙王国的狐女后，开始了自己在异次元世界的奇妙旅行。他先后与狐女海伦、海族美人鱼公主艾薇尔、东方蚌族美女凝玉以及比蒙天鹅族美女战士歌坦妮发生恋情，并先后娶四人为妻。因天生异赋，他又很快成为比蒙兽人王国的神庙祭祀。但因兽人王国王子对海伦的垂涎，神庙只给了他一块贫瘠的领地。那里资源短缺、盗匪丛生，而且又处于与人类世界交战的前沿。刘震撼依赖自己在文明世界中的知识，一个侦察兵的勇敢和智慧，还有追随者们的集体力量，粉碎了比蒙王国当权者的统治，抗击来自人类国家的军事打击，在自己的领地翡冷翠（红土荒原）建立起一个梦幻般的家园，并拥有了越来越多的追随者。最终，他成为比蒙王国中最强的祭祀，异次元世界中的最强者……②

《兽血沸腾》无疑是一部令人感到愉悦的小说，这部以网络作品的分类方式被划分为架空历史的长篇，集聚着男人们的所有梦想：智慧、勇武、友情和美色……当现实阻隔了我们的梦想时，作者不仅在小说中赋予主角超人般的能力，甚至堂而皇之地取缔了现实背景，从而打开了一条通往极乐的康庄大道。③

《兽血沸腾》令人感到愉悦，但点击率超过 540 万的《食色无双》却因"无限期"停更令人感到遗憾。④ 也许，只有"这本书我计划在两年后

---

① 参考纵横中文网静官专访，链接：http://news.zongheng.com/zhuanti/jgzf/index.html。

② 参考红袖添香《兽血沸腾》，链接：http://novel.hongxiu.com/a/14508。

③ 参考《编后记·书写的娱乐精神》，冷静作，链接：http://www.360doc.com/content/06/0329/12/2778_87924.shtml。

④ 参考起点中文网《食色无双》，链接：http://www.qidian.com/Book/165674.aspx。

推倒重写"的那条微博会让一直支持他的读者感到些许安慰。①

《食色无双》讲述的故事发生在 80 年代。架势堂未被吞并前,年仅 9 岁的小红纸扇,因与警察发生口角被拘留,又因反抗体罚被监禁。塞翁失马焉知非福,18 年的牢狱生涯使小红纸扇得以保持童子之身,将功夫练得炉火纯青。出狱后,为了维持生计,又学得高超厨艺。老红纸扇去世后,架势堂的功夫失传大半,寻找小红纸扇成了当务之急。②

静官的作品以玄幻为主,同时架空历史。他通常将人物设定在一个与特殊历史朝代在背景或角色方面相似的平行世界,并把这个世界介于现实与虚幻之间。作品中的人物往往能力超凡、技压群雄。对于读者来说,这是一个体验自由的过程,令人感到愉悦。③

静官的思维跳跃很快,总能给读者新鲜感,就像《阿甘正传》里所说,你永远不知道下一颗巧克力是什么味道。同时,他会引入大量现代元素,使作品妙趣横生。但他过快的思维转换使得文章连贯性减弱,人物特点弱化;现代元素的过多引入,导致故事背景模糊,幽默感疲劳。

(李松涛)

74. 千夫长

千夫长,男,原名贺新年,1962 年出生于内蒙哲理木盟科尔沁左翼后旗,现居广州,为广东文学院第二届签约作家。擅长手机小说创作,被称为"中国手机小说第一人"。

千夫长 18 岁离开草原,进城读书,开始文学创作。1987 年移居广州至今。他教过书,办过报刊,闯过海南,经营过酒业公司、广告策划公

---

① 参考静官腾讯微博,链接:http://t.qq.com/p/r/11511070947127。

② 参考百度百科《食色无双》词条,http://baike.baidu.com/link? url = JC3U3DObY4 — BIklwqo9 — iqTMdEhOKw5XUE7rDZ4OboUe8qQBGZ73R_6DEB6K4Ie4JhlmnEbsjoYPH073AMaBd_。

③ 参考欧阳友权主编:《网络文学词典》,世界图书出版公司 2012 年版,第 116 页、第 221 页。

司。十多年前用"鹤野"等笔名移植港台模式,在《深圳特区报》《羊城晚报》《京华时报》《周末画报》等多家媒体开设个人写作专栏。2002年花城出版社出版其专栏作品集《野腔野调》。2003年推出魔幻长篇小说《红马》,并成为作家出版社推出的重点畅销书。

2004年6月他创作的中国首部手机短信连载小说《城外》,引发海内外广泛关注和激烈论争,被文学界公认为世纪之初的一场重要文学事件。他本人也因此被称为"手机短信小说第一人"。《城外》创下当时每字100元人民币的版权奇迹,被誉为国内文字最昂贵的作家。① 这部被誉为国内首部手机短信连载小说的出现,大大拓宽了正在流行的拇指文化发展领地。不久,他的第二部手机短信连载小说《城内》又被北京阿尔玛通讯公司以税后18万元成功买断,再次引发轰动效应。发布会受到海内外多家重要媒体的关注和追捧,千夫长再次成为新闻媒体的聚焦人物。

千夫长是一个作家,因为他笔耕不辍、著作等身;同时他也是一个善于运作的商人,因为他的写作总是充满了功利,他自称是一个"懂得做生意"的人;他更是一个敢于吃螃蟹的人,是他第一个将写作专栏从港台引进内地,是他第一个创作出第一部商业化的短信小说。他还将他的小说的影视改编权、话剧动漫改编权拿到市场上去竞标。他的这些操作,使他在2004年获得了巨大成功。他的名字连同他的"短信小说",先后入选"十大消费酷词年终盘点""2004中国阅读报告""2004年中国营销大盘点""2004文化年鉴""2005最流行的见面语"等名目繁多的版本。

《城外》《城内》两篇作品的名字源自钱钟书先生的《围城》,用围城来形容现代男女婚姻关系是钱钟书先生的伟大创作之一,"城内""城外"成为现代婚姻关系的经典用词,该作品标题即取其意。从内容看,《城内》应该在前,《城外》应该在后。《城内》呈现了一幅围城内的婚姻景观,讲述了一段受道德和法律保护,合理却不合情的婚姻。《城外》则是

---

① 据千夫长说,国内版权卖了18万元,海外及港澳台卖得更多,共40多万元。

城外的美丽风景,"为婚外情找个理由"。

这部短信小说在创作中,每篇都保持了一条短信的完整性,同时也突出了短信的灵动性,70个字里,不断有亮点闪现,作者力图使每条短信都精彩,让人记住、保留、转发、传播,并希望有一些句子会被传颂,成为经典。读者每天打开手机看到这样的一段段精彩的故事,有时会心一笑,感到温馨,有时会感谢作者对现代家庭的困局看破说破,从而对下一段故事充满期待。《城外》虽然外形变成了微型结构,但是却保留了长篇小说的气质,短信中叙述的故事既连续又独立,情节始终在发展在继续。

千夫长有意回避了当下手机短信中的黄色段子和无厘头搞笑,也淡化了小说中关于心理的描写,实现了文学突围,独创了一种新的叙述体裁。70字中不断有包袱抖动,即使读者独立地看一条,作为一条爱情格言,也有其收藏、转发的价值,何况还是连续的。

对于文本本身而言,单是从叙述方式上就需要下很大功夫来考虑。据千夫长所说,当初主人公有名字,但是浪费字符;用"他"或"她"这样的第三人称不但会让读者摸不着头脑,连作家自己都会搞乱。后来以第一人称"我"来叙述,不但节省字符,而且可以传达给读者一个完整的意思,还会让读者感受到你在给他讲故事。

现在,短信垃圾充斥我们的手机,不光是黄色短信,连电线杆上的治病广告都贴到手机上了。在这样的情况下,千夫长能够用精彩的文学语言和文字叙述一个很纯美的故事,为文学占领新的阅读市场开辟了一条新的途径。

手机短信小说有没有市场,有多大的市场,何种形式为好,在当时引起了热烈的讨论。今天回过头去看,无论是千夫长,还是戴鹏飞都没能持续。手机阅读在大规模增长,他们开辟的道路却萎缩了,原因在哪里?原因在于市场的变化。当时,他们大红大紫,价格暴涨,只是移动运营商为吸引用户故意搞出来的炒作噱头,也是移动运营商对内容的渴求。后来,随着移动互联网的大规模运用,手机的更新换代,智能手机成为主流,文字传播和文字阅读成为手机的基本功能。虽然短信还被运营商限制在 70 字内，但内容传播已经没法限制。几万字，几十万字的长篇小说一样可以在手机上阅读。爱好阅读的人肯定对 70 个字的叙述不过瘾，所以，转向长篇阅读也就顺理成章。

不过，个人还是认为，千夫长等人创立的手机短信小说，还是有自己的价值，值得探索。

75. 戴鹏飞

戴鹏飞，男，1974 年出生于内蒙古赤峰市。曾做过广播节目制作人、主持人，电视栏目策划、撰稿、主持人，专栏文章撰稿人，影视剧编剧等。1999 年获全国电台娱乐类节目主持人金话筒奖。现为著名手机短信"段子写手"，号称中国短信第一人。

2002 年开始进入手机短信行业，2003 年 3 月 31 日在新浪推出中国第一个原创短信专栏——戴鹏飞原创短信。其原创短信首日即被发送 20000 次，平均每条 150 次，第二天被发送 10 万次，被中央电视台、凤凰卫视等誉为"中国第一短信写手"。2004 年 2 月，戴鹏飞获湖南卫视举办的"谁是中国第一短信写手"比赛冠军。

他写的短信不仅幽默有个性，而且富含生活韵味和哲理，深受短信党们的喜爱，曾创下一条短信收入 1 万元的纪录。社会上广为流传的"空姐""口罩""掏声依旧""冰箱"等经典短信都出自他之手。

他创作的短信不仅有日常使用之短信，还有短信语音小品、短信情景喜剧等。著有原创短信专辑《你还不信》、短信合集《2006 新短信》，小说《谁让你爱上洋葱的》《自我感觉良好》等。[①]

我们先看几条戴鹏飞的短信：

蚂蚁绊大象——蚂蚁懒洋洋地躺在土里，伸出一只腿，朋友问你干嘛呢？蚂蚁：待会儿大象来了，绊他一跟头。

---

① 此处参考了欧阳友权主编：《网络文学词典》，世界图书出版公司 2012 年版，第 138 页。

掏声依旧——老鼠给猫打电话：哈喽啊！饭已OK啦！下来米西吧！猫趴鼠洞前伸前爪想把老鼠掏出来。吭哧、吭哧地掏了一夜，第二天掏声依旧。

口罩——我轻轻缠绕你的耳际，温柔触动你的脸颊，甜蜜亲吻你的嘴唇……呵呵，我是口罩，记得戴我哟！

蚊子——小蚊子哭着回家，妈妈问咋啦？小蚊：爸爸死啦！蚊妈妈：他没带你去看演出？小蚊子：看了，可观众一鼓掌，爸爸没躲开。

流泪的爱情——黄瓜失恋痛哭。茄子安慰她：爱情不单只是甜美，只是沉醉还有心碎，还有流泪。唉！谁让你爱上洋葱的！

欠费——丈夫花心，总在外面沾花惹草，夜夜不归。一夜，老婆又给丈夫打手机。语音提示："您拨叫的用户不在服务区，在红灯区。"再拨，语音提示："您拨叫的用户已欠费，欠了小费。"

别哭了——一女士的丈夫长得很丑，而且汗毛浓密。一日，俩人上街，众人都躲着他俩。女士很伤心，哭泣。这时候，一位绅士走来安慰她："别哭了，像您这么美丽的小姐，哭坏了身体可不好。别哭了，您是做什么工作的？噢……我知道了，您是马戏团的吧？"

类人猿——女摄影师到原始森林采风，失踪。数月后回来，不久在医院生下一个孩子。丈夫："是男孩儿女孩儿？"护士："不知道啊，出来就跳灯管上了。"

其实很容易看出，这短信就是一种文学创作。每一条短信都是一篇超短篇小说，有较为完整的故事与情节，甚至还有形象。它与以前我们说的微型小说差不多，但平均篇幅更短一点。所以，著名网络写手王小山看了这个短信后说："我看了戴鹏飞创作的短信精品系列，意识到，一种新的文体——短信体诞生了。稍微界定一下，短信体应该是人们有目的创作的文学作品。"①

---

① 见新浪读书频道，http://book.sina.com.cn/longbook/1091586971_yangcong/41.shtml。2013年7月9日。

三、第三代写手

对什么是短信体,戴鹏飞自己认为:每自然段基本70个字;段落结尾或幽默、或哲理、或双关、或言情;简化故事情节,淡化矛盾冲突,强化语言精彩,升华标点意义;对白生动、夸张;采用蒙太奇手法;用环境隐喻内心的一种新文体。①

戴鹏飞的短信有几个特点:一是类似《聊斋》,虽用的花鸟虫鱼,但描摹的是社会百态;二是语言简洁,生动传神,短信很短,必须提炼语言,戴鹏飞对此很注意;三是有生活哲理,他的创作不完全是无厘头的搞笑,而是来自生活,讲究生活哲理,让人在读了后能得到一些启发。

相比于长篇巨制的创作,我认为持续的文学短信的创作更难。因为一个长篇巨制最初可能也只是一个灵感,这个灵感可以用很长时间,人一辈子有那么几个灵感就行了。一个简单的短信同样需要一个灵感,并且这个灵感立马就用完了,要持续的写,则需要不断的灵感。这很困难。戴鹏飞从2003年开始,火了几年,但现在没多少影响了,可能与这个有关系,灵感用尽了,或者说灵感无以为继。

短章文学在我国一直存在,并且在传统文化中很受青睐。像绝句、笑林、小令、元散曲等似认为都与其类似,而这些文学样式流传最广,最受老百姓欢迎,因为它幽默好记。作家莫言说,短信文学的本质依然是文学,它只是借助手机这个平台,以短信的方式传播。在文学史上就有不少精妙短章传之久远。如《聊斋志异》《笑林广记》《搜神记》乃至唐诗宋词以及日本的俳句等等,如果我们今天也能创作出这样短小、隽永的作品,利用短信文学的方式传播,将产生深远且巨大的意义。

---

① 转引自李师江:《短信是什么玩意儿》,http://www.ce.cn/ztpd/cjzt/sssh/weekly/2/wenhua/200408/20/t20040820_1557099.shtml。2013年7月8日。

四 第四代写手

幻 灵 类

76. 苍天白鹤

苍天白鹤，真名陆晓宁，男，汉族，浙江宁波人，1975年生。原起点中文白金作者，现为创世中文网签约作者。其中作品《武神》为2010年起点中文网点击推荐第一的超级作品，在"2012第七届中国作家富豪榜"中，苍天白鹤以5年430万元的版税收入，名列榜单第13名。

2007年前，苍天白鹤是某高级宾馆的一名厨师，但喜欢在网上看小说，看得多了，就开始自己摆弄。2007年3月，厨师开始写自己的第一本小说《苍天霸血》，两个月后上架。该书是一本玄幻小说，2008年10月完成，约140万字，最终获得点击780万。第一本书有如此成绩，很不错。他的第二本书是《梦幻王》，完成时194万多字，但点击稍有下降。第三本和第四本都是科幻小说，分别名《星际之亡灵帝国》《异界之光脑威龙》。白鹤在记者采访时曾说，码字一年后，收入就到了厨师的10倍，说明他的这些作品还是蛮受欢迎的。

2009年12月，白鹤开始创作《武神》，这是一本东方仙侠小说。这部作品在起点连载后，点击一路飙升，最终成为2010年起点中文点击推荐之王，这本480万字的小说，目前已获得点击3300多万，推荐226万。也使白鹤真正晋身起点大神之列，成为一流写手。这书也使他的收入大幅增长，进入网络作家富豪榜。

其后，他又写了《战天》《战神》，但这些作品都没有超过《武神》的成绩。他跳槽创世中文后，创作了《无敌唤灵》，目前正在连载中。

《苍天霸血》是白鹤的第一部作品,写一个叫许海风的平凡小子,7岁在山上打柴时,被一条七彩肉冠蛇咬了一口,他也将蛇咬死并吸干了蛇血。14岁时,他发现了自己血液的奇妙作用。成年后他加入军队,成了铁血僵尸战士,在第一次的战斗中即大显身手,挽回了危局。他一步步成长,最终由一个小兵成为大帝。该书与一般玄幻不同的地方就是设置了魔血的神奇作用。因为被蛇咬和吸蛇血,他的血液发生了变异,可以疗伤,可以增进武功,可以缓解疲劳,并且生成速度快,很难枯竭。

《星际之亡灵帝国》是苍天白鹤一部较为有影响的小说,讲述的是一个地球联盟的普通学生,由于一次偶然的机会继承了亡灵法师的传承,拥有了可以控制灵魂的能力,利用此能力在整个银河系闯出一片名声,最后成为银河系人类大联邦第一高手的故事。既然它是玄幻小说,自然免不了打怪升级的老套路,吸引读者的便是他天马行空的想象力。此书的剧情套路很简单,大致模式:主角升级——配角惊讶!崇拜!拉拢——主角继续升级——配角继续惊讶!崇拜!拉拢。N个循环之后,升到了宇宙第一,在实力上非常满足读者虚荣心理,主角基本都在别人的惊讶中度过,但他每次升级的模式不尽相同,展现苍天白鹤丰富的想象力。而关于凡人那段情节有点拖,对于文章的节奏把握还不是很拿捏得当。

《异界之光脑威龙》讲述的是一架UFO的突然降临,带来了一台神奇的学习机,可以逆差时间,主人公可以在别人修炼一小时的真实时间里,在虚拟空间中修炼一倍、五倍、十倍的时间,绵绵无尽的时间使主人公成为了最伟大的新一代法师。在这部小说中关于世界体系的构造还算差强人意,与别的作品不太雷同,不过在细节上有点粗糙,异世的很多新现象没有做出一定的自圆其说的解释。女主人公向来是一部小说很关键的地方,不过很可惜,男女感情的描写笔力稍嫌不够,每次描写主角感动或者触动的时候,都是一句话:"莫名的感觉。"但在情节转换、故事展开上比较出彩。

白鹤的代表之作《武神》,主人公是一个叫贺一鸣的少年,他无意中

四、第四代写手

在小湖底获得奇遇,修炼功法时,有着意想不到的神奇效果。他也有着高于众人的对武功领悟力,不断修炼创新的功法,过五关斩六将,武功渐臻佳境,最后达到了巅峰,创造了武界的神话,成为了一名继往开来的武神。贺一鸣面对的是无止境的追寻武道,提升自我之路。当贺一鸣能触到武者的顶端时,他望着神龙消失的方向想,天尽头,是什么呢……有了目标,有了求知,有了实力上的不满足,才会有进步,这便是《武神》所告诉我们的浅显易懂的道理。当然现实中我们前方的路可能更多,充斥着更多的不确定因素,也不仅仅简单凭个人的武力说话,甚至其他方面更重要,但能做的还是确定目标,不断奋力向前。

苍天白鹤在玄幻小说界被奉为大神,不仅凭着他天马行空的想象力,将多种玄幻要素结合,更是他对读者负责的态度。他几年如一日,每天更新8000字以上,绝不拖延,与唐家三少有一拼。对网络小说阅读的认识,几年下来他也有自己的体会:满足他们YY的需求是最最基本的,太严密的逻辑结构并不是必要的。因此,苍天白鹤那脚踏实地、中规中矩的写作风格赢得了大多数读者的喜爱。在访谈中,他多次强调了自己的长处就在勤勉,他可能不是天才型写手,但类型小说的作者也不全靠天才,还需要勤劳,勤能补拙在此有非常明显的体现。因为类型小说不止要求质量,还要求数量。

但既求质量又求数量的写作很难长久维持,古往今来这样的作家也没有几个。但网络写作确有这样的要求,所以,于他们而言,是让人头疼的问题。当前,苍天白鹤也陷入了这一尴尬的局面。持续更新、中规中矩的写作风格,即使他所创造的玄幻世界结构再怎样复杂,相同的套路——打怪升级的模式,也会逐渐使读者产生审美疲劳。如果按照相同的套路来写,确实会省下不少功夫,但毕竟不是长久之计。他曾经感叹:网络变化得太快,我的小说类型只是赶上了潮流,也许再过几年我就要停笔了。

苍天白鹤的小说,世界的设定与情节的起伏变化是其所长,而情感描写与心理活动是其所短。语言平淡,无太多出彩之处。对类型小说,非开拓型作者也只能如此。他的作品《武神》之前的，大多在台湾出版，因为台湾类型小说发达，有比较固定的读者群。大陆的出版社对这些无特色的类型小说不很感兴趣。《武神》由大陆的太白文艺出版社出版，共有十多册，销量很好，所以，在2012年冲击了网络作家富豪榜。

77. 我吃西红柿

我吃西红柿，原名朱洪志，网友亲切称其为"番茄"，1987年生于江苏扬州，苏州大学数学系05级学生，在校两年多时间发表了600多万字的网络小说，大三第一学期退学从事专职写作，已出版1000多万字的小说。起点中文网白金作家，多次荣登胡润作家财富排行榜。他的小说通俗易懂，想象奇特，为众多网友所喜欢，多次在起点中文荣登榜首。《盘龙》在13个月创造了8000万的点击和50万的收藏。小说《星辰变》《盘龙》等更是在网络小说界涌现了大量的后传与跟风之作，从而由盛大引起一系列官司，网传有"小说不读《星辰变》，就称书虫也枉然"的美誉，体现了"网文之王者"不可动摇的地位。这两部小说还被改编为网络游戏，为玩家所钟爱。①

番茄很小就有写作天赋，《星峰传说》在高中时即已完成，从小对武侠特别爱好。看的第一本武侠小说是金庸的《倚天屠龙记》，拿到手后即没有放下，直到看完。从此，迷上了金庸、古龙、卧龙生等武侠名家。特别喜欢古龙小说中的"小李飞刀"，对小李飞刀例无虚发的气势无限向往，为此他写了《寸芒》。

番茄虽喜爱武侠，但自己的小说已不是纯粹的武侠，而是武侠的一种变种——仙侠修真，一种追求人内在修为并改变人的内在结构，超越物质限制的幻想类小说。他的《星辰变》《九鼎记》等都是这类作品。即

---

① 此内容根据百度百科"我吃西红柿"条整理。http://baike.baidu.com/view/962771.htm? hold＝syn。2013年7月15日。

四、第四代写手

使早期的《星峰传说》《寸芒》等也有此味道。

番茄的仙侠修真小说，也不是传统中国如《蜀山剑侠传》类的纯剑侠小说，而是带有西方魔幻色彩的新仙侠小说。他往往喜欢参照西方的传说构建一个神魔的世界，参照现代宇宙理论构建星空战界。如《盘龙》《吞噬星空》《莽荒纪》等，其实，它们更接近西方魔幻小说。

《星辰变》是一部庞大而复杂的修真小说，讲述一个先天修真有缺陷的人最后修炼成宇宙开拓者的故事。主角秦羽是一位王爷的三世子，天生无法修炼内功。为了得到父亲的重视关注，这个孩童毅然选择了修炼痛苦艰难的外功。后来无意中得到一块上古奇石——流星泪，在这块奇石的帮助下，秦羽逐渐成长起来，并结识了生死兄弟侯费和黑羽。凭借种种奇遇，秦羽最终成为了潜龙大陆最高位的上仙，却得知所谓的上仙只是最普通的一名修真者。为追求更高的境界，他毅然离开家乡转走海外。从海底修真界到逆央仙境，再到仙魔妖界，到迷神殿，飞升神界，秦羽历经种种神迹和磨难，最终成为了凌驾于天尊之上的存在——鸿蒙宇宙掌控者。

《星辰变》作为修真类网络小说的代表，还是有较为鲜明的特色。

首先，语言平白朴实。这表现在作者在对外界环境、人物形象、打斗场景等方面的描写上。他可能是网络"小白文"的真正实践者。①

其次，在内容结构的安排上，时间和空间的跨越之大，可以说是独具匠心。

《星辰变》遵循了修真类小说基本的模式，但突破了修真小说的原有束缚，在基本的模式上创新，其中最突出的是创造了神魔和宇宙掌控者的形象。常见的修真类小说大多都是将世界划分为三大部分：一是凡人世界；二是修真世界；三是第三方世界。第三方世界又包括各种未知的其他的种族，如妖族、精灵族等。但在《星辰变》中，作者又创新性的

---

① 所谓网络小白文，是指语言直白、文笔普通、情节简单而发展明快、角色人物相对脸谱化的小说。

加入了一个新的世界：神界。并且神界是超越其他世界，成为宇宙中最高级的存在。而小说的内容也从原来三方世界的关系上升到四大世界之间错综复杂的关系。神界的加入，就使得小说在篇幅内容上更加宏大，前后之间的关联更加复杂多变，更加具有欣赏性和可读性，这样更容易吸引读者。他开创了修真小说"升级换地图"的新模式。

在情节安排上，网状放射式的线索安排使得情节的发展看似错综复杂，但实际上却是清晰明了。《星辰变》从凡人世界到神界，从秦羽小时候到千百年后宇宙的开拓者，所跨越的空间和时间之大，是前所未有的。其庞大的内容和错综复杂的关系，使它鸿篇巨制的名号当之无愧。

再次，在思想情感上，小说可谓中规中矩，励志图强，歌颂人性中的美好。

语言的表达方式，情节的推进演化，思想的传递等各个方面的一些创新，使得《星辰变》超越了以往修真小说，成为修真类小说的巅峰之作。《星辰变》的成功模式，不仅向我们揭示了网络小说的创作模式和本质，同时也说明了，无论何种文学创作模式，打破常规、敢于创新才是获得成功的最关键因素。①

《盘龙》是番茄的又一重要著作，可以看作《星辰变》的前传，讲述了第二位鸿蒙掌控者"林雷"的梦幻旅程。大陆上传说中的四大终极战士之一的"龙血战士"已经千年没有再出现过了，而唯一有着龙血战士血脉的家族也渐渐衰败了下来，成为了一个小镇的普通贵族。而这个衰败家族中的继承人，年仅八岁的小林雷在踏入已经布满灰尘的祖屋的时候，却无意当中得到一枚看似极为普通的戒指——盘龙戒指！小山一般大小的血睛鬃毛狮，力大无穷的紫睛金毛猿，毁天灭地的九头蛇皇，携带着毁灭雷电的恐怖雷龙……这里无奇不有，是一个广博的魔幻世界。强者可以站在黑色巨龙的头顶遨游天际，恐怖的魔法可以焚烧江河，可以毁灭城池，可以夷平山岳。

---

① 参考聂庆璞：《网络小说名篇解读》，中国社科出版社2011年版。

很多人认为该书与唐家三少的《狂神》有些类似,作品的结构、人物、世界的设置上都有相似性,只是情节、剧情、高潮有所不同。作品非常具有想象力,但语言依旧是小白文的风格。

我吃西红柿作为一个年仅26岁的年轻人,已出版十几部巨著,1000多万字,在书写时代是不可能创造的奇迹。他的写作语言朴实,情节明快,场面宏大,想象奇特丰富,人物众多,角色简单,容易俘获读者。

78. 骁骑校

骁骑校,男,原名刘晔,1977年出生,江苏徐州人,电力自动化工程师,江苏省作协会员,中文在线签约作家(17K小说网大神作家),曾参加鲁迅文学院培训学习,第一届网络文学联赛导师。

2007年8月13日在17K小说网站注册ID"骁骑校",开始连载架空穿越小说《铁器时代》,并多次获全站订阅第一名;2010年1月6日,都市激战类小说《橙红年代》开始连载,同年5月荣登点击榜首位,直至2011年9月完本,是网络上第一本点击过亿的都市小说,获第四届中国数字出版博览会优秀作品奖,其样书还被邀参赛茅盾文学奖;2012年4月,骁骑校参加金魔方杯故事征文大赛,凭借短篇科幻寓言《原始都市》获得一等奖,同年5月参加文化部主办的中韩原创故事大赛,《原始都市》再获一等奖;其他作品还有《武林帝国》《国士无双》《春秋故宅》等作品,近期已发布新作品《匹夫的逆袭》(于17K小说网连载更新)。骁骑校6年间共发表作品字数近600万,在读者中享有很高的赞誉。

骁骑校的前期作品类型主要以军史为主,其历史知识丰富,各种历史人物和事件信手拈来,作品历史气息较为浓厚,小说情节安排巧妙,对历史人物的把握有很多自己独特的看法,提供的观察历史人物的角度也比较到位。后转写都市题材,在网文界由军史转都市的扑街写手比比皆是,但骁骑校凭借《橙红年代》成功转型,一炮而红。他的都市小说充满着明快的硬汉风格,弥漫着战士般的激情与热血,情节跌宕起伏,动人心魄。小说描写了大量的社会丑恶现实，容易引起读者情感的共鸣，而主人公在当今这个缺乏英雄的时代挺身而出的热血青春自然吸引了大量读者。

《铁器时代》这本架空历史穿越小说算是骁骑校的处女作。2007年8月，带着"《铁器时代》是废品，可以马上太监"评语的骁骑校从起点转到素来重视军史文学的17K小说网，刚一发布旋即被编辑签约，逐渐为人所知。故事讲的是满清残明南北割据，社会已经发展到资本主义原始积累的阶段。混乱的时代，剽悍的人生，主人公刘子光从奴隶到角斗士，再到强大的资产阶级武装部队将军、佣兵集团首领。他的军队里有蒙古轻骑，斯巴达战士，扶桑浪人，马木留克卫队，北欧海盗。皇帝在他拥立下登上宝座，敌国在他铁蹄下臣服。壮观的炼铁厂，烧木炭的火车，蒸汽上弦的连发床弩，蒸汽机电池混用的潜水艇，酒精内燃机的坦克，遮天蔽日的热气球空军，头戴栗色武松帽的伞兵。这是铁器的时代，启蒙的时代。

骁骑校曾在采访中提到："2007年7月中旬的一天，我开始构思《铁器时代》，刚开始的时候是想设定成类似《铳梦》里那样荒蛮的世界，原始暴力和先进科技并存，充满邪恶的机械美感。就像当初我在荒野上看到的那一幕，机械和蛮荒在进行你死我活的斗争。这是一种人文发展和经济演革所造成的人与自然之间的激烈冲突。但是越写越控制不住，到后来完全违背了所有的初衷，不断进行修订。就像社会自然发展一样，所有的人为控制渐渐失效，结果最后变成了一本按照现在行话来说就是大众化的YY爽书。"[1]

《铁器时代》之所以能在众多历史架空类小说中脱颖而出，与其合理性和专业性有关。主角刘子光穿越的地方颇具新意，成为一个社会最底层的铁厂奴隶。故事情节由此展开，主角饱受欺凌后人性暴发，最终成

---

[1] 《〈铁器时代〉作者骁骑校访谈录》，17K小说网，http://www.17K.com/chapter/22674/1592931.html，2013年8月5日查询。

四、第四代写手

为铁厂老大,情节设置合情合理,比之附身就是王爷或一身现代化装备一夜暴牛要真实可信得多。取得领导地位的主角此后领兵取将,靠的不是子虚乌有的所谓王霸之气,而是靠利益来驱使身后跟随的人,这正是现代成功人士所惯用的手段,更加鲜明地突出了主角是一个穿越的现代人。之后的情节作者虽天马行空,但都在情理之中,自有其合理性。

骁骑校无疑是一个军事迷,军史功底深厚,且想像力丰富,从其对古代军事编制的熟练运用,主角攻城掠地时所使用的军事谋略,以及幻想出来的一些稀奇古怪的古代兵器上即可见一斑。此外,骁骑校对战争场面尤其是大型战争场面的描写极见功力,用场面宏大、波澜壮阔八个字来形容毫不为过。人物的刻画也值得称道,不光是主角塑造十分到位,一些反面人物也是个性十足,富有特色。

《橙红年代》是骁骑校网文创作的巅峰之作,这本首发于17K小说网的都市激战类长篇小说,成长极其迅速,读者反响尤为热烈。故事主人公依旧是《铁器时代》的穿越者刘子光。8年前,他是畏罪逃亡的烤肠小贩,8年后,他带着一身沧桑和硝烟征尘从历史中走来,面对的却依然是家徒四壁,父母下岗的凄凉景象,空有一身过人本领,他也只能从最底层的物业保安做起,凭着一腔热血与铮铮铁骨,奋战在这轰轰烈烈、橙红色的年代!

有人说《橙红年代》是一本青春励志类小说,风格硬朗,情节紧凑,以主人公为视角和主线,描述了一个个社会底层弱势群体的生活态势和矛盾冲突,以及边缘青年的彷徨迷茫、自强不息,最终成为社会栋梁的故事,具有现实批判意义和催人奋进的作用,被广大读者誉为"男人的童话"。主人公刘子光是每一个有英雄梦的人的理想榜样,家徒四壁,居住在破败不堪的棚户区,父亲当保安,母亲扫大街,邻居朋友都是下岗工人,发小的玩伴也是无业游民,一穷二白。唯有一身肝胆的刘子光白手起家,凭着拳头和智谋在这个灯红酒绿、纸醉金迷的高楼大厦间打拼出一片属于自己的天地。从草根到一国的总理,女警女护士女老总女秘书女学生女漫画家女记者人人都爱他,手下有小弟,大哥都听他指挥,他嫉恶如仇,几乎无所不能,拳打中南海,脚踢黑社会,骑着自行车超汽车、会弹钢琴、会外科、会做饭、会点射、会火箭筒。他不畏强权、重情重义。每个男人心中都有一个英雄的梦,《橙红年代》书写了一个男人在当今这个缺乏英雄的时代挺身而出的热血青春。正是这种耳目一新的感觉使得这本书在纷繁杂乱的网文界显得独树一帜,受尽追捧。

书中还提到了很多社会丑恶的现象:城管欺压老百姓、强行征地、私吞国企资产、奸杀犯保外就医、贪官胆大妄为只手遮天、下岗职工被逼得无法生活……这些社会现实在书中都被一一呈现,并得到英雄主人公的干预与纠正,最终善恶有报,坏人受到应有的惩罚,这也是《橙红年代》走红的重要原因。或许正是因为生活中憋屈的事、失意的人太多,所以这本书最大程度激起了许多读者的心理共鸣,从而受到火热追捧。

也许是许久没有那么一本小说如此贴近现实与生活,读者们看惯了虚无缥缈的玄幻修真、科幻盗墓,再看近在眼前的真实而梦幻的都市,感受着其中无限的激情与热血,心中自是别有滋味。这是一个小人物奋斗的热血故事,刘子光的人生轨迹不会一步登天,而是白手起家一步步踏实地向上走,这个过程中的不羁与粗犷、热血的挥洒,有着非凡的吸引力。任何人都想一帆风顺,可是生活是公平的,必须经历足够的磨难,才能有更好的生活,刘子光这个人物虽然是虚构的,但其内在不懈奋斗的热血精神却是值得推崇的。喜欢刘子光,不光是他战无不胜,更是因为他身上有一种永不言败的精神,遇到困难总是想办法去解决、去战斗。这个小人物的传奇激励着读者,这并不是一个只有权贵可生存的年代,只要你肯奋斗,小人物照样可以活得精彩。

(张启)

79. 打眼

打眼,真名汤勇,70后,具体生年不详,江苏徐州人,现居广东东莞。起点中文网新晋白金写手。2012年中国网络作家富豪排行榜排名第

四、第四代写手

20位。

2006年开始在网上看小说,被其迷住,经常通宵达旦。2009年开始尝试自己写作,选择了热门的科幻,成绩平淡,没有引起关注。反思科幻非自己所长,而自己爱好收藏,有些积累,而近年收藏大热,但文学反映却是平平,遂起心为之。第一篇为《黄金瞳》,2010年6月25日开始在起点中文连载。上架不久即受到读者们热捧,点击直线上升。2012年九州出版社将其出版,全书420万字,分5册。

2012年3月开始在起点中文开始连载《天才相师》,继续受到热捧,并助其登上作家富豪榜。目前该书也已完结,正在连载新书《宝鉴》。

《黄金瞳》讲述了一位在典当行工作的职员庄睿,在一次抢劫事件中受伤,眼睛发生异变,变成双瞳,具备了常人未有的异能。随着这次异变,主人公庄睿的生活也发生了天翻地覆的变化。他的眼睛能从古玩珍宝中吸收能量,加强自己的异能;反过来,他可以由此鉴别古玩珍宝的真假,能识别出别人不能识别的真品,因此,捡漏给他带来财富。他的眼睛能看透石中玉的品质,在疯狂的赌石中获得巨大财富。他的眼睛还能给人治病,既能赚取金钱又能得到别人的感恩。作品中美仑美奂的陶瓷,古拙大方的青铜器,在他眼前纷至沓来;看似惊心动魄的赌石实际稳操胜券;慧质兰心的漂亮护士,冷若冰霜的豪门千金,都成为他生活中的一部分。

本书的成功之处在于它揭示了当代疯狂古玩界的疯狂生活。爱好古玩过去是文人雅士的一种癖好,一种标榜,一种区别于非文化人的趣味。但自从古玩与利润挂钩,染上商业气息之后,各类人物参与其中,商人竞买炒高价格,官员收藏进行洗钱,学者渲染进行洗脑,最后百姓参与上当受骗。演绎出一幕幕欺蒙拐骗活报剧。因此,本书实是中国现实生活的一种缩影,是参与古玩行当的许多人物生活的真实写照,非常具有现实意义。另外,它开启了网络类型小说的一个新的流派;或者至少可以说,它使这个类型的小说重新受到关注。

从文学性看,本书乏善可陈。一是主人公的能耐不是靠自己的学习积累,而是靠偶然的异变,这大大降低了作品的现实意义,也使作品人物成为没有发展的扁平人物,混一辈子就是靠自己的那点异能吃饭。当然这种写法能满足一般读者的心理,主人公总是凭自己的异能战无不胜,获取财富,得到美女,满足他们那种不劳而获的YY心理。

二是作品冗长啰嗦,令人厌烦。作品420万字,而人物的性格既没有什么进展,生活也没有什么变化,同样的事情在不断重复。比如眼睛吸能、用眼捡漏、考眼赌石、眼睛治病等,一次又一次地重复。就现实生活来说,这样的事可能会重复很多次,但就文学作品来说,这样的重复描写说明作者根本不能把握作品,没有谋篇布局的能力。当然就网络文学来说,这种写法并不奇怪。一是本就是连载作品,想哪写哪;二就是为了凑字数、灌水,有意增加作品的长度。

三是作品语言平淡,少有自己的语言特色。全文语言淡而无味,既无淡中的雅致,也无淡中的精致;既不幽默,也少激情。再有作品中直接引用了许多古玩的介绍,长篇大论,更是让人生厌。

《天才相师》基本继承了《黄金瞳》的套路。它的题材仍然是中国古典文化的,但与《黄金瞳》属不同的分支。《黄金瞳》写古玩珍宝,属收藏文化;《天才相师》写风水相术,属神秘文化。与《黄金瞳》相同的还有,作品虽以古典文化为题材,写的却是当代的社会,展现的是当代生活画卷,描摹的是当代的人生百态。

作品叙一生于20世纪80年代的少年叶天得一隐居相师传授风水与相术,在一次雨夜的变故中,得到异秉,开了天眼,然后逐渐掌握体会这一技术并与之所学相融合,终至大成,大学毕业后开始闯荡江湖。但作者写着写着就偏离了现实的范畴,到后半部分变成了修真小说,结局时,叶天与麻衣一脉一同离开地球,前往新的结界,开始新生活。

这本小说在语言上与《黄金瞳》比,有了进步,还是淡淡的叙述,但稍显洁畅。结构却比上一本更加糟糕,既看不出作者的整体构思与布局,也看不出作者有意识的情节安排。后半部分,作者写着写着就不知写哪去了,想起一件事写一件事。最后实在写不下去了,只好往修真方向发展。因为修真作品的套路摆在那,胡扯乱写也没有太大关系。

从这本小说可以看出,打眼目前难以晋身真正大神级写手,也很难超越目前的水平有大的进展。因为从《天才相师》已可探知作者的才情已止于此。

80. 方想

方想,原名陈艾阳,男,85后,江西九江人,2006年毕业于中国民航学院材料化学专业。著名网络作家,现为纵横中文网A级签约作家。主要作品有《星风》《师士传说》《卡徒》《修真世界》《不败战神》等。其作品以丰富的想象和干净简洁的文笔为人称道,受到千万粉丝的狂热喜爱,成为网络文学界众人瞩目的"大神"。作品《卡徒》被誉为"中国新幻想小说发展绕不过的一座大山"。

方想小学就开始接触武侠小说,成绩一般,唯作文最好,所以只喜欢上语文课,绝大部分时间都在看课外书。小时候爱书成狂,曾有段时间,连药瓶里的说明书都会拿出来看半天。父母以前是个乡村教师,老家颇有些藏书。小学三年级的时候,父亲把整整两箩筐的书从老家带了出来,他最喜欢做的一件事就是从里面淘宝。喜欢读玄幻小说是在高二,黄易、莫仁、冷钻的都读过。大学时,因为少了约束,很快就对本专业失去了兴趣,开始沉迷在玄幻小说里。一般早上6点半起来,一直看到晚上11点熄灯,常常被同寝室的同学鄙视,直言走火入魔。

方想不是那种傻得只知道看的人,他的脑袋聪明着呢。看得多了,就开始总结作品中的规律和技巧。开始对YY、情节的控制、想象力等进行有意识地了解,有意识地学习书里的一些技巧。逢到大感爽快的情节,就会反复地看、揣摩,企图寻找出其中的规律。慢慢地他摸到了其中的一些门道。

2005年,大三暑假,他自己开始尝试写作,书名《星风》。该年11月他将作品在起点上连载。但作品不很成功,成绩很糟糕,连载一部分就没有继续下去。据方想说该作品在台湾鲜网人气榜的榜首呆了两个月。这给了他很大的信心，使其以后有继续创作的勇气。

《师士传说》是他的第二本书，题材是机甲科幻，2006年2月底开始在起点连载，2008年6月底完结。作品220万字，迄今获得1400万点击，400多万推荐。这是一个不错的成绩。

作品叙叶重从小在垃圾星长大，在一次垃圾山的"淘宝"中意外地发现一架残破的光甲。在这架有着智能的残破光甲的帮助下，叶重逃离了垃圾星，进入人类社会，开始了他在人类社会的冒险旅程。身世的揭秘、身份的认同，只知生存没有爱情观念的他开始与美女打交道，开始了谈情说爱，开始了在人类生存法则下的新生活。拥有光脑般冷静的头脑，信奉残酷丛林法的少年，如海绵一般疯狂吸取各种知识，无论是师士，还是在格斗、调培方面都是如此出色。他每一次出现在众人面前，都有如流星闪过，惊才绝艳！被动与主动，死亡与生存，冷酷与茫然，叶重的成长经历诠释着一位少年不屈奋斗的历程，同样缔造了一位师士的神秘传说。

这部小说很多人说他有日本动画高达的影子，但方想说，高达他只看过一集，没有受它多少影响。该作品想象丰富，结构复杂，伏线很多。最受人诟病的是它的结尾，方想在蛰伏了三个月后，匆匆将作品搞了一个突兀结尾，文中的很多伏线都没有交代，让很多人大跌眼镜。这部作品的写作过程也暴露了方想的一些缺点：经常断更，速度奇慢。二年半的时间写了200多万字，在网络文学界这是一个很难容忍的速度。

《卡徒》是方想公认的代表作。该书2008年6月底开始连载，2010年5月中完结。总字数210多万，作品迄今获点击2200多万，340多万推荐。该作品被认为是2009年度网络玄幻力作，作者在此诠释了一个全新的幻想世界。

作品描写了一个以卡片为核心的联邦社会，该社会派系林立，利益集团纷争严重。社会表面和谐只因各利益派系力量暂时均衡，一旦均衡被打破，大规模的冲突就在所难免。陈暮，一个以求生为目的的小小制

四、第四代写手

卡者,一个社会底层人物,本来是没有想法、也没有能力打破这种均衡的,但当他与一张神秘卡片的偶然交集后,他的命运不仅因此发生了彻底的改变,联邦的历史也最终因他而改写。

号称联邦卡历史上的最强组合——"木雷"横空出世,令学院派精英也无法破解的制卡结构、丛林通讯技术,力量强横的数字卡片系列等等,每一个事件都能牵动联邦的神经、都能够令最大牌的制卡师和卡修抓狂,更能引发利益集团之间的明争暗斗,而这些事件的背后都有着陈暮的身影。他以超人的智慧和韧性,演绎了一个从弱小到强大、从孤独求生到兄弟合作再到团队运营的传奇故事。当千奇百怪的卡片源源不断从陈暮的手中流出的同时,其自身的战斗力也急剧上升,名誉、财富、美女、危险亦从四面八方向他的身边云集,最终成就了一个勤者无敌的励志典范。

作品天马行空、令人惊艳的想象力,全新另类的战斗方式,宏大广阔的世界,令读者大开眼界。它立足的是幻想的世界,但展现的却是现实的人生。抛开作者虚拟的背景,我们看到了同样的商场、战场和情场,同样真切地感受到了青春热血、兄弟情谊、红粉佳人所带来的冲击和愉悦,只不过和很多网络小说不同的是,这里的商场诡异但不奸诈,战场惨烈但不血腥,情场香艳但不低俗。这或许是作者的高明之处。正因为如此,它成就了一部近年来可以称得上经典的新幻想小说。

《修真世界》是方想的一部仙侠小说。2010年7月开始在纵横中文网连载,2013年2月完结。总字数290多万,迄今获8000多万点击。这是一个非常吓人的数字。

靠骑纸鹤收圭音倒卖晶石换取法器的左莫,无意间闯入奇异修真世界。两年前,僵尸面瘫男左莫被无空山掌门捡回了门派,失去记忆的他过着忙碌却充实的生活,一心想要赚晶石,一直在灵植上下苦功,终于如愿成为灵植夫,从不受待见的外门弟子跻身为炙手可热的内门弟子。成为内门弟子的左莫,在修炼符阵和剑术上的天赋一点点显露出来,并在东浮试剑会上崭露头角,获得第三名,拿走《昆仑符阵入门玉简》。但他却对修炼缺乏兴致,只对赚晶石感兴趣,成为门派第一大问题少年。后被派往荒木樵驻扎,躲避派内纷争。在小山界杀死金丹,渡过界河。在天水界,怒灭百花盟,斩杀三金丹,中计进入万年古战场。手下有朱雀、卫营、金乌营三支精锐,亦有黄金战将公孙差、金丹期谢山等一帮干将。最后肯定是成为一代绝世高人、家族的荣光。

该书最大的特点是修真界与凡人界的互动,这在以往的修真小说中没有,或做得很不够。它让修真落到了实处,不再是漂浮在空中。估计这也是方想在作品前唯一一句介绍"我心中的仙侠"的主要意思。另一特色是作品的世界设计很有厚度很丰富。人族有音圭有租赁法器,妖族有十指狱有妖击社,魔族有百蛮之冥。这些不同的特色使得这个架空的世界很精彩,而且每一个种族的战斗方式都是不同的,比如人族擅长的阵法,妖族精通的则是小配合,魔族则是聚沙成塔的战力合一,这些都很符合每种生命的特点,同时玩出的花样也确实让人赏心悦目。①

方想 8 年只完成了三部作品(两部没完),好多读者很不耐烦,但他的人气经久不衰,不得不说是一个奇迹。奇迹来源于他的作品总有创新,在同类型作品中显得与众不同。他的作品缺点也很明显:一是故事类型单一,网友概括为"一本讲述一个有身份背景但是以普通人面孔登场的男人如何在时代更替中成就他梦想的故事";二是开头很好,中间塌陷,结尾很烂;三是情感淡漠,没有男女之情,没有兄弟之情。

81. 高楼大厦

高楼大厦,原名曹毅,曾用进步青年为笔名,男,80 后(具体年限不详),山东淄博人。前起点中文网白金作家,现为创世中文网签约作家,其作品在台湾影响较大,是台湾幻武小说销量第一人。2009 年鲁迅

---

① 哥特之语:《似曾相识燕归来:浅谈〈修真世界〉》,《龙的天空》原创评论,http://www.lkong.net/thread-711283-1-1.html,2013 年 9 月 15 日查询。

四、第四代写手

文学院第一届网络作家进修班学员,同年加入山东省作协。2011年,作为中国青年80后作家代表,参加中国作协青年作家汶川生活体验及采风活动。2012年度网络作家富豪榜排名第十四名。2013年,高楼大厦加入中国作协。

2005年以前,高楼大厦曾在网络上进行过多次创作尝试,但均不理想,以失败告终。2005年创作《僵尸医生》,在起点中文网连载。该书将仙、佛、魔、道进行融合,很受读者欢迎,一炮而红,当年进入百度搜索指数前十名。

2006年创作《极限杀戮》风靡网络。该书被台湾出版商看中,高楼大厦开始进军台湾出版市场,书出版后立即成为台湾畅销书之一。2007年创作了《兵人》,该书销量是《极限杀戮》的两倍,高楼大厦也成为台湾最受欢迎作者之一。2008年创作了《貌似高手在异界》,被中国戏剧出版社看中,出版简体,并且创下当年单月500万的最强点击。

2009年6月30日开始在起点连载《寂灭天骄》,大受肯定,晋升为起点中文网白金级签约作家,超一线作者。该书在台湾出版改名为《绝兵》,当年销售20万册,为当年台湾幻武销售前三名。2010年创作《叱咤风云》,网络点击超过4000万,在台湾更是创下2010—2011年销量冠军的佳绩,销售超过30万册,被各大出版社誉为玄幻小说写作教科书。

2012年创作《天地龙魂》,致力创作一本属于东方龙文化的小说,已在大陆出版,并且改编为同名漫画。2013年加入创世纪中文,目前在其网站连载小说《武帝》。

其他作品还有《混混忽悠在异大陆》《钢铁惊龙》等。①

《寂灭天骄》是高楼大厦的科幻星际战争类小说作品,主要讲述了名门高校生活在贫困线下的超级贫困生秦奋,在目睹一次杀人事件时,阴

---

① 以上参考百度百科"高楼大厦"条,2013年7月18日查询。http://baike.baidu.com/link?url=-S0TOgw6Siu-ZxTjwJVkPM42BZM3Md0dJ7YBVzW_k_xMA22IZ0BCSi4C_XzYqPPS。

差阳错得到了一个奇异的液态金属球——一个最高武学虚拟教练,于是在这个古武学跟新武学争辉的星际时代,走出一条属于自己的传奇之路的故事。在这里,古武学龙象般若功修炼到极限,可以拥有十龙十象的巨大力量。在这里新武学氮压冰冻魔道,可以冰封即将喷发的活火山。在这里,岩浆功可以将整座冰山瞬间融成水蒸气。书中巧妙地将古武跟科技完美融合,描述了一个令人激情澎湃的想象世界。

该书一大成功之处是塑造了一系列令人难忘的人物。主人公秦奋,朴实、勤奋、自立;林立强,成天嘻嘻哈哈,没一个正经,特别是对女孩子,但为了朋友,什么都肯做;因扎罗塔,沉默寡言,为了兄弟组织,放弃荣誉,时刻关注着朋友的安危;宋佳,一个可爱的女孩,总是嘟着嘴说"我很满意"。"我很不满意"的大小姐,从不迁就人,却对自己深爱的男子——一个穷小子,异常的迁就。

还有那个吼出"不!美洲的荣耀!由我捍卫!"的宙斯;那个一遍遍对着杜鹏骂"你这个废物的杜展鹏"、那个发誓"如果哪天你们也背叛了我,我会杀了你们全部,然后自杀"的所罗门;那个逆天的男子,几乎不修炼,实力却能超乎所有人想象的薛天。

高楼大厦的作品,给人的感觉就和他自己说的一样,任何一个配角,有血有肉。就如蛇王杜痕,整本书对他的描写很少,却能在前期让人对他恨得牙根痒痒,在后期突然明白,他也是有苦衷的,他也是让人敬佩的,他是一个有着军魂的人。再比如那暴走的、重金属咆哮的双胞胎,再比如小龙王杨烈、开天布鲁斯、秦战、猥琐之王、枪王、屠夫、厨子、郝班长、亢金丁龙、哈迪斯等等,描写他们的文笔不多,却都能让我们感到他们是活生生的存在。①

该书值得再强调一下的是将古典武学与现代科技的融合。书中将武功分为古武和新武,古武大部分来自中国传统武学,作者比一般武侠作

---

① 静凤之乘:《2000字长篇书评,献给我最爱的作者》,http://forum.qidian.com/thread-detailnew.aspx?ThreadId=141138533,2013年6月13日查询。

者强的是，写了一些古武的招式。这种写招式的方法是金庸武侠的继承。当然作者的招式相对较少，但可以看出作者在这方面的努力。就年轻的网络作者来说，也不容易。对新武，作者基本以文生意，依着自己的科技认识来决定武功的情况，没写太多的招式。

《叱咤风云》是作者的又一代表性作品，被台湾称为武幻小说典范。作品描述真策皇朝的原住民战士学员乾劲同学。一年级时最被老师看好的学生，在第一次试炼中被天空飞来的一顶帽子给砸晕了。然后在虚拟游戏空间练功，其练功速度比正常快一倍。在经过种种战斗和磨练后，成为真策皇朝、魔族、蛮族的第一高手，与伙伴们一起拯救整个大陆苍生的故事。该书与《寂灭天骄》类似，写的也是少年热血、朋友至情。

高楼大厦写的是玄幻武侠，但有金庸的遗风，其文笔与学识虽不能与金庸相比，但想象力却有过之无不及。如果不追求网络写作的速度，而以传统写法的磨炼，相信高楼大厦能够写出很高水准的作品。

82. 柳下挥

柳下挥，曾用笔名"坐怀不乱"。原名黄卫，男，汉族，海南海口人。著名网络大神级写手，都市 YD（淫荡）流代表人物之一，"坐怀不乱"是他在幻剑书盟写书的时候所用的名字，转到起点中文网后改名为柳下挥。现为纵横中文网签约写手。在 2012 年第七届中国作家富豪榜子榜单"网络作家富豪榜"中以 650 万的版税收入，位列富豪榜第九名。

2007 年柳下挥以"坐怀不乱"之名在起点连载《市长千金爱上我》，立即受到热烈欢迎，少男少女们赞不绝口，被视为《和空姐同居的日子》之后的又一纯爱经典。2008 年河北大学出版社出版了该书。其后，他写了一系列同样的都市爱情小说《邻家有女初长成》（被屏蔽而没有完结）、《爱你我就骚扰你》《近身保镖》等。其中《近身保镖》长期位于百度风云榜小说类第五名，点击超过千万。2010 年，柳下挥与一干起点写手跳槽纵横中文网，在起点上的所有作品被起点删除。他在纵横中文创作了

《天才医生》和《火爆天王》。

《市长千金爱上我》是柳下挥的成名之作,描述了每个男人心中的"公主梦"。在这个"得到女人的身容易,得到女人的心困难"的时代,主角黄楚无疑有点愤世嫉俗,稍许格格不入,自然带点每个主角的自负与轻狂,当然还有风流男主的幽默。小说讲述了失恋的黄楚因不小心落水结识了同样失恋的白雪儿,从此由相熟到相恋到磨难,中间有笑料百出的"同居生活",还有各色打酱油的女人出现,黄楚一直被考验,情感终未动摇地等待白雪儿。在这部都市纯爱体的小说中,各种桥段太浪漫,恋爱过程太干净,男主有些悲情与深刻,女主则有些花瓶,倒是打酱油的女配角,却特色鲜明的让人不得不记住她们,这便是柳下挥的实力了。例如"刘可可",她有温柔之处也有可恨之处,更赚人眼泪,相比于"白雪儿",她是可以摸得到的,有血有肉的。小说文笔诙谐有趣,情节引人入胜,初步展现了作者令人拍案叫绝的文笔与构思。

《近身保镖》则是作者创作生涯中的第二个小高峰,讲述了一位山村少年叶秋(噬魂门传人)来到繁华都市,在一个猥琐老头的介绍下成了富豪千金的贴身保镖,并住进了传说中的美女公寓——蓝色公寓。上演了一场美女与屌丝之间斗智斗勇的故事。作品以现代生活为背景,又融合了武侠的元素和略微灵异的题材,使得这部小说充满奇幻色彩。但美中不足的是结局稍显仓促。《近身保镖》的剧情开创了都市言情小说与奇幻灵异题材结合的先河,使得小说整体令人感觉新颖,不落俗套。

《天才医生》是柳下挥转投纵横中文的首作,也是目前他的代表性作品。来自中医世家的秦洛,为了退掉指腹为婚的亲事来到繁华都市,并展露头角成为一代名中医的传奇故事。他以一身绝学妙手施春,医治病人无数。名人白领、富商权贵、各国政要、王室成员慕名而来,成为他的门下学徒。清纯校花、美艳御姐、名门淑女、异域妖娆,她们围绕在秦洛身边,发生无数暧昧的故事。中医衰落,西医盛行,具有极强实用价值的中医不被西医所接受,被称之为"巫术",秦洛率中医们奋起反击。伤寒学派、寒凉学派、易水学派、攻邪学派、补土学派、滋阴学派、

四、第四代写手

温补学派、温病学派八大医学流派各持绝学齐聚燕京,文无第一,医无第二,谁才是中医正统?当不俗的资质和勤奋,集合八大流派的秘法绝技于一身,濒临失传的中医界便有了一个天才医生。

该书风格还是一如既往的轻松诙谐,相比《市长千金爱上我》《贴身保镖》却已经有所不同,不再是纯言情,而是添加一些幻想元素,思想较前几部小说深刻了一些。它以振兴中医为主旨,以幻想的故事让读者了解了中医文化的博大精深。人物塑造很具特色,其实塑造性格各异的人物是柳下挥的拿手好戏。秦洛代表着中华五千年的传统文化,他有医术,有医德,更有带领中华医学走向世界、走向巅峰的理想和决心。即使面前是长枪和短炮、刀光与剑影;有名与利的挣扎,有血与火的考验。本来他只是一个医生,却走在了中华传统文化向世界抗争的最前端,义无反顾。每一次看着秦洛为中医而努力,看着西方利益集团的阴谋陷害,甚至有华夏高层的施压,不算高大不算有力却始终不曾退缩的身影,就会热血澎湃,无比激动。该书真正的灵魂就在于此。

《火爆天王》是柳下挥最新的小说。于前不久的8月13日完结。小说讲述的是一名狱中走出来的妖孽少年,代替自己病重的妹妹加入一个偶像组合。于是,娱乐圈的火爆天王就此诞生。背负"天王"身份的他游走于校园,发生了很多趣事。主角唐重腹黑、果断、凶狠、理智,但并不缺少做人的底线。他跟上一部作品《天才医生》主角性格之间差异太大,以至于很多人对唐重的性格褒贬不一,也正因此说明柳下挥对人物性格的塑造已经到了炉火纯青的地步。很多读者批评唐重为人太过暴力,阴暗面过重。小说暴力场面太多,仿佛是在看黑道小说一般。可在另一批读者看来,很多的暴力场面是给这本书提供了更多YY的空间,同一些美剧一样靠暴力与血腥吸引眼球。客观来说由于充斥着太多格斗场景,而使人物太单一化,剧情构思上没有上一部精致。

柳下挥的写作风格轻松幽默,常有妙语惊人,对情节把握到位,善于塑造人物,外形准确生动,对人物内心的探索更是精准贴近,而其作品的女性角色更是各有灵性,令人过目不忘。与三十相比,他的作品稍显邪气，并且越后越明显，离纯情越来越远，即走向所谓的 YD。但他的作品确实有吸引力，特别是还处在躁动中的年轻人，亦情亦邪才是他们的最爱。这也说明柳下挥一直在注意网络小说的读者心理。

（杨颖）

83. 七十二编

七十二编，男，原名陈涛，书友昵称其为"胖子"，起点中文网白金作者（起点广播名：剥了壳壳吃米米），网络科幻小说名家，从事中俄边贸工作。2007 年 7 月于起点连载反传统英雄的经典星际科幻小说《冒牌大英雄》而为广大书友所熟知。正是凭借这部处女作，七十二编一举成为网络科幻小说人气写手，麾下粉丝无数，自称匪军。2011 年 9 月新作《裁决》登陆起点，目前火热连载中。

七十二编的自我介绍是："我不是作家，我只是喜欢编写一个故事时的快乐，并与朋友分享这份快乐。"看似正经，但他本人却又号称起点最猥琐的作者，而《冒牌大英雄》主人公田行健则号称起点最猥琐的主角，他曾在随笔中写道："信我者，得永生。有事没空的时候过来看看，出去的时候记得点几张推荐票月票什么，那玩意好玩，不信你试试。另外，大家去别的地方逛的时候，帮俺带个广告什么的，也别光打广告，那得讲技巧，你就先评论他们的书，然后说，你看人家《冒牌大英雄》那才叫写的好。千万别说是我教你的，有人非要问，你就说是你的心里话，挨打就你一个人，跟我没什么干系。再叮咛一句，看书不投票的，一律打成博士！让你一辈子傻到底！"其搞怪幽默程度可见一斑。

七十二编的作品以科幻、魔幻类型为主，他笔下的故事布局宏大，或为浩瀚无垠的星空宇宙，或为诸多种族并存争霸的异世大陆，其想象天马行空、引人入胜，语言幽默生动、独具一格，前后情节合理，遵循逻辑，有坑必填。而最让读者称道的就是他的人物塑造，七十二编对于笔下的人物从不特别强调描写他是个什么样的人，而是用故事情节来告

四、第四代写手

诉读者他是一个什么样的人,所以呈现出来的人物形象皆性格鲜明,有血有肉,刻画尤为传神,如《冒牌大英雄》的主人公田行健凭借其猥琐的形象让众多读者印象深刻,嬉笑怒骂,难以忘怀。

2007 年 7 月,七十二编于起点中文网开始连载其处女作《冒牌大英雄》,很快便获得广泛关注和支持,更新期间长期位居起点月票榜前十名。故事讲述的是一个集机械修理兵、机甲战士、特种侦察兵、军事参谋等身份于一身的普通小兵田行健被迫卷入一场战争中,虽然能力出众,但这个奇怪的胖子却胆小怕事、猥琐卑劣,面对战争、面对未来,他会成为英雄还是狗熊?故事讲述的是一个普通人的故事,但是这个普通人干的事情注定不会普通,所以这个故事充满了精彩与感动。

纵观全书,故事剧情曲折,地点转换鲜明,人物也如流水一样不停转换,众多支线人物,他们各有各的性格,每个人的性格都不重复,让人很愿意探寻这些支线人物背后的故事。但一条主线始终不动摇:就是胖子。这个胖子狡猾猥琐,胆小卑劣,让人又爱又恨,却充满生命力。作者用他来串起这个故事,支起整片星域,让人产生浓厚的好奇心,一直追寻下去。

这是一个十分戏剧的故事,戏剧张力很强。论戏剧化,没人可以比得上莎士比亚,但是七十二编的文字,无法形容,很容易就被他打动。一个猥琐的胖子,就这样成为了读者心中名副其实的英雄。但与其说这是"冒牌英雄",还不如说是一群为了自由而战斗的人们,为了胜利与自由,他们都在燃烧生命和对国家的热情,为了达到某个目标、某个巅峰,而读者很容易就被这种毫无保留的热情感动。那些柔软的话语、幽默的对白,在他笔下不经意提起的配角,只有这样的心,才能写出那样温馨的文字。我们能借着作者的文字去窥测一个架空的故事的奇妙:分明是虚构出的假象,却烙着特有的气味与标记,回顾那个时代并非为了接近真实,而是去描述它、观察它、阅读它,这种指向性的关注才是最根本的意义。

主人公胖子田行健,是一个天性胆小的人,而这个人的性格又有些狡猾，思路天马行空，有些猥琐，是个和战争格格不入的人。他很普通，从性格上讲，与现实生活中绝大部分人类似。但是这么一个性格普通，又有点小聪明的人，偏偏被投入了战争，引发的故事或者笑料就很多了。因为他的性格决定了无论多么正经严肃的战争，他都会在其中嬉笑怒骂；无论多么危险的敌人，他都会为了保命或者保护一些别的东西想尽办法猥琐地使用阴招。他有点暴发户心理，无论是谁，只要招惹到他，他必定想方设法作弄或者报复，即便没有招惹他，他有时候也会去招惹别人。这个人从本性上有些无赖，有些欺软怕硬。战争，这个被许多人写得波澜壮阔的东西，在胖子的眼里，就是一场游戏，他的猥琐个性，他的狡猾，都会在战争中发挥得淋漓尽致。他不是为国为民的侠之大者，也不是叱咤风云的指挥官，他就是那么一个普通的士兵，尽管他学了很多东西。这些东西他说不上专精，但毕竟因为他的运气或者因为他的天赋，为他所掌握。他运用属于他的智慧，在战争中生活，在生活中战斗。

开书时，七十二编曾说过：我不会胡编乱造，会始终遵循着胖子的猥琐性格、胖子的技能、胖子的狡猾，然后把他带入战争，去赢得酣畅淋漓的胜利。他会有一些小挫折，但是绝对不会狗血到某种为了激发他或者让他发狂先宰掉他身边的人，然后被人弄得人不像人鬼不像鬼的，我没这样的自虐心理。① 正是由于这个基调，所以《冒牌大英雄》整个故事没有写成铁血军文，这就是发生在战争中的嬉笑怒骂，是有那么一点思考的，有很多快乐的书。

2011年9月15日，七十二编的第二部作品《裁决》于起点连载更新，这部小说延续了七十二编最擅长的猥琐搞笑风格，讲述的是一个草根的成长史。这是一个充斥着矮人、精灵、侏儒、野蛮人以及骑士、魔法师的奇妙世界。罗伊，一个无法修炼斗气的"乡巴佬"、小杂役，一个外表天真纯朴、一脸迷糊的大头男孩，却是一个跟着暴躁矮人学了好脾

---

① 骁骑校：《关于本书的阅读说明》，起点女生网，http://www.qdmm.com/BookReader/131957,3755290.aspx，2013年8月8日。

气，跟着傲慢精灵学了谦虚，跟着爱撒谎的侏儒学会了诚实，跟着野蛮人学会了礼仪的小混蛋。他从南方小城走出来，立誓要成为伟大的骑士。他赢得了公主的注意，遭到旁人的嫉恨。就在众人以为这个乡巴佬容易欺负的时候，他却屡屡表现出非同一般的实力，一次又一次地制造了惊奇。终于，这个少年越来越强。

据七十二编介绍，这本《裁决》早在《冒牌大英雄》结束之前就开始准备了，在长达两年的时间里，他阅读了《剑桥插图中世纪史》《象征符号插图百科》《纹章插图百科》《欧洲贵族》《中世纪骑士制度探究》等几十本相关书籍，搜集的资料不计其数，做了一个超过十万字的大纲。这在快节奏的网文写作中是很难做到的，可见七十二编对写作的认真态度。

主人公罗伊依旧延续了《冒牌大英雄》主角田行健的"猥琐"属性，让人又爱又恨。作为一个孤儿，从小缺少管教的同时也少了很多束缚，因此主角猥琐得合情合理。在他身上的猥琐更多的是一种原始的野性，这种野性明显是不适合于现实社会的，所以在小说里更能显示出主角的真性情。也正因为主角的猥琐，所以如果突然出现有关真情、有关牺牲的戏码方能更加煽情。值得一提的是，七十二编在主角罗伊的周围设计了许多优秀的正面配角，一方面是因为对比更加突出，人物的特性更容易刻画，通过周围正人君子的言行来衬托主角的野性与不拘一格；另一方面则是作者对于主角的爱护，每一个作者对于笔下的人物都是有感情的，甚至于会把自己身上的特质、习惯套用在自己笔下的人物里。

（张启）

84. 胜己

胜己，男，原名赵星龙，曾用笔名平凡心，1981年出生，黑龙江牡丹江人，曾是起点中文网白金作家。主要作品有《不朽丹神》《只手遮天》《超级医警》《未来军医》《超级师傅》《天劫医生》。最新作品《邪少药王》改在创世中文网连载。

胜己是一位现代修真小说作者，他喜欢将修真的背景设置在现代社会。这种设置有一种虚幻感，同时也有一种阅读上的亲切感。

2008年1月胜己在起点开始连载自己第一部作品《天劫医生》，该书2009年1月载完，252万字，共获得点击575万。这个点击算中等，不是大红的，但也不差。

上一本书刚完结，第二本书就上来了，《超级师傅》于2009年1月开始连载，2009年8月载完，140万字。这本书共获得414万的点击，比前一本少。因为字数章节少的缘故，欢迎程度总体应该与前一本差不多。

第三本《未来军医》于2009年9月开始连载，2010年7月载完，245万字，获得774万的总点击，创了写作以来的新高。读者欢迎程度明显提高。

《超级医警》于2010年8月开始连载，2011年3月载完，123万字。获取点击199万。《只手遮天》于2011年5月开始连载，2012年2月完结，140万字。获取总点击208万。

《不朽丹神》2012年2月开始在起点连载。2013年4月完结，278万字，获取总点击546万。该书边连载边由台湾信昌出版社出版，目前出了37册。

《天劫医生》是胜己的第一部作品，也是有一定代表性的作品，内容有一定的独特性。修真小说大多写修真者怎样练功升级、渡劫升仙。渡劫是修真者的重大关口，很多人修了几百年，但不敢渡劫，因为渡劫的成功率较低。该小说就写一个帮助修真者渡劫的医生文涛。他自己不是修真者，因为他的身体不能修真；但只要站在渡劫者身边，渡劫天雷就会击向他，渡劫者就能顺利渡劫。如此厉害的人物却是一个乡村医生，他后来来到姨夫所在的上海，在现代都市中研究人体结构，破解人体的秘密，意图解除自己身体不能修真的禁制，顺便行善除恶。

这部作品因为将背景设为现代，书中手机、汽车、直升飞机、110等现代社会工具与设置应有尽有，但修真者武功高强，飞来飞去打斗，读起来有些滑稽。作品本身语言平淡，平铺直叙，与其他小白文差不多。

四、第四代写手

《未来军医》是胜己的又一部现代修真小说,描述三百年后的联邦首席医官陈寒,在解剖研究一个强大修真者的时候,因其自爆而死,转世投胎到一个现代二世祖身上,体质弱得稍微疲劳一些就晕倒,陈寒必须得先改变自己。他凭借着举世无双的医术,一边改善自己的身体,一边重修九级体质,可时间却越来越紧迫,武道的强者、甚至于修真者跟外星文明已开始入侵。小说便描述了首席医官如何应对这一切,走上一条突破自身极限的路。

《超级医警》讲述世界上最富有的军火世家继承人林东,热爱医术,他的医术很高明,不过却是建立在高成本上,开最好的药,用最昂贵的医疗器械,他的超级医道就是四个字"不计成本"。因为不愿服兵役,他被家族扔到了一个小城市的警察局。他的职业就是医警。当经济来源被家族封锁之后,不能再使用"不计成本"的富豪医术的他,如何开始治病救人?人极九限、齐天难见、传奇可攀、神话流传。林家人突破人极九限就要死,林东却依旧在拼命的修炼,最终突破人极九限。

大多数的修真小说,主要人物塑造得大都贪婪、自私、冷血,只注重打怪升级,攫取个人利益,没有侠义、没有道德、心胸狭窄、睚眦必报。利益面前,相互算计,人人自危。以至于失去人性,成为变态。与这些网络小说相比,《超级医警》各个人物塑造比较接近现实,他们的所需所为,都是我们这些现实生活中正常人的正常需求的表现。林东出身优越、见多识广、品位不凡,处处体现出其卓尔不群。平时不计个人得失,乐于和勇于助人,遇到领导只保持工作上的尊重和联系,不卑不亢,令人钦佩。这是本作品的独特之处。

《不朽丹神》讲述的是九州十大丹道大师之一的程弓,在炼化九州第一神器虚空阴阳鼎时意外被十三道虚空阴阳劫干掉,却也因为这九州第一神器真正秘密而重生。但是没想到的是,竟然重生在了一个号称云歌城四大害之首、云歌城第一纨绔的程弓(两人同名)身上。虚弱纨绔的人生从此改变,程弓这一镇国公府的大公子开始了追求丹道无上巅峰,成就不朽丹神的道路。

胜己的笔名来自"胜人先胜己",他的性格诠释着这个名字。他是一个非常努力的人,5年写了1200多万字,平均速度已经可以跟唐家三少媲美了。2009年的时候因为眼疾手术,在手术后的恢复期,闭着眼睛在电脑上写作,让别人校对。其辛苦和执着让人感动。他写的是修真小说,但大多背景设在现代,读起来有些怪异,但也让人幻想着一切皆有可能。他塑造的人物以医生或类似医生的丹师为主。这些人有一个共同的特点,都想破解人自身的秘密,探索人所能达到的极限,挑战自我。这大概也是胜己自己心中的那份追求。他的写作,语言上没有过人之处,不能给人留下深刻的印象,也不能让人读之动容,但也还平实畅达。人物形象的塑造逻辑性尚好,没有太大的让人莫名其妙和不可思议,且主要人物性格都鲜明饱满,富有人性。在结构布局上谈不上巧妙,但情节跌宕起伏还是做得不错。他写了很多,但市场认可度在中等。其原因在于所写题材不具开创性,语言平淡让人印象不深,内容没有爆炸性让少男少女们动容。

85. 天蚕土豆

天蚕土豆,原名李虎,男,1989年12月出生,四川德阳人。现为起点超人气白金写手,新生代网络写手代表人物。2012年网络富豪榜中以1800万元收入位列榜眼。

天蚕土豆的经历是网络作者中一个典型故事。沉浸在网络世界里的年轻人有着天马行空的想象,偶然心血来潮就开始书写自己的故事。今年才24岁的天蚕土豆,出生在四川德阳的一个小县城,父母都是生意人,他上学时候不喜欢写作文,高中没读完就辍学了。他家有两兄弟,哥哥爱学习,但作为弟弟的他整日在网上看小说打游戏,几乎是父母眼中的问题少年。直到他在起点上的第一部作品《魔兽剑圣异界纵横》每月有稳定的稿费收入时,他们才相信在网上写小说也算个不错的职业。

可能很多人都能在天蚕土豆身上找到自己的影子,但不是每个人都

四、第四代写手

能幸运地取得这样的成功。天蚕土豆仅仅用两年就晋身网络作者的"天王"级别,依靠《斗破苍穹》的惊人业绩,与业内的唐家三少、我吃西红柿、梦入神机、骷髅精灵位居收入榜的第一梯队。

2008年天蚕土豆凭借处女作《魔兽剑圣异界纵横》一炮而红,跻身人气顶尖写手之列,被誉为2009年网络小说人气王。2009年创作的《斗破苍穹》更是获得在起点中文网高达一亿三千多万的点击率。该书从发布起,就稳居各类小说排行榜第一;当年进入百度搜索关键字前10名;中国移动的手机阅读排行榜第一名,点击量达到13亿次。该作品还被国内顶级网游开发商兼运营商搜狐畅游买断游戏改编权,目前网游产品正在开发中。新书《武动乾坤》一经发布,创起点小说正文零字数上百万点击的记录,10个月点击超过3200万次,再次席卷起点各大榜单。曾在2012年稳居百度搜索风云榜小说榜第一名,热门搜索前十名。前三册出版后,销量立马突破15万册。目前正在连载的作品为《大主宰》。

如今,天蚕土豆的《斗破苍穹》已经成为名副其实的摇钱树。来自中国移动的数据显示,《斗破苍穹》一本书的收入比其他类别小说一个组的收入还高,仅手机的渠道就占到天蚕土豆整个收入的四分之三,其他的授权也非常抢手,仅游戏授权就开发了网页和客户端游戏两种,而同名小说改编的漫画和影视剧也将很快面世。现在,他的下一本书连大纲都没有就已经有人上门预定了,因为天蚕土豆就意味着人气和影响力。

《斗破苍穹》是天蚕土豆的巅峰作和代表作。本书讲述了天才少年萧炎在创造了家族空前绝后的修炼纪录后突然成了废人,整整三年时间,家族冷遇,旁人轻视,被未婚妻退婚……种种打击接踵而至。就在他即将绝望的时候,一缕幽魂从他手上的戒指里浮现,一扇全新的大门在面前开启!

《武动乾坤》的主要内容也未离开修炼一途,窃阴阳,夺造化,转涅盘,握生死,掌轮回。武之极,破苍穹,动乾坤!讲述一平凡少年林动为家族荣誉努力修炼,最后横扫各大门派而成神成仙的老套故事。

纵观二书,宗族都是起点,主角先以平庸、受人歧视为开局,紧接着剧情安排主角奇遇,如同接受任务一般,完成任务升级。但是主线任务会一直持续下去,以此为主,牵扯出更多剧情,起起伏伏,荡人心弦,但又千篇一律。比如林炎实力提高后,又会因为必须得到或是做到某件事情,随之比林炎更强大的存在就会出现,接着遇险,然后化险为夷,得到奇遇,变得更强,然后带动身边的人一起变强。两本书的剧情都高潮迭起,相差不远,都是土豆一贯的升级模式:遇险,化险为夷,奇遇,变强,达到目的。这种模式反复贯穿全文,并且早已就是玄幻小说的普遍模式。

首先,小说构架简单。单一主角不断升级不断"欺负"各配角模式。武功(或称斗气)设置严格的壁垒等级,每差一级就有天壤之变,但是,主角不在其列,跨级战斗对主角来说就是家常便饭。

第二,小说的人物关系简单。除了无敌的主角和主角的各个女人之外,就是脸谱化的主角家人和无数小配角。还是那句话,读者根本不用动脑袋,直接代入角色。

第三,剧情简单。开始都是主角因为某种屈辱建立一个目标,《斗破苍穹》是因为纳兰嫣然退婚的耻辱,萧炎要在3年后与其决斗为动力;《武动乾坤》是因为林琅天对林动的轻蔑和其父的打击,林动要在家族大会一鸣惊人一雪前耻为动力。然后主角解决掉旧的矛盾后,又出现更强大的敌人,再给主角新的动力不断变强。主角升级,就换地图换场景,建立新的矛盾,无限循环,直到主角到金字塔最顶端,成神成仙。

第四,战斗模式简单。战斗不需要传统武侠那样复杂的招式,小说里的人物打斗时出的招都有个气派的名字,打起来先大喝一声"XX斩""XX诀"之类的。这些武功早就划分好等级,高一级的永远比低一级的强,让读者一眼就看出来哪个武功厉害。

第五,故事让人遐想,情节曲折。主角永远是出其不意的,手里永远都有底牌,真实实力永远都是远远高于表面实力,作者会反复强调,等级的差距是天地鸿沟般的不可逾越,但是主角就是例外。最开始对手都是看他等级低,瞧不起他,然后主角爆发让对手受到教训。故事中的

四、第四代写手

女性都有美色,并且都被主角的王霸之气震住,全部拜倒在主角的膝下。①

这些故事中整个世界的架构既单一且破绽百出:只需要武力就能解决所有问题;完全没有政治经济文化;以家族和门派为单位,所有人都在疯狂修炼,无需考虑生产、粮食等。在情节安排上,基本上没有什么铺垫和悬念,等同于记流水账,事无巨细皆有记载。人物塑造上善恶二分,坏人都是穷凶恶极不知悔改,所以主角的狠辣手段得到了很好的解释。所以称为"小白文",确是实至名归。

土豆的成功,就是网络小白文的再次成功。以毫不出彩的文笔,带读者进入了一个简单、情节起伏跌宕、眼花缭乱、高潮迭起的世界。你无需思考,脑中极度意淫,闭着眼睛享受,一切都是理所当然。就这样轻易地把读者带入书中而征服了众多读者。

86. 天籁纸鸢

天籁纸鸢,真名不详,又名君子以泽,1988年9月出生于江苏常州。晋江原创连续7年总排名第一的著名网络写手。以幻想小说见长,有多部脍炙人口的神话、奇幻、古风等架空题材作品,畅销大陆和港澳台,被翻译为外语远扬海外,在全国新华书店、港台等地区多次登录图书销量排行榜。其文风华丽大气,情节跌宕起伏,塑造了众多高人气角色。出版有《夏梦狂诗曲》《天王》《天籁纸鸢》《奥汀的祝福》《最后的女神》《犹记斐然》《月上重火》等作品。在《新蕾》《男朋友》《狮之国》《魔幻志》等杂志发表、连载过作品。

天籁纸鸢属怪才,写了这么多作品,而身份不为人所知的人非常少,但他就是一个。从出生日期看,非常年轻,今年才25岁,2006年发表作

---

① 鸡哥:"《斗破苍穹》与《武动乾坤》的创作模式",豆瓣读书,http://book.douban.com/review/5781208/,2013年8月12日查询。

品，推算那时18岁。18岁发表作品不奇怪，但能够连续不间断写的人，并不多。他不仅写的数量多（目前能找到的作品有18部），而且题材广泛多样，内容横跨中西，并且形成好多系列，不能不让人惊叹。其作品大致的系列有《莲神九式》系列、《芙蓉心经》系列、《创世纪神话》系列、《北欧神话》系列、古风系列、现代系列等。

天籁纸鸢的长篇小说《奥汀的祝福》，题材涉及神话和爱情。最早创作于2009年7月，晋江原创网将其连载，当时在连载排行榜上囊括月度榜、季度榜、半年榜的冠军位置，总榜第五名。2010年正式出版，作品共分成三部，分别名为《重生的火神》《遗失的英灵神殿》《奥汀的思念》（台湾出书版更名为《主神的思念》）。该小说40多万字，故事的背景取材于北欧神话，如巨人神族的战争、诸侯黄昏、众神之首的奥汀、神后弗丽嘉以及火神洛基之间的三角奇恋。

《最后的女神》是《奥汀的祝福》的姐妹篇，跌宕起伏的情节十分精彩、引人入胜，但又不乏温馨浪漫。女主角是大学生顾安安，从现实穿越到了北欧神话的世界里，与神族大王子法瑟、二皇子赫默情感纠葛，与公主贝伦希德牵连万千。这部作品2010年12月24日开始在晋江上连载，当时在几大榜中都是状元，截止到2011年5月，总分排行第三。

《夏梦狂诗曲》情节曲折离奇，场面纷繁复杂。满腹音乐才华的女子，商界风云人物，黑帮传奇，世家少爷，剪不断理还乱的感情在这些人之间流转，故事里有梦想、有仇怨。裴诗渴望成为小提琴家，她被人领养，生长在音乐世家，却与养父的儿子产生感情，可随之等来的却是更加复杂的家族豪门恩怨。5年前在英国的夏夜那场温馨的邂逅，渐渐变成了狂乱的交响曲令人迷醉。

对女主角裴诗而言，音乐就是她的血液，但是弄人的命运却残酷地夺去了她的左手，她此生也许就与小提琴再无缘。可是当她抛却过去以新的姿态又回到了她以前的熟悉城市，一手栽培起来的小提琴手出现在了公众的眼前，曾经以为可能永远也回不去的音乐的高雅殿堂，渐渐地又向她靠近。可是这一切来得并非顺其自然，她有计划地出现在那个人面前,那个人是她曾经最爱的没有血缘的哥哥,那个人是盛夏集团的冷酷少爷,也是那旧照片上被泪水和时间冲刷的模糊身影。

与小提琴的不解之缘来自于父亲,她曾经听过父亲演奏小提琴,那曲子在她的脑中再也挥之不去,融入了她脆弱的神经和血液中;小时候的恐怖记忆使她性格中充满阴霾,黑色的衣服挡住了她原本阳光的个性。

天籁纸鸢的作品多具奇幻色彩,莲翼四卷的前三部作品内容涉及耽美,《琼舫》《花容天下》和《十里红莲艳酒》口碑及点击量皆不俗,可是本系列收官之作的《月上重火》与其以往的风格差别不小,侠骨柔情在作品中大行其道,该小说于2008年7月开始创作,正式出版于2009年年初,字数约为37万左右的长篇小说为整个系列增添别样武侠情怀。在2008年至2011年间,晋江原创网的言情榜上,长期占据总分榜榜首一席。《月上重火》共有上、下两卷,描绘了腥风血雨的武侠世界,女主角重雪芝和月上谷谷主即男主角上官透相识相知相爱于江湖,深入骨髓的恨终不及浓得化不开的爱。

小说《月上重火》的书名来自于故事中的两大派别月上谷和重火宫,各取其中两个字构成的。男主角上官透是月上谷的当家人,身为谷主的他在江湖人中是那般清雅俊朗,而他亦正亦邪忽明忽暗令读者又好奇又喜爱。他眼中没有娇花羞颜,唯独只在乎女主角一人的一颦一笑。他可以牺牲自己的名誉甚至生命,只求换得她的平安喜乐。网友们也亲切地称男主角为一品透,一品催花透,上官小透,上官昭君,昭君姐姐,透哥哥……女主角重雪芝是重火宫的少宫主,天倾城美人重莲的女儿,从小看惯江湖杀戮、人心难测,是受世人瞩目的绝世美人,却错爱一人,只求换得他对她的一丝垂怜与关注,她不要整片的森林,独独只求可以依偎在他的怀抱。

本来是世人眼中最般配的人中龙凤,可是世上的情爱阴差阳错,他们在生活中互相误会互相错过,他的世界混沌不堪,她的心里情乱如麻。本来男主角的心中除了她的倩影再无其他红颜一笑,本来女主角的岁月中只有他的陪伴才能够驱赶江湖的血腥与寒冷。可是造化弄人,命运无情地阻拦他们在一起的步伐,他们之间终究不敌繁乱的情仇,昔日的爱渐渐化成恨,而可以互相救赎的却只有彼此。上穷碧落下黄泉温情不再,青衫红颜间唯剩剑光寒凛。青葱爱情成长至浓情重爱,本两情相悦却不得不相忘于江湖,沧海桑田时光荏苒,一片情深难道不敌物是人非的无奈⋯⋯

  天籁纸鸢的写作与其他大神级的写手有所不同。一是他涉及的种类多,多种题材的写作都有尝试,而其他大神级的网络写手往往专注于同一类型的小说写作。二是他的作品比较符合传统的小说长度,十几二十万字的有,三四十万字的也有,但不像其他写手,一部作品动辄几百万字,甚至上千万字。

  他的小说风格大气磅礴,华丽又细腻,情节变幻莫测。众多阅读过天籁纸鸢小说的网友读者们亲切地称之为"纸大"。许多网友表示过喜爱纸大的文章不单单只因为情节扣人心弦,描绘的世界风云诡谲,更加欣赏的是其写作中对于细节的处理,可以让一个一个栩栩如生的人物形象跃然于文字上;那些场景的描述是架空真实的,却又如同带领读者身临其境,人物外表的传神描绘简直就像是梦游了仙境的达·芬奇,离开时带走了眼前的震撼美好。感叹天籁纸鸢鬼斧神工的文字功底同时,引起网友读者们关注的是其以北欧神话故事为背景衍生出来的故事,那样内容错综复杂的传说在其故事中运用得恰到好处,衔接得自然而真实,不得不对作者在平日生活中用以积累素材所花的精力和时间感到钦佩。

(曾思敏)

87. 忘语

  忘语,原名丁凌滔,男,1976年10月出生,江苏省徐州市人。毕业于无锡机械制造学校,后自学完成大学法律专业。曾在徐州某企业供职,现已辞职,专职网络小说创作。已婚,爱好是散步、看书和听音乐。现为起点白金作家之一。2012年网络文学作家财富榜以260万位列18。

四、第四代写手

忘语至今只写过一部《凡人修仙传》。他凭借这部书便跻身起点众大神之一,而《凡人修仙传》也被改编为了网页游戏,在网络上风行。《凡人修仙传》是一部仙侠小说,2008年2月开始连载于起点中文网,目前还在更新中。已完成760万字,获取点击9600多万,获得推荐1200多万。

故事讲出身贫苦的韩立,为光大门楣,童年参加了七玄门的考核,因身具灵根,可修炼《长春功》而被七玄门神秘的墨大夫收为弟子。期间韩立捡到逆天小瓶,可用于无限催熟植物。墨大夫本想待韩立修炼长春诀有小成后对其进行夺舍,结果失败,韩立也被其暗算下毒,必须找墨大夫家人以求解药,从此得知修仙界存在。不久后七玄门遭遇野狼帮偷袭,面临灭门危机,韩立挺身而出,大显身手,灭掉野狼帮帮主请来的修仙者,从灭掉的修仙者身上得到了一神秘剑符和一枚名为"升仙"的令牌。而后机缘巧合,凭借此令牌加入了越国七大修仙门派之一的黄枫谷,正式踏上修仙的艰难之路。这是一个平凡少年励志成长的故事。

这篇小说连载的时间正是起点另一大神我吃西红柿的修真小说《星辰变》完结、新作《盘龙》开局之时,修真迷们正沉浸其中。《凡人修仙传》虽同为修真小说,但路子不同,所以,开局并没有引起太大关注,直到半年之后的9月才上架。其后,人气才一路飚升。

该文与一般的玄幻修真类小说相比,有几个明显的特点:第一,通篇小说里,没有后宫种马的俗趣味,人物乃至于情节设计都合情合理,令人信服,而与其他一些一味迎合小白YY心理的快餐文学形成了鲜明的反差。可以这么说,很多小说写完了读完了,也就完了,你绝对不会有兴趣再去读第二遍,但《凡人》则完全不同,你大可以把它当作自我修身的励志篇,反复回味,掩卷沉思,获得力量、得到启迪。

书中有很多女性形象,但这些女性都有自己的生活轨迹,不像其他同类型小说中所有的美好女性都围着主角转,最后被推倒。很多人都已经分析过,紫灵是可望不可即的职场高层女白领的代表,云芝又是邻家女孩的化身,陈巧倩仿佛是我们初恋但命中注定无缘、令人伤感的过度

291

角色，元瑶则是能给自己莫大帮助偏偏不能走到一起的柏拉图之恋，还有梅凝和慕沛灵这两位患得患失的小女子，以及冷静理智的宋姓女修，狡黠泼辣的柳姓女徒……这些人物的出场和与韩立的交集，不正是我们现实生活里从小到大，从青涩、执着再到淡定、成熟的人生当中，所遭遇、邂逅的多重情感纠葛的真切投影吗？

第二，故事结构，有张有弛，有高潮有低谷，峰回路转。当你刚刚诅咒他写得平淡之时，突然又奇峰突起，让你目不暇接，让你又羞又愧。魔道入侵，身为弃子，居然通过"古传送阵"柳暗花明；当你刚刚义愤填膺地骂他又玩功力下降的把戏，不料接着就发生了和天澜大草原绝顶高手过招的惊悚传奇；本以为他逃到大晋该低调做人，结果又穿插了和万年尸王不得不说的桥段；而你以为韩立又要像以前装成低阶修士混入白露书院之时，偏偏什么皇清女道观跑来横插一脚……总之，乱花渐欲迷人眼，要做好时时被雷的心理准备，更要做好耐得高潮也要懂得欣赏平淡的铺垫的过人心理素质。

其实，构思修仙类小说情节，完全靠作者的大纲框架掌控和胸臆自述，难度系数，远超历史架空类小说，比如《回到明朝当王爷》，虽然月关也是说故事的高手，但不管怎么着，它还总有个现成、明确的历史背景和历史线索作为参照系，可《凡人》就完全不同了，作者的才气想象和题材驾驭能力，更加显得至为关键。

我们还可以看到，在长达千余章的故事里，既有主线又有分支，既有大坑又有小坑。虚天鼎的伏笔，跨越了近500章才陡然大放异彩，阴冥之地天符门的传话嘱托，也是要几百章之后，才能在大晋风云里得到了结。而梵圣真片——明王诀——三头六臂神功，更是横跨包含了魔、妖、佛三界数万年的隐秘，到了灵界才大放光彩。本书的情节构思，如福尔摩斯探案一样，层层递进，如茧抽丝，叫人欲罢不能，这才是《凡人》的真正魅力。

最后，本书还有一个重要的特色就是对轮回、天命、天堂、地狱等的怀疑和犹豫。该书没有出现同类即以往小说中惯常的天命说，也没有救世主出现,所有的一切都需主人公从头来,一步一步,艰苦奋斗。也不相信六道轮回、天堂、地狱的存在,主人公该干什么干什么,没有任何轮回的掣肘。对于最后的仙界没有任何想象,其实他怀疑这个世界的存在。①

---

① 狂野湘军:《论凡人文学地位与读者知性框架》《浅论凡人的哲学基础和文学流派》,起点女生网凡人凡语,http://www.qdmm.com/BookReader/vol,1609564,4124954.aspx,2013年7月28日查询。

网络写手名家100

情 感 类

88. 天下归元

天下归元,原名卢菁,别名桂圆,女,出生年份不详,江苏镇江人。现为中国作家协会会员,潇湘书院专栏作者,A级签约作家。其作品《扶摇皇后》获由中国当代文学研究会女性文学委员会主办、冰心文学馆协办的"2011年度优秀女性文学"奖、"2011优秀女性文学新人奖"以及"2012年镇江市政府文艺奖"。2012年,中国作协第一次网络文学研讨会在京举行,《扶摇皇后》为五部入选作品之一。2011年,《帝凰》获潇湘书院十年经典第一;2012年,获潇湘书院非凡成就奖。

2008年8月,网络文学已过蛰伏期,走向多元化发展。天下归元在潇湘书院网上开始了她的第一部作品《燕倾天下》。这是一本历史背景的言情小说,取材于大明靖难之役的一段传奇故事。然而,女性网络文学中以言情为主,星际、科幻、纯历史等题材的小说没有什么的市场。于是毋庸置疑,她失败了。作品开始就很惨淡,点击率很低,也没有加V。在这样的情况下,作者通常会迅速结束更新,奔下一部小说而去。但天下归元没有放弃,而是继续下去,把一本不要钱的书写了一年,足足70万字!正是这样的坚持成就了日后《燕倾天下》的盛名。第二本书她选择了悬疑题材,一味复杂深沉,文字晦涩,忽略了网络读者浅性阅读的习惯,于是这本书又失败了。

没有不想出书的作者,桂圆也不例外。但是她以出版为目的的两本书的失败,使她彻底地看清了网络文学的游戏规则。她放弃了出版的执

四、第四代写手

念,直接将目光定位在纯网络文学基准上,从设定、架构,到语言、思路,完全网络化。在坚持个人写作原则和迎合读者口味之间,寻求了一个基本的平衡。《扶摇皇后》最初的架构灵感来自于当时比较风靡的玄幻小说,玄幻步步升级的设定,很容易引起读者的追逐兴趣,满足现实世界中所不可能有的幻想。但是当时的网络文学中还没有出现一本完整意义上的女性玄幻,他的写作设想还是有点冒险。但没有冒险,也就不可能有超人的成功。一本结合女性阅读对言情的要求,玄幻构架、言情实质的书,就这样诞生了。这本书的出现,使得天下归元的名字跻身于一流写手之列。而《扶摇皇后》的巨大成功,使她的《燕倾天下》重新进入读者的视野。

她至今已完成《燕倾天下》《帝凰》《扶摇皇后》《凰权》《千金笑》(天定风流系列)五部作品,都已签约陆续出版。最新《凤倾天澜》正在潇湘书院连载中。其中《扶摇皇后》《凰权》上市先后荣登当当网青春文学畅销新书榜首。

《燕倾天下》为架空历史类,全书55万字,除潇湘书院连载外,实体书于2013年年初出书上市。讲述了靖难之役时期,私生女身份的璇玑郡主与侯府四公子沐昕、紫冥教少教主贺兰悠之间的爱恨情仇的故事,夹杂其中的还有宫斗心机、排兵布阵、武功招式。文笔优美,给读者展现了一幅美不胜收的工笔长卷。无论从紧凑的故事情节,亦或是仿佛身临其境的场景描述,都令人不住地慨叹作者精细的构思和鬼斧神工的文笔。

《帝凰》原名《沧海长歌》,现网络上名《女主天下》,架空历史,116万字,网络连载完结,2011年已出版。讲述了前世里一场血案,开国皇后死状凄惨,今生里挟怨而来,真相却如掩于重重迷雾中的楼阁,回旋反复,不见全貌。隔世重来,她的复仇之剑,到底应轻轻搁上谁的颈项?一个关于爱恨、生死、天下、人心,沉静在表而激烈在骨的故事。

《扶摇皇后》,架空历史,全书约154万字,网络连载已完结,实体书于2011年出版。讲述一彪悍盗墓女挖墓动静太大,墓室坍塌光荣做了

"烈士"。17年后,穿越到五洲大陆变身为孟扶摇,跋涉万里,夺得七国之令,最终抵达陆地极北穹苍神殿,完成心里最终的回归执念。

《凰权》,架空历史,全书约134万字,网络连载已完,实体书于2012年出版。这是一个关于复国和夺位过程中处于敌对的男女们踩倒与反踩倒、离间与反离间、挑拨与反挑拨、动情与抗拒动情、说起来很简单看起来似乎有点纠结的故事。

《千金笑》,架空历史,182万字,网络连载已完结,出版时第一、二卷改名《天定风流》,第三卷改名《天定风华》。讲述现代研究所异能四人组误入异世。为寻回好友,神眼君珂踏上漫漫长路,无意中卷入王族夺嫡风波,与厌倦王族夺权倾轧的冀北王世子相伴逃亡。风雨燕京,她步步高升,嬉笑玩乐,转手便是皇城风潮。享神医之名,得文武供奉,夺武举状元,任新番统领。却不知荣耀与阴谋同行,繁花秀锦的背后,是他人不动声色、步步深入的削藩之局。恩与情,爱与恨,纠缠与命定,城府深藏的雪里白狐,夭矫昂藏的云中之龙,腹黑深情的冀北青鸟,皇朝掌握重权的绝艳男子们,为削藩之争倾尽智谋,也为她,倾尽爱恋和争夺。

《凤倾天阑》,架空历史,已发83多万字,连载中。

作者书中的人物形象形色各异,但往往围绕的是一个传奇女性的成长历程,迎合女性读者心中隐秘的英雄情结。励志型主人公给人一种向上的积极的力量,忠于言情,超脱于言情,出于人性,深潜于人性。嬉笑怒骂间告诉我们什么是坚持,什么是真情。我想这是她的作品最大的魅力之处。

天下归元的作品部部精彩,评价大多比较高。其文"虽人物众多,但个个鲜明;虽情节复杂,但合情合理;虽篇幅漫长,但张弛有道。伏笔铺设线长雷深,吊足人胃口;命格安排深沉翻覆,惹人百感交集。文风大气,汹涌磅礴抒怀豪情万丈,是史诗;设计精妙,斗智斗勇定夺大是大非,是传奇;心思细腻,恩怨纠葛皆因情深厚意,是抒情。文笔雅致有格调,清新隽永,象征比喻独到而又贴切,足可见得字斟句酌之功夫。行文总有一个"道"字支撑，或成全，或执念，或舍小顾大，亦或因果轮回。心在其中，时有顿悟，到头来，功成身退，才知亦是渐悟。虽天高地阔、水绿山青，然则时光荏苒，流云舒卷"（《凰权》编辑推荐语）。

89. 涅槃灰

涅槃灰，原名陈淼，女，上海人，80后，具体年龄不详，毕业于上海同济大学。盛大文学红袖添香网第一批A级签约作家，被称为网络言情小说人气天后。

2007年8月，涅槃灰以好玩的心态开始在"红袖添香"网写作，最早的作品是《我的脱线王子》。受到肯定后，她开始加力写作，变得一发不可收拾。2009年她携多部作品参加由红袖添香联合MSN中国和十家出版社共同主办的第二届华语言情大赛，入围4部，最终其《逃婚俏伴娘》夺得大赛总冠军，并获得最高版权交易金30万。2010年，她再次参加第三届华语言情大赛，并被邀请为本赛的代言人。最终其作品《隐婚》夺得第五赛季冠军，年度季军；另一作品《穿PRADA的皇妃》夺得名家擂台赛冠军。这一年，她总共出版了9部作品，媒体报道达450次，其人气之高，流行之广，可见一斑。年底，盛大为奖励其成就，颁其"金牌作家"金牌。2011年1月，她的另一作品《步上云端呼吸你》被评为2010年最具影响力的10大网络作品。

目前为止，涅槃灰已出版15部作品，大约650万字。除上面提到的外，还有《琉璃门——雪妖天舞》《错爱摩天轮》《罂粟妖姬》《逃婚妖娆妻》《雪域圣殿》《惊世大小姐》《逃婚妖娆妻》《宫阙无泪——旖月传》《大姑子北北小姑子南》《绝色芳华》《你的爱，是那片浅白色深海》《豪门长媳十八岁》等。

涅槃灰天生就是一个写作的人，她说：文字是我的梦想！她最大的心愿就是像J·K·罗琳或者丹·布朗一样写出一本轰动世界的经典小说。

她的写作习惯很奇怪，平时喜欢开着小跑找有特色的咖啡馆入定写作，然后高高兴兴回家。她为人很谦虚，说"我们是纯草根写手，需要不断积累，打好基础，不能太浮躁。在网络上写东西的人很多，但走长、走远的却是少数"①。她与粉丝的关系也很好，经常互动，她说，粉丝是她写作的坚实后盾和最大动力。

涅槃灰凭借《逃婚俏伴娘》以超过2000万的点击量火爆网络，同时摘得第二届华语言情小说大赛的桂冠。另外这也让她赢得包括广西师大出版社等10大出版机构的热力推荐。"我很开心能获得这个大奖。这是我梦寐以求的奖项。我想这个奖不是我自己一个人的，她是所有言情小说作家的一个梦想，有幸我能够与大家一起实现。"这是涅槃灰在颁奖典礼上的致词，让我们看出了她对文学、对写作的热爱和崇敬的心态。

《逃婚俏伴娘》是涅槃灰的代表作之一，讲述了喜欢做伴娘的屠丫丫在为好友做伴娘时遭遇新娘落跑，自己决定顶替新娘演完这场"婚礼"秀。没想到，当她看见婚礼的阵仗和豪华大气的婚宴时，自己也吓跑了。婚礼的男主角豪门少主陈少，是一个有仇必报的商界传奇人物。面对受辱，他开始了一系列的报复行动，屠丫丫也就实实在在的被卷入了豪门的恩怨之中。

这是一本花样迭出的都市偶像剧，一个充满浪漫气息的现代灰姑娘传奇。作者通过细腻的情感堆砌，爆笑幽默的对白以及步步惊心的商战硝烟，锻造出了情感真实度百分之百的青春小说，写出了上海3个家族两代人之间的生活、事业和爱情。

"涅槃灰很巧妙地将记忆里的一切都写进了故事，赋予了这片记忆永存的生命力。正因为如此，大部分读者看过本文都会有种感觉，觉得这个看似遥远的故事貌似真的就发生在身边，这个豪门家族的每个形象都

---

① 周洪立的博客：《涅槃灰（二）》，http://zhouhongli.blog.techweb.com.cn/archives/396.html。2013年5月24日。

四、第四代写手

恰似真实存在,那些唯美的爱情故事因为贴近生活而纠结人心地催人情动。"① 华语言情大赛的评委如是评价该作品。

《隐婚》是涅槃灰的又一代表性作品。这本基本写实的小说完全脱离了偶像剧的框架,用看似轻松、幽默的语调,描写了4对年轻夫妻在隐婚状态下职场打拼的工作与生活,从一个侧面反映了当前真实存在的、隐婚的社会问题。

主人公林熙薇,这个比杜拉拉更执着,比金三顺更乐观,比全智贤更野蛮,比金丝草更韧性的大学应届毕业生,跨出校门后第一件事,便是往左手无名指套进了一份责任,却因为破坏了职场游戏规则被这个社会狠狠地踢出了局。薇薇只能妥协人生,脱掉了那枚闪烁的婚戒,从此加入了隐婚一族。白天死不要脸地伪装单身少女漠视着群狼的口水,苦苦靠自己的实力打拼,晚上躺在老公怀里安心做专属少妇慰藉着身心,以为,一切都会平静地按部就班着三年计划五年规划。直到办公室"风声"掀起了风雨砸掉了小窝的瓦檐,直到夫妻之间终于有了隔着一颗心的距离,直到那些镶金边的暧昧诱惑动摇了爱的信念,才发现,曾经的决定竟是罂粟蛇吻,可回头已太难。

作品不但语言流畅,同时不乏诙谐、幽默和智慧,充满时代感。故事情节曲折、紧凑,一环扣着一环。从小说女主人公新婚之夜为等客人离去,独自在新房里看电视,看到关于"隐婚"的报道,心中不以为然,到小两口婚后来到大上海求职处处碰壁,最终不得不加入隐婚一族;从女主人公不小心踩坏一个孩子的汽车玩具被孩子的保姆奚落、羞辱,到给她第一单生意的老总就是那个孩子的独身爸爸,这期间发生了许许多多的故事,偶然中蕴藏着必然。②

隐婚是当今社会一种比较流行的现象,一项"隐婚调查"显示,有

---

① 转引自 http://item.jd.com/10021842.html。2013 年 5 月 18 日查询。
② 周洪立的博客:《涅槃灰(一)》,http://zhouhongli.blog.techweb.com.cn/archives/390.html。2013 年 5 月 24 日。

近37%的人因为担心公开婚姻会使自己失去老板或客户的信任而甘做"隐婚族"。隐婚族指已经办好结婚手续,但在公共场合却隐瞒已婚的事实,以单身身份出现,因此也成为伪单身。隐婚族以白领女性居多,年龄为25—35岁,而男性较少,显示出隐婚族并非想象中的为了要在外风流快活,而刻意隐藏身份或回避婚姻责任。相反,大部分隐婚族都是因为社会与职场上的压力,而回避婚姻话题。如时下很多年轻人觉得办婚礼大费周折,既劳民又伤财,所以他们只领结婚证而不办婚礼。

从某种意义上说,这打破了人们的传统观念,符合节约型社会的发展方向,所以很多年轻人提倡隐婚。可是涅槃灰在小说《隐婚》中通过细腻的刻画,把"隐婚族""为了工作应酬、怕被同事'冷落'、结婚是个人隐私"的心态描写得淋漓尽致。涅槃灰在这里并不是倡导隐婚,而是以女主人公薇薇由隐婚到最后被婚姻踢出局的遭遇告诉我们婚姻是需要尊重和认真对待的。

涅槃灰的小说以言情为主,可是她的作品也不单纯的讲言情,她的小说吸引人之处在于不真实中的真实,同时取材也多以现实为基础,更甚者是她细腻的文笔透视的纯纯情感,深深拨动读者的心灵,让人看了一部小说,便能陷入一段情感,这对一位作家来说,已是很大的成功。相信在未来的时间里,涅槃灰会写出更多更好的小说。

90. 纯银耳坠

纯银耳坠,原名王立军,男,1988年6月17日出生于河北保定。大专肄业。2010年参加鲁迅文学院网络培训班,2011年加入保定市作家协会,2012年入选河北作家协会。现为中文在线17K小说网签约作家。

纯银耳坠小学时成绩好,家境殷实。初中开始顽劣,高考不理想,上了一个专科,后退学。接着家中破产变故,进工厂上班,不得志,下班后在网吧写东西消愁解闷。2009年底,认识了键盘上的烟灰,一位17K小说网作者,以及17K小说网的总编辑血酬。两人对其文字认可,

四、第四代写手

认为有写作潜力,遂入驻17K小说网,开始网络写作生涯。2012年2月17日曾在微博上发了一条"炮轰炫富"的微博,引起社会广泛议论。

2009年10月底,一篇名为《哥也混过 哥也爱过 现在哥也低调》的帖子发布在百度"魔兽世界吧",很快帖子受到了广大网友的热捧,一个月点击量超过2000万,成为百度贴吧2009年第一神贴。2011年点击量达到6000万,作者纯银耳坠被网友们亲昵地称呼为"六哥"。2009年12月,该帖签约17K小说网,同时更名为《一起混过的日子》。该帖在17K小说网的点击到2011年时超过5300万,曾获17K小说网新书点击榜第一、17K小说网总点击榜第一。

作者的第二部作品为《哥几个,走着》,实是《一起混过的日子》续集。2011年7月开始上传,亦在17K小说网获得多项第一,一年内点击量突破一亿,目前的点击量是1.5亿,于2012年完结。现在正连载的新书为《我们是兄弟》,也是接着前两部往下写的。

《一起混过的日子》是一部校园青春小说,叙一名叫王越(小名六哥、六六)的学生,从初中开始到高中这几年在学校与同宿舍同学结成团伙,打架斗殴、喝酒闹事、追女孩子的顽劣行径。对这本书的介绍,到处都是这几句话:

为兄弟他能豁出命去,为女友他能受得住所有的苦。

不管什么时候,一句"哥几个,走着"都令他热血澎湃,激情高涨。

年少轻狂,只为追求理想。

豪情万丈,只为缔造辉煌。

让我们一起大声地喊:哥几个,走着![1]

这几句话是全书的核心观念,也是主人公的人生信念与行为准则。他们几个"兄弟"之间,不要任何承诺,不要任何报酬,也不要任何请

---

[1] 见百度百科"纯银耳坠"条,http://baike.baidu.com/link?url=d8e9KAy3q6Qb pj−zwolGLfTiX-cG3OC3C470TBUYQWsAYWHdQIh3IzZmEeYyeuHBqFgEvXL2uYASDvAWSd7H6cq。2013年8月17日查询。

求，只要有需要，一个人喊一声"哥几个，走着"，就会去拼了老命。他们有钱的时候大吃大喝，没钱的时候榨菜馒头。为了讨好女孩子，可以天天给她买零食，买喜欢的东西，时时刻刻鞍前马后为其服务。

这些都是没错的，问题的关键是，这些孩子动不动就以拳头相见，一句话没说完，已经动手了。他们不但动手，还动啤酒瓶、球棒、剪刀，甚至刀子等武器，有时致人伤残。他们眼中没有校规，没有法律，没有社会，什么都没有；只有他们兄弟，只有他们自己的女人！

对我这个上了年纪的人来说，我看了小说后非常震惊。因为从作者的经历看，这是一本自传性质的作品，很大部分是作者自身的经历。我震惊我们国家的中学已经变成香港电影《学校霸王》的现实版了：学生天天成群结伙打架斗殴竟然没人管，只有人被打伤送医院的时候才会有人出来处理一下，然后不了了之。漂亮女孩子天天有人纠缠，或者威胁。也许是我真的 out 了，这样的地方还是学校吗？这样的学校谁还敢送孩子去呀！

这书众口一词的评价是"真实"。本人的感觉亦然。真实表现在几个方面：一是所叙故事基本真实。这几本书的点击量都很大，说明追看的人很多。为什么？应该是大家对过往学校生活的一种回味。谁都上过初中、高中，谁在学校的时候都可能有一些轻狂的举动，谁都有过相思的女神（男神），书中的描述就是部分的自我。二是叙述平实。本书的作者当然是初次写作之人，谋篇布局性不强，基本按时间顺序采取一种平铺直叙的方式在写作，没有什么起伏变化，也给人一种真实感。三是语言朴实。全文很少有花哨的语言与炫技的修辞，语言非常平实。这也应该与作者初尝写作且语言不很丰富有关。这种朴实的语言让人觉得作者在实实在在地叙说一件真实的事。人们说写作的最高境界是由绚烂归于平实，作者当然还没有达到这个境界，作者现在还是绚烂前的朴实。作者写作中的错别字很多，也是作者还处在写作原始阶段的一种表现。虽然错别字是网络写作的通病，但作者好像还是比别人多一些，应该引起注意。

通观作者的作品，最大的问题是缺少一种价值观。作者也许在真实地记录着一种生活，但作为文学作品，或明或暗的应该透露出作者的价值判断。没有价值判断的作品就像一具没有灵魂的僵尸。塞林格的《麦田守望者》能成为经典，或许能给作者一点启示。

91. 宁芯

宁芯，原名黄薇，彩云之南的温婉女子，中国人民大学法学硕士。现为大学老师，兼职律师，晋江原创签约作者。于 2008 年开始业余在网上创作，先后完成并出版小说作品《琴倾天下》《等到天蓝再看海》《你是我的罂粟花》等。《琴倾天下》在 2008 年进行的"中国网络文学十年盘点"活动中进入总决赛的最后 21 部作品，但没有入选十大优秀作品。

《琴倾天下》是一部穿越小说，讲述了一个女孩子如何在得到了爱情的同时得到了尊严和自我。女主角何芯成为网络文学尤其是"穿越"小说中少见的真正具有自觉的女性意识的有光彩的人物形象。音乐系学生何芯在去参加毕业演出的路上遇上小偷，追逐中遭遇车祸，何芯因救小偷而遇难。由于何芯的救人壮举，她被冥王允许自由选择投胎时机，由此发生了一段跨越时空的刻骨铭心的恋情。作品还描绘了另一个时空天硕王朝的对外战争、内部政治斗争、社会经济变革。小说把何芯这样一个带着 21 世纪文化背景的女孩儿在天硕王朝的曲折生活刻画得具有强烈的感染力。

此书在"中国网络文学十年盘点"活动中，虽没入选"十大优秀作品"，却得到《芳草》杂志社资深评论家李鲁平等的高度赞扬。作为大赛成果，由《长篇小说选刊》主编高叶梅亲自作序推荐，东方出版社出版，于 2010 年 7 月上市。

《琴倾天下》的故事架构、人物塑造、情节设计堪称优秀。情节精彩，人物形象饱满，整个故事给人的感觉荡气回肠。情节设计很到位，感情戏很完整，而且有一种牺牲和成全的张力独树一帜。虽是早期穿越作品，但今天读起来，依然引人入胜。琴倾女主何芯穿越而来，不是以万能女主的面貌出现，而是以其真诚宽容无私的品格、平等公益的价值观、现代的商业金融文化知识来影响着身处时代中的人们。作品情节曲折，从何芯两次"守寡"到最终与凌钲有情人终成眷属，其间风风雨雨不胜唏嘘。何芯与凌钲十二年历经磨难始终如一地彼此深爱，让我又看到天蓝中西西和梁湛的影子。①

这篇文章结构之紧，语言之有深度，都令人惊叹不已。此外，这篇文有创新之举，让孟婆喝下孟婆汤可谓匪夷所思，但是又合情合理，因为这样，何芯才得以保留前世的记忆，这比突然的穿越更加令人信服。而对于冥界的描写则颇具倪匡之风，倪匡曾写过灵魂的存在形式只是一个极小的亮点，此外冥界便是虚空。而女主穿越到另一个架空的朝代只是因为冥王封印震荡的结果，同时相信两个时空是并存的。其实雪落也一直相信，世上本有多个时空并存，只是因为结界的不同不得突破，如果加以外力作用，便可以突破结界而穿越，要不那些失踪的船和飞机哪里去了？还有对于孟婆的描写，长久以来人们便对孟婆形成了一个定式，认为孟婆无非就是个老婆婆，可是谁料想，原来孟婆是个天仙美女，这无疑打破了千年以来的一个定式，开历史之先河。②

这部作品，写战争，韬略分明；写政斗，入木三分；写情爱，缠绵悱恻。确是网络文学中较好的一部作品。

《等到天蓝再看海》是宁芯的又一重要作品，在晋江原创连载时名《爱情正忙，请稍后再拨》，曾囊括半年榜、强推榜、编推榜单，当时出版呼声很高，因为大家都希望看到结局（很多连载书在有出版意向时，不会将书的后半部分连载完）。

这是一本男女相恋经历重重阻扰终于走到一起的故事，是一个希望

---

① 韵韵轩：《似水流年的幽香》，见豆瓣读书，http://book.douban.com/subject/4907408/，2013年7月9日查。

② lan妮：《让人荡气回肠的优秀小说》，见豆瓣读书，http://book.douban.com/subject/4907408/，2013年7月9日查询。

四、第四代写手

和等待的故事。鲁西,十二岁之前是受人宠爱的小公主;十二岁之后是寄养女,中学时开始暗恋姜俊伟多年,不料眼睁睁看着好友明兰与姜俊伟谈起了恋爱。学心理学的鲁西跟随教授进行临床实践,邂逅梁氏企业总经理梁湛,在不知其身份的情形下,陷入爱河。同时,在陪同教授上门随诊时赢得了病人何媛媛的极大好感和信任。热恋中的姜俊伟发现明兰有外遇,原来她一直在追求梁湛,而且梁湛还有一个妻子,就是鲁西的病人何媛媛。鲁西与姜俊伟两人在感情上双双受伤,鲁西借着获得的斯坦福大学研究生资格去了美国。姜俊伟的天平也再次向鲁西倾斜,陪她一起去美国深造。毕业回国后,鲁西发现她依然爱着梁湛,还在痴痴地期待他。而他一直在家族企业中如履薄冰地算计着夺取控制权,以完成他曾承诺的给她的那份幸福。记他十年爱恨,欠他六年等待,纵然陌路坎坷,天涯相隔,我仍漂洋过海,不负你一眼情深。明天会如何?我不知道。我存息的,是在这样一个湛监的天空下,我们曾海誓山盟。这是许多女孩子期许的爱情,也是言情小说的新发展——小三只要有真情,夺位占巢就正当。

  宁芯的文笔既有调侃诙谐,令人忍俊不禁的幽默,又有细腻温婉,抵达内心幽微之处的柔软。而在故事情节的构思方面,又隐隐地透着犀利和老练。鲁西和梁湛的相识始于何媛媛,何媛媛的身份方面,宁芯暗暗地埋下了一个不易察觉的伏笔,但却并不急于解答和诉说,而是缓缓地将鲁西、梁湛、明兰、大歪、何媛媛几条线索一一铺陈开,漫不经心地布下一个巨大的棋局。于是,在那个大雨滂沱的夜晚,惨白的闪电,轰鸣的雷声,意料之外的相遇,混乱不堪的真相,明兰尖刻的逼问,媛媛无助的眼泪。鲁西的世界顷刻间被击成无数的碎片,所有清澈美好的记忆都在瞬间幻灭。梁湛,那个眼神深邃,让人感觉温暖安稳的男人,那个细腻如斯,深情如斯的男人,那个时时刻刻在各个国家之间飞来飞去,却始终关注着她的一言一行,一悲一喜的男人,那个和她一起对酒当歌,共唱人生几何的男人,此刻,却成了她人生中最大的讽刺与悲哀,于是，一切的一切，都在混乱中戛然而止。①

宁芯作为一个女作者，她的创作体现出了当代女性的思想与尊严，爱情不是莫名其妙的，它体现在平等尊重的基础之上。欲只是其中的一部分，爱是它的基础。她驾驭篇章的能力不在男作者之下，谋篇布局、承启转合、草蛇灰线、前后照应等都做得非常不错。她的语言有自己的幽默特色，有些贫，有点小啰嗦，受当下流行文风的一些影响。个人感觉她是一个有前途的作者，可惜有点小懒。当然作为一个业余写手，能如此也不错了。

92. 烽火戏诸侯

烽火戏诸侯，原名陈政华，男，1986年11月8日出生，浙江淳安人，就读于浙江工商大学，肄业。2012年曾参加鲁迅文学院作家培训班，现为纵横中文网签约作家。

2004年入大学，2005年开始在起点中文发表作品，迅速火遍网络，大学肄业后成为专职网络写手。烽火戏诸侯有一个坏习惯——挖坑不填，因而广受网友抱怨。即使其作品订阅极高，广受赞誉，他也毅然太监，不肯出宫。被称"坑神""大内太监总管"。作品更新速度极慢，深为网友诟病。而本人马甲众多，神出鬼没，著名的马甲有婆娑世界教主、八部浮屠等。

2010年4月，他联合起点几位大神级作者（柳下挥、方想、更俗、8难、梦入神机等）与老东家起点闹翻，转投纵横中文。

烽火戏诸侯的作品很多，但完结的作品不多，很多处于断更状态。完结的作品有《极品公子》《陈二狗的妖孽人生》《父亲母亲，我是你们的儿子》（散文诗）、《百合诗经水晶》（作者自传）、《宗教裁判所》《老子

---

① 蓝莓兔子：《运筹帷幄，只为情深》，见豆瓣读书，http://book.douban.com/review/5223155/，2013年7月9日查询。

四、第四代写手

是癞蛤蟆》等。断更的作品有《一世枭雄》(极品公子续集)、《黑道之天下》《六道轮回》《逍遥游之问鼎天下》《中华足球帝国风云录》《魔鬼启示录》《天神下凡》《守山犬》等,目前继续更新的有《雪中悍刀行》。

《极品公子》可以算烽火戏诸侯的代表作。最先发表在起点中文,因后来双方合作破裂,起点已将该文删除。该作品连续两年(2006、2007)位列百度年度十大网络小说亚军,其火爆程度自不待言。作品叙一个叫叶无道的少年,秉承世界三股(政、商、黑)顶尖势力的教育和培训,身怀绝技,纵横三界,阅尽无数美女的离奇故事。

书名"极品公子"按作者的意思是"极品花花公子"。作品开篇写道:"要当一个花花公子绝对不是一件轻松的事,这和要当一个绝顶坏透的坏人并不容易是一个道理,首先必须有足够当纸烧的钞票,有钱不仅能使鬼推磨还能使磨推鬼,所有的缺点在钱的粉饰下都会由原先的不能忍受变得可爱无比;其次你的家庭背景一定要雄厚,这样一来就为你将来买了一份长期保险,干点违法乱纪的事也不用担心没人给你擦屁股。"其实,这些条件在这个公子刚出生时已经全备了:他是百亿美元资产的唯一继承人,母亲是某市的副市长,干爷爷是黑道老大。他是一个政、商、黑可以通吃的人物。当然作品并不无聊到直接写这个公子在这样优越条件下的如何为非作歹、强暴妇女、杀人越货。这个太低档了。烽火戏诸侯还没有这么下流和无耻。

作者首先要将这位公子培养成真正的杀手,于是魔鬼般的训练开始了,先是中国式的黑道训练,接下来是国外雇佣军的训练,再是周游世界的实战训练。最后武功绝对超过小李飞刀,杀人不用招式。现在他才是真正的"极品公子"。

作品搞笑的是这个视女人为玩物、为奴隶,既没有法制观念,也没有黑道规矩,为所欲为的所谓极品公子竟是以卫道士的形象出现的。他是公平正义的化身,是除暴安良的典范,并且是坚贞爱情的楷模。

个人的观点是,这是一本极品YY小说,是一本无以复加的YY到顶点的小说。主人公几乎无所不能;占尽天下所有的资源:钱、势、识、力、美女；杀人放火、打架斗殴几乎没有任何麻烦。而作者还把故事的背景放在现代中国的都市，我想中国现在虽离法制社会很远，也不至于如此不堪。据说作者的目标是成为现代《金瓶梅》和色狼指南。我想警告读者的是，如果你真的按此书去"色"，估计不要三天就会进监狱或被人打残。

作者另一本完结的作品是《陈二狗的妖孽人生》，这又是一本不切实际的高度YY小说。作品叙东北边境一个小村，住着母子三人，受尽村中人白眼。某天，村里来了几个打猎的人，他们的命运从此发生巨大转变。哥哥陈富贵力大无穷，被军队特招为特种军人；弟弟陈二狗走出村庄，开始其"妖孽"人生。作品的介绍是：一个农村刁民的逆天人生。前一步，英雄，退一步，奸雄，于是，陈二狗貌似很荒诞地前前后后进进退退，像个应该挨千刀的妖孽。①

从某些方面说，这也是一本励志小说。陈二狗，这个边陲小村中的刁民，无缘无故的得到了能调动中国大半个国家资源的军中将官女儿曹蒹葭（这个女孩如此能干，但在出场时差点被打猎的同伙出卖送给另一个同伙奸污）的垂青。因为此，陈二狗这个初中毕业生，只能在打两份工的同时拼命买旧书来学习，最后变得比博士还博士。当然，这些都是铺垫，陈二狗后来的事业那也是政、商、黑通吃，还能御美女无数。

此书匆匆完结，中间无数坑（漏洞）没有填。如陈二狗的家世，为什么流落到边陲小村？孙满弓是什么人？他们两家有什么关系？等等。

烽火戏诸侯的作品能如此走红，应该是很多人想不通的，笔者就是其中之一。这样的作品能够看完十章，可算奇迹。书中除了部分语言有点幽默外，没有任何可赞之处。全书布满荒唐的YY和无数漏洞，毫无逻辑和社会现实。这样的作品如果是武侠、修真、科幻、穿越倒也可以接受和原谅，偏还标榜为都市生活，让人实在难以接受。他的作品如此

---

① 百度百科"陈二狗的妖孽人生"条，http://baike.baidu.com/link?url=FdRfqiBgxDt4Pw9tqha2LKCOQk9uHlchysdKUYVA_qDh9qutjZM38lP－HUDaSAQmP3qu5Xfi29jSa15pj6Ihjq。2013年8月15日查询。

红火,也说明一个残酷的现实:中国的网络读者大多生活在自己的 YY 之中,做着不劳而获的种马梦。

93. 黛咪咪

黛咪咪,女,江苏苏州人,80 后网络青春文学小说作家,红袖添香文学网站签约写手。2007 年,在红袖添香与 msn 中文网以及长江文艺出版社、春风文艺出版社等国内数十家权威文学机构联合举办的"第一届华语言情小说大赛"上,黛咪咪凭借其作品《陪嫁丫鬟——紫嫣》一举夺魁,另一部作品《偷儿小皇妃》也被评为最受欢迎的网络言情小说。她的《厨娘之绝色厨娘》获优秀作品奖。一届比赛,三部作品参赛,三部作品获奖,其实力可见一斑。她的主要作品除以上之外,还有《天国归来的恋人》《胭脂诱:将军猎妻(将军令)》《恶魔的贴身保镖》《邪龙戏蝶》(原名《情惑邪龙》)、《贴身女佣》等。

黛咪咪是一个浪漫快乐的女人,喜欢一切美好的事物,对能写美文的作家都崇拜,喜欢白衣飘飘的书生。自己说生在天堂,梦想做个天使。喜欢看书、作文、旅游、美食、发呆。

《陪嫁丫鬟——紫嫣》是黛咪咪的处女作,也是她的成名作,该作品出版时分为三册。紫嫣是王府的丫鬟,陪嫁契丹。她绝美的风姿,傲然的骨气,迷住了南苑大王耶律清。但两人身份地位悬殊,为了真爱,紫嫣坚强地承担起爱的责任,在浊世中受尽苦难。而男主人公耶律清是个贵族公子,打小起就养尊处优,以至于个性冷漠高傲。耶律清明明对紫嫣一见倾心,却因为放不下身段,选择把爱埋在了心底。他不懂爱,只懂得恨,他的不勇敢和放不开一再地折磨着紫嫣。男女主人公在经历了自身与外界的多种苦难与折磨之后,最终认定对方就是自己的真爱。他们两个不断揭开对方的面纱,在认识对方的同时也在认识着自我,从而达到心灵的契合。

紫嫣和耶律清琴瑟和鸣,恩爱缠绵,但作者笔锋急转直下,两人因为某些原因而不得不无奈分离，两人爱情的又一轮风波掀起来了。离别之后，他们忍受着对对方的思念，因为相爱而备受煎熬。但因为奸人所施的毒计，他们开始失去信任，相互猜疑。面对两人之间的隔阂，紫嫣沉默，耶律清暴虐。两者之间兜兜转转，互不信任，在伤害对方的同时也加深了对自己的伤害。由于两人之间身份的悬殊，在加上外界的阻挠，这份爱情注定是要受到多重磨难的。但是，他们对对方的感情是执着的，是忠贞的，他们的感情几度的险象环生，因为他们是真心真意爱着对方的一对有情人。作者通过对男女主人公之间纠缠不清的误会和矛盾的描写增加了故事的悬念，曲折离奇的故事情节再加上催人泪下的情感纠葛使该作品持续受到读者的热捧。

该作品虽为虚构，但有一定程度的现实意义。在现代社会这个复杂的大环境下，人与人之间确实存在着信任危机，"爱情"似乎都不存在了，就像在某一相亲节目中"宝马女"的出现一样，很多年轻男女挑对象注重的不是精神上的契合而是硬性物质条件。这其实是对人区别于动物的"思想"的一种亵渎，也是中华民族传统文化和美德的丧失。《陪嫁丫鬟——紫嫣》中的男女主人公面对如此多的阻挠，却能够一一克服，牵起彼此的手，相比他们而言，我们之间所存在的那些"信任危机"又算什么呢?!作者通过小说中男女主人公坚贞不渝的爱情故事告诉我们一个道理：如果爱一个人就应该非常坦然地去面对一切，勇敢地牵起彼此的手。既然爱对方，就要相互信任，要用一颗宽容的心接纳对方的一切。在爱情面前，又有什么结是无法打开的呢?!一旦双方打开心的枷锁，就注定会迎来真爱的曙光，与这样一份弥足珍贵的感情相比，那些所谓的物质条件又何足挂齿。

《贴身女佣》是黛咪咪2012年完成的一个作品。叙一个出身贫寒的女大学生穆雨霏在一个寒夜打工回家的路上拣了一个醉酒男人回来。这个男人为了报恩，暗中向她提供了一份家佣的工作。穆雨霏一次被追他的富家公子带去参加富人聚会，不小心打破了一个拍卖的唐三彩，被索赔500万。她的东家为她付了钱，并逼她签了"卖身契"，成为他的贴身

四、第四代写手

女佣。她的东家风漠是大财团亚飞集团总裁,在穆雨霏身上看到了他前女友的影子,对穆雨霏有一种说不清的感情,为此不断折磨伤害她。穆雨霏不仅是风漠家的女佣,而且是一个非常有才气的网络小说写手,一帮富豪公子都喜欢她的小说,要出版改编她的作品。最后经过重重磨难,穆雨霏被发现原来是美国大财阀欧阳的外孙女,穆雨霏与风漠也终成眷属。

该书实际是女性 YY 作品,穆雨霏既不十分漂亮,打扮也不出众,只是阳光、欢快,但莫名其妙的成了所有富家公子追逐的目标,既没有发展过程,也没有爱恋理由。她穷得叮当响,但周围所有人——女朋友、男朋友都是富家公子。最后还成了海外财团的继承人。作品在叙述、语言上还不错,但这样的情节设计确实狗血。

黛咪咪的作品在人物、环境、心理上描写有自己的特色,故事情节设定 YY,受到众多读者追捧。还有就是作者一以贯之的语言风格,用笔极美极柔,充分彰显女性作者的特质,整体文风给人以浪漫唯美的感觉,她用女性细腻流畅的文笔,把男女主人公的爱和他们的内心情感真切地表露出来。这恐怕与咪咪的创作初衷有关,因为这都是她笔下的绝色系列作品。

黛咪咪在小说人物形象的塑造上,一以贯之的原则是主人公不同世俗庸脂俗粉的美,让人一见之下惊为天人的艳,或文或武的拿手绝活,极惹人喜爱欣赏的鲜明个性。黛咪咪之小说,一言以蔽之,曰:人绝色。她的男性角色都高大英俊,年少多金,位高权重,一呼百应,冷漠邪魅,一种坏坏的暧昧。她情节设计的另一必备是兄弟争美,总有两兄弟或好朋友为争夺女主角而反目。[①]

黛咪咪应该是一个理想主义者,一直生活在某种虚幻的梦中。她喜欢写王宫内斗,富家争斗,但她自己应该出身民众,所以,对这些王宫、

[①] 小镇过客:《从〈情伙邪龙〉兼评黛咪咪的小说》,红袖添香杂文。http://article.hongxiu.com/a/2008-4-13/2627694.shtml。2013 年 8 月 27 日查询。

富家的生活并不熟悉。仔细读黛咪咪的作品,会觉得她将王宫、富家的生活百姓化了。作品外表通过语言维持珠光宝气,内里细节却是寒伧不堪。这是缺少生活体验作品的典型表现。

(邱婕)

94. 浅绿

浅绿,女,原名原园,广西南宁人。所学专业为汉语言文学,曾供职于律师事务所,企业白领。她是网络知名写手,盛大文学潇湘书院的当家花旦。主要创作穿越言情小说,在网络上被冠以新锐作家的名号。由于更新速度慢,读者昵称其为"蜗牛绿"。在2011年8月中国作家协会举办的"结对交友"座谈会上,她与茅盾文学奖评委、河南省作协副主席何弘结成了对子。

浅绿2008年开始入驻潇湘书院,首部作品为《天配良缘之商君》。至今为止创作的作品有"错嫁良缘"系列的《错嫁良缘之洗冤录》《错嫁良缘之一代军师》《错嫁良缘之后宫疑云》以及"错嫁良缘续"之三部曲:《错嫁良缘续Ⅰ海盗千金》《错嫁良缘续Ⅱ燎越追凶》《错嫁良缘续Ⅲ真假公主》,"天配良缘"系列的《天配良缘之陌香》《天配良缘之商君》《天配良缘之西烈月》。在创作了这一些列的穿越架空题材小说之后,她开始转型,尝试现代都市言情小说的创作,并发表中篇现代言情小说《爱上芳邻》。

其中"错嫁良缘"系列的《洗冤录》《一代军师》《后宫疑云》和"天配良缘"系列的《陌香》《商君》已经出版,其余作品都是待出版状态。图书策划人李文峰还透露过,浅绿的书之前已经签了影视改编权,但由于广电总局限制拍摄穿越类影视作品,后来又解约。

浅绿的作品比较受年轻人的欢迎,在百度贴吧里的一项不完全调查统计显示,喜欢浅绿作品人群中,从初中生到大学生这一阶段是最多的,占到百分之五十以上。

四、第四代写手

她的作品清新流畅,随心而至,如行云流水。在她的言情文中多是传达一种细水长流的情感以及一生一世一双人的爱情观。文风总体上来说大多语言清新雅致,结构安排精巧,故事情节引人入胜,有些地方专业严肃,有些地方幽默大方,而有些地方又温馨缠绵。整个故事既设有悬念,又好似娓娓道来,读来韵味幽长。

错嫁良缘系列的作品讲的是三个性格各异的女子的生活和爱情故事,她们虽然表面看起来是三姐妹,但其中两人确是从现代穿越到古代,这一系列由三部书组成。《错嫁良缘之洗冤录》便是其中的一部,讲述的是现代一位聪明冷静而又专业的年轻主检法医卓晴,与她的朋友顾云,一位心细如尘、断案如神的女警一起穿越到架空朝代之后在古代的生活、爱情以及断案故事。《洗冤录》以卓晴为女主角,以另外两部曲中的女主角作为配角,三部书构成错嫁的完整的故事。卓晴穿越到一个架空朝代,变成了青家三姐妹中的青灵,也是送至穹岳的礼物之一。但在途中由于出了一些差错本应送给皇帝的她被误当作妹妹青枫送给了丞相,这就是错嫁的缘由。她在被送至丞相府的途中被无处伸冤的村民劫走,并被村民感动答应帮助他们。然后以她在现代的专业知识破了此桩冤案,之后便一发不可收以其专业的现代尸检知识破解了公主中毒等谜案,并在寻得其好友顾云后结合她的专业断案水平破了黄金劫案和少女失心谋杀案。最后还救出了自己被陷害入狱的丈夫,以大团圆的结局结束全文。

首先从整体来看这部作品,从头到尾仿佛一气呵成,处处扣人心弦,语言精练,毫无赘述的感觉,文笔淡雅,可以说是一部比较优秀的作品,在网络中也受到读者的广泛好评。

该作品的文笔和语言风格属于清新类型,给人舒畅淡雅的感觉,尤其是其中的景色描写,使得文章的风格更加的鲜明。月色和夜色虽是作者笔下最常出现的景色,但是作者总能够用不同的语言,让相同的景色来表达不同的情绪。在作者的笔下有苍凉的夜,有淡雅的夜,当然也有诡异的夜。

这部作品在人物性格的塑造上来说还是比较成功的,其中出现的每一位角色都有自己独特的性格。冷静机智的女主卓晴，温柔有担当的男主楼夕颜，公正无私的提刑单御岚，嫉妒爱财却又重情义的赏金猎人乾荆，拥有双重性格的琴师苏沐风等。这些人物都塑造得有血有肉，性格各异且个性突出。略显不足的是有些人物有点单薄，如将主要人物的性格写得十分完美，几乎没有什么缺点，来博取广大读者的喜爱；而一些反面小角色如薛二娘之类的尖酸刻薄和自私自利塑造得很到位，却几乎找不到什么优点，这样的人物塑造在性格的丰满度上还略有些单薄。

该书还有一点值得说一说的是将男女主的爱情故事穿插在破案的过程中，是一种淡淡的、慢慢发展的、细水长流般的爱情。这样温润又不显矫情的爱情故事给这充满着血腥和谋杀的作品增添了很多温馨甜蜜，淡化了其中的诡异和阴森的感觉。是一种正常的爱情发展，而不像一些其他穿越小说那样，一女N多男的无尽意淫。

作者的真正代表作很多人认为是《陌香》。叙一个现代金融女硕士白依凡，因一枚奇异的手镯，穿越异世，成为东隅富商之女慕容舒清，与威震东隅的镇国大将军轩辕逸、残冷漠然的杀手莫残，以及一国之君玄天成之间的爱恨情仇。"《天配良缘之陌香》是网络文学时代难得一见的'诗化小说'。文中弥漫的那份清新淡雅、超凡脱俗、纯净悠远，让人心旷神怡，口若含香。让我们的心灵栖居在《陌香》的意境里，放松心情，斟一杯清茶，点一盏心灯，用心感受那忽隐忽现的一股清凉，似乎还能闻到荷塘、竹林中飘逸的淡淡清香……"此书编辑借读者的话这样评价该书。

95. 黄晓阳

黄晓阳，男，1962年出生，湖北大冶人，武汉大学作家班毕业。著名作家，资深媒体人，现为《湖南日报》华声传媒有限公司黄晓阳工作室CEO，《华声读书》总编辑。2011年，一部《二号首长》让走江湖多年却一直徘徊在边缘的黄晓阳一夜而红，成为"官场小说"的领军人物。

四、第四代写手

黄因此成为当下最红的作家之一。2012 年以 430 万元的版税收入位居第七届中国作家富豪榜第 13 位。

黄晓阳 1981 年中师毕业后，从事了 8 年中小学教育，1989 年考入武汉大学中文系作家班。1991 年毕业后被分到武汉一家房地产公司，一心想着"文学梦"的黄晓阳毅然辞掉待遇不错的房地产公司的工作，转投"爱情婚姻家庭"杂志社做了编辑，之后又到广州过自由作家的生活。在这近十年期间，黄晓阳就这么一直在"江湖"上漂泊着，他写了很多作品，但没有一本走红的。他为了混口饭吃，给出版商们写了很多明星人物传记，如《阳光杨澜》《王菲画传》《风华绝代梅艳芳》《张国荣传》《张柏芝私人相册》《不老的神话：刘德华画传》《印象中国：张艺谋传》等等。不得不提的是，"《印象中国：张艺谋传》是黄晓阳在写《二号首长》之前最出名的一本书，其原因是涉嫌侵犯张艺谋的肖像权、姓名权和名誉权，他和华夏出版社被张艺谋告上了法庭，最终被判赔偿 45 万元"①。

2007 年，黄晓阳结束了漂泊的生活，来到湖南长沙，担任《华声》杂志总编。在《湖南日报》的这段日子里，黄晓阳给自己的人生添上了辉煌的一笔。2011 年，其创作的《二号首长》一挂上新浪网就引起强烈反响，同步出版的实体书销售更是了得，"《二号首长》在刚上市的 1 个月时间内就加印 6 次，31 天破了 10 万发行量。在新浪读书频道，该书长期占据 20 个排行榜的第一名，连载点击量已超过 1 亿次。另外，《二号首长》前两部销量为 130 万册，正版早已绝迹，盗版大行其道"。值得一提的是，在当时，为了让多多少少触及到社会敏感神经的《二号首长》"安全过关"，黄晓阳拒绝了所有公开活动的邀请，并很少发表公共言论。盛名之下，黄晓阳的写作风格却来了个 180 度大转变，2012 年底，他出版最新小说《爱情万岁》，写的是一个女人的爱情史。"2013 年第一周，黄晓阳的最新长篇小说《爱情万岁》图书发行业专业销量统计机构'开卷

---

① 张建魁、王延辉：《〈二号首长〉的"真实"官场》，《环球人物》2012 年第 24 期。

调查'周排行畅销榜冠军,超过了莫言的小说。"①

《二号首长》无疑是黄晓阳的代表作。故事发生在江南省,主人公唐小舟是江南日报的资深记者,但他个性要强、清高,在报社总是混不开。正当他因为事业不顺而丧失信心的时候,老婆也给他戴绿帽子,他的人生真可谓是跌倒了谷底。但命运之轮就是如此神奇,省委办公厅的一纸调令把他直接从谷底拉上了高台,他摇身一变成了新任省委书记的秘书——所谓的二号首长。在唐小舟新官上任的第一时间,他的世界就发生了颠覆性的变化——原来总是打压他的报社总编辑现在对他笑脸相迎,老婆也回到了自己的怀抱,就连从未打过照面的各类官员也来登门拜访……一幅全景式的官场画卷随之徐徐展开,唐小舟心里明白,是社会地位的转变带来了这一切。赵德良这位省委书记是位"外来将",而江南省省长陈运达是本地人,从地方小官一步步上来,势力强大,关系盘根错节,已经挤走了前任省委书记。所以,赵德良想要掌控江南省并不简单。但赵德良经过看似温良、实则强硬的一系列运作后,经过几年的努力,在不影响和谐的情况下,削弱了陈运达的势力,最终掌控江南。唐小舟也因此视赵德良为偶像和官场导师。

据称,这部作品最先在厅处级公务员阶层以及国企高管层这类人群中获得关注,他们中的许多人都在这部"官场教科书"里或多或少地找到了某些共鸣,也对这本书称赞有加。黄晓阳自己也说:"我开启了官场小说的第三个时代。"他们所说的都是该书最大的特点"实",而"实"来自于作品注重的官场细节描写。"出版方在相关推介中引用知名学者易中天的话说:'《二号首长》写得还真不错,对官场很熟悉呀,细节到位。'官场小说名作《沧浪之水》的作家阎真也评价说:'书里有大量到位的细节描写,惟妙惟肖,令官场人士叹为观止。'"② 作品中唐小舟新官

---

① 参见百度百科—"黄晓阳"条,http://baike.baidu.com/link?url=AYxIsA4XNhsPxh6n1-FOZmEdwF1eybBVcO0iTp9rzI_VlSRNNj8sT48cEFJ_jj1lyDtjADXSH67w3LK6KkVYm_。2013 年 8 月 22 日查询。

② 张建魁、王延辉:《〈二号首长〉的"真实"官场》,《环球人物》2012 年第 24 期。

四、第四代写手

上任面临的第一个挑战就是说话的艺术,比如"首长""书记""老板"都是对上级领导的称呼,但什么时候用哪一个称呼的确是一门艺术;还有,为什么高层领导办公室的门总是紧闭的,次一级领导的门是虚掩着的,中层领导的门是半开着的,小领导的门一直是敞开着的,这些也都在官场上大有学问。作者在书中也有很多自己对官场的思考和总结,如书中写道:"中国的官员升迁机制,既不是西方的选举机制,也不是古代的科举机制,而是先秦时代的伯乐机制。千里马若想仕途顺遂,就一定要去寻找那个属于自己的伯乐……有时候,他们在官场的成败,考验的不是他们自己,而是他们背后的伯乐。"等等,这不正是对官场上裙带关系的讽刺吗?!

官场小说一直是中国类型小说的热门,从古到今都没有断过。但大多为揭露官场的黑幕和渲染官员的无耻。黄晓阳的高明之处是不仅对官场的这些细节进行描写,而且还不乏有深度的总结。他会从人性的角度、从为人处世的方法、从为官之道上对这些现象进行解释,为什么会这样。这就是"教科书"的魅力。

当然,也有不少读者对此书持质疑态度,因为《二号首长》中所呈现出来的尽是那些高官们相互斗争、玩弄权术、为自身谋福利的场景。难道当代官场就只有阴暗面吗?黄晓阳这种过于偏激的描写不免让一些人产生抵触情绪。针对这些质疑,黄晓阳向媒体声称:"自己'一天官也没做过',他在写《二号首长》之前,认识的最高级别的官员,是当年自己所写《魏文彬和他的电视湘军》一书的主角魏文彬,当时此人任湖南省广电局局长,是位厅级干部。"① 面对权力,他只是一个"旁观者",只不过是喜欢研究春秋战国时期的权力文化罢了。黄晓阳也不止一次地说道:"希望读者最好还是把《二号首长》及其系列官场作品当作纯小说来欣赏,而不是当作对现实的描摹,更不要去对号入座,否则,信息误读容易造成对官员更大的信任危机。"

---

① 张建魁、王延辉:《〈二号首长〉的"真实"官场》,《环球人物》2012 年第 24 期。

就个人而言,《二号首长》的真实性太可怕了,现在官场运行的逻辑太可怕了。从题目看,一个处级干部的省委书记秘书为什么能被称为二号首长,背后的逻辑是什么?从内容看,为什么赵德良系的官员都是好官,陈运达系的官都是不好的官?有什么逻辑因果?唐小舟是好官吗?他捞了多少钱?睡了多少女人?还有,为什么当了官就有这么多好处,这背后有多少是文化逻辑有多少是官场运作逻辑带来的?

黄晓阳本不是网络作家,但是因网络而出名,其作品《二号首长》也是网络、出版同步进行的,鉴于其在网络上的影响,还是将他选入本书中。

96. 12乖乖

12乖乖,女,真名不详,曾用笔名水水,生于1989年4月,祖籍重庆。曾为腾讯书站写手。2007年,网络作家收入排行榜中位列第六名。向往无拘无束、安静和谐的生活,渴望游历充满神奇色彩的国度,用眼睛记录下所有的喜、怒、哀、乐;渴望踏上雪域,在那寒冷的地域中留下清晰的足迹,用文字来见证自己的回忆。

第一次发表作品是在2006年。自觉中学写短篇发表兼自得其乐;大学写长篇出书兼自娱自乐;现在专职写小说,乐不可支地邀游在小说的海洋里。2007年12乖乖靠一本《幸运草》的简体版(天津人民出版社)一下让他成为了百万富翁,收入约在150万—170万之间。

主要作品:《幸运草》《荔樱学园》《白马啸清风》《蜜恋精灵树》《桃源仙踪》《网球少女成功记》。[①]

《幸运草》是12乖乖的成名作,也是其代表作。讲述失去双亲的贫

---

① 参考百度百科"12乖乖"条,http://baike.baidu.com/link?url=MfLCoZvnxpZ68IW3OokpqdUg2dxTCLbfp13t3f96s8PElZCMisJoP8jAizhp4NfC9ApShb2XEbjGzUiuyp31ca。2013年8月12查询。

四、第四代写手

穷少女韩亚娜,离开原来的家搬到一个新的城市,但她的脑海中始终挥之不去与儿时玩伴广沫定下的约定。而维系这个约定的,就是一条幸运草项链。在好友千金小姐尤美的帮助下,她住进了尤美的家,却意外地遇上一对孪生兄弟——郑影夜和郑哲沂。每当影夜与亚娜争吵的时候,哲沂总是及时出现温柔救场。影夜以为亚娜喜欢哲沂而吃醋,却又忍不住对亚娜好——在酒吧英雄救美、为亚娜庆祝生日。而亚娜脑海中始终念念不忘的是与儿时玩伴广沫之间的约定。当好友银珠告诉亚娜,自己正和影夜开始交往时,亚娜才发现自己对影夜的情感。小说在这些少男少女矛盾的心态与小小的阴谋间逐渐展开。作品行文轻松,情感真淳,人物俊美,浓浓的唯美情怀贯穿作品。

《蜜恋精灵树》是12乖乖的又一重要作品,故事讲述平凡的高中女生欧千樱意外被长相帅气的尹殷浩撞倒,从此他便闯入欧千樱的世界,彻底打乱她平静的生活。所谓冤家聚头鸡飞狗跳,两人竟然成为同班同学。就在欧千樱视尹殷浩为恶魔怪胎时,欧千樱倾慕的天使朴净秀"从天而降",带着美好的希望来到欧千樱身边,仿佛一盏明灯照亮她的世界!欧千樱烦恼地在尹殷浩和朴净秀两位网球王子间徘徊,在她爱慕温柔天使朴净秀时,那恶魔怪胎尹殷浩却总是在给她制造麻烦。天使与恶魔,本该毫不犹豫地作出选择,可她的心却渐渐偏离了原来的轨道。该书走的也是校园纯情路子,思索随着女孩的成长,最终体味出谁才是最终的守护人。

12乖乖的作品都是校园青春小说,内容比较单纯,贴近校园生活,又有一些时尚因素,文字干净,整体感觉或者忧伤,或者诙谐;大部分都洋溢着青春的气息,文笔温柔细腻,充满浪漫传奇色彩,比较倾向女性化和感性化。作品中大都塑造帅气偶像,属于"偶像派"作品,内容大都是描写高大帅气的男生和温柔漂亮的女生之间细腻的朦胧爱情。语言清新自然,漫画式的语言叙述方式,浪漫温柔,给人一种唯美的感觉。思想上就显得过于苍白和单薄,没什么大的思想含量,是初高中学生的精神食粮。

网络写手名家100

12乖乖的作品带有一种轻松、活泼抑或哀伤的风格在里面。作品语言较为活泼，充满快乐的味道，笔锋婉转，故事情节有波折，用伤感的氛围来营造。故事的结局大都比较圆满。让人伤感落泪，但心中又有温暖在。小说的思路清晰，人物关系比较简单。其中也不乏细节描写，在贴近生活的基础上加入了自己的想象和憧憬，能引起读者共鸣，触动读者的心弦。字里行间带着一股淡淡的温柔和忧伤，看她的书心里会有种"最原始的""最自然的"感动，从来不用担心结局，可以放心掉眼泪。无论是环境描写还是人的心理描写都很动人，让人有种"就应该这样写"的感觉。就像梁实秋说的那样，用最简单的、不浮夸的方式打动读者的才是真正好的用了心的文章。文笔细腻，故事耐人寻味，纵然我们生活中可能不会有这样的情形出现，但写了就能给人一种震撼力，让人沉浸其中。

12乖乖的小说，情节设置上一般呈两种倾向："强化"或"淡化"。情节"强化"的部分，作者常常利用尖锐的、惊险离奇的情节来表现人物性格，作者往往将人物放在尖锐、严酷的矛盾斗争中加以磨炼和考验，造成紧张、激烈、大起大落的气氛和戏剧性的高潮。《幸运草》就是"强化"情节的表现。一个女生爱上了性格迥然却一样长相的双胞胎。"强化"的情节，其好处是吸引人，能够让读者陷入故事中，扣人心弦。缺点是过分强调巧合，多少丧失了一些真实感，让人一看就是"戏"，太戏剧性了，往往丧失了生活的开阔感和高瞻远瞩的距离感。有时候，过分强调情节，也会使人物在情节的安排下无所作为，使人物性格难以表现。"淡化"的情节，不写那么多的巧合、偶然、生死矛盾、巨大的悬念，而是力求写生活本身的丰富多彩、平凡朴实，写平凡中的意义。

12乖乖的创作还擅用场景式的写作方法。场景式也称片断式，亦即不把情节处理成故事而处理成一个一个的场景、一个一个的片断。换言之，就是把故事式中全知全能的叙述角度改变为单一的、局内人的视角；情节和人物也不是由叙述者叙述，而是自己现身说法地表现出来；不是故事式中一脉相承、波澜起伏的故事，而是延展着某种内部逻辑关系——常常是人物心理和情感的发展过程——作为场景的片断。场景式小说最重要的是选择场景,形成富有表现力的片断式表现语汇,尤其注意场景和片断之间的内部联系,那就是情节矛盾的发展,人物性格的变化和环境及场景的转换——这一切虽然都处理在了显隐之间,但肯定是不能忽略的。在这一点上,场景式小说具有戏剧化的倾向。12 乖乖的作品中,人物性格的转换和环境有着不可分割的关系。如《幸运草》,一条幸运草项链串联整个故事,两个孪生兄弟郑影夜和郑哲沂,两张相同的脸却个性迥异,不同的环境和场景变化时,人物性格也会随之变化。人物性格诠释得很好,特点鲜明而突出。情节新颖,引人入胜,描写细腻。主人公们向往幸福而又患得患失,他们的经历都给人很深的教育。

《荔樱学园》的故事曲折婉转,文笔清新唯美,情节跌宕起伏,女主人公是个让人喜欢的角色,她善良美丽。故事中光彩夺目的男主角也非常吸引人,细腻动人的感情也让人为之感动。

(钟园园)

97. 蘑菇

蘑菇,原名胡克,男,是一位身居郑州的神秘人士,生平状况不详。因《凤凰面具》入围 2008 年首届"中国网络作家风云榜",并获 17K 小说网推荐入作家协会的资格。2011 年前一直在更新《凤凰面具》,但速度较慢,很少露面。

2005 年 2 月开始在起点连载自己的作品《莫问天》,2006 年 1 月完成,约 210 万字,反应尚可,没有大红。2006 年 2 月开始在起点连载《酒国色界》,2007 年 5 月断更扑街,完成约 64 万字。2007 年 1 月开始在 17K 小说网连载《凤凰面具》,最后更新时间为 2011 年 9 月。全书达 332 万字。但该书在 2007 年即出版了 3 册实体书,2008 年又出版了 1 册,共 4 册。但出版单位不同。

《莫问天》是一本玄幻小说,讲述清朝曹寅的后代曹玉琅在沙漠中闭关，被核爆炸试验震出，改名洛桑在现代社会中继续修炼的故事。该书的前部分把背景设在藏北，描绘了藏北的风光与藏民的生活习俗，还述说了藏传佛教的一些历史，说明作者生活与知识较为广博，较为有价值。后面转入都市，开始了玄幻修真的升级套路，意义不是太大。

《酒国色界》，原名《酒龙吟》，后改现在名。述庄王朝的庄靖王的宠妃卓氏生下一个儿子，排行六，但在批天命时被批为酒王子。虽然庄王将批命之人杀了，但六王子是酒王子已成一个笑话。故事讲酒王子的成长、王室内部的争斗等的权谋故事。

《凤凰面具》是蘑菇的代表作，这部作品也是他的真正成名作。讲述的是一个江湖骗子的故事。江湖小骗子祝童（又名李想），自幼父母无踪，被一个江湖流浪汉收养。这个流浪汉是江湖八品中的第七品祝门的掌教，共收养了三个徒弟，祝童是最小的一个。在师傅被人丢海里死后，小骗子独自行走江湖，专门敲诈贪腐分子。但骗子在一次去上海敲诈的火车上偶遇绝世美女叶儿（苏叶），叶儿被人下了蛊毒，命在旦夕。为救叶儿，骗子开始偏离自己的行骗轨道，甚至想要退出江湖。但人在江湖身不由己，他的行为已招致其他江湖门派的妒忌，想退已无法退。最后只好整合江湖门派，成立联合公司，进行更大更多的行骗活动，将骗术发挥到极致。

该书被称为骗术最多最深的小说，是了解骗术的教科书。实际上这本书开创了（不是开创也是完善）一个类型门派——江湖小说。这个江湖与武侠的江湖不一样，作者为了使作品好看，也将一些武功、一些击敌手段在作品中进行描述，但武功不是主要的，"混"才是主要的。

作者也没有将武功写得神乎其神，不可战胜，书中任何武功在枪面前都是渣（作品的后面特异功能多起来）。作者为了完善小说的江湖架构，模仿中国的九流十家，还设置了一个江湖八品。所以，这是一部开创性的作品。

这本书除了个别的神奇武功与诡术外，基本没有脱离生活实际，是当代社会生活的真实写照。贪腐、相互欺骗、跟踪监视、尔虞我诈、狐

四、第四代写手

假虎威、人情世故等等都与现实生活无二。作者的描写非常真实、客观。所以，它超越了一般的异能小说。

同其他玄幻作家相比，蘑菇不但拥有着热情洋溢、却有些"无法无天"的不羁想象力、细致周到的故事编写能力，更有着对社会生活现实敏锐的把握力，朴素的"平民式激愤批判"，以及"聊斋式"的借助通俗文学外壳，反映社会人生重大问题的鬼才。他以特立独行的社会批判激情，糅合天马行空的想象力，在玄幻和现实的双重纬度下，以反讽的文笔诉说着社会的黑暗和人心的贪婪。

这本书以凤凰为题，主要有两方面的原因。一是故事的高潮发生在凤凰；二是凤凰面具作为六品祝门世代传承的精神象征，其本身折射出的神秘意义符合玄幻固有的特征。凤凰与苗寨，两者之间互为依存。苗寨自古以来就流传的秘术、蛊毒、赶尸等神秘元素给六品祝门蒙上了一层梦幻的色彩，同时缩短了现实与玄幻的距离，仿佛书中不是一个构建中的世界，而是实实在在发生在我们身边的故事。

《凤凰面具》中洋洋得意的欺骗无不是在给我们无力的现实一个响亮的耳光。摘下面具就是江湖。现实中的我们无一不是在社会的打磨下，润滑了自己的棱角，戴上了一个个遮掩喜怒哀乐的面具。在残酷的社会面前，我们不得不做一个伪装的人，可是我们的选择有些是无奈的、善意的，而有些则充斥着社会的黑暗和个人的私欲。文中的院长、官员大多都是这样的人，在以骗为核心的世界里，这样的选择似乎无可厚非，却让人不寒而栗。作者布局的严谨，似乎这是一个真实的世界，少了几分荒诞，多了几分真实，却让我不停地倒吸凉气。也许真实的世界远比我们想象的更加残酷，这样的揣测让我在看着窗外的时候都感到了几分寒意。和一般的异能小说相比，《凤凰面具》仿佛就发生在我们的身边，让我们不禁混同了现实与幻想之间的差别。

小骗子闯荡江湖以谎言为话筒、神秘为衣衫、上海为舞台，演唱的却是旧时的江湖记事。在文中的小骗子有着多种身份，他是七品祝门子弟祝童，他是同仁医院医师李想，他是蝶神的传承者，他是江湖新秀千面独狼。多重身份带给他的是不同的人生境遇和角色定位。耀眼的光环却掩盖不了他内心的疲惫，不得不选择似乎贯穿了他的所有境遇。因为他天生是江湖中人。江湖很大，无论是哪个行业，只要有人的地方就有江湖；江湖很小，无论你身在何处，只要有人，就会有纷争，有纷争就容易扯出各自背后的圈子，江湖本来就是一个个圈子组成的大圈子。作者所叙述的故事情节有意无意地呈现了现代社会的一些黑暗的游戏规则。如医院的明争暗斗，高级会所里的黑幕等等问题。他作为一个骗子，却屡战屡胜。其原因在于，他所欺骗的人本身都是社会中的腐败分子，骗子抓住他们的把柄要挟钻空子，无形中充当了惩恶扬善的角色。代表欺骗的人却最终象征了正义的力量，这与我们的传统价值观是相悖的，但是我们却顺理成章地盼望着他的成功与幸福。他的成长与正邪，让读者不停的讨论与思考。①

蘑菇整体构思能力非常强大，对社会问题的认识也比较深刻。但是他的硬伤在于文笔一般，人物形象塑造单一，感情线不够清晰。小骗子与其他女性的情感莫名其妙就已经达到了难舍难分的境地让人费解。作为大学生的于蓝突兀地接受了初中生的祝童，假结婚的喜庆背后是几年后对祝童的等待和难以忘怀。这样的设置不是不可以，但是短短几句话就把几年的感情都浓缩到了于蓝抛却一切的等待，实在让人有点摸不着头脑。深情的背后却没有有力的支撑。青梅的狠毒，叶儿的单纯，于蓝的痴情是鲜活的类型化特征，可是除了这些特点之外，我们很难看到人物身上的其他特点，不免给人以苍白之感。

98. 鱼人二代

鱼人二代，本名林晗，男，1983年出生，黑龙江哈尔滨人。2006年

---

① 七字：《摘下面具，就是江湖——小评〈凤凰面具〉》，http://www.17K.com/chapter/12804/739349.html。2013年7月21日查询。

四、第四代写手

11月开始从事网络小说创作,起点中文网白金作家,中国移动手机阅读基地畅销名家。2012年中国网络作家富豪榜中以5年版税收入450万元,排名第12位。

2006年底,鱼人二代开始在起点连载自己的第一本小说《重生追美记》(后改名为《很纯很暧昧前传》)。该书一经发布,就登上起点首页点击榜、推荐榜第一名,新人作品榜第一名。这本165万多字的小说,现已获得接近1000万的点击,60多万的推荐,这对一个初次写书的人来说,是一个了不起的成绩。说明该书很对读者胃口,很受欢迎。

2008年7月底,在《重生追美记》完成前的约一个月时间,鱼人的第二本书开始上传,书名为《很纯很暧昧》。这是一本长达680万字的宏大作品,历时将近5年,一直到2013年4月才完成。该书共获得1900多万点击,100多万的推荐。此书红火了很长的一段时间,曾一度在起点都市榜名列前几。而且文笔也成熟了不少,情节也很不错,很受一致好评。该书登陆移动手机阅读平台后,短时间内冲上点击榜、鲜花榜、人气榜第一名。此书在台湾已出版,也是他获得财富的主力作品。

2011年4月,鱼人第三本小说《校花的贴身高手》发布,该书目前已完成620多万字,还在继续连载中,已获1600多万的点击,但推荐只获得25万。该书在手机阅读平台上当月就登上手机阅读榜单前十,目前其点击已经超过了《很纯很暧昧》。此书已出版6册。

《重生追美记》讲述的是男主角刘磊暗恋女孩十几年,在功成名就准备向其表白前接到她的婚礼请柬,在婚礼上不知所以醉酒身亡。但阎王意外的让他重回过去,不但能预知未来还拥有了超能力。前世错过的姻缘,今生将不再错过。建立科技帝国,寻找外星科技,和阎王成了结拜兄弟。

这本书与其他的穿越小说不同,其他的穿越小说,穿越就穿越了,主人公到了另一个世界,虽然对前世有些记忆,但模糊,对细节很少知道。该书的主人公是重回过去,像月光宝盒一样,主人公从三十多岁重新回去读高一,并且对以前的生活细节记得很清楚,总是不停进行对比。

并竭力避开以前自己生活所犯的错误，开创新的生活。这是一本极度 YY 的小说，主人公推倒无数女人，包括自己的班主任老师，挣得无数家财，移民外星球。说实话，不 YY 也不会这么火。

《很纯很暧昧》中杨明是一名普通的高中生，打架斗殴逃课作弊，标准的差生一个。暗恋着校花不敢表白，参加高考也没有希望。可是一次意外，让他获得了一副神奇的眼镜，戴上以后不但可以像自动调焦的望远镜一样看清任意远处的东西，并且还可以透视！最主要的是，这副眼镜居然能看清别人的想法！多姿多彩的生活一下子降临在了杨明的身上，作弊赚钱泡校花，赌赌博、炒炒股、买买彩票！顺便勾引一下美女老师，真是无往不利啊！这书与前一本大同小异，属同类型著作。只不过多了一个眼镜的道具。

《校花的贴身高手》讲述的是一个大山里走出来的绝世高手，一块能预知未来的神秘玉佩。林逸是一名普通学生，不过，他还身负另外一个重任，那就是追校花！而且还是奉老爸之命！虽然林逸很不想跟这位难伺候的大小姐打交道，但是长辈之命难违抗，他不得不千里迢迢的转学到了松山市，给大小姐鞍前马后地当跟班。于是，史上最牛的跟班出现了——大小姐的贴身高手。这书的 YY 程度不下前两部，被主角推倒的美女更多，十数个，数不过来。

受追捧的网络小说，不仅是传奇，而且也是重品味的火锅，将言情、武侠、军事、都市、穿越、校园、奇幻、悬疑、推理等等有机汇于一锅，熬得香气四溢，让读者垂涎欲滴，欲罢不能。除了巧妙地运用设置悬念、控制节奏、塑造形象等传统手法外，更重要的是给读者虚拟一个乌托邦、世外桃源，从而满足读者的极度 YY 心理。武功那是绝世高手；金钱哗哗流淌不计其数；美女肯定如云，并且个个非主人公不嫁，即使没嫁也要被推倒；兄弟那绝对忠心不二，奴隶心态。鱼人二代的作品应该是典型代表。

首先看所谓爱情。《很纯很暧昧》中男主角从头到尾共与 17 个女子有过关系，或产生爱情：陈梦妍、苏雅（舒雅）、林芷韵、蓝凌、赵莹、孙洁、周佳佳、肖晴、黄乐乐、王笑嫣、夏雪、荆小璐、陈梦曦（维多利亚）、柳画眉、沈雨昔、爱丽丝、杨花。这种暧昧不清的关系虽然有悖人情，却能够无比吸引读者，尤其是年轻男性，让人们在现实生活中获得心灵的满足。

其次说武功。无论是穿越，还是钻山洞，都可以让主角获得盖世神功，于是天下无敌。读者都不希望主角是失败者，所以，作者通常会把主角塑造成不败之神，这场快感游戏，首先是从作者那里开始的。在《很纯很暧昧》中，主角杨明在一次特殊经历之后，成为方天的得意弟子、第五代杀手之王，拥有许多特殊技能：360°视野透视、变化成任何相貌、集中注意力时能读取精神紧张状态下的人的思想、在自己或与自己亲密的人将遇到危险时能预见他们遇险的情景并及时提出警报。文中还有许多杀手技能：溶血针、点穴手、恐怖的力量和爆发力、超级混合金刚蛊、简化版大力神蛊、蝶舞微步、所有器械等等。这种武力满足感在《校花的贴身高手》中可以获得更多，狂火拳、木林森幻千变、狂火八卦掌、木林森八卦掌、狂火开天辟地爪、天降春雨、地狱狂火拳等等，让读者目不暇接。

鱼人二代的作品受到许多网友的追捧，但也有许多人对他表示不满，认为他写小说情节拖沓，桥段重复多，最重要的是更新太慢，他已经有了网友为他起的新名字"墨迹鱼"。还有他写作的语言也不怎么样，既不生动，也不幽默，像初中生的记叙文，平淡无奇地记录着事情的发生。是快餐式小白文的代表之一。

（张君琳）

99. 小鬼儿儿儿

小鬼儿儿儿，女，原名唐欣恬，80后，北京人。留学美国的金融学硕士，曾于上海任对冲基金美股分析师，后回北京经商创业。业余时间在网络上写作，红袖添香签约写手。其作品《裸婚——80后的新结婚时代》在2010年"第三届华语言情小说大赛"中斩获冠军。其改名的电视连续剧《裸婚时代》于2011年播出，随即掀起收视热潮，并成为当年热议话题，引起极大社会反响。被誉为"新生代都市女性情感代言人"。

唐欣恬的网络创作开始于2008年底，她在红袖添香贴了自己的第一篇作品《女金融师的次贷爱情》。这篇作品一出现，即得到了网站编辑的青睐，因为它非常契合当时金融危机的氛围。作品刚写了一万多字，即被签约。作品连载后，人气很高，点击量非常大，同时也被多家出版机构看中，2009年4月，该书的实体书即获出版。这对初入写作的唐欣恬来说备受鼓舞。随后不久，《大女三十》等小说相继推出，其点击不俗，并且出版了。短短的时间内，唐欣恬即成为红袖人气小天后。

2009年底，电视剧《蜗居》红透整个中国，红袖添香的编辑们据此策划了一个"浪漫婚恋"的主题系列，包括"裸婚""蜗婚""纸婚""毕婚"等选题。然后将"裸婚"的主题交给了唐欣恬。巧合的是，唐欣恬正好在2008年奥运时结婚，接题时正煎熬在裸婚之中。小说在2009年推出后，获得超高人气，点击突破600万。随即报名参加了2010年的第三届华语言情小说大赛，并顺利登顶。唐欣恬正式封后。

其后，她又陆续推出了《侧身遇到爱》《谁欠谁一场误会》《但愿爱情明媚如初》等作品。

《女金融师的次贷爱情》是作者的第一部作品，有一些作者自己生活的影子。来自北京的温妮与来自江南的肖言在美国留学时相识、相爱，并同居。不料，肖言在临回国前决意与温妮分道扬镳。为此，温妮也随之回国，去了距离肖言不远的城市上海，并在一家美国基金公司中担任美股分析师。温妮邂逅了上司魏老板的朋友黎志元，一个长温妮十二岁的离异男人。黎志元被温妮的纯洁善良所吸引，对其展开追求。但温妮始终无法对肖言忘情，即使肖言的态度是若即若离。接着，温妮得知了肖言的苦衷。肖言是被其亲生父母卖至肖家，而又由于不慎，致使肖家来之不易的亲生骨肉遭人拐卖，杳无音讯。肖言由于愧疚，对肖家二老言听计从，应允与肖家的生意伙伴乔家联姻，娶乔家之女乔乔为妻。温妮为了不为难肖言，决意退出。公司中变幻莫测，魏老板私吞客户钱财，与女明星产生绯闻，却又宽待属下。温妮屡受器重，在受挫和努力中成长。在黎志元父亲的"锦囊妙计"和黎志元前妻的"谗言"下，温妮渐渐正视了自己对黎志元的感情。黎志元欲擒故纵，换得温妮主动出击。温妮和肖言的爱情变成了两人的前半生，进进退退，像一支圆舞曲。而两人的后半生，也都找到了各自的幸福。

"次贷"是美国2008年金融危机的罪魁，就是一堆烂账，不能收回的借贷。而本文以"次贷爱情"为题，寓意以前的爱情投入是一堆烂账，没有回报。该题切合当时的世界经济形势，但与内容不完全相符。因为作品的主体是温妮与黎志元的爱情，与肖言的爱情只是小部分和影子。该书采用了一些经济学的语言以喻爱情，是一种创新写法。

《裸婚——80后的新结婚时代》是作者的代表作，讲述年轻男女刘易阳、童佳倩相恋六年，没房没车没存款，却偏偏有了孩子，两人只好结婚，搬入了刘家三室一厅的房子，拉开了四世同堂的生活。婆婆溺爱孩子，一手把持，令童佳倩束手无策；而公公和奶奶却重男轻女，对孩子冷言冷语冷面孔，同样令童佳倩一腔愤愤。刘易阳的怠慢终于使得童佳倩萌生离婚之念，不料，刘易阳的同事孙晓娆突然插足，又使得童佳倩不甘撒手。刘易阳和童佳倩各退一步，在外租房，搬出刘家，可生活却越发不如意。带孩子的困难，存款的支配，以及对对方父母的态度，各种问题接踵而来。但最终因为有爱，他们坚持了下来，成了美满的一家。

该作品高度突出了80后的生活困惑，是文学介入生活的典型表现。有人说80年是最苦逼的一代，也有人说80后是最有希望的一代。不管苦逼还是希望，目前他们确实生活在困惑之中。高企的房价是他们第一个要面对的现实，观念的改变已使他们离父辈很远。他们喜欢独立，喜欢私密，他们有自己的生活和价值观，他们需要自己的空间，但现实是他们中的绝大多数无力营造这一空间，只能与父辈共居一室。这一矛盾注定他们只能在困惑中挣扎，并使他们对世界充满了怀疑和失望。作品很好地对当代这一社会现象进行了描述，并相信只要有爱，终会挺过来。

《大女三十》是唐欣恬的又一反映社会现实的作品。故事叙高龄、高学历、高收入的唐小仙即将迎来她的三十岁生日。为了改变"有钱没男人"的现状，唐小仙毅然决然辞别了金光灿灿的证券公司，下海开了一家"小仙女装店"，售卖女装。二十五岁的室内装修设计师郑伦偏巧不巧误进了"小仙女装店"，惹来了闪婚之灾。年龄及学历的差距，并没有影响二人结婚的进程，由于二人皆是倾家荡产才自立了门户，所以新婚后，只好寄居在长辈的屋檐下。婚后，郑伦的大而化之和唐小仙的心直口快频频产生碰撞，郑伦的家庭，以及在他的"伦语工作室"中工作的萧之惠，成为了唐小仙的内忧外患。同时，"伦语工作室"的发展与"小仙女装店"的萧条，也令二人产生了隔阂。婚姻上的不美满和在事业上遭遇的背叛，令唐小仙的旧情人董陈诚有机可乘，重新走入了唐小仙的生活。当然唐小仙还是理智的，在她的苦心经营之下，她们的婚姻生活又重新滋润起来。

这是一个"剩女"寻爱的故事。剩女是当今中国的又一个社会难题。这些优秀的女人经济独立，事业有成，气质优雅；但思想守旧，眼界很高。她们不能正确看待自己，也不能正确看待男人，没有思想上的真正独立性。她们剩下了。唐小仙比她们高明的地方在于知道这种情况是可以改变的，爱情、婚姻不仅仅是两情相悦，它需要去经营。两情相悦肯定是短暂的，但婚姻是长久的，长久的婚姻必须要有付出，必须要有人去经常打理。所以，唐小仙成功了。

唐欣恬的文字灵动鲜活，辗转于她指尖的是，大都市繁华的表象之下，人们对于真爱的渴求与盼望。她丰富、精彩的学习、工作、生活经历，"依靠人生来创作"的写作信条让其作品充满浓郁的幽默时尚气息，写尽当代大都市女性情感生活真味。她是言情小说写手，但她的"情"都来自于真实的社会生活，是当代男女们的真实情感脉动。它是真"情"，而非幻"情"。希望她能够沿着这条路继续走下去。

四、第四代写手

100. 紫月君

紫月君，女，原名史皓滢，1987年7月出生，天津人，天津工业大学毕业。现为小说阅读网A签白金作家，专职网络写作，超人气网络写手。主要致力于校园青春小说的创作。在发表黑道小说《我的黑道男友》后一举成名，并打破了小说阅读网的多项纪录，也由此奠定了她在网络校园写手中的重要地位，被称为"网络校园小说第一大神"。

2010年4月受邀参加"小说阅读网作家峰会"，获得"2009小说阅读网最具影响力奖"。2010年5月受邀参加"小说阅读网首届青春励志网络文学大赛暨青春励志文学研讨会"，与著名评论家白烨、著名出版人杨文轩、著名评论家马季等一起畅谈文学，并得到白烨等人的赞赏和点评。2010年10月受邀参加"首届中国写作者大会"，与唐家三少、跳舞等被授予盛大文学首批"金牌作家"称号。2011年4月受邀参加"鲁迅文学院网络作家培训班"，4月底毕业。2011年8月受邀参加"名作家与网络写手结对见面会"，并与茅盾文学奖评委、著名文学评论家陈福民成功结对。①

紫月君写作非常勤奋，短短几年写了十数部作品，在女写手中算高产者。仅2009年便发表了《我的黑道男友》《皇不坏，妃不爱》《替罪新娘》《我的冰山男友》《黑道公主求爱记》《24K纯金爱情》《莫雪未融》等七部小说，总字数超过300万。在后来的采访中她透露：每天就是卫生间、电脑桌和床，为了保证更新量，不洗脸、不刷牙就开始码字更是常有的事。她曾经连续二三个月，每天只睡觉4个小时，剩余时间都在码字，平均每天1万字，最多的一天有4万字。

---

① 以上参考了百度百科"紫月君"条，http://baike.baidu.com/link?url=7i9Unfa4QysF69sTrGQ0_cw-4CqZehv2qAK1T8j5ZAPAGmPfnwBbvmklXB0VCgvSz-cwGBjOcuzrkalRhthJYK。2013年8月3日查询。

2010年她发表了《我的黑道男友》《紫月君》（自传）、《刁蛮千金斗恶少》《彼岸花 旖旎情》《面具娇妻》。2011年开始连载《我的总裁男友》《陪葬毒妃》等小说。2012年后，紫月君没有再开新书，有点奇怪。目前有《紫月君》和《玩死你》两部作品处于连载中。

《我的黑道男友》是她的成名作，这部书的成功也使得网络上掀起一股黑道旋风，黑道小说泛滥成灾。她自己也似乎意识到这点，之后便开始转变文风，尝试不同的题材，《皇不坏，妃不爱》和《陪葬毒妃》是她所有作品中仅有的两篇非现代的穿越架空题材小说。她的作品在网络上人气很高，但目前没有实体出版物，说明主流文学界对她的写作还是有点谨慎。

成名作《我的黑道男友》，是一部校园黑道文。讲述的是无父无母的女主人公苏蕊在无意间救了黑道帮派龙王社的大当家也是文中的男主人公风净尘，被风净尘找到并派人带去香港，在香港一所贵族学校上学。苏蕊在来到香港生活的期间与同学李梅、张芳以及龙王社的二当家白易青、三当家云晟睿结识并成好友，与风净尘相恋并与他共同对抗他的敌人死神，在几经波折之后终于打败了敌人并与风净尘幸福地走到了一起。但在此过程中她的朋友白易青、陆清雅以及秦朗为了救她都付出了生命的代价。

该书在人物塑造方面还是较为成功的，主要人物都性格丰满，鲜明突出，都不是标签式的符号角色，而是有血有肉的性格型人物。如女主人公的泼辣，敢作敢为；男主人公的重情重义；对手的孝心与凶狠等。情节跌宕起伏，出人意外，扣人心弦。例如女主的外公的出现带来了女主身世的真相，女主被死神带走后染上毒瘾回到男主身边后又戒掉毒瘾，本是敌人的男主风净尘与死神，却被发现是双胞胎，却又是同母异父，而死神的父亲却杀了风净尘的父亲。整个作品的情节都比较复杂曲折，几乎每个重要角色都去鬼门关转了一圈，要么再也没回来（陆清雅、秦朗、白易青），要么几经折腾又回来了（苏蕊、风净尘、云晟睿），要么回来之后最后还是去了鬼门关（死神）。这两点应该是我国粗浅读物的必备,所以,作品有市场也就不难理解。

　　作品在语言方面没有什么值得鉴赏的,全文几乎没有什么优美的描写或者运用什么出彩的修辞手法,只追求讲故事,把故事讲出来,而不追求语言的精炼和修饰,不在乎讲故事的方式。文中几乎没有什么环境描写,只有很平淡的类似"阳光已经照射进了卧室内,日出东方,又是一天"的交代式的叙述,文中很多口语化的语言,像"呵呵、挖哈哈哈、汗了、我靠……"之类,以及一些符号型的语言,例如用"5555"代表哭泣,甚至有些粗言秽语,如:"我靠、妈的、去你妈的、喊个屁啊……"

　　作品所讲的故事极度的夸张,描写黑道学生在校园横行霸道,说砍人就砍人,好似切白菜一样,而且杀人之后只要花点钱甚至不花钱就能摆平。虽然是虚构,但这种学校中的黑道充满了暴力和打架斗殴,充能斗狠,对于大部分未成年读者来说会产生不良的影响;而这部小说的主要读者群恰好是这个年龄阶段的青少年。另外在涉及女主的感情时,也走入了极度自恋的一端,全文中出现的配角中对女主有男女之情的共有9个左右,好像是个稍微重要的角色就喜欢她,还是没有什么理由的喜欢,这个显得很自恋,毫不真实。这与女性种马小说属同一种意淫。

　　最后,说句实话。紫月君的作品很难看下去。乌七八糟的题材,脱离现实的故事,不流畅的语句,满屏错别字。并且后面的作品与前面的作品比,没有明显的进步。也难怪,一天1-4万字,神仙也没时间去进行过细斟酌。

后　记

《网络写手名家100》终于完稿了，这不是一本精深的研究著作，而是一本普及介绍性读物。但是这本书还是写得有点艰难，其原因如下：

首先是100人的确定，这是一项艰难的工作。网络写手上百万，成名的也在万名以上，要从中选出合适的100人，是一项困难的工作。本书采取的办法一是查阅已有的一些研究文献，对其中出现频率高的写手优先选出；二是查阅各文学网站，对排名靠前的写手优先选出；三是考察作品，对一些影响大、获得比较重要奖项作品的作者优先选出；四是考虑时代性，有些作者可能从整个网络文学的宏观视野来看，其作品并不十分突出，但他在网络文学的某个发展阶段确实很有影响，不能忽略。因此，这100名肯定不是依某一条件排下来的结果，而是一个综合考虑后的仓促选取。对一些确有重要价值而没有选入的写手，本人深表遗憾并致以歉意。

其次，写手的资料不全。网络是个信息的汪洋大海，充斥着五花八门的无穷信息。但有些我们需要的信息却未必有。网络写手有的低调，有的张扬，有的不肯公布自己的信息，有的愿意公开自己的信息；一些网站信息不规范，还有一些网站故意破坏信息，致使各类信息鱼龙混杂，参差不齐，给写作带来了一定困难。因为时间和条件所限，以及某些方面的考虑，本书没有直接向所选写手征集信息，如其中的某些信息有错漏，敬请知情者及作者自己反馈给本人，以便以后有机会修订。还有就

后 记

是学界对网络文学的研究不够,写手的研究资料与作品评价不是很多,很难找到有价值的参考资料,也给本书的写作带来了一定困难。

三是所涉写手、作品太多,无法仔细阅读。所选写手中,有些人是以前了解的,有些作品是以前读过的。有些是现在才开始了解,现在才开始读他们的作品。由于时间的原因,这些长篇巨著根本无法看完,有些只是匆匆而过,有些只是蜻蜓点水。所以,对作品把握不准,对作者评价不到位,在所难免。希望名家、方家提出宝贵意见。

本书在写作过程中得到了学生们的一些帮助。有的直接参与了初稿写作,为了尊重他们的劳动成果,在他们自己的篇后署了名字。有的学生帮助收集了一些资料,在此对他们表示感谢。

网络作品的阅读异常火爆,但学界对此还是有些迟钝。希望本书的出版能为网络文学的发展和学界对网络文学的认识贡献一点正能量。

是为记。

2013 年 9 月 30 日